ŒUVRES COMPLÈTES

DE

LAMARTINE

PUBLIÉES ET INÉDITES

HISTOIRE DE LA RUSSIE

TOME TRENTE ET UNIÈME

PARIS
CHEZ L'AUTEUR, RUE DE LA VILLE-L'ÉVÊQUE, 43.

M DCCC LXIII

ŒUVRES COMPLÈTES

DE

LAMARTINE

TOME TRENTE ET UNIÈME

HISTOIRE

DE

LA RUSSIE

HISTOIRE
DE
LA RUSSIE

LIVRE PREMIER

I

Il plane un mystère, presque impénétrable à l'œil de l'histoire, sur le berceau des peuples, comme il plane un nuage sur les sources des fleuves qui descendent de leurs glaciers pour inonder les continents. Quels que soient les efforts et les systèmes des savants pour remonter aux origines des nations, et pour suivre race par race et pas à pas les migrations immenses et inexpliquées de ces débordements d'hommes, tous partis, selon eux, des plateaux de la haute Tartarie, l'esprit se trouble aux récits hypothétiques de ces historiens du mystère ; on n'aperçoit que des lueurs confuses, on n'explique une énigme que par une autre énigme, et si on est doué d'un esprit sincère et lucide qui ne se satisfait pas de paroles, mais qui veut marcher à la lumière vraie sur un terrain solide, on finit par abandonner ces poëtes des ténèbres qu'on appelle les érudits, et par dire humblement le mot du vulgaire, qui est aussi le mot des philosophes, *j'ignore.*

II

Ces réflexions sont la conclusion des lectures auxquelles nous nous sommes condamné pour retrouver, à travers les peuplades innombrables qu'on prétend émigrées de la haute Tartarie, celle à qui appartient véritablement le grand peuple russe, et pour distinguer cette peuplade de cette vaste tribu des Scythes, nom générique donné dans l'antiquité aux peuples presque fabuleux du nord de l'Europe et de l'Asie.

« Il y a un peuple *cimmérien*, dit Homère, ce devin de l'histoire, il y a une ville appelée *Cimmérion*, couverte d'éternels nuages et de brouillards épais; jamais le soleil n'éclaire cette triste contrée où règne sans cesse une nuit profonde. »

C'est de ces nuages, de ces brouillards, de cette obscurité que la *mer Noire* a pris son nom. L'expédition navale des Argonautes, chantée par un Orphée qui était à la fois matelot et poëte du fameux navire, découvrit aux Grecs le passage des Dardanelles, la mer Propontide aujourd'hui mer de Marmara, le Bosphore et l'ouverture de la mer Noire ou Pont-Euxin dont il côtoya les rivages. La douceur et la sérénité de caractère des Scythes qui habitaient ces contrées, où l'âme est froide comme la terre, frappèrent l'imagination des Grecs, chez qui les passions sont filles du soleil; ils firent des mœurs des Scythes hyperboréens des tableaux séduisants, retracés d'après eux par Pomponius Méla et par Pline, ce poëte de la géographie et de la nature.

« Leur pays est fertile, disent-ils, l'air y est pur et serein; leur vie est plus longue et plus heureuse que celle de tous les autres hommes, car ils ne connaissent ni les maladies, ni les crimes, ni la guerre. Satisfaits de leur médiocrité, ils coulent leurs jours dans un doux loisir au sein des jouissances innocentes; ils habitent dans les forêts et dans des bocages délicieux; les fruits de ces arbres sont leur nourriture. Ils meurent sans regrets et seulement alors qu'ils sont las d'une vie devenue onéreuse, ils donnent un festin d'adieu à leurs parents et à leurs amis, ils se couronnent de fleurs et se précipitent dans la mer écumante. »

III

Ces rivages de la mer Noire et surtout de la Chersonèse Taurique, aujourd'hui la Crimée, tentèrent l'esprit aventureux des Grecs. 500 ans avant J.-C., ils fondèrent des colonies sur les côtes de la mer Noire. Ces colonies, bien accueillies par les Scythes habitants du litttoral, y portèrent l'agriculture, les arts, la littérature de leur patrie. Sous le règne de Trajan, ces Scythes mêlés de Grecs lisaient Platon, récitaient de mémoire les poëmes d'Homère et chantaient ses vers dans les combats.

La mer civilise ceux qui la fréquentent. Leur roi se

fit construire, au lieu de ses tentes, dans les environs d'Odessa, une vaste maison décorée par les architectes grecs ou égyptiens de sculptures, de sphinx, de griffons en marbre. Son peuple cultivait déjà le blé, cette nourriture et ce commerce immémorial de ces plaines. D'autres branches de ces mêmes Scythes, appelées branches royales, peuplaient la Crimée et immolaient les étrangers à leurs dieux sur le promontoire où s'élève aujourd'hui *Sébastopol*.

Hérodote, ce chroniqueur sans critique des traditions populaires, parle des peuplades scythes de l'intérieur des terres, qui se transformaient tous les ans pendant six mois en loups, c'est-à-dire qui se revêtaient de fourrures pendant leurs rudes hivers. En énumérant, sur la foi des esclaves ou des voyageurs, les peuples scythes qui vivaient encore plus loin dans le nord, à peu près sur l'emplacement de Kief ou de Moscou, il suppose que ces Scythes hyperboréens dorment, comme certains animaux, d'un sommeil de plusieurs mois, engourdis comme leur terre. La Scythie russe, selon lui, n'est qu'une plaine immense entrecoupée de bouquets de bois toujours verts, et où *l'air est rempli de plumes légères*, c'est-à-dire de flocons de neige.

Ces Scythes russes de l'intérieur, moins civilisés par le contact des Grecs, conservaient dans leurs mœurs plus d'empreintes de la barbarie, toujours fille de l'isolement et de l'ignorance. Ils adoraient littéralement l'*épée*, qui donne la mort ; ils buvaient le sang de leurs ennemis dans des crânes façonnés en coupes ; ils tannaient la peau des hommes tombés dans les combats pour s'en faire des vêtements.

Le philosophe Anacharsis, un de leurs premiers citoyens, voulut leur rapporter d'Athènes les lois de

Solon, et fut immolé comme sacrilége de la barbarie.

Philippe de Macédoine, Alexandre, et Mithridate, roi de Pont, furent les premiers conquérants qui les heurtèrent et les refoulèrent, avec les armes des peuples civilisés, dans leurs déserts. Mithridate, maître déjà des rives méridionales de la mer Noire, s'appropria tout le royaume du Bosphore. Les Romains le repoussèrent à son tour jusqu'au pied du Caucase. Les Sarmates, qui furent depuis les Polonais, peuple inquiet et belliqueux, campé sur les bords du Don, exterminèrent les restes des Scythes en se conquérant, par effroi des Romains, une partie moins exposée à l'invasion dans le nord. Les Scythes disparaissent à cette époque de l'histoire pour reparaître plus tard sous le nom de Bulgares, de Huns, de Slaves, peuplades détachées du bloc scythe.

« Qui peut nous ravir notre liberté? répondaient-ils 500 ans après J.-C. aux généraux de Byzance qui les combattaient déjà sur le Dniester et sur le Danube; nous sommes accoutumés à conquérir les terres de nos voisins et non à céder celles que nous conquérons, et il en sera ainsi tant que la terre appartiendra aux braves; et tant qu'il y aura du fer entre les mains des hommes. »

IV

Les Slaves étaient, dès cette époque, répartis en tribus disséminées et de mœurs diverses, depuis les bords de l'Adriatique, vers Venise, jusqu'aux bords de la mer Noire, vers le Don, et jusqu'aux bords de la mer Baltique, vers la Suède. C'était la race mère des Russes, des Polonais, des Bohémiens, des Croates, coupée en tronçons et se renouant ou se séparant tour à tour. Leur nom signifiait *gloire*. Ils dominaient partout où ils se montraient; mais ils avaient la mobilité et l'inconstance des races où l'imagination prévaut sur la raison. Tantôt héros, tantôt esclaves, mais toujours remuants comme de nos jours. Ceux de la mer Baltique avaient été engourdis par le climat du Nord, qui rend sédentaire et pensif; ils avaient perdu leur aptitude à la guerre et s'étaient efféminés dans leurs foyers.

» Les Grecs, dit un historien byzantin, avaient fait prisonniers trois hommes qui au lieu d'armes ne portaient que des harpes et des luths. L'empereur leur demanda qui ils étaient.

» — Nous sommes Slaves, répondirent les captifs, de » ceux qui habitent les bords de la mer Baltique. Inha- » biles à manier les armes, nous ne savons que jouer des » instruments. Le fer est inconnu dans notre pays, et, » passionnés pour la musique, nous y vivons en paix. »

« L'empereur admira les mœurs douces de ces hommes du Nord, leur haute stature et la beauté de leur corps; il leur accorda l'hospitalité et leur procura les moyens de retourner dans leur pays. Ils avaient marché quinze mois à travers les forêts et les neiges pour venir en ambassade auprès du khan des *Avars*, qui leur avait fait demander leur concours pour combattre Byzance. »

Ils se répandirent de la Russie centrale, où ils labouraient la terre, dans la Moldavie, la Valachie, la Servie, la Bosnie, la Dalmatie, emportant partout un souvenir lointain et une parenté occulte avec les Slaves de la Baltique; éléments concassés de peuples propres à se recomposer dans une unité lointaine sous un autre nom. Ils se confondirent tellement avec les Scythes russes, qu'il est impossible de dire aujourd'hui ce qui est russe, scythe ou slave dans ces populations cimentées en une par le temps.

Les Finois, autre race mystérieuse dont parle Tacite, s'y mêlèrent dans ce bassin commun de la Russie. Ils étaient disséminés depuis la mer Baltique jusqu'à la mer Glaciale, de la Sibérie à la Laponie. « Ne cherchant, dit Tacite, leur sûreté que dans leur misère, ils n'ont ni maisons, ni chevaux, ni armes; ils se nourrissent d'herbes, ils se couvrent de peaux d'animaux, ils s'abritent des injures de l'air sous des huttes formées de branches d'arbres entrelacées. »

Ils fondèrent pourtant les premiers des cités permanentes dans les solitudes les plus reculées de la Russie. Fuyant le soleil et les hommes pour garder leur liberté, ils sont la souche des paysans serfs de la Russie actuelle, incorporés au sol; population saine, sobre, laborieuse, fidèle, qui aime le joug pourvu qu'il soit doux. Les tribus plus guerrières qui les assujettissaient leur imposaient un écureuil par maison, et leur accordaient un glaive à un seul tranchant par foyer pour défendre la patrie commune. « Nous serons bientôt tributaires de ces hommes-là, disaient les Finois russes en parlant des Slaves russes, car leur glaive est à deux tranchants, et le nôtre n'en a qu'un ! »

La civilisation était toute patriarcale chez ce mélange confus de races jetées dans le même bassin de peuple. Les mœurs étaient lois, les familles étaient nation, les chefs de tribu étaient législateurs et souverains. Tout commence par ce gouvernement de la nature avant d'arriver au gouvernement de la politique. Le pouvoir militaire s'y établit le premier, parce que le premier on lui remit les armes. Ce pouvoir usurpé après les guerres se fit peu à peu héréditaire et civil; ce fut l'origine des *boyards* ou nobles possesseurs de terres, et des sujets ou *serfs*.

La religion y était, comme partout, idolâtre dans ses symboles, déiste dans sa foi générale et philosophique; par-dessus les dieux matériels et nationaux un être invisible, universel et parfait, Dieu des sages qui laissent adorer les dieux inférieurs et secondaires à la multitude. Nous négligeons le tableau de ces superstitions, rêve à peu près semblable à tous ceux qui sont éclos de l'imagination des peuples enfants, et qui se perpétuent avec tant d'analogie de songes dans l'imagination des peuples vieillis. Les mêmes crédulités, les mêmes terreurs et les mêmes espérances créent partout les mêmes fantômes avant que le jour tardif de la raison éveille le genre humain.

Leur langue était pauvre comme leurs pensées, mais musicale et mélancolique comme les brises de leurs forêts. Elle s'enrichit et s'accentua en se mêlant aux dialectes des races limitrophes, colonies de mots qui contribuèrent à former, dans le russe proprement dit, une des plus douces et des plus fortes langues de l'univers. On y sent le confluent d'images et de sons de l'Europe, de la Grèce et de l'Asie.

V

Cette confédération républicaine de Slaves, de Finois, de Russes, domiciliée à Novogorod, et déchirée par les guerres civiles, se lassa en 865 de son anarchie. Les chefs, trop jaloux les uns des autres pour se soumettre à une tyrannie de leur race, se choisirent un chef étranger, né, élevé et grandi parmi les *Varrègues* russes, tribu de pirates scandinaves, à qui la mer et la guerre avaient donné la gloire et l'ambition de la souveraineté. Ce chef de pirates se nommait Rurik. « Venez nous gouverner, lui firent dire les tribus sédentaires de la Russie agricole, notre pays est vaste et fertile, mais les dissensions le stérilisent. Régnez sur nous, nous vous résignons la liberté pour la paix ! »

Rurik accourut avec deux de ses frères, suivi d'une horde guerrière de Scandinaves. Il établit la tyrannie et la cimenta dans le sang des chefs de parti qui voulurent revendiquer l'antique liberté. Il agglomèra successivement de nouvelles provinces et de nouvelles villes à ses États encore limités, et fonda ainsi la monarchie russe.

Parmi les Scandinaves, compagnons de Rurik, une partie avait conservé le génie de la mer. Ils se séparèrent de lui, s'emparèrent de Kief et s'y établirent; ils armèrent sur le Dniéper une flottille de cinq cents barques, découvrirent la mer Noire, voguèrent vers Constantinople et assiégèrent les Grecs dans leur capitale en 866. Un prodige étonna ces barbares et les convertit au christianisme. Le patriarche grec promena processionnellement dans Constantinople une prétendue robe de la Vierge, mère du Christ, et plongea sa relique dans le Bosphore pour conjurer le danger de la patrie. Les flots s'émurent au souffle des vents, et une tempête soudaine fracassa les cinq cents vaisseaux des Russes contre les rochers des deux rives. Un petit nombre de Russes échappa au désastre et rentra à Kief, racontant la puissance surnaturelle des reliques chrétiennes; les Russes crédules envoyèrent des ambassadeurs à l'empereur grec, Michel III, pour lui demander le baptême et l'Évangile. Le peuple de Kief se soumit en masse aux prêtres grecs envoyés pour le catéchiser. Le Christ et Odin, dieu des Scandinaves, se partagèrent longtemps l'imagination des Slaves.

Rurick, après un long règne, mourut en 879, laissant le trône à son fils encore enfant, Igor, et la régence à Oleg.

VI

Oleg acheva par la guerre et par la ruse de rassembler en un seul faisceau monarchique tous les Slaves des deux Russies. Pour perpétuer son ascendant sur son pupille Igor, il lui fait épouser sa fille Olga, type de beauté et de vertu célèbre jusqu'à nos jours par les traditions populaires des Russes, Clotilde d'un autre Clovis.

Deux mille barques fabriquées de nouveau sur le Dniéper portèrent une armée de Russes sous les murs de Constantinople. Oleg commandait l'expédition. Arrivé sans obstacle dans le Bosphore, il fit avant Mahomet II ce que ce conquérant turc devait imiter pour assiéger Byzance. Ses barques, transportées ou roulées sur des roues par-dessus le promontoire de Galata qui sépare le Bosphore du port de Byzance, voguèrent bientôt sur la *Corne d'Or*, et pressèrent les murs de Constantinople. L'empire grec se racheta du pillage par de honteux tributs. Oleg, chargé de dépouilles, suspendit insolemment en signe de possession son bouclier à la porte principale de Constantinople, sûr d'avoir frayé la route à son peuple vers un empire que ses habitants efféminés savaient marchander mais non défendre (904).

Ce héros, vieilli dans la gloire, mourut d'une de ces morts étranges ou fabuleuses que les peuples superstitieux se plaisent à consigner dans leurs traditions. Il avait renoncé à monter à cheval dans les dernières années de sa vie par crédulité à une prophétie qui lui annonçait que son cheval favori serait la cause de sa mort. Ayant demandé un jour des nouvelles de son vieux coursier, on lui répondit que l'animal était mort dans les pâturages de Kief depuis quatre ans. « Je veux demain aller visiter, dit-il, les ossements desséchés de ce généreux compagnon de mes exploits. » Conduit sur les steppes où gisait le cadavre, Oleg s'attendrit, et, retournant du pied la tête du cheval, il en brisa le crâne sous sa semelle. Un serpent venimeux sortit de la cavité du crâne, dont il avait fait son asile, et mordit l'orteil du héros. Oleg expira près des restes de son coursier. Le peuple entier versa des larmes aux funérailles du tuteur du roi, qui avait ajouté à la monarchie les vastes territoires conquis entre les monts Krapacks, rempart de la Hongrie, le Dniester, Smolensk et la mer Noire.

VII

Igor, son pupille, ne gouverna qu'après la mort de ce héros, en 913; il eut à combattre les Petchénèques, nation inconnue qu'il mit hors d'état de lui nuire. Dix mille barques armées le portèrent à son tour sous les murs de Constantinople. La décadence des empires appelle toujours les barbares. Le feu grégeois, dernière protection des Grecs, consuma une partie de sa flotte. Il fit une nouvelle expédition en 944, mais ne dépassa pas la Crimée; l'usurpateur Romain Ier lui paya tribut. Revenu en Russie, Igor voulut exiger deux tributs au lieu d'un d'une des provinces de l'empire; vaincu par les rebelles indignés de cette conduite, il fut attaché par les pieds et par les mains à deux bouleaux rapprochés et flexibles que des cordes tiraient en sens contraires, et écartelé ainsi par ses sujets (945).

Sa veuve Olga, régente pendant la minorité de son fils Swiatoslaf, vengea sa mort en faisant enterrer vifs les députés de la province insurgée dans une fosse creusée sous les murs de son palais, et en massacrant ses hôtes sur la tombe d'Igor.

Après avoir remis le gouvernement pacifié à son fils, elle partit pour Constantinople et se fit baptiser par le patriarche. L'empereur Constantin Porphyrogénète fut son parrain. Le récit de cette conversion et de cette pompe chrétienne illustra l'histoire byzantine. Les Grecs dégénérés imposaient leur culte à leurs vainqueurs. Le christianisme, religion de la faiblesse, de la chasteté, de l'amour et de l'espérance, retrouvait dans les forêts de la Moscovie une autre Hélène dans Olga.

Son fils Swiatoslaf, encore fidèle au culte des Scandinaves, tolérait le christianisme sans oser le professer. Il conquit les rives du Don, du Volga, de l'Oka, de la mer d'Azof, du Danube. Séduit par le climat et par la fertilité des rives de ce fleuve, il résolut d'y établir sa capitale.

« Assiste au moins à mes funérailles, lui dit sa mère Olga, et alors tu iras où tu voudras, puisque aussi bien la vieillesse et les infirmités ne tarderont pas à m'ouvrir la tombe! »

Elle mourut quatre jours après ces supplications prophétiques à son fils. L'histoire l'accuse de perfidies, de cruautés et de nouvelles tortures qu'elle inventait pour satisfaire sa vengeance ; l'Église partiale la canonisa pour avoir converti une partie de son peuple.

VIII

Avant de partir pour la Bulgarie, où il transportait le siége de son empire, Swiatoslaf institua deux de ses fils légitimes ses vice-rois à Novogorod et à Kief. Un troisième fils, Wladimir, fils de l'amour, qu'il avait eu d'une esclave d'Olga, reçut le gouvernement de Novogorod par le choix du peuple.

Après de longues guerres en Bulgarie contre les Grecs unis aux Bulgares pour repousser ce jeune barbare, la paix fut signée dans une entrevue sur le Danube entre l'empereur grec Zimiscès et Swiatoslaf, qui l'obtint au prix de l'abandon de toutes ses conquêtes (972).

Les chroniques byzantines dépeignent ainsi ce conquérant étranger : « Il était vêtu d'une étoffe de laine blanche ; assis dans une barque, il ramait lui-même ; sa taille était moyenne et bien dessinée, sa physionomie sombre et farouche ; il avait la poitrine large et proéminente, le cou gros, les yeux bleus, les sourcils touffus, le nez écrasé, de longues moustaches, la barbe rare, une seule touffe de cheveux sur la tête, signe de sa noblesse ; à une de ses oreilles pendait un anneau d'or orné de deux perles et d'un rubis. »

En rentrant avec un petit nombre de ses soldats dans sa patrie, Swiatoslaf, attendu près de la cataracte du Dniéper par les Petchénèques, tenta, malgré l'avis d'un de ses boyards, de s'ouvrir un passage à travers leurs rangs, mais il périt dans sa défaite ; on lui trancha la tête, èt les chefs petchénèques burent l'hydromel dans son crâne (973).

IX

Ses fils se combattaient déjà pour se disputer ses dépouilles. L'un d'eux, Oleg, vaincu par son frère Yaropolk, périt écrasé sous un monceau de chevaux morts, tombés sur lui dans la bataille. Wladimir va chercher des guerriers de sa race en Scandinavie pour combattre Yaropolk. Il lui ravit en passant sa fiancée, la belle Roguéda, fille d'un boyard, l'épouse, et fait assassiner Yaropolk dans une entrevue à Novogorod. Ce prince laissait en mourant une veuve enceinte, belle religieuse grecque de Constantinople, captive de son père. Il allait cependant épouser Roguéda, son autre fiancée, exemple de polygamie encore fréquent chez les descendants d'Olga (980).

Wladimir, maître de l'empire par la victoire et par le crime, le consolide par sa condescendance aux idolâtries de son peuple, mal supprimées par les prêtres grecs d'Olga. Il immole en masse les sectateurs du dogme chrétien, et donne au peuple de Kief le spectacle des sacrifices humains aux dieux sanguinaires de leur race. Un père est massacré par le peuple fanatique en disputant son fils unique aux prêtres qui l'ont choisi pour victime.

Il épouse la religieuse grecque, veuve et enceinte de son frère assassiné. Il chasse de son palais, pour y introduire de nouvelles épouses, sa première femme Roguéda. Il menace de mort cette infortunée princesse, qui lui reproche ses ingratitudes et ses infidélités. Son fils Isiaslaf détourne le poignard dont Wladimir va percer sa mère. Il se contente de l'exiler avec son enfant dans le gouvernement de Vitepsk.

X

Tour à tour aussi crédule que Julien et aussi politique que Constantin, Wladimir rassemble à Kief des théologiens mahométans, catholiques romains, grecs et juifs, pour décider quel Dieu il donnera enfin aux Russes. Le paradis de Mahomet le tente, mais la sobriété musulmane le repousse. « Le vin, dit-il, fait la joie des Russes, nous ne pouvons nous en passer. » Les catholiques l'indignent par l'obéissance à un pontife, homme absolu et infaillible. « Retournez à Rome, leur dit-il, ce n'est pas d'un pape que nos pères ont reçu leur religion. » Les juifs le scandalisent par leur dispersion sur la surface du globe. « Vous voulez donner le ciel aux autres, leur dit-il, et vous n'avez pas même de patrie sur la terre! » Enfin il cède aux séductions de parole d'un philosophe grec qui lui embellit les traditions bibliques et les dogmes de l'Évangile de toute la poésie de son climat. Les félicités éternelles des justes le ravissent, les supplices sans fin des méchants le glacent d'effroi. « Recevez le baptême, lui dit le missionnaire, et vous aurez le paradis pour royaume. »

Il rassembla ses boyards pour leur soumettre la question.

« Ne nous décidons pas sans voir, lui dirent-ils. Tout

homme trouve sa religion la meilleure. Envoyez des commissaires dans tous les pays, afin de juger quel est celui de tous les peuples qui honore Dieu d'un culte plus digne de lui ! »

Les ambassadeurs partirent et firent leur rapport au retour. En Bulgarie, ils virent des temples rustiques, semblables à des chaumières, desservis par des prêtres indigents, célébrant les sacrifices dans des vases de cuivre et de bois; en Germanie, des cérémonies sans luxe et sans pompes; à Constantinople, au contraire, la vue du patriarche célébrant les mystères dans un costume royal sous les dômes de Sainte-Sophie incrustés de pierres précieuses et sur des parvis pavés de marbre, au son des instruments de musique, aux chœurs alternatifs d'une armée de moines, aux parfums des encensoirs d'argent, éblouit leur piété sensuelle et leur parut le témoignage de la divinité du culte grec; la simplicité nue des mosquées des mahométans les scandalisa; la sobriété des cérémonies de l'Église catholique les refroidit.

« Tout homme, dirent-ils à leurs compatriotes, qui a goûté le miel se détourne de ce qui est amer; c'est pourquoi, maintenant que nous avons savouré la religion des Grecs, nous n'en voulons pas d'autre. D'ailleurs, ajoutèrent-ils, si cette religion n'était pas la meilleure, Olga, notre sage princesse et votre aïeule, l'aurait-elle adoptée? »

Le prince et le peuple se précipitèrent comme des troupeaux dans les fleuves pour être baptisés en plein courant (988).

XI

Wladimir, après cette immersion religieuse, marcha sur Cherson, colonie grecque qui occupait l'emplacement de Sébastopol. Un long siége par terre et par mer et la disette d'eau dans la ville, dont il avait coupé les aqueducs, le rendirent maître de cette ville capitale du commerce de la mer Noire. Basile et Constantin, empereurs de Constantinople, intimidés par la conquête de Cherson, accordèrent pour épouse au barbare leur sœur Anne. La princesse, livrée ainsi en rançon de son peuple, acheva la conversion de son époux. Elle lui persuada de remettre Cherson à ses frères, d'élever une église sur le cap Chersonèse, et de n'emmener pour dépouilles en Russie que des prêtres, des vases sacrés et des reliques.

Kief et les villes de Russie se couvrirent d'églises en pierre et en bois, de séminaires où les prêtres grecs instruisirent des milliers de lévites. Wladimir y recrutait par force les jeunes enfants des premières familles de l'empire. Devenu clément comme sa nouvelle doctrine, il abolit la peine de mort même pour les meurtriers. Les évêques la lui firent rétablir au nom de la sûreté publique et de l'autorité sans limites des princes établie de Dieu. Ils le poussèrent aussi malgré lui à des guerres contre la Norwége et contre ses autres voisins pour faire de lui un Constantin du Nord.

XII

Un de ses douze fils, Iaroslaf, qu'il avait fait prince de Novogorod, impatient de régner, marcha contre son père. Wladimir mourut de vieillesse, laissant l'empire à Boris, un autre de ses fils, alors absent de la capitale. Un neveu de Wladimir, Swiatopolk, adopté par son oncle, soulève la ville et envoie des assassins égorger Boris dans son camp. Un autre fils de Wladimir, atteint près des monts Krapacks par les émissaires de son cousin, tombe également sous leurs poignards (1015).

Des guerres confuses et atroces entre les frères amènent à Kief le roi de Pologne, Boleslas, beau-père de Swiatopolk. Une trahison patriotique de ce dernier égorge dans une nuit les Polonais. La victoire d'Alta, remportée par Iaroslaf, vengeur de son frère Boris, chasse Swiatopolk couvert de ses crimes inutiles au fond de la Bohême, où il meurt proscrit et déshonoré (1019).

Iaroslaf reconquiert ville à ville l'empire démembré par ces guerres fratricides. Il règne depuis la Baltique jusqu'à l'Asie; il attaque la Hongrie et la Moldavie, et menace Constantinople une troisième fois. Il s'allie à Casimir, roi de Pologne, en lui donnant sa sœur. Il donne sa fille Élisabeth à Harold, roi de Norwége. Sa seconde fille, Anne, épouse le roi de France Henri Ier. La troisième, Anastasie, épouse André, roi de Hongrie. Quoique pieux, il dépossède les patriarches grecs des pouvoirs temporels et religieux qu'ils affectaient sur ces nouveaux chrétiens, et fait élire le premier un métropolitain russe avec les attributions de patriarche pour l'empire.

Âgé de près de quatre-vingts ans, il distribue ses provinces entre ses six fils, et nomme pour son successeur principal au trône de Kief son premier-né Isiaslaf. Il meurt plein de jours et d'œuvres entre les bras du plus jeune et du plus aimé de ses fils, Usevolod. On l'ensevelit à Kief sous la coupole de Sainte-Sophie, où il avait fait ensevelir lui-même, après les avoir fait baptiser, les os de son aïeul Oleg. Son plus durable monument fut le code des lois civiles des Russes, extrait des traditions et des usages recueillis et complétés par ses soins (1055).

XIII

Son fils Isiaslaf, après une anarchie sanglante où tout est sang et ténèbres, périt dans une bataille contre Oleg et Boris, ses neveux. Prince pieux et doux comme son père, il confirma l'abolition de la peine de mort, et fonda les premiers monastères en Russie à l'imitation des moines grecs du mont Athos (1055-1078).

Son frère Usevolod lui succéda. Après la mort d'Usevolod, en 1093, son fils Wladimir Monomaque céda le trône de Kief à son cousin; Swiatopolk, fils d'Usevolod, fut proclamé souverain de toutes les Russies. Wladimir et Swiatopolk combattirent ensemble les Polowtzi, peuplade belliqueuse qui ravageait tour à tour les provinces de la Russie, et dont les princes ambitieux empruntaient les services contre la patrie commune.

Un congrès de princes est convoqué à Lubetsch par le vertueux Monomaque, prince lui-même, pour purifier l'empire. Les dissensions se renouvellent après ce congrès.

Vasiliko, prince allié de Monomaque, est attiré à Kief par Swiatopolk sous l'apparence d'une amicale hospitalité. Il communie avec Swiatopolk en signe d'indissoluble fraternité. En sortant de l'église on le conduit au palais. Des bourreaux entrent dans sa chambre, le renversent sur le plancher, l'écrasent sous un plateau de chêne posé en travers sur sa poitrine, lui arrachent les yeux avec la pointe de leurs poignards, l'emportent évanoui à Wladimir, croyant n'emporter qu'un cadavre.

Arrêtés pour prendre leur repas dans une taverne sur la route, ils déposent le corps, le dépouillent de sa chemise ensanglantée, et ordonnent à l'hôtesse de blanchir la chemise du prince assassiné; à l'aspect de ce visage aveuglé, l'hôtesse jette un cri d'horreur qui rappelle Vasiliko au sentiment.

« Où suis-je? » dit-il. Il demande un verre d'eau; il tâte ses paupières et ses vêtements, il se sent aveugle et nu. « Pourquoi, dit-il, m'avez-vous ôté ma chemise ensanglantée? C'est avec ce témoin de votre crime que je voulais paraître aux yeux du Juge suprême! »

On le jette pour toute réponse dans les cachots de Wladimir.

Monomaque jette le cri de vengeance à ses alliés. Ils marchent sur Kief. Swiatopolk se justifie en rejetant le crime sur un autre. Les prêtres s'interposent et font jurer aux princes un mutuel pardon.

Cette paix dure peu. Swiatopolk marche en Volhynie contre d'autres ennemis. Au moment de la bataille, Vasiliko, guéri de ses blessures, paraît entre les deux camps, comme son propre fantôme, la croix à la main, et prophétise la défaite et la mort de son assassin. Swiatopolk vaincu s'enfuit à Kief.

XIV

Une ligue des princes pour le salut de la patrie, inspirée par Monomaque, pacifie une seconde fois la Russie. Swiatopolk meurt en 1113. La reconnaissance nationale offre la couronne à Monomaque, ce Nestor des Russes. Il la refuse par désintéressement. L'anarchie renaissante le force à l'accepter plus tard (1113-1125).

Sous le nom de Wladimir et sous le titre de grand-prince, il règne en arbitre plus qu'en souverain. Il meurt en laissant à la Russie l'exemple et la mémoire du règne de la vertu sans tache sur le trône. Ses conseils à ses fils, écrits par lui sur parchemin et conservés dans les monuments de l'histoire russe, sont le code des rois. Ce saint Louis de la Russie avait la sagesse de Salomon et l'éloquence de Cicéron. Son testament est le commentaire de sa vie. Il avait épousé une princesse d'Angleterre, Gydda, fille d'Harold.

Son fils Mstislaf hérita du titre de grand-prince. Il vécut assez pour mériter le nom de grand homme. L'anarchie renaquit de sa mort. Usevold, son neveu, ne régna que de nom. L'œil se trouble, l'histoire perd le fil des événements obscurs et compliqués de son règne nominal.

Igor, son frère, régent, est précipité du trône par Iaserlof, et languit captif dans un souterrain de Pereïslave. Moscou est fondée par Georges Dolgorouki en 1147, troisième Rome, disent les historiens de la Russie. Elle donne, comme Rome, son nom à un empire.

XV

De 1154 à 1215, cette agglomération et ce déchirement alternatifs des princes et des principautés destinées à former bientôt l'unité russe se perpétuent. L'invasion des Tartares les force à s'unir. Des masses irrésistibles s'avancent de Samarkande jusqu'à la mer d'Azof et jusqu'au Dniéper, dissipent l'armée coalisée des princes russes sur les rives de la Valka, et, après d'horribles dévastations, se retirent d'eux-mêmes comme un débordement passager (1223).

Ils reviennent en 1238, assiégent, emportent, incendient, égorgent Wladimir. « Les têtes russes tombent comme l'herbe des champs sous la faux, disent les chroniques. Tel qu'une bête féroce, Bâty dévorait les provinces entières, dont il déchirait, avec ses griffes, les misérables restes. Les plus vaillants des princes russes avaient perdu la vie dans les combats; les autres erraient sur des terres étrangères, cherchant, parmi les peuples de religion différente, des défenseurs qu'ils ne trouvaient pas : ils avaient tout perdu, eux qui naguère se vantaient de leurs richesses! Les mères désolées pleuraient leurs enfants écrasés, à leurs yeux, par les chevaux des Tartares, et les vierges déploraient la perte de leur innocence ; un grand nombre d'entre elles, pour conserver leur vertu, se perçaient le cœur ou se précipitaient dans des rivières profondes. Les femmes des boyards, qui jamais n'avaient connu le travail, qui peu de temps auparavant étaient couvertes de riches vêtements, ornées de colliers d'or et de bijoux, entourées enfin d'une foule d'esclaves, devinrent les servantes des barbares. Elles portaient de l'eau pour leurs femmes, tournaient la meule au moulin, et brûlaient leurs mains délicates en apprêtant la nourriture des infidèles!... Les vivants enviaient aux morts la tranquillité des tombeaux. »

Les Suédois se jettent alors sur la Russie; mais le jeune Alexandre, fils d'Iaroslaf, plus connu sous le nom d'Alexandre Newski, après sa victoire sur les bords de la Newa, sauve Novogorod en ne désespérant pas de la patrie. D'un côté il résiste aux Tartares, de l'autre il combat les Suédois; ses exploits et ses prodiges rappellent les fables de Roland. Il dompte les Allemands, il envahit la Finlande. Les Tartares, refoulés du nord de la Russie par son patriotisme, s'établissent en maîtres avec leur chef Bâty dans la Crimée, dans le Caucase, dans la Géorgie. Ils se contentent d'imposer aux princes russes du Nord leur suzeraineté et leurs tributs. Saint Louis, roi de France, qui, en 1253, était à Chypre, poursuivant sa mission armée pour convertir l'Orient à sa foi, leur envoie des ambassadeurs, persuadés, comme lui, que les Tartares étaient ou des athées ou des idolâtres.

« Allez en paix, répond le chef des Tartares Mongols à ces moines français, les Mongols n'ignorent pas qu'il existe un Dieu et ils l'adorent de toute leur âme, et il y a autant de routes pour arriver au ciel qu'il y a de doigts dans la main. Si Dieu vous a donné la Bible, il nous a donné notre livre saint et nos prophètes. La différence, c'est que vous ne suivez point les maximes de votre Évangile, et que nous obéissons à nos docteurs. Nous ne disputons avec personne. Voulez-vous de l'or, prenez-en dans mon trésor. »

Alexandre Newski, le héros et le saint de la Newa, après avoir éloigné les Tartares, fit alliance avec eux et visita leur prince dans sa cour. Il mourut à son retour de cette conférence pacifique, regretté et presque adoré de toute la Russie.

« Il s'est couché, le soleil de la patrie! s'écrièrent les prêtres et les peuples dans toutes les villes et dans toutes les campagnes; Alexandre n'est plus; nous allons périr! »

Son corps, sanctifié par la reconnaissance nationale, fut enseveli à Novogorod et transporté dans le dix-septième siècle sur les bords de la Newa, comme le palladium de la nation russe et de sa nouvelle capitale (1263).

XVI

Iaroslaf, le frère d'Alexandre Newski, lui succéda. Des discordes civiles affaiblirent la Russie sous son règne et sous ses successeurs, qui, pendant plus d'un siècle, furent tributaires et vassaux des Tartares. Des dissensions intestines suspendirent pendant quelque temps leur oppression. Leurs invasions recommencèrent dans le cours du quatorzième siècle, et, maîtres de la Russie méridionale, les Tartares fondèrent Caffa et Crim, ville capitale de la Tauride, qui changea le nom de cette presqu'île en celui de Crimée. La ville de Crim était alors si vaste, dit l'historien des Mongols, qu'un cavalier monté sur un cheval tartare pouvait à peine en faire le tour en un jour. Une mosquée fameuse décorée de marbre et de porphyre, des mosquées nombreuses, des palais, des bains, des bazars, des écoles publiques, faisaient à Crim l'admiration des Mongols et des Russes. La route de Kiva, en Crimée, était parcourue avec sûreté par les caravanes. Le commerce, les arts, la civilisation, pressaient la Russie de toute part à l'Orient et à l'Occident. Moscou, devenue la rivale de Novogorod, s'agrandissait sous ses princes aux proportions de la capitale de Crimée. Les grands-princes, jusque-là résidant à Kief ou à Novogorod, y concentrèrent la monarchie fédérative de la Russie. En 1367, à la suite d'un incendie qui dévore Moscou, le Kremlin, bâti jusque-là en bois, est reconstruit en pierre.

XVII

Malgré les guerres civiles et le long assujettissement aux Tartares, l'agriculture, le commerce, les arts, la poésie même, ce premier art des peuples primitifs, parce qu'il est le cri ou le chant de l'âme, avaient fait de la civilisation russe, aux quatorzième et quinzième siècles, une civilisation mixte, participant à la fois de l'extrême barbarie et de l'extrême raffinement des mœurs. Le tableau qu'en trace l'historien russe Karamsin prophétise un grand peuple germant de ce mélange de races asiatiques et européennes dans ces immensités presque inconnues alors de steppes, de neiges, de lacs et de forêts.

« Le commerce, dit-il, était considérable déjà en Russie; nous commencions à adopter les monnaies de métal au lieu des peaux de zibeline, longtemps notre unique monnaie.

» L'antique et célèbre voie grecque (le Dniéper) s'était, il est vrai, fermée pour nous; mais nos marchands parvinrent à s'ouvrir de nouvelles communications avec l'Orient, par les Tartares de la horde, et avec Constantinople et l'Occident, en descendant le Don jusqu'à Azof. Ceux qui faisaient le commerce des tissus de soie portaient, à Moscou, le nom de Sourojéens, pris de la mer de Souroge ou d'Azof. Ces négociants tenaient le premier rang parmi leurs confrères, avec ceux qui vendaient les draps d'Allemagne qu'ils recevaient de Novogorod, où florissait alors le commerce des villes hanséatiques. Les Russes échangeaient leurs fourrures contre ces marchandises étrangères.

» La Russie, abondant en bêtes fauves et en oiseaux, était le paradis des chasseurs. La terre était encore couverte de forêts épaisses, impénétrables ; et la tranquillité qui régnait dans ces profondes solitudes favorisait la propagation des animaux de toute espèce : de même que dans le onzième siècle les chevaux sauvages, les buffles, les sangliers et les cerfs erraient dans les forêts de la Russie méridionale, ainsi vers le quinzième les castors, les chèvres et les élans jouissaient de toute leur liberté dans nos provinces du Nord; les cygnes nageaient par troupes nombreuses dans nos fleuves et dans nos lacs.

» Nouvellement peuplée, en proie à des guerres sanglantes, fréquemment exposée aux horreurs de la famine et de la peste, la Russie, pauvre en hommes, était par cela même riche de ces trésors bruts de la nature, dont une trop grande population tarit bientôt la source. Les marchands de la horde, domiciliés à Moscou, à Tver et à Rostof, nous amenaient les produits de l'industrie asiatique, ainsi que des chevaux, et, indépendamment de nos fourrures précieuses, ou de celles de la Permie, ils prenaient en échange une grande quantité de faucons et d'autours apportés des pays de la Dvina dans la grande principauté. Les Russes fournissaient aux Mongols les draps de l'Allemagne, et procuraient aux Allemands les marchandises de l'Asie. Kazan, qui avait remplacé le royaume de Bulgarie, servait d'entrepôt aux marchands moscovites ainsi qu'à ceux de l'Orient. Il était de l'intérêt des khans de protéger un commerce qui, en nous enrichissant, nous mettait à même de payer plus exactement le tribut à la horde.

» Marc-Paul, célèbre voyageur vénitien, qui, en 1270, fit un voyage dans la grande Tartarie, en Perse et sur les bords de la mer Caspienne, parle de la glaciale Russie. Il rapporte que ses habitants sont blancs; qu'ils ont une belle figure, et que leur pays est riche en mines d'argent. Nous n'en avions point; mais, effectivement, nous possédions une grande quantité de ce métal que l'on recevait de l'Allemagne et de la Sibérie, par les Yougres. Les Novogorodiens promirent à Michel de Tver six mille livres d'argent, et en payèrent, en effet, à Vitovte près de soixante pouds, ce qui était énorme avant la découverte de l'Amérique. Nous ne savons point au juste la valeur du tribut annuel que nous payions aux khans; mais il est de fait qu'en 1384, chaque village était imposé à douze zolotniks d'argent, et un village était alors composé de deux ou trois maisons. Les villes donnaient quelquefois de l'or; les laboureurs versaient au trésor du grand-prince une grivna par soc de charrue, de même que les forgerons, les pêcheurs et les détaillants. Cette grivna équivalait à plus de deux zolotniks d'argent. Mais le commerce établi avec la horde nous ramenait, en effectif, tout le tribut envoyé aux Mongols. Enfin, nous avions tant d'argent, qu'il nous fut possible de renoncer aux *kounes*, c'est-à-dire à nos anciens assignats en circulation depuis plus de cinq cents ans, et dont, au défaut de métaux, l'introduction n'avait pas peu contribué aux progrès du commerce et de l'industrie. Le trésor public, en empêchant la trop grande émission de cette monnaie de peau, sut en conserver la valeur jusqu'au temps de l'invasion de Bâty, époque à laquelle les kounes tombèrent tout à fait, les Mongols ayant refusé de les prendre pour de l'argent. Cependant elles eurent cours pendant quelque temps encore à Novogorod et à Pskof, dont les relations avec la horde étaient très-bornées. Mais bientôt on y renonça, même dans ces deux villes, en raison des difficultés survenues dans les affaires commerciales avec les autres Russes, qui n'attachaient plus de prix aux kounes. Ce nom fut bientôt remplacé par celui de dienngui, et l'ancienne monnaie de peau fut, d'après le taux de l'argent, évaluée à la dixième partie d'un rouble. Il n'y a aucun doute que ce changement aurait pu avoir des suites fâcheuses pour le commerce intérieur de la Russie, où la quantité du numéraire se trouva tout à coup diminuée. Les villes marchandes avaient de l'argent; mais celles qui n'exerçaient qu'un petit commerce se virent obligées de recourir à différents signes pour représenter la valeur des objets. C'est ainsi que, dans la province de la Dvina, les morceaux de peau ou kounes ayant été abolis, on y subtitua de nouveau, comme monnaie, les peaux de martre et d'écureuil tout entières, ainsi que cela s'était pratiqué dans la plus haute antiquité; c'est-à-dire qu'on renouvela l'échange immédiat des marchandises, en usage parmi les nations à demi barbares.

» Nous remarquerons, relativement à notre commerce intérieur, que la liberté et les avantages dont il devait jouir étaient toujours un des articles des traités politiques. En fixant la taxe légale imposée sur chaque convoi ou vaisseau marchand, les princes souverains ajoutaient dans leurs traités : « Et les marchands feront le » commerce librement et sans aucunes entraves. » Dans plusieurs provinces, les habitants ne se contentaient pas de transporter d'une ville à une autre les productions qu'ils recevaient de l'étranger : ils avaient aussi leurs objets particuliers de commerce. C'était le houblon et le chanvre chez les Novogorodiens, les cuirs chez les habitants de Torjek, le sel chez ceux de Galitch et de la Dvina. En 1364, les Pskoviens établirent aussi des salines, qu'ils abandonnèrent bientôt après. La principale branche du commerce de l'intérieur était le blé et le poisson : aussi les négociants avaient l'art de profiter, pour s'enrichir, des années stériles dont le peuple avait à souffrir.

» Quoique les Mongols nous eussent, pour ainsi dire, séparés du reste de l'Europe; que les souverains de l'Occident ne contractassent plus aucune alliance avec les nôtres, et qu'à l'exception de l'ambassade d'Innocent à Alexandre Newski et du voyage d'Isidore en Italie, il n'existât aucune relation entre nous et l'Europe; bien qu'en général les annales étrangères ne fassent aucune mention de la Russie; cependant, au moyen des rapports commerciaux établis entre Novogorod et l'Allemagne, les Moscovites connurent bientôt les importantes découvertes européennes, telles que l'invention du papier et de la poudre à canon. Dès le quinzième siècle, nous substituâmes au parchemin le papier acheté aux Allemands; il nous procuraient aussi des munitions et de l'artillerie. Moscou et Galitch avaient des canons pour se défendre; mais comme, dans la description des combats de ce temps, livrés en rase campagne, on ne nous parle que de flèches, de sabres et de piques, il faut présumer que les canons et les pierriers n'étaient destinés qu'à défendre les places fortes. Il faut encore ajouter aux arts connus alors en Russie celui de battre monnaie, oublié depuis Iaroslaf le Grand.

» Quelques églises, que l'on voit encore à Moscou et dans quelques autres provinces, sont les seuls monuments qui nous soient restés de l'architecture de cette époque. On lit dans les annales que sainte Olga demeurait déjà dans un palais de pierre, tandis qu'à Moscou il n'y eut, jusqu'au quinzième siècle, d'autres édifices en pierre que les églises et les murs de la ville; les princes et les seigneurs préféraient les maisons de bois, comme plus favorables à la santé. Les fréquentes révolutions, le désordre qui régnait dans l'État, étaient une autre raison pour empêcher les riches de bâtir des habitations solides; car on voit rarement des édifices stables dans les lieux où la tranquillité de l'ordre social n'est point assurée. En 1433, Euphème, archevêque de Novogorod, se fit construire, par des architectes allemands, un palais en pierre qui avait trente portes, et qui fut embelli de peintures et d'une horloge. En 1449, le métropolitain Jonas s'en construisit un semblable avec une chapelle. Il y avait encore dans l'enceinte de la ville actuelle de Moscou des prairies et des bois; les princes, les boyards, possédaient des moulins, des jardins et des maisons de campagne hors des murs de la ville. Le luxe consistait à avoir un grand nombre de domestiques, des habits magnifiques, une maison élevée, des caves remplies de vin et d'hydromel; mais plus encore à fonder des églises, à enrichir de pierres précieuses les châsses des saints. Ayant fait mention des domestiques, nous observerons qu'à l'exemple des princes, les seigneurs, au moment de mourir, affranchissaient toujours leurs esclaves.

» Il est certain que l'ancienne Kief, embellie par les chefs-d'œuvre des artistes byzantins, animée par l'affluence des marchands grecs, allemands et italiens, l'emportait de beaucoup sur la ville de Moscou du quinzième siècle; cependant nos mœurs n'étaient pas devenues assez grossières pour faire perdre à notre esprit toute espèce de force créatrice, pour l'empêcher de faire aucun progrès. La Grèce, jusqu'au moment de sa chute, ne cessa d'influer sur l'état de la Russie. Nous lui fournissions de l'argent, et si, en échange, elle nous envoyait des reliques, elle nous procurait aussi des livres. La *Bibliothèque des patriarches*, à Moscou, connue dans le monde savant, fut fondée, par nos métropolitains, à l'époque même où nous gémissions le plus sous le joug des Tartares; et, riche en manuscrits théologiques, elle ne l'était pas moins en productions anciennes de la littérature grecque. La connaissance de cette langue était presque indispensable aux membres du haut clergé, continuellement en relation avec Constantinople; et la dépendance de notre Église, si nuisible sous le rapport de la politique, favorisait en Russie la propagation des lumières, ou, du moins, en entretenait toujours quelque étincelles parmi les ecclésiastiques.

» Les laïques, curieux de s'instruire, allaient puiser la science dans les monastères; ils interrogeaient les religieux sur les principes du christianisme, sur les bases de la morale, et même sur les événements politiques des temps passés, car c'était là, comme jadis, que vivait l'histoire de Russie; c'était là que l'éloquence patriotique des moines déplorait le sort de la patrie, et mêlait d'utiles leçons au récit touchant de ses malheurs. L'annaliste de Volhynie cite quelques passages d'Homère; celui de Moscou parle de Pythagore et de Platon. Indépendamment des livres d'église et de piété, nous avions reçu des Grecs l'histoire universelle et différents récits historiques, moraux et fabuleux; par exemple : *les Exploits d'Alexandre le Grand*, traduction d'Arrien; *Sinagripe, roi des Adors; les Héros de l'antiquité; les Richesses de l'Inde*, etc. La seconde de ces nouvelles est un conte arabe publié en langue française dans la continuation des *Mille et une Nuits*, vraisemblablement traduit du grec en russe au treizième ou au quatorzième siècle. Les plus remarquables productions de notre littérature, à cette époque, sont la description poétique de la bataille de Koulikof, et l'éloge de Dimitri Donskoï. Le premier de ces poëmes, composé par un prêtre rézanais, nommé Sophronime, nous rappelle, dans plusieurs passages, le fameux chant d'Igor, quoiqu'il soit moins poétique.

» Nous en citerons les passages suivants. Voici comme le prince Wladimir parle à Dimitri :

» — Nos voïevodes sont intrépides, les chevaliers russes
» indomptables; ils ont des coursiers agiles, d'impéné-
» trables armures, des boucliers couleur de pourpre, des
» lances dorées, de lourds cimeterres. La Pologne leur a
» fourni des poignards; l'Italie des carquois, et l'Alle-
» magne des javelots. Les bords de l'Oka et tous ses
» détours sont connus à nos guerriers. Ils ont juré de
» mourir pour la religion chrétienne et pour venger l'in-
» jure faite au grand-prince Dimitri. La grande-princesse
» Eudoxie, renfermée dans son palais doré avec les
» épouses des voïevodes, est assise à la fenêtre qui re-
» garde vers le midi; elle suit des yeux son époux chéri;
» des ruisseaux de larmes s'échappent de ses beaux
» yeux, et, les mains jointes, elle adresse au Tout-Puis-
» sant cette invocation :

» — Grand Dieu ! écoute favorablement la prière de ton

» humble servante; ramène-moi le prince Dimitri, mon
» bien-aimé; ramène-le-moi rayonnant de gloire, au
» milieu de ses voïevodes! Prête-lui ton bras puissant
» pour terrasser ses ennemis! Puissent les chrétiens ne
» pas tomber aujourd'hui sous le fer de l'infidèle Mamaï,
» comme jadis sous celui du cruel Bâty! Daigne sauver
» le reste de ces braves guerriers, et que ton nom soit à
» jamais sanctifié; c'est en toi seul, œil à qui rien
» n'échappe, que la triste Russie a placé sa confiance.
» J'ai deux fils qui n'ont d'autre arme que leur inno-
» cence : qui les protégera contre le souffle impétueux
» des vents, contre la brûlante ardeur de la canicule?
» O mon Dieu! fais qu'ils revoient leur père et qu'eux-
» mêmes règnent un jour pendant de longues années... »

» La veille de la bataille, au plus fort de la nuit, l'illustre prince de Volhynie, capitaine rempli d'expérience, appelle le grand-prince dans la campagne pour lui apprendre quel sera le sort de la patrie. Ils ont devant eux le camp de Mamaï, derrière est celui des Russes... (Septembre 1580.)

» — Ecoute! » dit le héros volhynien. Aussitôt Dimitri, se tournant du côté du camp de Mamaï, entend de grands cris et un bruit semblable à celui qui règne dans un vaste marché, dans une ville dont on élève les édifices, ou bien encore aux sons qui s'échapperaient d'un grand nombre de trompettes; plus loin se font entendre les cris des bêtes féroces, les croassements des corbeaux; des troupes d'oies et de cygnes font retentir les bords de la Niépriadva du bruit de leurs ailes, et semblent annoncer une horrible tempête.

» — Maintenant tourne-toi vers le camp des Russes,
» dit le Volhynien : qu'entends-tu? — Tout est calme, ré-
» pond Dimitri; j'aperçois seulement les feux du ciel qui

» confondent leur éclat avec la brillante aurore. » Le prince de Volhynie descend de cheval; il se couche par terre et prête attentivement l'oreille. Il écoute longtemps; enfin il se lève et garde un profond silence. « Eh bien? lui demande le grand-prince. — Ah! lui ré-
» pond le prudent héros, nous éprouverons tour à tour
» la bonne et la mauvaise fortune; les deux partis gé-
» missent, l'un comme une veuve qui déplore la perte
» de son époux, l'autre comme une jeune vierge dont la
» voix plaintive ressemble aux sons du chalumeau. Nous
» triompherons, ô Dimitri; mais, hélas! la victoire nous coûtera bien cher. »

» A ces mots les yeux du grand-prince se remplissent de larmes.

» Cependant, enveloppées d'un épais brouillard, les deux armées se joignent. Les étendards des chrétiens sont déployés. Les coursiers restent immobiles sous leurs cavaliers; le son de nos trompettes est aigu, celui des clairons tartares est plus sourd. La terre gémit à l'Orient jusqu'à la mer, et à l'Occident jusqu'au Danube. Le champ de bataille cède sous le poids des guerriers qui le foulent; les eaux des fleuves ont inondé les campagnes... L'heure fatale a sonné; chaque soldat pique son coursier et s'élance en criant : « Grand Dieu! sois
» favorable aux chrétiens... » On combat corps à corps; les guerriers sont foulés sous les pieds des chevaux, sont étouffés dans la mêlée. De sanglantes étincelles jaillissent des glaives éclatants; des forêts de piques se croisent et se brisent dans leur choc. Semblables à des arbres majestueux, nos valeureux guerriers se courbent vers la terre. O prodige! le ciel s'entr'ouvre au-dessus des légions de Dimitri, et l'on aperçoit, au milieu d'un brillant nuage, des milliers de mains qui tiennent des cou-

ronnes resplendissantes préparées aux vainqueurs... Cependant les troupes du prince Wladimir s'élancent de leur embuscade et fondent sur Mamaï comme des faucons sur une troupe d'oies, ou tels que des convives qui se pressent vers un festin de noces. Rien ne résiste à leur impétuosité, et l'ennemi prend la fuite en criant : « Malheur à toi, Mamaï ! tu étais dans les
» cieux, et te voilà maintenant précipité dans les en-
» fers ! etc... »

Voici comment l'auteur dépeint l'amour mutuel de Dimitri et de la grande-princesse Eudoxie son épouse :

« C'était en deux corps une seule âme, guidée par la vertu. Tous deux vivaient ensemble comme des pigeons à la gorge d'or, comme des colombes au doux ramage. Tous deux se regardaient avec attendrissement dans le miroir pur et sans tache de leur conscience...

» A l'aspect de son époux étendu sur un lit de mort, des larmes amères et brûlantes inondent le beau visage de la grande-princesse. Sa voix ressemble au roucoulement matinal de la tourterelle, au son mélodieux d'un orgue.

» — Elle s'est éteinte pour jamais, la lumière de mes
» yeux ! s'écrie-t-elle dans sa douleur ; je l'ai perdu, le
» trésor de ma vie ! Où es-tu, mon héros ! Pourquoi faut-il
» que tu sois sourd à la voix de ton épouse ? Fleur majes-
» tueuse ! pourquoi t'être flétrie de si bonne heure ? Vigne
» fertile, c'en est fait, tu ne porteras plus la douceur de
» tes fruits dans mon sein... Regarde, oh ! regarde-moi !
» De ton lit de mort, tourne tes yeux vers moi ; encore
» un mot, un seul mot de toi ! Eh quoi ! m'aurais-tu déjà
» oubliée ? Regarde : voilà ta femme, voilà tes enfants. A
» qui confies-tu ton épouse ? qui prendra soin de tes or-
» phelins ? O mon bien-aimé ! qu'est devenue ta gloire ?

» Naguère souverain de toute la Russie, tout, jusqu'à la
» vie, t'abandonne aujourd'hui ! Vainqueur du peuple, te
» voilà vaincu par la mort. Hélas ! ton sort brillant a
» changé en même temps que tes traits majestueux. O
» vie de mon âme ! par quelles caresses te prouver mon
» amour? De misérables vêtements ont remplacé la riche
» pourpre qui te couvrait. Qu'ils sont différents de ceux
» dont j'aimais à te parer ! Au lieu de diadème, ta noble
» tête n'est plus enveloppée que d'un linge grossier ! Tu
» quittes ton palais somptueux pour descendre dans un
» cercueil ! Ah ! si le Seigneur daignait exaucer ma
» prière !... Mais toi, prie aussi pour ta bien-aimée ; ob-
» tiens du ciel qu'elle te suive dans la tombe, elle qui
» jamais ne te quitta pendant ta vie !... Nous sommes
» jeunes encore ; la triste vieillesse ne nous a pas encore
» frappés. Ah ! pourquoi ai-je si peu joui de mon bien-
» aimé ! La joie a fait place aux larmes, le bonheur a
» cédé à la plus cruelle affliction. Pourquoi suis-je venue
» au monde, ou plutôt pourquoi ne t'ai-je pas précédé
» dans l'éternelle nuit? je n'aurais pas vu ton trépas et
» ma misère ! Mais tes oreilles sont fermées à mes tristes
» discours ; tu n'es pas attendri de mes larmes amères ! O
» prince chéri, ton sommeil est trop profond ! j'essayerais
» vainement de t'éveiller ! Quelle guerre pleine de fatigue
» viens-tu de terminer, ô mon bien-aime ! pour être
» plongé dans cet état de léthargie? Les bêtes fauves re-
» tournent dans leurs antres, les oiseaux du ciel revolent
» vers leur nid ; et toi, cher époux, tu fuis à jamais ta
» demeure ! »

Après la bataille de Koulikof, qui avait presque anéanti la puissance des Tartares en Crimée, Timour, suivi de cinquante mille hommes, renouvela, en 1395, l'invasion de Bâty-Khan. Cette guerre civile entre Mongols et Mongols affaiblit encore les Tartares et facilita l'affranchissement des Russes dans leurs possessions méridionales.

XVIII

Le règne de quarante-trois ans d'*Ivan III Vasiliewich*, commencé à l'âge de vingt-deux ans en 1462, affranchit la Russie des Tartares, élargit l'empire au nord, à l'occident, à l'orient, complète l'unité, organise l'armée, aguerrit les Russes. Il combat, négocie et traite avec la Suède, la Pologne, la Hongrie ; fonde, au lieu d'une féodalité, un empire immense. Une terreur raisonnée asservit à ce prince tous les boyards et tous les princes ; il prend le nom antique de *tsar*, qui ne dérive point de César, comme on l'a écrit, mais qui dérive de l'hébreu et de l'arabe, où ce mot signifie *puissance, trône, majesté*. Il corrige le code civil et l'approprie à son temps ; il réforme le calendrier comme Jules César ; il convoque des conciles nationaux pour régler les doctrines et les disciplines de son clergé. Il déshérite, emprisonne son fils Dimitri, et meurt en laissant un empire au lieu d'une ville à son neveu, et la postérité indécise s'il mérita mieux le surnom de grand que de terrible (1505).

Les princes de Moscou subjuguèrent ou rattachèrent successivement les principautés de Twer, de Smolensk et de Novogorod. La Russie fortifiée semblait au moment de retrouver son indépendance. Les princes de Moscou prennent le titre et le rang d'autocrates de toutes les Russies.

XIX

A la mort d'Ivan III, Vasiliewich IV, son successeur (de 1505 à 1533), continua son règne en l'adoucissant. Il vécut en roi et mourut en saint. Le récit de sa fin chrétienne rappelle la mort du juste bénissant la terre et voyant déjà dans le ciel le prix de ses vertus. Son peuple assista à son agonie, et la Russie entière retentit de sanglots comme pour la perte d'un père. Un ambassadeur allemand envoyé à sa cour fait en ces termes le portrait de ce prince et de sa suite en 1523 :

« Le grand-prince s'occupait de l'administration des affaires depuis le matin jusqu'à son dîner, après lequel il prenait quelque repos. Aimant les plaisirs tranquilles de la campagne, il passait l'été à Ostrof, à Vorobief, ou à Moscou, dans le champ de Voronzof; il visitait souvent les villes des environs, et allait chasser à Mojaïsk et à Volok-Lamsky; mais les soins qu'il devait à l'État l'occupaient jusque dans ces divertissements. Il travaillait avec ses conseillers et ses secrétaires, et quelquefois donnait audience aux ambassadeurs étrangers. »

Voici comme le baron de Herberstein décrit la chasse du grand-prince :

« Dès que nous eûmes aperçu le monarque russe dans la campagne, nous mîmes pied à terre, et nous nous avançâmes vers lui. Il était monté sur un beau coursier et magnifiquement vêtu; sa tête était couverte d'un bonnet fort élevé, brodé en pierres précieuses et surmonté de plumes dorées que le vent faisait flotter; un poignard et deux couteaux étaient attachés à sa ceinture. Il avait à sa droite Aley, tsar de Kazan, armé d'un arc et de flèches ; à sa gauche, deux jeunes princes, dont l'un enait une hache, et l'autre une masse d'armes. Sa suite était composée de plus de trois cents cavaliers.

» A l'approche de la nuit on descendait de cheval et l'on dressait des tentes dans une prairie ; le grand-prince, après avoir changé d'habit, s'asseyait dans la sienne, sur un fauteuil, rassemblait ses boyards et s'entretenait gaiement avec eux sur le bon ou le mauvais succès de la chasse ; des domestiques présentaient ensuite une collation, du vin et de l'hydromel. Nos plus anciens princes, Vsevolod Ier, Monomaque, etc., aimaient aussi le plaisir de la chasse ; mais Vasili fut, dit-on, le premier qui introduisit l'usage des meutes dans ces sortes d'amusements, car les Russes avaient autrefois les chiens en horreur, les regardant comme des animaux impurs.

» La cour de Vasili était brillante. Il augmenta le nombre de ses officiers, en y ajoutant les inspecteurs d'armes et des chasses, les kraïtchis et les rendis. Le kraïtchi était ce que nous appelons aujourd'hui grand échanson, et on nommait rendis des écuyers choisis parmi les jeunes gens nobles, distingués par leur beauté, les traits délicats de leur physionomie, et une exacte proportion dans leur taille. Vêtus de manteaux de satin blanc, et armés de petites haches d'argent, ils marchaient devant le grand-prince lorsqu'il paraissait en public ; et au palais, placés auprès de son trône, ils semblaient aux étrangers des anges descendus des cieux ; à la guerre, ils étaient chargés de la garde des armes du prince.

» Humble à l'église où, éloignant sa nombreuse cour, il restait toujours seul, près du mur, appuyé sur son bâton, Vasili aimait la magnificence dans toutes les autres assemblées solennelles, surtout dans les audiences qu'il donnait aux ambassadeurs étrangers. Pour leur donner une grande idée de la nombreuse population de la Russie, de la richesse de ses habitants, ainsi que de la gloire et de la puissance du grand-prince, le jour de leur présentation on fermait toutes les boutiques, on suspendait les travaux et les affaires; les citoyens, vêtus de leurs plus beaux habits, se pressaient en foule autour des murs du Kremlin. On faisait venir les enfants boyards de toutes les villes voisines, les troupes étaient sous les armes et les officiers les plus distingués allaient à la rencontre des ambassadeurs. Dans la salle d'audience, remplie d'une multitude de spectateurs, régnait le plus profond silence. On voyait le monarque sur son trône, ayant près de lui une image suspendue à la muraille; à sa droite était posé son bonnet, à sa gauche le sceptre. Les boyards étaient assis sur des bancs, couverts d'habits enrichis de perles, avec des bonnets fort élevés.

» Les dîners du grand-prince se prolongeaient quelquefois jusqu'à la nuit. On disposait plusieurs rangs de tables dans la grande salle; les frères du prince ou le métropolitain occupaient les places d'honneur auprès du monarque, et plus loin se plaçaient les seigneurs et officiers, parmi lesquels on voyait aussi quelquefois de simples soldats qui s'étaient distingués par des actions d'éclat. Au milieu, sur une table plus élevée, brillaient un grand nombre de vases d'or, de coupes, de tasses. Le premier plat se composait toujours de cygnes rôtis. On présentait des coupes remplies de malvoisie et d'autres vins de Grèce. Le monarque, en signe de faveur, envoyait lui-même les mets à quelques-uns des convives; alors ils se levaient et le saluaient : les autres en faisaient autant à leur égard, et il fallait les remercier encore par des salutations particulières. Afin de chasser l'ennui, il était permis aux convives de converser librement entre eux, car Vasili aimait une conversation inspirée par la gaieté et la décence, libre de toute contrainte. Pendant le dîner, il parlait avec bonté aux étrangers, faisait l'éloge de leurs souverains ; il les engageait à rester quelque temps à Moscou, afin de se délasser des fatigues d'un long voyage, et de reprendre de nouvelles forces pour retourner dans leur patrie ; il leur adressait ensuite différentes questions, etc. »

« Quand nous revenions le soir du palais du grand-prince, écrit François Da-Collo, ambassadeur de Maximilien, les rues de Moscou étaient si bien éclairées, que la nuit ressemblait au jour. »

Outre les présents, on fournissait tous les jours aux ambassadeurs ce qui leur était nécessaire, et on aurait regardé comme une offense de leur voir acheter la moindre chose. Des fonctionnaires particuliers lisaient, pour ainsi dire, dans les yeux de ces illustres hôtes, et ils étaient responsables du plus léger sujet de mécontentement de leur part.

L'Europe de cette époque n'appelait un tel empire barbare que parce qu'il lui était inconnu.

XX

Une régence d'Hélène, sa veuve, gouverna la minorité d'Ivan IV, fils de Vasili, qui n'avait que quatre ans à la mort de son père. Elle sacrifie sa politique à ses amours et immole son fidèle ministre pour complaire à son amant. Des supplices atroces la vengent de ses sujets révoltés ; elle meurt du poison, dans la fleur de sa vie, en 1538 ; son favori périt après elle. L'oligarchie des princes ou boyards se dispute la minorité d'Ivan IV et ensanglante Moscou de leurs dissensions. A l'âge de dix-huit ans, il se fait enfin couronner, avec une pompe moitié tartare, moitié chrétienne, dans la cathédrale de Moscou, sous le titre de tsar. Ses envoyés parcourent la Russie pour trouver une épouse digne de lui parmi les plus belles filles de l'empire. Anastasie, fille de Roman, d'où descendent les Romanof, fixe leur choix et le sien. Un incendie dévore pour la troisième fois cette ville qui semble dévouée aux flammes et qui en ressort toujours plus vaste et plus riche.

« La ville entière, dit l'annaliste, et le Kremlin présentaient l'aspect d'un immense bûcher embrasé, couvert d'une fumée noire et épaisse. Les édifices en bois disparurent entièrement ; ceux en pierre ne présentaient plus que des décombres ; le fer étincelait comme dans une fournaise, et la force de la chaleur avait liquéfié le cuivre ; le mugissement de la tempête, l'écroulement des édifices, les cris de désolation du peuple, étaient, de moments à autres, étouffés par l'explosion des poudres déposées au Kremlin et dans quelques parties de la ville. Les palais du tsar, le trésor, les choses précieuses, les armes, les images, les archives, les livres et jusqu'aux saintes reliques, tout fut détruit dans l'embrasement de Moscou !... Le métropolitain, presque étouffé par la fumée, était encore en prières dans la basilique de l'Assomption ; on fut obligé d'employer la force pour l'en faire sortir, et, comme il ne restait plus d'autre moyen de le sauver que de le faire glisser le long d'une corde à nœuds jusqu'à la Moskova, on parvint à l'y décider ; mais, n'ayant pas la force de se soutenir, il fit une chute tellement dangereuse, qu'il fallut le transporter à demi mort. »

XXI

Le peuple, convaincu que l'incendie est un avertissement céleste qui commande aux Russes de purger le palais de ses vices, se soulève et massacre l'aïeul et les oncles d'Ivan. Un moine, nommé Sylvestre, apostrophe Ivan lui-même et lui reproche ses faiblesses. Ivan se convertit, verse des larmes, imite les vertus de sa femme Anastasie, ressaisit le pouvoir, refoule le peuple, immole et assujettit les ambitieux boyards. Son règne se régularise et s'adoucit sous l'inspiration de Sylvestre.

Une assemblée des plus sages boyards de l'empire convoqués au Kremlin, en 1550, réforme les lois politiques, le code civil, le clergé, et appelle en Russie les étrangers capables d'éclairer le peuple par les sciences et les arts. Ivan conquiert, en 1552, sur les Tartares, l'opulente ville de Kazan, cette Samarkande du Volga, capitale d'une autre Mongolie ; son retour à Moscou est un triomphe de trois cents lieues. Sa femme Anastasie l'attend aux portes de la ville portant dans ses bras le fils qu'elle lui a donné pendant son absence. La campagne suivante lui soumet le royaume d'Astrakan, la Circassie, les Tartares Noghaïs ; les Sibériens reconnaissent la suzeraineté russe ; la Livonie, la Suède, la Finlande, sont envahies par ses armées. Ivan IV substitue la solde en argent aux fiefs en terre dont les tsars jusqu'à lui payaient les services militaires de leurs boyards. La Livonie vaincue est arrachée à l'ordre Teutonique et annexée à l'empire des tsars ; la Crimée envahie subit ses conditions et ses tributs. La mort précoce d'Anastasie enlève à la fois à Ivan IV sa fortune et sa vertu (1560).

Son désespoir l'endurcit et fait un tyran du plus héroïque et du plus généreux des princes. Il emprisonne le moine Sylvestre dans un monastère et son ministre Adascheff à Dorpat. Ce Germanicus devient en peu d'années le Néron de la Russie ; ses débauches, ses meurtres, ses ivresses de sang, attestent de quels délires la tyrannie est capable et quelle servitude les courtisans peuvent supporter. Le souvenir des chastes délices qu'il a goûtées dans sa première union avec une femme vertueuse lui fait prendre pour seconde épouse une princesse circassienne d'une beauté célèbre dans sa nation ; il l'achète à sa famille, la fait élever à Moscou et la place sur le trône. La nature sauvage et féroce de la Circassienne irrite au lieu de tempérer sa soif de sang. Il se dégoûte de cette femme et se passionne pour la veuve d'un de ses frères, la princesse Julienne, religieuse dans le monastère du Kremlin.

Tout à coup il disparaît de Moscou sans qu'on sache le lieu de sa retraite, et, semblable à Tibère écrivant au sénat de Rome pour lui dénoncer ses ennemis, il écrit aux habitants de Moscou pour leur désigner les boyards traîtres à la Russie. Il les menace de déposer la couronne s'ils hésitent à le venger. Les lâches chefs de la capitale, craignant un piége, se rendent au lieu de sa retraite pour le supplier de les tyranniser encore. Ils lui promettent à ce prix tout le sang qu'il voudra faire couler. Il revient à Moscou précédé de soldats, de prêtres et de bourreaux. Le peuple simule la joie pour cacher la terreur. Le portrait d'Ivan par les annalistes témoins de son entrée à Moscou rappelle l'insensé sous le tyran.

« Il était de haute taille, disent-ils, les épaules fortes, les bras énormes, la poitrine large, des cheveux flottants, de longues moustaches, le nez aquilin, les yeux fauves, pleins d'éclairs errants, assombris quelquefois comme sous des nuages; un reste de beauté dans la physionomie altérée par l'empreinte des vices, si livide qu'à peine ses sujets pouvaient le reconnaître; une sombre férocité se révélait dans l'expression de ses traits déformés; il avait le regard éteint, il était chauve au sommet de la tête, il ne lui restait plus que quelques poils de barbe; il semblait avoir été consumé par un feu intérieur. »

Il demanda pour sa sûreté une garde particulière, indépendante des troupes fournies par les boyards; il déclara presque toutes les grandes villes de l'empire, Moscou et ses dépendances, propriété personnelle du tsar; il se choisit mille satellites parmi les fils de boyards, à qui il distribuait, pour prix de leur dévouement, les fiefs enlevés à ses ennemis supposés; il s'attribua à lui et à ses gardes tous les quartiers de Moscou voisins du Kremlin, d'où il relégua les princes et les boyards loin de la forteresse dans des rues écartées; il se fit construire une forteresse pour palais.

Le lendemain les supplices commencèrent. La première victime fut le célèbre voïevode, prince Alexandre Gorbati-Schouisky, descendant de saint Wladimir, de Vsevolod le Grand et des anciens princes de Souzdal. Cet homme, animé d'un égal amour de la religion et de la patrie, qui avait puissamment contribué à la conquête du royaume de Kazan, fut condamné à mort ainsi que son fils Pierre, jeune homme de dix-sept ans. Ils se rendirent tous deux au lieu du supplice avec calme et dignité, sans frayeur et se tenant par la main. Afin de ne pas être témoin de la mort de l'auteur de ses jours, Pierre présenta le premier sa tête au glaive ; mais son père le fit reculer en disant avec émotion : « Non, mon fils, que je ne te voie pas mourir ! » Le jeune homme lui cède la place, et aussitôt la tête du prince est détachée du corps ; son fils la prend entre ses mains, la couvre de ses baisers, et, levant les yeux au ciel, il se livre de lui-même aux mains du bourreau. Le beau-frère de Gorbati, Pierre Khovrin, Grec d'origine ; le grand officier Golovin, le prince Soukhoï-Kachin, grand échanson, le prince Pierre Gorensky, furent décapités le même jour.

D'autres princes furent empalés et chantèrent des cantiques sur le pal qui déchirait leurs entrailles. Le sang coula comme le vin dans les cours du Kremlin.

XXII

Après ces longues proscriptions, le tsar s'enferma avec six mille prétoriens dans la forteresse d'Alexandrovsky, enceinte de fossés, hérissée de canons ; campé en ennemi public plutôt que régnant en prince au milieu de son peuple, il y mêlait dans sa démence la vie du cénobite à la vie du bourreau. Le tableau de cette communauté militaire et monacale, dont il s'était constitué l'abbé, est un phénomème historique qu'un pays aussi reculé que la Russie pouvait seul offrir au seizième siècle.

« Le nouveau palais avait l'apparence d'une forteresse inexpugnable. Cependant le tsar ne s'y croyait pas encore en sûreté, et, prenant en aversion le séjour de Moscou, il fixa, depuis ce moment, sa résidence la plus ordinaire dans le bourg d'Alexandrovsky, qui devint une ville embellie d'églises, de maisons et de boutiques en pierre. Son célèbre temple de Notre-Dame resplendissait à l'extérieur de l'éclat des couleurs les plus vives, enrichies d'or et d'argent : sur chaque brique était représentée une croix. Le tsar habitait un grand palais entouré d'un fossé et d'un rempart; les officiers de la cour, fonctionnaires civils et militaires, occupaient des maisons séparées ; les légionnaires avaient leur rue particulière, ainsi que les marchands. Il était expressément défendu d'entrer ou de sortir à l'insu d'Ivan, et, pour faire exécuter cette mesure de surveillance, on établit un corps de garde à trois verstes de la Slobode. Dans ce château menaçant, environné de sombres forêts, le tsar consacrait au service divin la plus grande partie de son temps, cherchant à calmer le trouble de son âme par de continuels exercices de dévotion ; il imagina même de transformer son palais en monastère et ses favoris en moines. Il donna le nom de frères à trois cents légionnaires choisis parmi les plus dépravés, prit le titre d'abbé, puis institua le prince Athanase Viazemsky trésorier, et Maluta Skouratof sacristain. Après leur avoir distribué des calottes et des soutanes noires, sous lesquelles ils portaient des habits éclatants d'or, garnis de fourrures de martre, il composa la règle du couvent et prêcha l'exemple dans son étroite observance.

» Voici la description de cette singulière vie monastique. A trois heures du matin, le tsar, accompagné de ses enfants et de Skouratof, allait au clocher pour sonner matines; aussitôt tous les frères se rendaient à l'église; celui qui manquait à ce devoir était puni par huit jours de prison. Pendant le service, qui durait jusqu'à six ou sept heures, le tsar chantait, lisait, priait avec tant de ferveur, que toujours il lui restait sur le front des marques de ses prosternations. A huit heures, on se réunissait de nouveau pour entendre la messe, et à dix tout le monde se mettait à table, excepté Ivan, qui lisait, debout et à haute voix, de salutaires instructions. L'abondance régnait dans les repas : on y prodiguait le vin, l'hydromel, et chaque jour paraissait un jour de fête. Les restes du festin étaient portés sur la place publique pour être distribués aux pauvres. L'abbé, c'est-à-dire le tsar, dînait après les autres ; il s'entretenait, avec ses favoris, des choses de la religion, sommeillait ensuite, ou bien allait dans les prisons pour faire appliquer quelques malheureux à la torture. Ce spectacle horrible semblait l'amuser ; il en revenait chaque fois avec une physionomie rayonnante de contentement. Il plaisantait, il causait avec plus de gaieté que d'ordinaire. A huit heures, on allait à vêpres ; enfin, à dix, Ivan se retirait dans sa chambre à coucher, où, l'un après l'autre, trois aveugles lui faisaient des contes, qui l'endormaient pour quelques heures. A minuit, il se levait et commençait sa journée par la prière. Quelquefois on lui faisait à l'église des rapports sur les affaires du gouvernement ; quelquefois les ordres les plus sanguinaires étaient donnés au chant des matines ou pendant la messe ! Pour rompre l'uniformité de cette vie, Ivan faisait ce qu'il appelait des tournées. Il visitait alors les monastères voisins ou éloignés, ou il allait poursuivre les bêtes fauves dans les forêts, préférant à tout la chasse de l'ours. »

Dans ses moments lucides il recherchait cependant, entre tous, les Livoniens prisonniers, et cherchait à substituer les étrangers aux Russes dans sa cour et dans les emplois, pour former son peuple sur le modèle des nations germaniques.

XXIII

Des accès de fureur entrecoupaient ces loisirs. Moscou recevait tout à coup l'ordre de supplicier ses premiers citoyens. Quelquefois il se réservait à lui-même le rôle de bourreau. Un jour il fit asseoir sur le trône son grand écuyer, Féodorof; lui posa la couronne sur la tête, le sceptre dans la main; le tsar s'inclina devant ce fantôme de tsar.

« Salut, lui dit-il, grand tsar de Russie, tu reçois de moi l'honneur que tu convoitais, mais si j'ai eu la puissance de te créer souverain, j'ai aussi celle de te précipiter du trône. » Et il lui plongea son poignard dans le cœur. Son corps fut jeté aux chiens, et sa femme égorgée sur son cadavre. Le tsar repoussait du pied avec de cyniques railleries les têtes des boyards qu'on amoncelait dans leur sang devant lui. Un moine osa fulminer en présence du tyran les menaces divines. Des milliers de moines expièrent par leur mort cette sainte audace.

Au mois de juillet 1568, à minuit, ses favoris enfoncent les portes des principaux boyards et négociants de Moscou, enlèvent les femmes renommées pour leur beauté, les entraînent hors des murs. Au lever du soleil, ils sont rejoints par le tsar en personne, escorté de mille satellites. On se met en route : à la première couchée, on lui présente les femmes, parmi lesquelles il en choisit quelques-unes, abandonnant les autres à ses favoris. Ensuite il fait avec eux le tour des murs de Moscou, brûlant les métairies des boyards disgraciés, mettant à mort leurs fidèles serviteurs, exterminant jusqu'aux bestiaux, surtout dans les villages de Kolomma, qui appartenaient au grand écuyer Féodorof. Rentré dans Moscou, il fit reconduire chez elles les femmes enlevées, dont plusieurs moururent de honte et de douleur.

Bientôt las de supplices isolés, il extermine des villes et des provinces entières ; mais dans les intervalles lucides de sa démence furieuse, il négocie avec habileté, il combat ou fait combattre avec bonheur, il organise avec sagesse, il réforme avec vigueur : homme double, moitié brute, moitié prince de génie, répondant par son caractère aux populations sauvages qu'il dompte et par son intelligence supérieure à sa mission de fondateur d'empire, il vieillit ainsi entre l'horreur et l'admiration de ses peuples.

Dans un de ses accès de colère il tue son fils aîné d'un coup de son bâton ferré asséné sur la tête ; il le pleure ensuite comme la plus tendre mère, s'accuse de son crime, implore à genoux son pardon des hommes et du ciel, et suit couvert de cendres ses funérailles.

Il meurt enfin, le 18 mars 1584, pleuré par son peuple et laissant dans la mémoire des vieux Russes une popularité qui est le mystère de la gloire et l'encouragement des peuples à la tyrannie.

XXIV

Son second fils, le faible et vertueux Fédor Ier, lui succède sans contestation. Boris Goudounof, déjà favori d'Ivan IV et frère de la tsarine Hélène, épouse de Fédor, gouverne l'empire avec le titre de régent.

Pendant que Fédor prie et psalmodie dans son palais

transformé en monastère, Goudounof continue d'un esprit supérieur et d'une main énergique les pensées d'Ivan. Cette régence est le plus beau règne de la première dynastie des tsars de Moscou. Les historiens de Russie qui ont écrit leurs annales sous la dynastie des Romanof chargent la mémoire de Goudounof de perfidies, de meurtres et de trahisons que rien ne justifie dans son caractère. Il donne un patriarche à l'Église russe pour l'empêcher de tomber sous la servitude de l'Église grecque ou de l'Église romaine. Il éloigne de Moscou, disent ces chroniques, la tsarine douairière, veuve d'Ivan, avec son fils Dimitri, âgé de sept ans, successeur éventuel de Fédor, dont le mariage était jusque-là stérile. Goudounof, selon ses accusateurs, conspirait la mort du jeune Dimitri, afin de prétendre lui-même à la couronne des tsars à la mort de Fédor.

Le récit de la légende de Dimitri est une des scènes les plus pathétiques de l'histoire de Russie. Nous la reproduisons sans y croire.

Le samedi 15 mai 1591, dès la sixième heure du jour, la tsarine revenait de l'église avec son fils et se préparait à dîner. Ses frères ne se trouvaient pas au palais; les domestiques étaient occupés à servir. Dans cet instant, la gouvernante Volokhoff appelle Dimitri pour le faire promener dans la cour; la tsarine qui voulait le suivre, malheureusement distraite de cette idée, s'arrête. La nourrice voulait retenir le tsarewitch sans aucun motif dont elle pût se rendre compte, mais la gouvernante l'entraîne par force dans le vestibule et, de là, sur l'escalier, où ils rencontrèrent Joseph Volokhoff, Daniel Bitiagofsky et Katchaloff. Le premier, en prenant Dimitri par la main, lui dit : « Seigneur, vous avez un nouveau collier. » L'enfant, en levant la tête, et avec le sourire de l'innocence, lui répond : « Non, c'est l'ancien. » Dans ce moment, le fer assassin le frappe; mais, après avoir à peine effleuré la gorge du prince, il tombe des mains de Volokhoff. La nourrice jette des cris d'effroi, en serrant dans ses bras l'enfant souverain. Volokhoff prend la fuite; mais Daniel Bitiagofsky et Katchaloff arrachent le tsarewitch à sa nourrice, le poignardent, et se précipitent au bas de l'escalier, au moment même où la tsarine y arrivait, sortant du vestibule. Le jeune martyr, âgé de neuf ans, était étendu ensanglanté dans les bras de celle qui l'avait nourri, et qui avait voulu le défendre aux dépens de sa vie. Il palpitait comme une colombe, et il exhala son dernier soupir sans entendre les lamentations de sa mère au désespoir. La nourrice montrait du doigt l'infâme gouvernante, troublée par le crime, et les assassins qui traversaient la cour. Personne ne se trouva là pour les arrêter; mais le vengeur céleste était présent.

XXV

Fédor meurt en 1598; le peuple et les boyards prêtent serment à la tsarine sa veuve, sœur du régent Goudounof. Elle renonce au trône et se retire dans un couvent. Goudounof l'y suit pour lui persuader de reprendre le sceptre. L'empire, sans prince, sans tsarine et sans régent, tremble de retomber dans l'anarchie. Le clergé, les boyards, le peuple, assiégent les portes du couvent pour contraindre Goudounof à continuer le règne sous le titre de tsar. Il refuse avec une habile obstination jusqu'à ce que le cri de la Russie entière le proclame

l'homme nécessaire et le chef d'une troisième dynastie.
Ce cri s'élève unanime de toutes les provinces et de toutes
les classes de la nation. Comment la reconnaissance publique aurait-elle couronné un empoisonneur et un assassin? Il faut se défier des partis et croire aux nations.
Goudounof était peut-être un ambitieux, mais il était un
grand homme.

Il fonde sa dynastie sur d'immenses services rendus à
sa patrie. L'empire s'agrandit : la Lithuanie, lassée de
combats, se prépare à l'annexion ; la Suède, anarchisée,
cesse de disputer aux Russes les bords du golfe de Finlande ; le sultan Mahomet III oublie les progrès des
Russes sur la mer Noire pour combattre la Perse et l'Autriche, ennemis plus invétérés de l'empire ottoman ; les
Cosaques auxiliaires conquièrent les neiges de la Sibérie,
Goudounof fortifie les pentes du Caucase contre les
Turcs et s'assure un port sur la Baltique. Il s'allie avec
les Danois, ennemis éternels des Suédois, il négocie avec
l'Autriche, il contracte la première amitié avec l'Angleterre, dont le génie commercial et navigateur cherche
par tout le globe des exportations, et importe la civilisation avec ses marchandises.

XXVI

Sa passion paternelle pour son fils Fédor suscite des
soupçons sinistres dans son âme contre les grands. Il
relègue et décime les Romanof, dont la popularité menace son trône. Le jeune Michel Romanof, destiné à
devenir le chef de la dynastie actuelle, languit dans le
village de ses pères. Des bandes de brigands se forment

dans les provinces pour venger l'emprisonnement ou le meurtre des Romanof ou des grands boyards. La noblesse le craint et le hait.

Un jeune moine errant, d'un monastère de Souzdal, nommé Jouri Otrepief, vient à Moscou, admire les pompes du tsar, se pénètre des récits populaires qui attribuent à Goudounof le meurtre du jeune Dimitri, successeur légitime d'Ivan IV, construit une fable sur ces fondements, se jure à lui-même de devenir tsar à son tour. Le bruit court bientôt sur les traces du moine que le vrai Dimitri, échappé miraculeusement par les soins de sa nourrice à la mort, vit et attend dans le mystère l'heure de punir son assassin et de monter sur son trône.

Il se jette en Lithuanie avec quelques compagnons crédules ou complices de sa fraude. Un prince de Lithuanie, Vichnewelsky, se laisse séduire à l'espoir de donner un maître à la Russie. Les jésuites polonais et le roi Sigismond de Pologne stimulent la foi à ses impostures. Le nonce du pape l'accueille en prince à Varsovie. Le roi lui fournit des subsides. Les jésuites reçoivent son abjuration de la religion grecque et se flattent de faire du futur tsar de Russie le Constantin catholique du Nord. Ils le sacrent empereur des Russes dans leur chapelle. Autorisé par Sigismond, un vieux prince polonais, Mnischek, arme pour sa cause ses vassaux, et lui fiance sa fille Marine, Polonaise, douée de la beauté et du génie aventureux de sa race (1603).

Son armée, grossie de tous les vagabonds de Pologne et des Cosaques Zaporogues, pénètre en Russie. Des proclamations semées d'avance sur sa route et démenties en vain par le tzar Goudounof, fanatisent les peuples, toujours amoureux du surnaturel. Le roi Sigismond appuie d'un manifeste royal ces proclamations de l'imposture. Les villes lui ouvrent leurs portes et lui livrent leurs magistrats enchaînés. Novogorod s'apprête à le recevoir en souverain. Campé sous les murs de cette capitale défendue seulement par les strélitz, il attend l'armée de Goudounof et triomphe dans une première bataille. Mais les inconstants Polonais et son beau-père lui-même, le prince Mnischek, l'abandonnent aussi légèrement qu'ils l'avaient adopté. Défait dans une seconde bataille, il s'enfuit sur un cheval blessé chez les Cosaques du Don, et continue de là à agiter l'empire. Goudounof meurt avant l'âge, en 1605, en recommandant son fils au peuple de Moscou.

XXVII.

Le jeune tsar Fédor, fils de Goudounof, nomme généralissime l'intrépide Basmanoff, défenseur et sauveur de Novogorod. Basmanoff, homme énergique dans le combat, nul au conseil, arrive à l'armée dévouée à Fédor, trouve l'armée travaillée par les proclamations de Dimitri et prête à trahir; il se hâte de devancer ses soldats en trahissant le prince Fédor. Il proclame Dimitri souverain de Moscou et tsar de toutes les Russies.

Le prince Galitzin se fait garrotter par ses serviteurs, afin de paraître céder à la violence en trahissant son devoir et son serment. L'imposteur, appelé et salué par l'armée, s'avance avec cent mille hommes contre Moscou. Le peuple ému par son approche s'ameute, escalade le Kremlin, jette, chargé de chaînes, dans un cachot, le jeune tsar légitime, *semblable à un ange d'innocence et de beauté*, disent les témoins, sa mère et sa sœur. On traîne cheveux dans la poussière le patriarche revêtu de ses habits pontificaux, qui résiste seul à l'imposture triomphante.

Le faux Dimitri entre enfin dans Moscou. Son premier acte est d'immoler à son ambition satisfaite et à sa fortune future le jeune tsar Fédor, sa mère Marie, sa sœur Xénie. L'ombre d'un monastère ne lui promet pas une garantie suffisante contre le désillusionnement du peuple russe et contre leur retour. Les princes Galitzin, Massalsky entrent avec une poignée de féroces strélitz dans la petite maison du Kremlin, où ces trois infortunées victimes attendaient leur sort. Fédor et sa sœur Xénie, assis aux pieds de leur mère, priaient Dieu les mains jointes sur les genoux de Marie. Ils se jettent, à l'aspect des bourreaux, dans le sein de leur mère. Les strélitz les en arrachent, et, les traînant tous trois dans des chambres séparées, étranglent la veuve de Goudounof. Fédor lutte avec toute la vigueur de l'âge et du désespoir contre quatre assassins. Il succombe enfin, et les bourreaux jettent dans la cour son cadavre sur celui de sa mère. Par un supplice pire que la mort, la fille de Goudounof, Xénie, dont la beauté éveille la convoitise du barbare Dimitri, est donnée ensuite par lui en esclave au prince Massolsky (juin 1605). Ainsi finit la dynastie de Boris-Goudounof, élevée par un crime imaginaire, éteinte par le plus odieux de tous les crimes.

XXVIII

« Le temps de la paix, de l'amour et de la joie est arrivé, » écrivent au faux Dimitri les princes de Moscou dans leur adresse de félicitation. Il parcourt les rues de la capitale, précédé des Polonais, ses complices. Monté sur un cheval de parade, revêtu d'un habit d'or, un collier de pierreries flottant sur sa poitrine, entouré d'un cortége de soixante princes et du clergé chantant des hymnes, il va baiser les saintes reliques.

Sa prétendue mère, la tsarine Marpha, enfermée depuis quinze ans dans un monastère, gagnée et intimidée, affecte de reconnaître l'imposteur pour son fils. Le peuple, témoin de cette fausse reconnaissance, applaudit aux embrassements publics de la mère et du fils. Il règne quelques mois avec l'assurance et l'habileté d'un souverain habitué au trône. Bientôt ses mœurs brutales et dissolues, sa partialité pour les Polonais, sa faveur pour les jésuites qui l'ont suivi à Moscou, ses habitudes triviales, sa prodigalité de brigand qui se hâte de jouir de ses dépouilles, scandalisent les vieux Russes.

Le luxe de sa cour dépassait tout ce que le Nord avait emprunté aux magnificences de l'Asie : il aimait à monter des étalons sauvages et indomptés, et à tuer, de sa propre main, des ours, en présence de la cour et du peuple. Il éprouvait lui-même les canons neufs, et s'en servait, pour tirer au but, avec une adresse particulière. Il exerçait les troupes, les disciplinait, prenait d'assaut les forteresses faites en terre, se précipitait dans les mêlées; et, dans ces sortes de luttes, il souffrait qu'on le heurtât avec violence jusqu'à le faire quelquefois tomber. C'est ainsi qu'il se glorifiait des talents du cavalier, du chasseur, de l'artilleur, de l'athlète, oubliant la dignité du monarque.

Il en perdait également le souvenir dans ses accès de violence : pour la moindre faute ou maladresse, il se mettait hors de lui, et frappait d'un bâton les officiers les plus distingués. La bassesse dans un souverain répugne au peuple, encore plus que la cruauté. On reprochait aussi au nouveau tsar une prodigalité démesurée ; il semait l'argent et récompensait sans discernement. Il donnait aux musiciens étrangers des appointements que n'avaient point les premiers dignitaires de l'État. Passionné pour le luxe et la magnificence, il achetait continuellement, commandait toute sorte de choses précieuses ; et dans l'espace de trois mois il dépensa plus de sept millions de roubles. Le peuple n'aime point la prodigalité dans les souverains, car il redoute les impôts.

Dans la description que les étrangers font de la magnificence qui existait alors à la cour de Moscou, ils parlent avec surprise du trône du faux Dimitri, qui était d'or massif, orné de glands en diamants et en perles ; il était soutenu par deux lions en argent, et couvert de quatre riches boucliers, posés en croix, au-dessus desquels brillaient une boule en or et un bel aigle du même métal. Quoique l'imposteur sortît toujours à cheval, même pour aller à l'église, il avait une quantité de chars et de traîneaux, ornés d'argent et garnis de velours et de zibeline ; les selles, les brides et les étriers de ses fiers coursiers d'Asie resplendissaient d'or, d'émeraudes et de rubis. Les cochers et les palefreniers du tsar étaient mis comme les plus grands seigneurs de la cour. Il n'aimait pas à voir les murs nus dans les appartements du Kremlin, il les trouvait tristes.

Après avoir fait détruire le palais de Boris, qu'il regardait comme un monument détesté, il fit construire pour lui, plus près de la Moskova, un nouveau palais également en bois ; il en orna les murs d'étoffes précieuses de Perse ; les poêles de faïence étaient décorés de grillages en argent, et les serrures des portes étaient dorées. A la grande surprise des Moscovites, il fit placer devant cette habitation favorite l'image sculptée du gardien des enfers, un énorme Cerbère en bronze, dont les trois gueules s'ouvraient et bruissaient au plus léger attouchement. « Par cet emblème, disent les annalistes, le faux Dimitri présageait la demeure qu'il aurait dans l'éternité : l'enfer et les ténèbres. »

Agissant ainsi contre les usages russes et contre la prudence, le faux Dimitri méprisait également les principes les plus sacrés de la morale. Il ne voulait point réprimer ses passions, il violait publiquement les lois de la chasteté et de la décence, comme pour ressembler par là à son père prétendu. Il reprend au prince Massalsky l'infortunée Xénie, fille et sœur de ses victimes, et la force de partager sa couche.

XXIX

Reconnu par un moine de son ancien couvent, des doutes commencent à s'élever sur son imposture. Le moine indiscret est étranglé dans sa prison. Un de ses principaux complices, le prince Schouisky, laisse éclater ses remords et confesse tout bas que la Russie est aux pieds d'un imposteur. Enfin son père, sa mère véritables, ses oncles viennent à Moscou, le voient et le reconnaissent ; l'exil en Sibérie le délivre de ces témoins importuns. Il fait trancher la tête au prince Tourghenief et à un riche marchand de Moscou, Fédor, qui répandent la vérité dans le peuple. Son mariage avec Marine, fille de son premier complice polonais, le prince Mnischek, sa partialité pour cette famille étrangère, ses rapports avec le pape Paul V, dont l'ambassadeur le comblait d'adulations, enfin l'inconstance naturelle, la force de la vérité, la brièveté des succès de l'imposture, soulèvent Moscou. Le prince Schouisky conspire avec les boyards, fait sonner le tocsin, appelle la ville aux armes, pénètre dans le Kremlin, égorge le faux Dimitri, rassemble les principaux citoyens et se fait élire lui-même tsar de toutes les Russies par l'acclamation d'une seule ville (17 mai 1606).

Il règne quelques années. Il a tour à tour à se défendre contre plusieurs imposteurs, dont l'un se dit fils du tsar Fédor, dont l'autre se dit Dimitri lui-même échappé à la révolte de Moscou. Ce dernier est même reconnu par Marine, veuve du dernier tsar, comme son époux. Les Polonais soutiennent l'imposteur et sont vainqueurs dans plusieurs batailles. Le peuple de Moscou se soulève contre Schouisky et le jette avec sa femme dans un monastère (1610). Quelque temps après, l'imposteur est abandonné par les Polonais et meurt misérablement.

Trois ans d'anarchie démembrent l'empire. Les Suédois et les Polonais se disputent les lambeaux de la Russie. Des troupes patriotiques levées par les boyards délivrent la capitale des mains des Polonais. La tsarine Marine, veuve de Dimitri et fille du Polonais Mnischek, est ramenée captive à Moscou. Son fils, âgé de trois ans, est pendu sous les yeux de sa mère. Elle expire bientôt elle-même, victime de sa beauté, de ses intrigues et de la haine des Russes contre les Polonais, fauteurs de la honte et de la servitude de leur patrie.

XXX

La capitale délivrée convoque les représentants de la nation entière à Moscou pour élire un tsar. Un enfant de seize ans, Michel Romanof, est appelé au trône. Il descendait d'une famille prussienne, mais antique en Russie et illustrée par ses services. Une tradition populaire rapportait qu'Ivan IV en mourant avait désigné cette famille comme digne d'hériter de la couronne, si son fils venait à mourir sans enfants. Cette prophétie et la jalousie des boyards entre eux, qui préféraient un enfant sans appui à un prince tenté par sa puissance et sa famille de devenir un tyran, réunit les voix sur ce jeune homme (1613).

Sa mère, veuve de Fédor Nikititch, victime de Dimitri, l'élevait à l'ombre d'un cloître. Elle pleura sur sa grandeur, bordée de tant de précipices. Ces craintes furent trompées. Le règne de trente ans de Michel Romanof laissa respirer la Russie ; les Suédois et les Polonais, moyennant la cession de quelques provinces (1616) accordèrent une longue paix à ce règne.

Le fils de Michel, Alexis, lui succéda sans troubles à l'âge de quinze ans (1645). Le boyard Boris Ivanovitch Morozof gouverna sous son nom. Ce ministre ambitieux fait épouser à Alexis la belle Marie, fille d'un simple gentilhomme, Ilia Miloslavski ; il épouse lui-même la sœur de la tsarine. Ce règne, agité par quelques séditions populaires, par une courte guerre avec la Suède et par une invasion d'un chef de Cosaques rebelles qui pille et égorge Astrakhan, finit dans la paix (1676).

Alexis, mort à quarante-huit ans, laisse, de sa première épouse Marie Miloslavski, deux fils, Fédor et Ivan, et six filles ; de son second mariage avec Nathalie Narichkin, deux enfants, le tzar Pierre et la tsarine Nathalie.

Fédor II, son héritier, réforme les priviléges militaires de la noblesse, et meurt à vingt-cinq ans sans enfants (1682).

XXXI

Son frère Ivan, écarté du trône par les boyards à cause de la faiblesse de sa constitution et de son intelligence, allait faire place à Pierre, fils de Nathalie Narichkin. La princesse Sophie, sœur d'Ivan, indignée de l'injustice commise envers son frère, exclu du trône par l'ambition des Narichkin, appelle secrètement vingt mille strélitz à Moscou ; elle fait semer le bruit de l'assassinat du jeune Ivan dans le palais par les Narichkin. Le peuple, soulevé par ce crime supposé, prend parti pour l'innocence et le droit, s'élance au Kremlin avec les strélitz.

« Livrez-nous les assassins et les traîtres ! » s'écrient les soldats et les marchands. La tsarine Nathalie, son frère Narichkin, son fils Pierre encore enfant, se présentent au peuple sous le vestibule, conduisant par la main le jeune Ivan, dont la mort n'était qu'une habile calomnie de Sophie.

Le peuple s'apaise à cet aspect ; mais bientôt de nouveaux cris s'élèvent : « Choisissons celui des deux que nous voulons pour régner sur nous ! » Le nom d'Ivan jaillit de toutes les bouches, les lances des strélitz s'abaissent pour le saluer tsar. Tous les partisans supposés de Nathalie et de Pierre sont égorgés et précipités par les fenêtres sur les pointes des lances des strélitz ; le carnage se prolonge dans la nuit et se renouvelle au jour. Le peuple et les soldats reviennent demander de nouvelles victimes au palais. Le père et le frère de la tsarine Nathalie sont arrachés de leurs asiles pour le supplice. Nathalie, Sophie elle-même, se jettent en vain à genoux devant les meurtriers pour obtenir la vie de ces princes. Les strélitz entraînent dans la cour les deux Narichkin, se jettent les uns aux autres le frère de la tsarine reçu à la pointe des lances, lui coupent les pieds, les mains, la tête, dépècent ses membres en lambeaux, tandis que ces barbares forcent le vieux Narichkin, père de leur souveraine, à assister au martyre de son fils. Le jeune Pierre, présent, du haut d'une terrasse du palais, au carnage de son grand-père et de son oncle et à l'humiliation de sa mère, conçoit contre les strélitz une vengeance tardive, mais qui ne doit jamais mourir dans son cœur.

XXXII

La clameur publique partage stupidement le trône entre les deux enfants des deux mères, Ivan V et Pierre Ier. La princesse Sophie, sœur aînée d'Ivan, incapable de règne autant que de vengeance, reçoit la tutelle des deux tsars et le gouvernement de l'empire jusqu'à leur majorité. Les strélitz se proclament eux-mêmes gardes de la cour et arbitres des droits au trône, surveillent et agitent ce triple règne d'une femme et de deux enfants dans un même palais.

Ainsi, en anéantissant les priviléges institués de la noblesse, Fédor n'avait fait que constituer la tyrannie d'une soldatesque. Il était réservé à Pierre d'asseoir sur les débris de ces deux factions l'unité et l'indépendance de la monarchie.

XXXIII

La princesse Sophie et Galitzin, son ministre, voulaient perpétuer leur règne après la mort d'Ivan, dont la santé chancelante ne promettait pas un long avenir. Dans l'espoir de prolonger leur tutelle sur un fils du tsar, ils lui donnent pour épouse Praskovie, fille d'un Soltikof, la plus belle personne de la noblesse russe. Cette union, dont elle espère des fruits, la rassure contre la rivalité de Nathalie, mère du tsar Pierre (1683).

Le général des strélitz, Khavanskoï, longtemps honoré de sa faveur et maintenant oublieux de ses bienfaits, l'inquiète par son insolent ascendant sur ses troupes. Elle fait semer le bruit d'une conspiration de Khavanskoï et des strélitz pour égorger les deux tsars et les deux impératrices. Elle se réfugie, comme sous l'impression d'une terreur réelle, derrière les fortes murailles du monastère de la Trinité. Elle appelle de là, par des émissaires, les troupes de toutes les villes voisines au secours de la monarchie menacée. Moscou s'émeut et s'attroupe en armes autour du monastère. Khavanskoï accourt lui-même pour se justifier ; mais sa tête tombe sous la main des bourreaux de Sophie, aux pieds des strélitz désavoués par le peuple.

Les strélitz complotent de venger le sang de leur chef par le massacre général de tous les nobles. Mais bientôt, abandonnés par la capitale et menacés par les troupes qui arrivent des provinces, ils se repentent, s'accusent eux-mêmes, demandent leur grâce, et apportent au pied des murs du couvent de la Trinité les cordes, les billots, les haches, symboles et instruments de leur propre supplice (1685).

Sophie donne d'avance ainsi au tsar Pierre l'exemple de la sédition provoquée et réprimée, mais gouverne avec indépendance et gloire sous les inspirations de Galitzin. Elle signe une paix de vingt ans avec les Turcs, une alliance avec l'Autriche, la Pologne, Venise; elle combat par l'épée de Galitzin les Tartares de Crimée. Elle donne pour hetman aux Cosaques l'aventurier Mazeppa, tour à tour utile et traître à tous ses maîtres.

XXXIV

Cependant Sophie, assez ambitieuse pour vouloir régner longtemps dans le palais, n'était pas assez dénaturée pour vouloir acheter l'empire au prix du sang du jeune tsar Pierre, le fils de son père et de Nathalie.

Ce jeune prince, âgé de seize ans, commençait à prendre dans le conseil et dans la cour l'importance qui appartenait à un futur héritier du trône. Sophie le souffrait par force autant que par tendresse. Les vices, les débauches, les turbulences de Pierre, offraient à

Moscou tous les scandales d'une vie odieuse aux Russes. Ces désordres rassuraient également Sophie sur l'ambition de cet indocile enfant. Avant de régner, il serait reconnu par les Russes indigne du trône. Il donnait des ombrages au parti national par sa partialité pour de jeunes aventuriers étrangers, anglais, français, polonais, allemands, écume des nations portée à Moscou par l'amour de l'inconnu et par l'espoir des grandes fortunes. Quelques-uns étaient des hommes de talent dans la guerre, dans la navigation, dans la politique, tels que l'Anglais Gordon, le Génevois Lefort, le Breton Villebois, véritables ministres de la première civilisation russe sous le futur tsar.

Pour contre-balancer le crédit sur la nation que la fécondité de Praskovie, femme d'Ivan, son collègue à l'empire, pouvait donner à ce prince, ces étrangers conseillèrent à Pierre d'épouser aussi une de ses sujettes. Il épousa en effet, le 17 janvier 1689, Eudoxie, fille du boyard Lapoukin. Plus heureuse que Praskovie, Eudoxie donna, la première année de son mariage, un fils au tsar. La nature se déclarait ainsi pour la dynastie de Pierre contre celle d'Ivan. Le peuple russe vit dans cette naissance un arrêt du ciel qui se prononçait pour le fils de Nathalie. On redoutait le caractère turbulent de Pierre, mais on déplorait la nullité absolue d'Ivan.

XXXV

Si on en croit les interprétations souvent aventurées des historiens nationaux ou étrangers de cette époque, la tutrice des deux jeunes tsars, la princesse Sophie, sentit s'accroître les ombrages qu'elle avait conçus contre Pierre, et résolut de l'écarter violemment du trône pour régner plus libre et plus absolue sous le nom d'Ivan.

Mais rien ne justifie, ni dans cette princesse ni dans son ministre Galitzin, la pensée d'un crime d'État, démentie par sa vie entière. Elle avait eu, dans un seul geste de sa main, la vie ou la mort de son frère Pierre et de sa mère Nathalie, au moment des massacres des Narichkin par les strélitz. Elle avait laissé vivre et régner ce frère, elle lui avait donné asile sur le trône, elle avait imploré elle-même à genoux et avec larmes la pitié des assassins pour la mère et pour le fils. Était-ce donc pour les assassiner ensuite elle-même?

Il faut se défier des historiens qui faussent le caractère connu des princes. L'estime et le respect que Pierre lui-même témoigna au ministre de sa sœur, Galitzin, après son triomphe, attestent assez que ce prince ne vit jamais dans ce favori de Sophie le conseiller et le conspirateur de sa mort.

Le seul fondement à ces calomnies de l'histoire contre Sophie, c'est que le trône de Moscou était trop étroit pour deux tsars et une tsarine; qu'une rivalité naturelle et quelquefois envenimée existait entre le tsar Pierre, son frère et sa sœur; que la subordination à Galitzin, ministre habile et tout-puissant, pesait à un jeune homme impatient de régner et de régner seul; et que de ces dissensions domestiques dans le conseil et dans le palais naissaient inévitablement des partis et des factions dans l'empire.

Celle de Pierre grandissait avec ses années.

LIVRE DEUXIÈME

1

La Providence semblait avoir composé le fils de Nathalie des éléments vastes, confus et contradictoires qui composaient la nation russe elle-même à l'époque où il allait personnifier la Russie. L'excès de séve et le débordement de force étaient empreints dans l'âme comme dans les traits de cet adolescent.

Sa taille était élevée, ses épaules larges, ses membres bien attachés au tronc, ses mouvements souples, sa démarche vive et ferme; son cou long, mais musculeux, portait majestueusement sa tête; son visage plus carré qu'ovale éclatait, par les yeux et par la bouche, d'intelligence autant que de beauté; sa physionomie très-mobile passait sans transition de la mollesse à la grâce et de la bonté à la brusquerie. On sentait à son aspect une grande nature, mais une nature âpre, sauvage, disproportionnée, qui pouvait déborder en bien comme en mal, et qu'une antique civilisation n'avait pas douée encore de la mesure, de la proportion et de l'harmonie des facultés, caractères des nations mûres.

Ces traits étaient l'image de son âme : elle était vaste, mais déréglée dans ses explosions. Son esprit avait, dit Voltaire, cette justesse qui est la base de tout vrai génie; une pensée forte, une fois conçue, n'y mourait jamais; mais le trait dominant de son caractère était la volonté. Cette volonté, née de la conviction, quelquefois du caprice, et soutenue par l'orgueil de sa supériorité de rang et de sa supériorité d'intelligence, était prompte comme la pensée, patiente comme le temps, immobile comme le but qu'il avait sans cesse devant ses yeux. Les jeunes gens étrangers qui formaient sa cour n'avaient pas eu de peine à lui persuader qu'avec les éléments de territoires, de mers, de peuples divers que la Providence avait placés sous sa main, il avait tout ce qu'il fallait pour organiser une des plus grandes nations de l'univers et pour conquérir un des plus grands noms de l'histoire. Un peuple et un nom, telle était la noble ambition de ce jeune homme.

La violence de son caractère, la liberté prématurée de sa jeunesse, l'intérêt de sa sœur Sophie à le laisser se corrompre, s'abrutir et se dépopulariser par les scandales de ses passions, l'avaient livré dans son adolescence à tous les excès d'intempérance et de mœurs, gloire honteuse des peuples barbares. La beauté de son épouse, la tsarine Eudoxie Lapoukin, n'avait pu le fixer longtemps dans sa félicité domestique. Cette princesse, disaient ses plus intimes confidents, était ambitieuse, violente et jalouse; ses exigences avaient prévalu sur ses charmes.

Une jeune Allemande d'une beauté célèbre à Moscou, Anna Moëns, avait succédé dans le cœur du jeune tsar à l'amour qu'il avait d'abord porté à Eudoxie. Les persécutions acharnées de la tsarine contre sa rivale n'avaient fait qu'irriter la passion de son mari pour cette étrangère. Anna Moëns, plus superbe que satisfaite de l'amour qu'elle inspirait au tsar, répondait à cet amour par une répugnance secrète, qu'elle dissimulait mal sous des complaisances obligées. Pierre proposa souvent à cette favorite de répudier la tsarine Eudoxie pour l'élever elle-même sur le trône. Anna Moëns, effrayée du caractère fougueux et mobile de son amant, refusa obstinément de lier à jamais son sort à celui d'un prince aussi prompt dans ses dégoûts que terrible dans ses vengeances. Elle se félicita du refroidissement de l'amour du tsar, elle abandonna sans regret la cour du Kremlin, et se livra aux penchants de son cœur pour un autre amant.

Pierre ne remplaça cet amour que par la débauche, mais il n'en médita pas moins la répudiation d'Eudoxie. Soit complaisance pour ses caprices, soit jalousie d'influence qui redoutait dans le conseil l'ascendant d'une tsarine impérieuse, Lefort, le principal confident et le seul ministre de Pierre, entretenait la haine du tsar contre son épouse. Cet étranger, plein de mépris pour les Russes, voulait soustraire le tsar à l'ascendant des Lapoukin, parents d'Eudoxie, et l'allier avec une princesse d'Allemagne ou d'Angleterre, qui confirmerait le crédit des étrangers sur la politique du Kremlin.

Ii

Lefort, qui fut longtemps l'âme politique de ce règne, était d'origine italienne, mais né à Genève d'une famille proscrite dans cette petite république pour cause de religion. Le commerce, vocation ordinaire de cette république trafiquante, répugnait à l'étendue de ses idées : il quitta à quinze ans sa patrie, servit en France, en Hollande, en Allemagne, et fut recruté par les agents du tsar Romanof, père du tsar Pierre, pour aller fortifier Archangel. En y arrivant, Lefort apprit la mort d'Alexis; l'antipathie des strélitz contre les étrangers éclata alors. Lefort, réduit à la mendicité et menacé d'être relégué au fond de la Sibérie, sentine de l'empire, s'évada d'Archangel et arriva à Moscou. L'ambassadeur de Danemark le recueillit, le protégea, lui donna le titre de secrétaire d'ambassade, et lui fit apprendre la langue russe pour servir d'interprète à sa légation. Il eut ainsi l'occasion d'être présenté au tsar Pierre, bientôt séduit par les agréments de son esprit, et de rentrer sous les auspices de ce jeune tsar dans la carrière des armes, pour laquelle il avait été entraîné en Russie.

Pierre voulut recevoir de lui les premières leçons d'organisation militaire, de langue allemande, de langue hollandaise, de politique et de gouvernement. Lefort conquit de jour en jour une faveur plus intime par la communauté de débauches et par la communauté d'études. Il ne lui fut pas difficile de découvrir dans le cœur du jeune tsar le désir de vengeance qui couvait contre les strélitz, ces prétoriens couverts du sang de ses oncles, et de flatter en lui cette passion d'émanciper le trône de l'oppression de cette soldatesque. Lefort lui conseilla de former peu à peu un corps d'enfants boyards, jeune noblesse élevée pour la guerre, de les discipliner sur le modèle des régiments français, de les faire passer successivement par tous les grades, non au gré de la faveur et de la naissance, mais par le seul mérite de leur instruction, de leur zèle et de leur aptitude, et de donner lui-même l'exemple de cette égalité devant les armes en se soumettant le premier aux règlements du corps.

Ce fut ainsi que Pierre, sous l'apparence d'un amusement innocent, forma, dans sa maison de campagne de Préobrajenskoï, une première compagnie de ses domestiques et de ses pages de cinquante soldats, et qu'il se glorifia de commencer lui-même par être tambour, puis soldat, puis sous-officier, puis lieutenant dans sa petite troupe. Les strélitz, dont il préparait ainsi l'extermination, étaient si peu défiants de ces jeux militaires de leur tsar, qu'ils venaient souvent eux-mêmes assister et applaudir aux exercices dans la cour de Préobrajenskoï.

Après les avoir accoutumés ainsi à voir sans pressentiment et sans ombrage ce faible noyau de troupes régulières, le tsar, par les conseils de Lefort, accrut insensiblement ce germe d'un plus grand nombre d'enfants boyards et de soldats nationaux ou allemands, jusqu'à deux régiments, devenus régiments de ses gardes. Plus tard il les porta jusqu'à douze mille hommes, dont il donna le commandement à un autre aventurier anglais nommé Gordon. Gordon, plus militaire mais moins politique que Lefort, devint le général de Pierre, dont Lefort continua d'être le ministre, le favori et l'amiral.

III

Pendant ces amours, ces jeux et ces préparatifs d'empire de son frère, la tsarine Sophie continuait à gouverner la Russie et sa propre cour avec une sûreté de génie et une vigueur de main que les femmes ont plus souvent montrées en Russie que les hommes.

Si l'on considère les prodigieuses difficultés de la situation de Sophie, associée à l'empire par un titre qu'elle ne puisait que dans son titre de sœur; tutrice d'un tsar infirme d'esprit et de volonté, Ivan; tutrice d'un tsar indompté et ambitieux, Pierre; haïe à la fois par la mère d'Ivan et par la tsarine Nathalie, mère de Pierre; obligée de refréner constamment dans son propre palais les complots de ces princes et de ces princesses les uns contre les autres et contre elle-même, on ne peut s'empêcher d'admirer la sagesse de cette tsarine et de son ministre. Tout était faction autour d'elle. La plus forte de ces factions était certainement la sienne, puisqu'elle régnait non-seulement en son nom comme tutrice, mais encore au nom d'Ivan comme représentant de l'hérédité par droit d'aînesse ; et si elle n'employa pas le crime pour se débarrasser de la faction de Pierre, c'est que la tendresse du sang et l'horreur du crime avaient plus d'empire sur elle que les historiens du parti de Pierre ne lui en attribuent.

IV

Une circonstance presque puérile fut l'occasion des nouveaux troubles qui arrachèrent à Sophie le gouvernement et la liberté. Pierre, impatient de la tutelle d'une sœur qui affectait devant la nation l'égalité et même la supériorité dans les cérémonies publiques, s'emporta contre Sophie, et voulut lui faire dépouiller les marques de l'autorité suprême pendant la célébration des mystères dans la cathédrale de Moscou. La cour, les gardes, le clergé, le peuple, s'indignèrent de cet outrage du plus jeune des tsars ; Sophie résista.

Pierre, déçu et humilié, se retire avec éclat de la cathédrale et de la ville, et se renferme dans sa maison de campagne de Koulouma, à quelque distance de la capitale. Sa mère, la princesse Nathalie Narichkin, ameute en sa faveur les strélitz et les entraîne tumultueusement à Koulouma, sous prétexte de protéger son fils menacé contre les attentats de Sophie. Les strélitz, affectant de croire le prince en danger à Koulouma, s'enferment avec lui dans le couvent fortifié de la Trinité; ils répandent de là dans Moscou et dans les campagnes les fausses rumeurs des complots de Sophie contre son frère. Le peuple y croit; le patriarche lui-même, ému des larmes de Nathalie, affecte d'y croire. Sophie, abandonnée tout à coup par les strélitz, par le clergé, par le peuple, se rend elle-même au monastère de la Trinité, pour se justifier de ses prétendus crimes. Les partisans de Pierre, embarrassés de la présence et de l'innocence d'une princesse dont ils subissent depuis plusieurs années le règne, préviennent son entrevue avec son frère, l'arrêtent sur la route, et la jettent, captive et outragée, dans les cachots du monastère de Novodevistchei. Les chefs des strélitz qui lui étaient restés fidèles sont amenés à Moscou, au monastère de la Trinité, et punis de leur fidélité par des supplices.

Pierre, délivré par cette sédition du joug de sa sœur et de sa tutrice, respecte dans le faible Ivan les droits du sang et l'évidence de l'innocence. Il se contente de le dépouiller du titre de tsar, et de l'entourer au Kremlin des apparences du respect et de la pitié jusqu'à sa mort. Ivan survécut peu à la déposition de la princesse Sophie. Pierre fut reconnu, par tout l'empire, maître unique du trône qu'il avait reçu de la nature et conquis par une sédition de palais (1689).

V

La tzarine Nathalie Galitzin, sa mère, délivrée de la princesse Sophie, sa rivale, gouverna sans obstacle et sans événement pendant le reste de la minorité de son fils. Pierre continua à se préparer au gouvernement et à la guerre avec ses familiers étrangers, tantôt à Préobrajenskoï, tantôt dans des voyages d'instruction aux différentes régions de l'empire. Soit prévision des destinées d'un peuple qui n'avait rien à ambitionner en étendue de territoire, mais qui devait rencontrer un jour ses véritables barrières sur les mers du Nord et de l'Orient; soit caprice d'un prince né au milieu des terres, et que les spectacles de la navigation intéressaient plus que les autres arts; soit plutôt entretien habituel avec Gordon, Lefort, les Anglais et les Hollandais, qui ne cessaient de lui vanter les établissements maritimes de leurs nations commerçantes, Pierre se passionna surtout pour la marine.

Son père, le tsar Alexis, qui rêvait avant son fils des flottes russes sur la mer Caspienne et sur la mer Noire, avait appelé de Hollande un constructeur célèbre de navires, nommé Brandt. Depuis la mort d'Alexis, Brandt, oublié par la cour, avait langui dans la misère, obligé d'exercer à Ismaïlof la profession de charpentier pour gagner sa vie. Dans une de ses excursions à Ismaïlof, Pierre, en visitant un atelier abandonné, aperçoit une chaloupe inachevée, d'un modèle différent des barques qui naviguent sur les rivières de la Russie; il s'étonne, il interroge : on lui répond que c'est l'œuvre négligée d'un Hollandais maintenant simple ouvrier dans la ville. Il fait appeler Brandt, lui commande d'achever, de mâter, de gréer la chaloupe, et de la manœuvrer sous ses yeux sur la rivière. Ravi de la supériorité de ce bâtiment, du jeu des voiles et du gouvernail, il fait transporter la chaloupe sur le lac Ladoga, emmène Brandt, l'érige en constructeur des flottes de l'empire, lui fait construire deux petites frégates, appelle sa mère Nathalie et toute sa cour à Péreslavie pour contempler ses succès, médite des escadres et des flottes, nomme Lefort grand amiral avant d'avoir un vaisseau, part pour Archangel, et navigue lui-même sur la mer Blanche sous le pavillon des Hollandais, qui fréquentaient cette mer pour leur commerce.

Enfin en 1695, peu de temps avant la mort de sa mère, il fit construire sur le Don une flottille destinée à porter jusqu'à la mer Noire une expédition contre les Turcs. La conquête d'Azof occupait déjà sa pensée. Il perdit trente mille hommes au premier siége de cette ville. Les ingénieurs manquaient à son armée; l'empereur d'Allemagne, la république de Hollande, l'électeur de Brandebourg, lui en prêtèrent. Il reprit le siége d'Azof en 1696 avec une armée de soixante-quatre mille hommes et une flotte de quatorze bâtiments. Il montait lui-même un de ces deux grands vaisseaux de guerre; son ami et son grand amiral Lefort commandait l'autre. Azof, cerné par terre et par mer, capitula.

VI

Le retour du tsar et de l'armée à Moscou fut un triomphe imité de Rome, où la pompe antique était associée à la barbarie nationale. A la suite des soldats couronnés de lauriers marchait un char surmonté d'une plate-forme sur laquelle se dressait une potence. Un ingénieur étranger nommé Jacob, qui avait déserté du camp des Russes dans la ville pendant le siége, était enchaîné au pied de cette potence, et son cadavre y flottait, aux applaudissements de la multitude, en arrivant au Kremlin.

Ivan V et Nathalie étaient morts; la tsarine Eudoxie, que Pierre avait répudiée en 1695, venait d'être reléguée, sous le nom d'Hélène, dans un monastère changé pour elle en prison. La plupart des historiens attribuent au crédit naissant du jeune favori Menchikof l'expulsion et la captivité de la tsarine; d'autres cherchent la cause de cette rigueur dans des amours illégitimes d'Eudoxie, qui faisaient suspecter au tsar la légitimité de son fils Alexis. Mais, dans un temps et dans une cour où les passions étaient la seule justice, ces bruits diffamatoires n'ont que l'authenticité des fables populaires.

Une seule chose est prouvée, c'est la haine invétérée et constante du tsar contre sa première épouse, et l'acharnement à la poursuivre jusqu'au fond des cachots de Schlüsselbourg. C'est là que la tsarine Eudoxie fut captive de 1719 jusqu'en 1727, sans autre compagnie qu'une vieille naine qu'on avait enfermée avec elle pour lui préparer sa nourriture et pour laver ses vêtements. La vieillesse et les infirmités de la naine changèrent les rôles, et ce fut souvent la tsarine captive qui rendit les plus humbles et les plus affectueux services domestiques à l'esclave difforme qu'on lui avait laissée pour seule amie.

On verra bientôt que la longueur de cette captivité aigrit plus qu'elle ne dompta l'ambition virile de la tsarine répudiée.

VII

Un jeune favori, offert par le hasard et choisi par le caprice, usurpa bientôt dans l'esprit de Pierre l'ascendant d'Eudoxie : ce favori fut depuis le prince Menchikof, célèbre par la grandeur de sa fortune et par l'excès de ses revers. Il occupe une trop grande place dans la politique de son maître pour ne pas s'arrêter un moment à son nom. Des documents historiques découverts récemment en Hollande, et des mémoires secrets d'un confident du tsar, ne laissent plus aucune ombre sur l'origine, sur la fortune et sur les catastrophes de ce favori.

Menchikof, né à Moscou quelques années après Pierre le Grand, ignorait lui-même la date précise de sa naissance; semblable en cela à la multitude des Russes de condition obscure à cette époque, dont aucun acte public et authentique ne constatait l'identité. Ce ne fut que plusieurs années après que le tsar Pierre lui-même obligea les prêtres des paroisses à tenir registre des naissances et des décès. Dans les familles nobles, c'était le père de famille lui-même qui enregistrait la naissance ou la mort de ses enfants.

Le père de Menchikof était un simple paysan des environs de Moscou, qui gagnait sa vie à vendre des pâtisseries aux soldats sur la place du Kremlin. A l'âge de dix ou douze ans, Menchikof lui-même, portant une corbeille de jonc devant lui, parcourait les places et les rues voisines pour vendre les fournées de son père. Il fréquentait de préférence la cour du palais, où la foule des courtisans, des gardes et des curieux lui offrait plus d'occasions pour son petit trafic de comestibles. Les grâces précoces de sa figure et la gaieté de ses reparties charmaient les strélitz de la garde du tsar, qui faisaient de l'enfant leur jouet et leur favori. Ces jeux bruyants attiraient fréquemment aux fenêtres du palais l'attention du tsar Pierre, adolescent presque du même âge alors que l'enfant du pâtissier.

Un jour qu'un strélitz, brutal dans ses jeux, faisait crier et pleurer de douleur le jeune Menchikof en lui pinçant l'oreille jusqu'au sang, le tsar ordonna du haut du balcon, au soldat, de cesser cette plaisanterie cruelle et de faire monter l'enfant au palais. Menchikof parut devant la cour sans perdre ni sa contenance ni sa présence d'esprit, et charma le tsar par la convenance, par la finesse et par la pittoresque jovialité de ses réponses. Pierre l'incorpora à l'instant parmi ses pages, et le revêtit, de ses propres mains, de magnifiques costumes qui remplacèrent ses haillons. Il l'attacha au service intérieur de sa chambre, et lui témoigna une familiarité qui ressemblait plus à la passion qu'à la faveur.

De ce jour, Menchikof, inséparable de son jeune maître, le suivait partout, même au conseil, où l'habitude d'entendre discuter les affaires d'État fit naître de bonne heure en lui l'instinct, le jugement et l'ambition du politique. Pierre le consultait fréquemment sur ses affaires les plus hautes et les plus secrètes. Les ministres, qui connaissaient l'ascendant intime du page sur le tsar, flattaient le confident pour capter le maître. Menchikof, qui ne sut jamais ni lire ni écrire, devait tout à la nature, rien à l'éducation. L'infaillible justesse de son instinct l'égalait seule aux plus hautes questions d'État; son attachement au jeune tsar était son oracle. Pierre reconnaissant l'éleva de faveur en faveur au rang de *knès* ou de prince, et le combla de richesses et d'honneurs. Ce tsar voulait un ministre étranger aux intérêts de l'esprit de corps, aux intrigues de l'ancienne noblesse russe, et tellement identifié à lui seul, qu'étant tout par sa seule faveur, il ne fût rien sans lui ou après lui.

VIII

La mort d'Ivan, la relégation de la tsarine Praskovie dans un monastère, la répudiation et la captivité de l'impératrice Eudoxie, la joie et la gloire d'une campagne heureuse à Azof, la paix avec les puissances occidentales, assuraient au jeune tsar la sécurité dans le palais, le calme dans l'empire. C'était le loisir auquel il aspirait pour quitter la Russie et pour visiter l'Europe.

Séduit dès l'enfance par les tableaux flattés que ses favoris étrangers lui traçaient des mœurs, des lois, des arts, des armées, des flottes de l'Europe civilisée, il avait conçu l'idée d'élever en un seul règne, que sa jeunesse promettait long, son empire au niveau des empires les plus organisés de l'Occident. Il voulait juger par ses propres yeux des distances morales entre les Russes et les peuples mûrs, des différences de caractères, des progrès à accomplir; il voulait s'instruire pratiquement lui-même des législations et des théories, mais aussi des métiers divers sur lesquels la civilisation se fonde, et revenir dans ses États non pas seulement le tsar, mais l'instituteur et le premier artisan de son peuple.

La conspiration du boyard Tsikler, nommé récemment gouverneur de Taganrok, suspendit à peine ce départ. Ce partisan des vieilles institutions russes avait comploté, avec deux autres chefs de familles nobles, Pouschkin et Soukoroi, l'assassinat du tsar, l'appel des Cosaques du Don à Moscou, le rétablissement des anciennes lois, l'élévation au trône d'un autre tsar.

Pierre, informé de leur réunion secrète dans la maison de Soukoroi, fait cerner la rue, entre résolûment, suivi d'un seul de ses gardes, dans la maison, surprend les conjurés à table, affecte d'ignorer le but de leur réunion, boit avec eux, voit sans terreur leurs regards d'intelligence se concerter sur le moment de le frapper, puis, à l'arrivée de sa garde, se lève le sabre à la main, les gourmande, les précipite d'effroi à ses pieds, les juge, leur fait couper les pieds, les mains, la tête, expose leurs membres dépecés sur la place en exemple aux conspirateurs, et part après avoir confié le gouvernement à Strechnef et au prince Ramonodoski, éclairés par un conseil d'État de boyards fidèles.

Il voyagea sous l'apparence d'un gentilhomme russe qui suivait les ambassadeurs du tsar à Moscou dans les différentes contrées de l'Europe. Ces ambassadeurs et leur suite étaient revêtus du costume national russe, qui rappelait le costume tartare. Leurs robes longues et flottantes étaient bordées de riches pelleteries; ces robes se croisaient sur leur corps par de larges boutonnières encadrées d'argent; leurs bonnets fourrés de martre zibeline étincelaient de diamants et de perles; des sabres larges et courts comme des coutelas pendaient à leurs ceintures. Le tsar seul et son ministre Lefort portaient le costume allemand (1697).

Les Suédois le reçurent avec ombrage dans les faubourgs de Riga, lui interdirent l'entrée de la ville, et le forcèrent, de peur d'être assassiné, de se réfugier seul à Mittau, en traversant la Dwina sur les glaces. Le ressentiment de cette injure lui fit préparer la vengeance. Le duc de Courlande et l'électeur de Brandebourg l'accueillirent en roi. Il laissa derrière lui ses ambassadeurs, dont le faste aurait trahi son rang, prit le nom vulgaire de Pierre Mikhaïlof, et se rendit, avec quelques serviteurs seulement, en Hollande. C'est là que, dans le délire de l'ivresse, imitant le meurtre d'Alexandre, il tira son couteau de chasse de sa ceinture pour le plonger dans le cœur de son Éphestion Lefort. L'horreur du crime le désarma; il implora avec larmes le pardon de son ami, et visita avec lui Amsterdam et Rotterdam, ces capitales du commerce moderne.

Passionné pour l'art de la navigation, qu'il voulait étudier dans ses plus minutieux détails, il s'enrôla, complétement inconnu, parmi les charpentiers du grand chantier de construction à Saardam. Là, sans autre vêtement qu'une veste de charpentier qu'il raccommodait lui-même, il travailla plusieurs mois à la construction d'un vaisseau qu'il acheta plus tard et qu'il fit diriger sur Archangel. On voit encore, à l'Académie des sciences de Pétersbourg, son habit de simple matelot et ses bas de laine grossière, dont les mailles usées sont en parties cachées par les reprises qu'il y a faites lui-même.

C'est de ce chantier de Saardam et sous cet habit de matelot qu'il écrivit à son armée d'Ukraine de marcher en Pologne pour y soutenir, selon l'usage des voisins de cette république, l'élection du roi Auguste contre d'autres candidats à ce trône, toujours convoité, toujours étayé par l'étranger. Il vit à la Haye le roi d'Angleterre Guillaume III, qui était en même temps stathouder de la république de Hollande. Connu du seul stathouder et inconnu du peuple, il assista à l'audience donnée par Guillaume à ses propres ambassadeurs.

Il recruta en Hollande une foule d'ouvriers dont il avait reconnu l'habileté en travaillant avec eux à Saardam. A Londres, des ingénieurs et des savants anglais consentirent à le devancer en Russie et à y introduire le commerce, le calcul, l'administration, les arts. Comblé de présents par le roi Guillaume, il repassa en Hollande sur une frégate de guerre dont le roi lui avait fait don. Il envoya de là ses officiers parcourir la France, la Suisse, Venise, l'Italie, pour enrôler à son service les artistes, les artisans, les aventuriers capables d'enrichir la Russie des leçons et des exemples de l'Europe. L'empereur Léopold d'Autriche le reçut à Vienne en allié futur contre les Turcs, leurs ennemis communs (1698).

Pendant qu'il y prolongeait son séjour dans les fêtes, en attendant le retour de ses émissaires en Italie, le trône de Moscou, qu'il travaillait ainsi à décorer, menaçait de s'écrouler en son absence.

IX

Cette absence, si l'on en croit les chroniques et les rumeurs du temps, donna au parti de la régente déposée et emprisonnée, Sophie, l'audace d'aspirer de nouveau à l'empire. La jalousie des strélitz, que le tyran en partant avait publiquement éloignés de la capitale, sous prétexte de surveiller les Cosaques et les Turcs sur le Don, commençait à prendre ombrage des troupes régulières restées sous le commandement de Gordon à Moscou. Une intelligence secrète s'était établie entre le camp des strélitz et le couvent qui servait de prison à Sophie et à sa jeune sœur, la princesse Marpha. Sophie conspirait par ambition, Marpha par amour. Les murs du monastère la séparaient d'un jeune diacre d'un couvent voisin, qui ne pouvait l'entretenir que furtivement et à travers les grilles : une révolution pouvait seule renverser ces murailles, et lui permettre d'élever jusqu'à elle l'objet de sa passion.

Les souvenirs du règne doux, régulier et bienfaisant de l'infortunée Sophie vivaient tous les jours davantage dans le cœur des vieux Russes : cette popularité contrastait avec le scandale des mœurs étrangères et la terreur du règne violent de son frère. On s'indignait en silence de la captivité et de la persécution d'une femme à qui la Russie avait dû des années de bonheur, à qui Pierre lui-même devait le trône et la vie.

Une vieille femme, à qui les soldats qui gardaient Sophie permettaient d'approcher habituellement de la tsarine pour lui apporter sa nourriture, lui remit en leur présence un pain, en lui faisant signe de l'ouvrir seule. Sophie y trouva une lettre des chefs des strélitz qui lui demandaient ses ordres, et qui lui dévouaient leurs armes et leur vie pour la rétablir sur le trône des Russes. Par l'intermédiaire de deux femmes esclaves attachées à leur service, les deux princesses nouèrent, du fond de leur prison, des intelligences avec les strélitz. Une de ces esclaves, amoureuse d'un chantre du monastère, était enceinte, et tremblait que sa reclusion dans le cloître ne fît découvrir et punir sa faiblesse; elle corrompit son amant par l'intérêt de leur passion commune, et lui persuada de prêter sa complicité à des communications fréquentes entre les captives et les conjurés du dehors. Elle expia bientôt son amour et ses services par les supplices, et le fruit qu'elle portait dans son sein ne la préserva pas des tortures.

X

A mesure que les troupes étrangères, formées par le tsar et commandées par Gordon, se multipliaient dans l'empire, les strélitz, que Pierre s'était juré à lui-même d'exterminer à l'heure marquée par sa vengeance, diminuaient de nombre, et s'éloignaient de plus en plus de la capitale. Mal soldés, mal vêtus, mal nourris, livrés à la merci d'officiers cupides qui trafiquaient de leurs approvisionnements et qui faisaient pardonner leurs rapines par leur mollesse dans la discipline, exposés avec intention par les généraux du tsar au feu et au sabre des Turcs qui les décimaient, ils ne se recrutaient plus que de la lie des vagabonds affamés qui cherchaient le pain et l'impunité dans leur milice ; ils étaient tombés de quarante mille à dix-sept mille hommes.

Le contraste de leur puissance passée et de leur décadence présente ne les disposait que trop à toutes les instigations des partisans de Sophie, qui leur promettaient de les relever avec celle qu'ils avaient jadis portée sur leurs armes au trône. Une conspiration militaire éclate le même jour dans toutes les villes et villages de l'Ukraine, où Pierre les avait disséminés en partant.

Gordon, qui commandait la capitale, apprit sans préparation leur marche sur Moscou et leur résolution prochaine d'y couronner la régente. Le prince Michel Romonodoski, qui les commandait, avait été déposé par eux, ainsi que tous ceux de leurs officiers qui passaient pour dévoués au tsar ; ils s'étaient nommé un général et des officiers connus par leur désaffection à Pierre et par leurs regrets de Sophie. Les paysans et le clergé, fanatiques du vieux culte, des vieilles mœurs et des vieilles troupes, les suivaient de leurs prières et de leurs acclamations. Moscou, à peine contenu par les douze mille hommes de troupes régulières de Gordon, fermentait à leur approche. Une révolution était imminente si Gordon laissait cette soldatesque et cette populace opérer leur jonction sous les murs d'une vaste et turbulente capitale.

Animé du génie prompt et résolu de son maître, Gordon, sans calculer le petit nombre de ses troupes, en laissa une partie au Kremlin, pour imposer à la ville, et marcha avec ses six mille hommes de cavalerie, deux mille d'infanterie et du canon, à la rencontre des strélitz. Les deux armées s'entre-choquèrent à douze lieues de Moscou. Les canonniers de Gordon, ayant rangé leurs pièces sur la grande route, tirèrent d'abord à poudre, pour épargner leurs compatriotes. Les strélitz, sans artillerie, se débandèrent au bruit; mais un de leurs prêtres, ayant observé qu'aucun d'eux n'avait été atteint par le feu, et interprétant en miracle du ciel en leur faveur l'indulgence des troupes de Moscou, les ramena au combat. Les pièces de Gordon, chargées à mitraille, les foudroyèrent en tête, et les deux régiments de cavalerie des gardes les chargèrent de flanc, les écrasèrent sous les pieds de leurs chevaux d'Ukraine. En quelques minutes tout fut mitraillé, sabré, fugitif ou prisonnier, dans la bande sans chef des strélitz. Gordon rentra à Moscou, traînant, garrottée à sa suite, l'armée qui, la veille, faisait trembler la Russie.

XI

Un courrier, envoyé à Pierre à la première explosion de la révolte des strélitz, avait informé des événements le tsar. Il accourait, frémissant de vengeance et altéré de sang. A son arrivée à Moscou, tout était pacifié par la victoire de Gordon. Mais si Gordon lui avait dérobé la gloire, il ne lui avait pas dérobé les supplices. Il reprocha à ce général de n'avoir mitraillé que sept mille des rebelles, et d'avoir laissé vivre ceux qui avaient partagé leur crime. Il les fit juger en masse par des tribunaux militaires, non en soldats, mais en voleurs et en brigands pris les armes à la main dans le sac de leur patrie.

Huit mille d'entre eux, enlevés des prisons où Gordon les avait détenus, furent parqués, comme un vil bétail, dans un champ entouré de hautes et fortes palissades sous les murs de la ville. En même temps, deux mille potences, dressées par les ordres du tsar dans une vaste plaine attenante à ces abattoirs d'hommes, attendaient autant de victimes. Au pied de ces deux mille potences, six mille billots, sur lesquels brillaient six mille haches, présageaient à l'œil une autre boucherie.

Le tsar, entouré de sa cour et de ses généraux, était debout à la porte de fer qui séparait le champ palissadé de la plaine du supplice. Des hérauts entrèrent dans l'enceinte où ces huit mille hommes attendaient leur sort. Ils entendent la lecture de leur sentence. Deux mille d'entre eux étaient condamnés à être pendus, les six mille autres à avoir la tête tranchée auprès de la potence de leurs camarades; l'arrêt devait être exécuté en un seul jour.

On les fit sortir dix par dix des palissades, selon la nature de leur peine; le tsar les comptait du doigt à mesure qu'ils sortaient, comme un boucher compte ses moutons qui se pressent en sortant du parc pour l'abattoir. Les soldats de sa garde, transformés en bourreaux, les pendaient par dizaines aux deux mille potences. Les six mille condamnés à la décapitation furent ensuite amenés par cinquantaines au pied des gibets. Là le tsar les fit coucher à terre, cinquante à la fois, la tête sur une poutre; et, donnant du geste le signal du meurtre à cinquante haches levées sur leurs cous, il faisait rouler dans leur sang cinquante têtes.

Bientôt, trouvant les bourreaux trop peu nombreux et trop lents pour les victimes, ou ne voulant pas laisser à d'autres le soin barbare de venger ses anciennes terreurs, il fit donner des haches à son favori Menchikof, à son grand amiral Apraxin, au prince Dolgorouki et à tous les généraux, princes ou boyards de sa suite; et, s'armant lui-même de cette arme de bourreau, il coupa de ses propres mains plus de cent têtes, étudiant, d'un œil féroce, sur la figure de ses courtisans, le moindre signe de répugnance mal dissimulé à l'horrible métier qu'il leur imposait par son exemple (octobre 1698).

Ce supplice marque à jamais dans l'histoire le caractère de Pierre le Grand d'une teinte sanglante qui mêle l'horreur du crime d'État à la grandeur de la pensée. Les vrais héros de la civilisation ne choquent jamais l'âme par cette contradiction entre le but et les moyens; ils marchent au bien par le bien, et n'égorgent pas les hommes pour les régénérer.

XII

Ces six mille têtes coupées furent entassées sous les yeux du tsar dans des tombereaux qui les transportèrent à Moscou, et incrustées par des anneaux de fer dans les créneaux des murs de la ville, où elles restèrent en pâture aux corbeaux et en terreur aux rebelles pendant tout le règne de ce prince.

Les chefs des strélitz, témoins des massacres de leurs soldats, rentrèrent dans la ville pour être pendus, les derniers en face et au niveau des fenêtres grillées qui donnaient le jour au cachot de la princesse Sophie, sœur et rivale de Pierre, afin que cette infortunée captive eût sans cesse devant les yeux les cadavres et les squelettes de ses partisans suppliciés. Ils y flottèrent pendant six années qu'elle survécut à ce hideux spectacle.

Sa jeune sœur Marpha, après avoir perdu ainsi tout espoir de recouvrer sa liberté, prit le voile des religieuses dans un monastère éloigné de Moscou, et y mourut presque oubliée en 1704.

La milice entière des strélitz fut abolie, et remplacée

par des levées de soldats enrégimentés et disciplinés sur le modèle des troupes allemandes. Les fils des boyards et des princes entrèrent en foule dans les écoles de marine du tsar pour se former sous les Anglais et les Hollandais qu'il avait ramenés de ses voyages.

XIII

Libre du joug des strélitz, Pierre se livra tout entier à l'accomplissement des grandes réformes dont il avait pris l'idée en Hollande et en Angleterre. Les impôts, jusque-là exigés arbitrairement et payés sans contrôle par les boyards, furent perçus par des receveurs nommés par le tsar, et versés intégralement au trésor public.

L'Église, qui conservait des priviléges presque souverains, et dont les patriarches, trop puissants pour des sujets, avaient contre-balancé souvent les tsars, fut concentrée dans la même main que le sceptre. Les patriarches furent définitivement supprimés, et remplacés par des synodes dont chaque membre était trop faible et trop intéressé à complaire au prince pour opposer pouvoir à pouvoir. Il restreignit le célibat des moines et des prêtres jeunes, et il interdit aux couvents de recevoir des moines avant l'âge où la vieillesse préserve l'homme des tentations. Il affecta à la solde des troupes les revenus excessifs et toujours croissants des monastères.

Il réforma, comme César à Rome, le calendrier, pour mettre l'année russe en rapport avec l'année romaine. Il transforma l'antique costume presque asiatique des Russes, et appropria les vêtements à l'activité des peuples européens. Il ouvrit des routes du centre aux extrémités de la Russie, et marqua les distances par des bornes milliaires. Il institua pour l'armée et pour les serviteurs de l'administration des décorations militaires et civiles, signes de hiérarchie, de mérite et de respect.

L'énergie qui lui avait servi à abattre les strélitz le fit triompher facilement des résistances que la routine opposait à ces réformes. On sentait qu'elles étaient en lui les préparatifs d'un grand dessein.

XIV

Les regards de Pierre se portaient depuis longtemps sur le littoral de la mer Baltique, seule zone géographique où son vaste empire se sentait étouffé par l'espace pour s'incorporer un territoire qui le resserrait. Soixante mille hommes commandés par le prince de Croy, général flamand que Pierre avait engagé à son service, marchèrent sur l'Ingrie, province jadis russe, et enlevée récemment à la Russie par les Suédois. Mais la Providence avait opposé un héros à un conquérant, en faisant naître Charles XII en face de Pierre (1700).

Charles XII, trop sûr de son courage et de la supériorité de ses soldats pour compter ses ennemis, s'embarque avec neuf mille hommes, débarque aux environs de Narva, capitale de l'Ingrie assiégée par les Russes, les attaque pendant une tempête qui jetait des tourbillons de neige dans leurs yeux, les étonne, les épouvante, les rompt, les disperse, les noie dans la rivière qui coule au pied des remparts de Narva, les fait prisonniers en masse, soldats, généraux, artillerie, bagages. Le nombre des captifs russes, parmi lesquels on comptait le prince de Croy et le prince Dolgorouki, dépassait huit fois le nombre des vainqueurs (30 novembre).

Cette victoire, une des plus complètes des temps modernes, laisse le tsar sans armée et la Russie ouverte aux Suédois. Charles XII se multiplie par la promptitude avec laquelle il promène sa poignée de Suédois invincibles contre tous ses ennemis coalisés en Ingrie, en Livonie, en Danemark et en Pologne.

XV

« Les Suédois m'apprendront à force de défaites à les vaincre, » s'écria Pierre le Grand en apprenant le désastre de Narva.

Il court à Moscou, y recueille les débris de son armée, que Charles XII méprisait assez pour les renvoyer libres; il fond les cloches des églises pour en faire des canons; il emprunte des régiments au roi de Danemark; il confère avec le roi Auguste de Pologne à Birzen; il se ligue avec les Polonais, qui lui fournissent des subsides et vingt mille soldats.

Mais la diète polonaise, toujours opposée aux volontés de son roi, refuse l'or et les hommes. La guerre civile, commencement et fin de tout dans cette anarchie, éclate en Pologne et livre la patrie aux Suédois. Des Saxons, des Allemands, des Livoniens, remplacent le contingent polonais dans l'armée du tsar.

Une année se consume en petits combats sur le lac Peïpus et sur le lac Ladoga, entre les Suédois et les Russes commandés par Scheremetof; les troupes du tsar s'aguerrissent; Charles XII menace d'une flotte Archangel; le tsar y vole, fortifie la Dwina, revient à Moscou. Les Suédois perdent la bataille d'Emback; les Russes saccagent la Livonie, et emmènent captive la population de Marienbourg.

Une jeune servante du ministre luthérien de Marienbourg suivait ce cortége de captifs, destinée par la fortune à devenir bientôt l'impératrice de ces Russes qui la chassaient devant eux comme une vile brebis du troupeau.

Scheremetof, après avoir achevé la libération de l'Ingrie et de la Livonie, et fondé Schlüsselbourg (ville de la clef) sur le lac Ladoga, revint triompher sous les yeux du tsar dans Moscou (1702).

XVI

La victoire facilita les réformes commencées ; Pierre les compléta après ces succès de ses armes. Il fonda la première imprimerie à Moscou ; des hôpitaux et des maisons de travail s'élevèrent pour soulager la misère et pour corriger la mendicité. Il appela des manufacturiers de toutes les industries. Il commença la construction de vaisseaux à haut bord de quatre-vingts canons sur le Dniéper ; il les allégea avec art pour les élever au-dessus des bas-fonds et les faire entrer dans la mer d'Azof. Il crée des arsenaux et des fabriques d'armes, des chantiers de construction à Olonitz, entre les lacs Onega et Ladoga, mers intérieures. Il sert comme officier infirmier lui-même, sous le maréchal Scheremetof, son général, pour donner l'exemple du respect à l'expérience et au talent.

Le roi Auguste de Pologne, chassé de ses États avec son parti par les Polonais du parti contraire, se réfugie dans son empire. Les vingt mille soldats russes que Pierre avait prêtés et que Patkul avait disciplinés rejoignent l'armée de Scheremetof. Dans une expédition aux environs du lac Ladoga, il emporte une petite forteresse nommée Nya, située sur la Néwa non loin de son embouchure dans la mer, bâtie et défendue par les Suédois.

Le coup d'œil prophétique de Pierre lui révèle, dans ce marais couvert de forêts et inondé du débordement d'un grand fleuve, le site de la capitale d'un vaste empire à la fois maritime et continental. Sur les ruines de ce petit fort suédois de Nya, il dessine et il jette les premières fondations de Pétersbourg. Cette capitale future, qui ne consistait alors qu'en quelques cabanes de bois et deux maisons bâties en briques entourées d'un rempart au milieu d'une plaine mal desséchée et mal défrichée, semblait avoir le pressentiment de sa grandeur prochaine; car, cinq mois après sa fondation, des vaisseaux hollandais y jetaient déjà l'ancre pour exporter par la Néwa les pelleteries de la Russie.

Le génie de Pierre le Grand avait ouvert par cette inspiration un nouvel air, une nouvelle mer et un nouveau monde à la Russie. Il surveille sa création d'un œil d'amour; il sonde lui-même le lit de la Néwa; il fonde, à l'endroit où la mer et le fleuve se confondent, la forteresse maritime de Cronstadt (1704).

XVII

Pendant que ces travaux et ces armements s'achèvent, il poursuit la guerre contre les Suédois, assiége et prend enfin Narva, conquiert l'Ingrie tout entière, en donne le gouvernement à son favori Menchikof, secourt une troisième fois en vain le roi Auguste de Pologne, son allié, tandis qu'un simple colonel suédois fait élire sous son épée un autre roi aux Polonais, toujours flottants entre leurs princes. Charles XII, renonçant à renverser Cronstadt, parcourait la Pologne pour l'assujettir à Stanislas, le nouveau roi qu'il venait de lui donner.

Le tsar, tantôt vaincu, tantôt vainqueur en Courlande, finissait par la rattacher tout entière au bloc russe. Revenu à Moscou, il reforma de là une troisième armée sous Scheremetof, pour relever en Pologne la cause de son allié, le roi Auguste. Charles XII, enivré de victoires, poursuivait alors en Saxe la gloire, dont rien ne le rassasiait. Le roi Auguste lui cède lâchement le trône, et lui livre Patkul, son général et ambassadeur du tsar. Charles XII, qui voit dans Patkul un sujet rebelle, le fait rouer vif au mépris du droit des gens. Patkul était surtout coupable d'avoir trop bien combattu les Suédois.

Le tsar, indigné du supplice de son ambassadeur, entra en Pologne avec soixante mille hommes. Il fut question de donner un troisième roi à la Pologne. La France, entrevoyant dans Charles XII un dangereux ennemi de la maison d'Autriche, s'entremit pour lui faire conclure la paix avec le tsar Pierre, afin de tourner ensuite toute la fougue de ce héros contre Vienne.

« Je traiterai de la paix avec les Russes dans Moscou, » répondit Charles XII, comme Napoléon en 1812.

« Mon frère Charles de Suède, dit Pierre le Grand, parle en Alexandre; mais il ne trouvera pas en moi un Darius! » (1707).

XVIII

Après ces vaines négociations, Charles XII, quittant la Saxe, rentrant en Pologne, traversant la Bérézina sur la glace sous le feu des canons russes, les rompt à la septième charge dans les marais du fleuve, mais ne remporte de la victoire que la gloire d'avoir vaincu. Il arrive au Borysthène jusqu'à Mohilof, menaçant en effet Moscou. Pierre le côtoyait en flanc avec une armée depuis Smolensk.

On s'attendait à voir prendre le chemin de Moscou à Charles XII. L'hetman des Cosaques, Mazeppa, aventurier polonais, traître à toutes ses patries et maintenant transfuge des Russes dans le camp de Charles XII, le détourne de Moscou, et lui persuade qu'en se jetant dans l'Ukraine il déchirera plus profondément le cœur de l'empire. Mazeppa promettait à Charles le concours des Cosaques, sur lesquels l'ancien hetman lui-même avait perdu son autorité. Le roi de Suède, sur la foi de ce transfuge, s'engage dans les marais entre le Borysthène et les torrents qui s'y perdent; le tsar l'y suit pour intercepter les renforts que Levenhaupt, général suédois, amène à Charles XII; il attaque ce général et lui livre une bataille de trois jours, qui furent trois victoires en une. Dix mille Suédois, prisonniers ou morts, tombent aux mains du tsar (1708).

Charles XII, rejoint par Mazeppa avec deux hordes de Cosaques au lieu d'un peuple qu'on lui avait promis, s'obstinait à errer dans l'Ukraine avec un reste d'armée de vingt-deux mille hommes; le froid le dévorait dans ses marches. On le conjurait en vain, comme on conjura plus tard Napoléon dans les mêmes neiges, d'éviter l'hiver, cet allié de la Russie, dans une ville forte de l'Ukraine, pour reprendre la campagne au printemps. L'ambition n'écoute pas plus que la peur. Charles XII, assiégé par les frimas et par les Russes, s'obstinant à ne pas repasser le Borysthène, subit l'hiver dans son camp, et marcha au dégel jusqu'au Tanaïs.

Pierre l'atteignit à Pultawa, petite ville qu'approvisionnaient les Cosaques du Don. Charles XII, quoique blessé au pied dans une escarmouche, marcha aux Russes, porté sur un brancard, et enleva leur redoute. Les Suédois poussèrent le cri de victoire; mais soixante mille Russes et Allemands commandés par Pierre, par Shérémétof, par Menchikof et par le général Bauër, refluèrent avec le poids de leur masse sur la petite armée des Suédois. Le brancard qui portait Charles XII, atteint d'un boulet de canon, roula en débris sur la neige sanglante du champ de bataille. Les *trabans* du roi relevèrent leur général, et le portèrent sur un lit de leurs piques entrelacées. Il combattit pendant deux heures, le pistolet à la main, du haut de cette plate-forme, reçut de nouvelles blessures, et ne céda le champ de bataille que couvert de dix mille morts.

Un cheval rapide, sur lequel on parvint à le hisser et à l'attacher, l'emporta vers le Borysthène, dans la fuite des derniers restes de son armée. Menchikof, qui l'avait devancé au passage du fleuve, enveloppa et fit prisonniers d'un seul coup quinze mille Suédois. Il ne restait de ces vingt-deux mille soldats, la terreur du Nord, que le souvenir de leurs exploits et l'étonnement de leur disparition. Charles XII, sans armée et sans retraite, fut contraint de chercher un refuge en Turquie.

Le champ de bataille de Pultawa fut le berceau de la grandeur militaire des Russes. Leur nom grandit de toute la gloire du héros qui s'était évanouie devant eux. Celle de Pierre le Grand n'était pas tant d'avoir remporté une grande victoire, que d'avoir créé l'armée capable de vaincre enfin le vainqueur de l'Europe (27 juin 1709).

XIX

La Pologne, la Saxe, la Silésie, la Suède elle-même, se relevèrent, après le désastre de Charles XII, comme des épis courbés par un long orage se relèvent après le passage du vent.

La politique de Charles XII, comme celle des conquérants, n'était que l'ambition, l'orgueil et la force. Rien ne subsista de ce qu'il avait voulu, parce que rien de ce qu'il avait voulu ne se rapportait qu'à lui-même. La Saxe se souleva contre les Suédois; le roi Auguste de Pologne, protégé du tsar, rentra dans ses États avec l'armée de Menchikof. Pierre lui-même vint recevoir à Varsovie le serment de la noblesse polonaise au roi de son choix. La Pologne, la Prussse, le Danemark, y signent avec la Russie une ligue du Nord contre la Suède. L'électeur de Brandebourg, premier roi de Prusse, reçoit le tsar à Marienwerder. Le tsar, sûr de ce nouvel allié, repart pour Riga et Pétersbourg, et revient triompher à Moscou.

Les prisonniers de Pultawa, les canons, les drapeaux, le brancard brisé du héros vaincu, décoraient le triomphe de l'armée, à qui Pierre voulait donner par ce spectacle l'émulation des armées antiques. Lui-même reçut pour la première fois, de ses troupes et de l'ambassadeur d'Angleterre, des couronnes de laurier et le titre d'empereur.

XX

Sans perdre un jour, il enlève aux Suédois, sur la mer Baltique, la ville hanséatique d'Elbing. Il vole de là à Pétersbourg, rassemble la flotte à Cronstadt, s'y embarque, la conduit devant Viborg, capitale de la Carélie, en Finlande, emporte la place, ainsi que Riga sur la Dwina, Pernau et Revel sur le golfe de Finlande.

La Suède perdait ainsi de tous côtés ses possessions ou ses conquêtes. Son sénat, tremblant à la fois devant les sommations de la ligue du Nord et devant les sommations de Charles XII, qui menaçait de son ressentiment ses sujets découragés, cédait enfin à la nécessité, et concluait avec Pierre le Grand une capitulation plutôt qu'un traité. Cette capitulation interdisait à l'armée suédoise d'aller chercher ou secourir son roi à Bender, où il implorait le secours des Turcs.

Tout indiquait que la guerre, terminée au nord par la bataille de Pultawa, allait éclater au midi sur le Pruth, où le sultan Achmet rassemblait lentement trois cent mille hommes sous le grand vizir Méhémet-Baltadji, dont nous avons raconté ailleurs l'histoire. Mais pendant que Pierre le Grand, inquiet de ce rassemblement et de l'emprisonnement de son ambassadeur aux Sept-Tours, préparait son armée à changer de front et dirigeait d'avance Sherémétof sur le Pruth, sa fortune, près de chanceler, lui préparait, dans une femme jusque-là obscure, son conseil, sa consolation, son salut, et peut-être le salut de la Russie.

La destinée de Catherine est dans l'histoire de tous les siècles un tel prodige de la beauté, de l'amour, du génie et du sort, que les aventures d'une pauvre esclave de

Livonie deviennent les pages les plus nationales des annales d'un grand empire. Des documents nouveaux, et jusque-là enfouis, nous permettent enfin de suivre depuis le berceau jusqu'au trône cette Esther des Russes dans le mystère de son obscurité, de sa faveur, de son couronnement et de son règne.

XXI

Vers l'an 1690, une pauvre famille d'artisans polonais du nom de *Skawronski*, serfs ou esclaves dans leur patrie, s'évadèrent de Pologne, et vinrent se réfugier, pour être libres, dans la petite ville de Derpt en Livonie. Le mari et la femme y vivaient du travail de leurs mains ; la peste, qui décima bientôt la ville de Derpt, les chassa à Marienbourg : ils y moururent l'un et l'autre du fléau, laissant deux enfants orphelins en bas âge à la merci de la charité publique. L'aîné de ces enfants était un garçon âgé de cinq ans ; il fut recueilli par un paysan compatissant du voisinage, qui le fit élever avec ses propres enfants. Nous verrons plus tard par quelle coïncidence de hasard il fut suivi à la trace, découvert et reconnu par une sœur déjà couronnée. L'autre était une fille âgée de trois ans. Le pasteur du village la recueillit ; mais, emporté peu de jours après lui-même par la peste, on trouva l'enfant à son foyer, sans savoir à qui la rendre.

L'archiprêtre de la province, nommé Gluck, étant venu s'établir à Marienbourg pour suppléer le pasteur mort, entra dans la demeure de son prédécesseur. Il y trouva la petite fille abandonnée, qui survivait seule à deux familles. L'enfant, à son aspect, le prit par le pan de son habit, l'appela son père, et le supplia de lui donner à manger. L'archiprêtre, homme paternel et tendre de cœur, n'ayant pu découvrir à qui appartenait l'orpheline, l'emmena avec lui à Riga, lieu de sa résidence, et la confia à sa femme, pieuse et charitable comme lui. La femme de l'archiprêtre l'éleva avec ses propres filles, et la garda ensuite comme servante dans sa maison jusqu'à l'âge de seize ans. La précoce beauté et l'intelligence rare de la jeune orpheline ne laissaient pas présumer à ses maîtres qu'elle restât longtemps à leur charge et à leur service : ses charmes et ses grâces attiraient trop de regards sur elle pour que l'amour ne s'allumât pas dans son cœur.

Le fils de l'intendant de Riga fut trop sensible aux attraits de l'orpheline; elle parut trop correspondre elle-même aux sentiments du jeune noble. La famille craignait une mésalliance; on la prévint en faisant épouser Catherine Skawronsky à un traban de la garde de Charles XII, en garnison à Marienbourg. Une foule de témoins assistèrent au mariage dans l'église de cette ville, attirés par la réputation de beauté de la fiancée. Le soir même, les trabans reçurent ordre de quitter Marienbourg pour entrer en campagne; les noces n'eurent qu'un jour, et pas de nuit : Catherine resta veuve à seize ans d'un mari absent, dans la maison du prêtre, qui avait été jusque-là sa maison paternelle.

Le maréchal Shérémétof, amené bientôt après par les chances de la guerre sous les murs de Marienbourg, somma la ville de se rendre à l'armée russe. Le pasteur Gluck fut envoyé, avec sa famille et ses domestiques, auprès du général Shérémétof pour implorer son humanité. Shérémétof, voulant rendre le joug de son maître doux aux Livoniens par contraste avec les brutalités de Charles XII, accueillit avec bonté Gluck le négociateur, et le fit manger avec lui ainsi que toute sa famille. Frappé pendant le repas de la taille élevée et de la figure intelligente de Catherine, et reconnaissant à son costume qu'elle était de condition servile, il exigea pour toute rançon de la ville que cette esclave passât à son service.

L'archiprêtre, sa femme et ses enfants résistèrent en vain, et se séparèrent avec larmes de leur protégée. Catherine reconnaissante n'oublia jamais ce foyer adoptif de sa jeunesse ; et quand elle fut impératrice, elle y reporta sans cesse ses regards, ses souvenirs et ses dons. Elle quitta cette maison comme on quitte la famille et la liberté, pleurant à la fois ses maîtres et ce titre de servante libre, qu'elle échangeait contre celui d'esclave dans la maison d'un Russe qui avait droit de vie et de mort sur ses serfs.

XXII

Shérémétof la garda sept mois, moins esclave cependant que concubine forcée dans ses campagnes de Livonie. Le prince Menchikof, favori de Pierre, venu en Livonie pour remplacer Shérémétof dans le commandement de l'armée, vit Catherine, l'admira, et pria Shérémétof de lui laisser en partant la belle servante livonienne. Shérémétof n'osa résister à des désirs qui étaient des ordres dans la bouche d'un favori de l'empereur.

Plus jeune, plus doux et plus épris que le vieux maréchal, Menchikof inspira à Catherine autant d'attachement qu'elle avait eu de répugnance pour son prédécesseur. Traitée par lui en maîtresse plutôt qu'en captive, on ne distinguait point après quelques semaines, dit Villebois, lequel du prince ou de l'esclave commandait dans la maison de Menchikof.

XXIII

Catherine régnait ainsi à dix-sept ans sur le cœur de son maître, lorsque le tsar Pierre, parti tout à coup de Pétersbourg pour se rendre en Pologne à l'entrevue avec le roi Auguste, traversa la Livonie et s'arrêta chez son favori. Ayant remarqué Catherine au nombre des esclaves qui servaient la table, il s'informa d'elle, la contempla avec ravissement, parla à voix basse, en la regardant, à Menchikof, adressa la parole avec enjouement à la jeune fillle rougissante, fut charmé de ses reparties à la fois timides et spirituelles, et après le souper lui ordonna, en badinant, de porter le flambeau dans la chambre où il allait passer la nuit. C'était le signe muet de la préférence et de la plus intime faveur.

Les mœurs licencieuses et les ordres absolus des tsars et des knés ne permettaient pas à une pauvre esclave de revendiquer la propriété d'elle-même. Le tsar partit le lendemain matin, témoigna sa satisfaction à Menchikof pour l'hospitalité qu'il en avait reçue, et donna sordidement un ducat (douze francs) à Catherine, prix ordinaire, dit le chroniqueur, des complaisances à son brutal caprice.

Catherine, offensée, non de la modicité des largesses du tsar, mais de l'indigne prostitution à laquelle son maître l'avait exposée, se plaignit avec des larmes amères à son amant. Ces reproches sanglants et trop mérités accrurent, au lieu de l'irriter, l'amour de Menchikof pour elle; leur union ne fut troublée que par le retour inattendu du tsar. Chassé, par la peste, de Pologne, il revint en Livonie; contempla avec indignation la ruine et la désolation de cette province, ravagée moins par la peste que par les exactions de son gouverneur. Dans sa colère, il leva le bâton sur son favori, lui fit sentir le poids de son bras, puis, selon son usage, lui pardonna, et continua à vivre avec lui dans la familiarité la plus fraternelle.

Cependant, à ce second voyage il ne logea pas chez Menchikof, mais dans une maison voisine du palais du gouverneur. Il n'en passait pas moins les jours et une partie des nuits en entretiens, en travail et en débauches avec le fils du pâtissier de Moscou. Catherine, avertie cette fois du danger de paraître trop belle aux regards de Pierre, s'était dérobée à ses yeux et à sa mémoire. Mais Pierre, que l'image de la belle esclave avait, peut-être à son insu, rappelé et retenu en Livonie plus que les soins de la province, s'informa un soir au souper pourquoi elle se tenait dans l'ombre, et ordonna qu'on la fît venir.

A l'apparition de Catherine, sa rougeur, l'émotion de Pierre, l'embarras douloureux de Menchikof, le silence des trois personnages de cette scène, témoignaient assez, dit un témoin, la répugnance de Catherine, la contrainte de Menchikof, la passion du tsar. L'amour, né pour la première fois dans son âme, rendait le tyran aussi timide qu'il avait été jusque-là brutal. Cependant, à la fin du souper, il adressa avec un enjouement pénible quelques paroles légères à la belle esclave; mais les réponses froides et respectueuses de Catherine n'encourageant pas ses plaisanteries, il rentra dans le silence pensif, comme un homme qui cherche en vain à se distraire d'une forte préoccupation.

Les Russes ont l'habitude de vider, après s'être levés de table, un verre de liqueur forte qui parfume les lèvres. Catherine s'approcha du tsar, et lui présenta, les yeux baissés, un plateau d'argent qui portait les petits verres et les flacons. « Catherine, lui dit le tsar après l'avoir longtemps regardée, il paraît que nous ne sommes pas aussi familiers l'un avec l'autre qu'à mon premier voyage ; mais j'espère bien que nous ferons la paix cette nuit. »

Puis, sans attendre la réponse de l'esclave, il se tourne vers Menchikof, et, d'un ton de maître qui ne veut pas être contredit : « Je l'emmène, » dit-il en montrant l'esclave. Catherine ne rentra plus dans la maison de son maître.

« Ce n'est pas assez de me la céder, lui dit quelques jours après le tsar ; tu ne songes pas que cette pauvre malheureuse est presque nue. Ne manque pas de lui envoyer au plus tôt ce qui est nécessaire pour se vêtir en esclave favorite du maître de la Russie ! »

Menchikof crut comprendre plus que Pierre n'avait dit. Il rentra chez lui, fit faire un paquet de toutes les hardes de la Livonienne, y glissa un magnifique écrin en diamants, et l'envoya ainsi à celle dont il prévit sans doute la prochaine grandeur. Il possédait déjà de telles richesses en pierreries, fruit de la guerre, de la faveur et de l'exaction, que les boutons de ses habits de cour étaient des diamants et des saphirs.

Deux femmes esclaves qui avaient coutume de servir Catherine dans sa propre maison portèrent ces présents à leur ancienne compagne de servitude. Catherine déploya devant elles ses hardes pour se vêtir, et, découvrant l'écrin, courut, en frappant ses mains l'une contre l'autre, appeler le tsar pour lui montrer ses pierreries.

« Je suis restée assez longtemps dans votre chambre, lui dit-elle en badinant, pour que vous veniez un moment dans la mienne. Venez admirer quelque chose que je veux vous montrer ! »

Elle le prit par la main, et le mena dans sa chambre : « Voilà, dit-elle en lui déployant ses robes, le bagage de l'esclave de Menchikof. » Puis, apercevant dans l'écrin un anneau et d'autres pierreries d'une valeur immense, elle interrogea de l'œil le tsar.

« Est-ce là, dit-elle, un présent de mon ancien ou de mon nouveau maître? Si c'est de Menchikof, il faut avouer qu'il congédie magnifiquement ses esclaves! »

Le tsar ne répondant rien, elle continua de l'interroger plus impérieusement du regard. « Vous ne répondez rien, reprit-elle. Eh bien, il n'y a pas à hésiter : si ces richesses viennent de mon ancien maître, je lui renvoie ces présents, inutiles à l'esclave favorite d'un si grand prince! »

Elle choisit seulement une petite bague sans aucun prix. « Je ne veux garder que cela de lui, dit-elle; cette petite bague est plus que suffisante pour me faire souvenir des bontés qu'il a eues pour moi. Et si cet écrin est du nouveau maître, je le lui rends également : ce que j'ambitionne de lui est d'un prix plus inestimable! »

A ces mots elle s'efforça de sourire; mais, vaincue par la force et la contrainte de ses émotions, douleur et joie, regrets, espérance, luttant dans son cœur, elle fondit en larmes et s'évanouit dans les bras du tsar. Il la ranima sous ses caresses et sous les parfums qu'il répandit sur son visage.

Les deux esclaves témoins de cette scène, et un colonel des gardes Préobrajenskoï qui y assistait, également étonnés d'un attendrissement et d'une sollicitude si étrangère aux habitudes de Pierre avec les femmes, répandirent dans la ville le récit de cet entretien et de cet évanouissement. On augura de leur récit que le maître de la Russie avait enfin trouvé dans son propre cœur le joug qu'il imposait à l'empire.

XXIV

Pendant le reste de son séjour en Livonie, il cacha son amour non comme un scandale, mais comme un trésor. Il ne s'entretint jamais publiquement avec Catherine; il la cacha dans un petit appartement contigu au sien, comme un avare cache son or. En repartant pour Moscou, il chargea un capitaine de ses gardes de l'y conduire avec tout le mystère et tout le respect dont il voulait envelopper sa maîtresse, et de la loger à Moscou, chez une dame affidée, prévenue par lui du dépôt qu'on allait confier à sa discrétion. Pendant le voyage on lui apportait tous les jours des nouvelles de sa favorite.

Le mystère du séjour à Moscou de Catherine dura trois ans, logée dans un quartier désert et dans une maison sans apparence, chez une dame de condition noble, mais d'une fortune médiocre. C'est par cette dame elle-même que les discrétions et les délicatesses de la passion du tsar ont été révélées à l'auteur de ce document (Villebois). Le tsar ne se rendait que la nuit et déguisé, suivi d'un seul grenadier, dans la maison habitée par sa maîtresse. Ce ne fut qu'après plusieurs années de mystère que la nécessité de concilier les soins assidus de l'empire avec son amour toujours croissant lui fit admettre quelquefois ses ministres dans la maison où il passait ses nuits et une partie de ses jours. Catherine fut admise insensiblement ainsi aux délibérations sur les affaires d'État, et elle y prit, sans le rechercher, par la promptitude et la sûreté de son jugement, un ascendant décisif, toutes les fois que le tsar flottait entre deux avis contraires. Il se complut à adorer à la fois dans la même femme le choix de son cœur, l'inspiration de son esprit, l'oracle caché de l'empire. Son estime confirma de plus en plus sa passion.

Ce fut dans cette retraite ignorée que Catherine devint mère de deux filles qui furent depuis la tsarine Anne et l'impératrice Élisabeth, et d'un fils qui ne devait jamais régner.

XXV

Le mariage secret, mais toujours menaçant, de Catherine avec le traban de la garde de Charles XII, empêchait seul le tsar d'élever sa maîtresse jusqu'au trône en l'épousant. Il fit rechercher avec anxiété par Menchikof les traces de cet époux d'un jour, dont la découverte pouvait troubler son bonheur.

Le traban, de son côté, cherchait les traces de sa femme disparue de Marienbourg. Fait prisonnier à la bataille de Pultawa, amené captif à Moscou pour orner le triomphe de Pierre, il fut relégué ensuite dans une province éloignée. Le bruit de l'enlèvement de sa femme par Menchikof, de la passion du tsar pour une esclave de ce favori, et de l'empire que cette belle esclave avait pris sur le maître de la Russie, parvint à ses oreilles; il soupçonna que cette esclave-reine était cette même Catherine enlevée par les Russes de la maison de l'archiprêtre Gluck. Fier et heureux de ces conjectures, il les communiqua témérairement au commissaire russe chargé du soin des prisonniers suédois, espérant que les largesses du tsar compenseraient pour lui la perte de Catherine.

Soit par l'ordre secret de Pierre, soit pour prévenir la

jalousie présumée de son souverain, le commissaire affecta de voir dans ces révélations du prisonnier suédois une imposture et une offense à la dignité du tsar; il envoya perdre l'infortuné traban au fond des déserts de la Sibérie, d'où la nouvelle authentique de sa mort parvint à Moscou peu de temps après la paix avec la Suède.

Rien alors ne s'opposa plus que la différence de religion au mariage secret de Pierre avec Catherine. Née catholique de parents polonais, élevée dans la religion luthérienne en Livonie, instruite par les soins de Pierre le Grand dans la religion grecque, dont l'amour et l'ambition lui révélaient la supériorité sur ses premiers cultes, Catherine abjura sans effort ses deux précédentes religions. Elle fut baptisée et mariée le même jour à Pierre. La princesse Marie, sœur du tsar, encouragea elle-même son frère à ce mariage, soit pour flatter son cœur, soit pour opposer la douce Catherine à la fière Eudoxie répudiée, mais dont elle craignait le retour (1710).

XXVI

Le tsar, à peine devenu l'époux de Catherine par un mariage non proclamé, mais transparent pour tout le monde, emmena avec lui Catherine à l'armée de Shérémétof, déjà en face des Turcs dans la Bessarabie. Il conduisait lui-même, comme à Pultawa, une seconde armée, composée de ses gardes et de toute la noblesse de l'empire, vers le Dniester. Par une tactique hardie, mais imprudente, Pierre osa traverser le Pruth et camper sur la rive droite de ce fleuve, pour tendre la main à l'armée de Shérémétof qui était en Moldavie, pendant que deux cent cinquante mille Turcs et quatre-vingt mille Tartares, leurs auxiliaires, campaient un peu plus bas sur la rive gauche du Pruth.

Le grand vizir Baltadji-Méhémet, *le fendeur de bois*, remonta le fleuve, le traversa sous le canon des Russes, les adossa à de vastes forêts, leur intercepta même les eaux du Pruth, fit cerner les bois par cent mille Tartares et vingt mille Arabes, dont le cercle en se rétrécissant traquait le tsar dans son camp sans issue en avant, sans retraite en arrière, attendant ainsi l'heure de les étouffer dans leur repaire, comme le tsar lui-même avait emprisonné Charles XII à Pultawa.

Pierre désespéré allait périr inévitablement avec tout le germe d'un nouvel empire, sans la magnanimité du grand vizir et sans les conseils de Catherine. Baltadji-Méhémet voulait humilier les Russes, mais non les anéantir. Ce peuple nouveau, dont les Turcs ne pressentaient pas la fortune, leur semblait, ainsi que la Pologne, utile à leur politique pour contre-balancer l'Autriche, leur véritable et éternelle ennemie.

Catherine eut le génie de deviner cette politique du divan et de convaincre Pierre, qui ne voyait plus que l'option entre la captivité et la mort. Son armée, exténuée par les longues marches et dépourvue de vivres, pouvait compter les jours qui la séparaient de la capitulation. Pierre, accoutumé aux faveurs de la destinée, supportait mal ses revers; plus fataliste par découragement que les Ottomans par religion, il fermait les yeux pour ne pas voir en face sa ruine. Retiré seul dans la nuit de sa tente, et couché sur un tapis dans des accès alternatifs de rage et de larmes, il avait défendu, sous peine de mort, que nul n'osât venir troubler l'agonie de son orgueil et contempler son abattement. Ses soldats, sans pain depuis trois jours et couchés sur leurs armes, n'avaient plus la force ni de combattre ni de marcher (1711).

XXVII

Catherine seule avait conservé, dans la consternation générale, le cœur d'un homme d'État et le sang-froid que le danger donne aux femmes supérieures. Son génie était dans son amour pour le tsar et dans sa reconnaissance pour la Russie. Elle souleva les rideaux de la tente du tsar malgré sa défense, se jeta à ses pieds, pleura avec lui, lui reprocha de s'abandonner lui-même, et, lui montrant dans la paix habilement proposée et résolûment conclue le seul moyen de sauver à la fois l'armée, la Russie et lui-même, elle obtint de lui l'autorisation de négocier avec le grand vizir.

Elle connaissait un soldat de l'armée russe qui avait résidé à Constantinople en qualité d'interprète de l'ambassadeur Tolstoï, et qui se vantait de connaître lui-même à fond les moyens de séduction ou de corruption capables de rouvrir à force d'or à l'armée la route de la Russie. Elle introduisit cet homme dans la tente; le tsar l'interrogea, l'autorisa à pénétrer comme parlementaire dans le camp des Turcs, et à négocier en son nom, avec le grand vizir Baltadji-Méhémet, la paix à tout prix, puisqu'il n'y avait plus ni à combattre ni à fuir.

Mais il fallait aborder les Turcs les mains pleines de présents dignes d'un souverain à un autre souverain, et l'or manquait au tsar autant que le pain dans les tentes des Russes.

« Catherine, dit Pierre à sa maîtresse, où trouver l'or nécessaire à la rançon de mes soldats?

» — Ici même, lui répliqua Catherine; avant le retour du parlementaire, je me charge d'avoir rassemblé la dernière pièce de monnaie qu'il y a dans le camp. Tout ce que je vous demande, c'est de ne pas vous laisser abattre ainsi par le découragement, seule défaite sans ressource des grands caractères, et de ranimer par votre présence et par votre sérénité de visage le cœur de vos pauvres soldats! Allons, venez vous montrer aux troupes, et laissez faire le reste à la providence de la Russie, et à l'amour d'une femme qui ne veut vivre ou mourir que pour vous! »

Pierre l'embrassa, sortit de sa tente et parcourut les rangs de son armée. Catherine, de son côté, monte à cheval, va de groupe en groupe, adresse la parole aux soldats, les anime de son patriotisme, étale à leurs yeux les colliers, les bracelets, les pierreries qu'elle détache de son cou et de ses bras pour les verser dans un casque comme un tribut à la patrie; leur démontre que tout l'or et les bijoux de Moscou leur seront inutiles, s'ils n'ont qu'à les céder avec la vie aux ennemis qui les environnent; qu'ils retrouveront au contraire au centuple, dans la reconnaissance du tsar et dans la sienne, leurs bijoux et leur or, s'ils en font généreusement le sacrifice pour acheter un libre retour vers la patrie.

« Qu'as-tu à me donner pour le tsar notre père? demande-t-elle avec sa grâce irrésistible à chaque officier, à chaque soldat. Je te signalerai par ton nom au tsar et à la patrie, quand nous serons de retour à Moscou! »

Émus par ses paroles, par ses larmes, par sa beauté, les soldats se dépouillent de leurs bourses, de leurs anneaux, de leurs boucles d'oreilles, et les versent à l'envi dans les casques et dans les manteaux aux pieds du cheval de Catherine. Ce monceau d'or et de bijoux devient la rançon de l'armée.

Les négociations s'ouvrent après les présents d'usage. Charles XII, accouru de Bender au camp de Baltadji-Méhémet, s'oppose en vain de toute sa fureur au traité qui laisse échapper la Russie et son tsar à la captivité et à la mort. Le grand vizir n'écoute que l'intérêt de la Turquie, satisfaite de l'humiliation des Russes et plus ambitieuse de leur alliance que de leur sang. La paix est conclue, les routes se rouvrent autour du camp du tsar, les approvisionnements y affluent, Pierre reprend le chemin de Moscou : la Russie entière salue dans la Livonienne l'ange libérateur de la patrie. Le tsar, encouragé par le cri de l'armée et du peuple, ose enfin déclarer à l'empire son mariage jusque-là secret, et jure que ni dans les conseils, ni dans les voyages, ni dans les camps, il ne se séparera jamais de celle à qui, après Dieu, il doit la vie, la liberté et la paix. Il institue en faveur des femmes, pour attester à l'avenir sa reconnaissance, la *décoration militaire de Sainte-Catherine*, faisant ainsi de sa maîtresse la patronne des épouses et des patriotes de la Russie.

Un luxe et des pompes asiatiques célèbrent à Moscou le couronnement de l'impératrice. Toute la Russie se demandait quelle était donc cette femme mystérieuse dont nul encore ne connaissait l'origine, et que l'amour du tsar élevait au trône? Un hasard révéla ce mystère aux courtisans, et rendit à la tsarine elle-même le frère dont elle avait perdu les traces depuis la peste de Livonie (février 1712).

XXVIII

Un payan, valet d'écurie dans une hôtellerie d'un village de Courlande, s'étant querellé dans le vin avec d'autres paysans attablés devant la porte de l'auberge, murmura dans son ivresse qu'il avait des parents assez puissants pour faire repentir un jour ses adversaires de leur insolence. Un envoyé du roi de Pologne, qui changeait de chevaux en ce moment devant l'auberge, ayant entendu ces menaces, en demanda la signification aux témoins de la rixe. On lui répondit, en souriant d'incrédulité, que ce valet d'écurie se nommait Charles Skawronski, et prétendait avoir une sœur toute-puissante à Moscou, de qui il se ferait connaître tôt ou tard. L'ambassadeur regarda attentivement le jeune paysan, et crut démêler sous ses haillons les vestiges d'une grande distinction de nature, une ressemblance confuse avec le visage de la tsarine, et surtout une douceur et une lumière de regard qui rendaient les yeux de Catherine inexprimables au pinceau des peintres les plus accomplis.

A son arrivée à Moscou, il parla de cette rencontre et de cette ressemblance à un de ses amis; cet ami en parla à d'autres; la rumeur en arriva jusqu'aux oreilles du tsar. Voulant surprendre délicieusement le cœur de Catherine par une famille retrouvée si bas pendant que son amour l'élevait si haut, Pierre ordonna à Repnin, gouverneur de Riga, de faire rechercher dans la province de Courlande un jeune homme du nom de Charles Skawronski, et de l'envoyer sans délai à la police de Moscou, sous prétexte d'un appel qu'il avait fait au tribunal suprême d'un jugement rendu contre lui en Courlande.

Repnin exécuta promptement l'ordre du tsar. Pierre, entourant à Moscou Charles Skawronski de piéges et d'espions, lui fit persuader de demander une audience au tsar pour obtenir justice de ses juges. Cette audience, accordée dans la maison d'un de ses courtisans, nommé Chapilof, pour que la tsarine ignorât tout, convainquit le tsar de la ressemblance de Skawronski avec Catherine, et de l'authenticité de son origine. Il ne manifesta rien au paysan de son émotion et de sa conviction; il lui assigna seulement pour le lendemain une seconde audience dans la même maison.

« J'ai fait aujourd'hui un agréable souper chez Chapilof, dit-il en rentrant au palais à l'impératrice; il faut que je t'y mène souper encore demain avec moi. »

La tsarine y consentit. Après le souper, aussi agréable que celui de la veille, on introduisit le suppliant courlandais dans la salle. Le tsar, feignant d'avoir oublié ce que cet homme lui avait dit la veille, l'interrogea longuement en présence de Catherine, s'efforçant d'attirer l'attention de sa femme sur le visage de l'étranger.

Catherine, assise non loin de l'embrasure de la fenêtre, se sentait émue de souvenirs vagues et tristes à ce visage et à cet accent. A chaque réponse du paysan interrogé sur sa patrie, sur ses parents, sur son abandon après la mort de ses parents emportés par la peste, sur une sœur plus jeune que lui laissée au berceau à Marienbourg : « Écoute bien, Catherine! disait le tsar à son épouse; cet homme ne rappelle-t-il rien à ton souvenir? »

Catherine, haletante et balbutiante de surprise, d'émotion, ne répondait que par sa pâleur et par ses larmes; elle avait deviné son frère unique dans ce paysan!

« Eh bien, je comprends tout, moi, lui dit Pierre; cet homme est en effet ton frère! »

Puis, prenant le paysan par le bras et le conduisant vers sa femme :

« Baise à l'instant à genoux, lui dit-il, le bas de la robe de l'impératrice. Et, après cet hommage à ta souveraine, relève-toi, et presse-la dans tes bras comme ta sœur ! »

Catherine s'évanouit à cette reconnaissance, trop peu préparée pour sa sensibilité.

« Quel mal y a-t-il à cela ? lui dit-il quand elle eut repris ses sens. Eh bien ! cet homme est mon beau-frère. S'il est honnête homme et intelligent, nous en ferons quelque chose. Mais sèche donc tes larmes ! Je ne vois dans tout ceci rien qui doive t'affliger. Nous voilà enfin éclairés sur un mystère qui nous a coûté bien des recherches ! Allons-nous-en maintenant. »

La tsarine embrassa de nouveau son frère en versant sur sa famille des ruisseaux de larmes, et suivit son mari. Skawronski fut retenu dans la maison de Chapilof. Il fut instruit par les soins de l'impératrice aux usages de la cour, nommé comte et marié à une fille de famille illustre, dont les descendants ont longtemps joui en Russie des honneurs de cette auguste parenté avec les Romanof.

LIVRE TROISIÈME

I

On a vu que Pierre avait eu de son premier mariage avec Eudoxie Lapoukin, impératrice répudiée, un fils, Alexis Petrowich. Ce fils, âgé à l'époque de la campagne du Pruth de vingt-six ans, portait en lui le titre et les droits de tsarevitz, héritier présomptif du trône de Russie. Élevé avec la négligence voisine de la haine que le souvenir odieux de sa mère Eudoxie inspirait à Pierre ; marié à une princesse de Brunswick-Wolfenbutel qui n'avait pu lui inspirer ni amour ni égards ; préférant scandaleusement à son épouse une simple paysanne de Finlande, nommée Euphrosine ; livré au commerce corrupteur de la jeunesse la plus licencieuse de Moscou, sans talents, sans vertu, sans volonté, où peut-être craignant d'en montrer plus qu'il ne convenait à la jalouse susceptibilité de son père, Alexis importunait Pierre de son existence.

La mort de Nathalie, femme d'Alexis, enlevée à la fleur de ses années par le chagrin et laissant un enfant au berceau, nommé Pierre, servit d'occasion au tsar pour adresser, dans une lettre que nous possédons, les reproches les plus amers à son fils. On lit à tous les mots dans cette lettre le mépris, l'invective, et la résolution mal déguisée de déshériter du trône un homme indigne de l'occuper :

« Vous rejetez tous les moyens de vous rendre capable de régner après moi. Sans l'art de la guerre, que vous ne voulez pas apprendre, on est indigne de régner. Vous vous excusez sur la faiblesse de votre corps ; interrogez ceux qui ont connu votre oncle Fédor : son tempérament était bien plus faible que le vôtre, il ne pouvait gouverner un cheval un peu vif, à peine le monter, et cependant il n'y eut jamais en Russie une meilleure écurie que la sienne. C'est la volonté et non le corps qui fait la force. Je suis homme et mortel : à qui laisserai-je le soin d'achever et de continuer ce que j'ai commencé pour la Russie?... Rappelez-vous votre opiniâtreté et votre dépravation. Je suis resté des années sans vous rien dire ; tout cela en vain : vous restez dans vos appartements, couché sur des coussins. Il est temps de vous marquer ma dernière résolution : si vous ne vous amendez pas, je vous exclurai de ma succession comme on retranche un membre gangrené. Si je n'épargne pas ma propre vie pour le bien de mes sujets, pourquoi épargnerais-je la vôtre? Je confierais plutôt l'empire à un étranger qui en serait digne, qu'à mon fils qui ne le serait pas. »

« Mon père, répondit Alexis, qui cherchait son salut dans l'abnégation, on m'a remis votre lettre après l'enterrement de mon épouse. Je n'ai qu'une chose à y répondre : si Votre Majesté veut me priver de la couronne à cause de mon incapacité, que votre volonté soit remplie !

» Je vous en prie même instamment ; car je vois moi-même que je ne suis pas propre au gouvernement : mon esprit est bien affaibli, et il faut l'avoir dans toute sa force pour conduire les affaires d'un État. Ma dernière maladie m'a ôté les forces de l'esprit et du corps, et je suis devenu incapable de gouverner tant de nations : cela exige un homme plus sain et plus robuste que moi.

» Ainsi, après la mort de Votre Majesté (à qui Dieu conserve de longs jours!), quand je n'aurais pas un frère comme j'en ai un, à qui je souhaite une santé constante, je ne rechercherais pas la succession au trône. Je ne la demanderai jamais, j'en prends Dieu à témoin, j'en jure par mon âme : en foi de quoi j'écris ceci et je le signe de ma propre main.

» Je recommande mes enfants à Votre Majesté; je ne demande pour moi que le simple entretien, laissant tout le reste au jugement et à la volonté de Votre Majesté. »

II

Cette résignation parut ou abjecte ou suspecte à Pierre.

« Vous me parlez, répondit-il à son fils le 19 janvier 1716, de votre renonciation au trône, comme si je vous avais demandé votre consentement à une chose qui ne dépend que de moi ! M'est-il possible de me reposer sur vos serments quand vous avez un cœur de rocher ? Quand bien même vous auriez dessein de tenir vos serments, *ces grandes barbes* (les jeunes favoris russes d'Alexis) vous retourneraient à leur gré, et vous forceraient à revenir sur vos promesses. Leur oisiveté, leurs vices, les éloignent à présent des emplois ; ils espèrent être plus heureux auprès de vous. J'ai de justes raisons de croire que vous renverserez tout si vous me survivez. Quand vous aurez reçu cette lettre, faites-moi réponse par écrit ou de vive voix : si vous ne le faites pas, je me comporterai envers vous comme envers un malfaiteur.

» — Je veux prendre l'habit monastique, » fut la seule réponse d'Alexis : il avait trop compris son père.

Il est impossible de ne pas lire dans les lettres de Pierre le Grand qui cherchent un crime dans toute parole et jusque dans le silence de son fils ; et, quand on connaît le caractère de Pierre, il est impossible de ne pas voir la mort derrière l'innocence importune comme devant le crime odieux de ce fils. Tibère n'écrivait pas de lettres plus terriblement ambiguës à ceux qu'il voulait contraindre ou à se condamner eux-mêmes par une conjuration, ou à le délivrer d'eux eux-mêmes par le suicide.

III

Cependant Pierre, parti de Moscou une seconde fois en 1717 pour parcourir l'Europe, surveillait son fils. Il l'abandonnait à lui-même, comme s'il eût voulu le tenter par son absence et lui tendre l'occasion du crime. Alexis ne profita de cette absence que pour s'évader de Moscou avec sa maîtresse la paysanne finnoise Euphrosine. Il se réfugia à Vienne, sous la protection de l'empereur Charles VI, et de là à Naples, où il chercha dans les murs du château Saint-Elme un abri contre les assassins, dont il redoutait le poignard dans la main des exécuteurs secrets des ordres paternels.

Pierre, plus effrayé de cette fuite que d'une révolte,

adoucit hypocritement l'accent de ses lettres , parla de pardon, de tendresse et d'amour, si son fils les méritait par son retour, et lui envoya Tolstoï et Romniantzof, deux de ses favoris, pour le ramener au piége. Le vice-roi de Naples, intimidé par les ordres de l'empereur, déclare à Alexis qu'il ne peut plus le soustraire à l'autorité des agents de son père ; Tolstoï et Romniantzof le ramenèrent, avec de faux respects, captif au château de Préobrajenskoï, aux portes de Moscou (février 1718).

À peine entré au château, on lui enlève ses armes, on le conduit devant son père, qu'il trouve dans l'appareil d'un juge, entouré de tous ses ministres. Il tombe à ses pieds, confesse on ne sait quels prétendus crimes, et implore la vie. Pierre lui répond que sa faute lui était remise, à condition qu'il renoncerait à sa succession. Alexis signe, dans les termes dictés par son père, cette renonciation en termes qui dénoncent au monde sa propre indignité.

Cette renonciation, lue à haute voix dans l'église devant le clergé, ne suffit déjà plus à Pierre ; il fait subir le plus odieux et le plus astucieux interrogatoire à son malheureux fils, pour le forcer à accuser ses complices et à s'incriminer lui-même. Les réponses d'Alexis attestent à peine quelques vagues perspectives de trône après la mort naturelle de son père, l'espérance d'être soulagé un jour du poids de terreur qui l'oppresse, et quelques aveux de désaffection bien naturelle pour un pareil père, faits à un confesseur en scrutant sa conscience et sous le sceau du mystère, où l'on ne parle qu'à Dieu. L'inquisition de Philippe II interrogeait et convainquait ainsi don Carlos, l'Alexis de l'Espagne.

On voit dans ces aveux, et dans les témoignages arrachés par les tortures de ses prétendus complices, que la douce Catherine, quoique mère des enfants destinés à hériter du sang d'Alexis, n'envenimait en rien l'aversion du père contre le fils : « S'il n'avait pas près de lui la tsarine, dit un de ses témoins, Dolgorouki, ami d'Alexis, personne ne pourrait tenir à ses brutalités, et j'irais le premier m'enfermer dans une forteresse. »

Le plus grand crime d'Alexis était inconnu encore : c'était un projet de lettre au sénat, qui fut retrouvé dans les mains de sa maîtresse, la paysanne Euphrosine. Cette lettre n'était qu'une prière en termes complétement irréprochables aux magistrats, au clergé et au peuple, pour réserver ses droits héréditaires dans le cas où le trône deviendrait vacant pendant qu'il était exilé à Naples. La haine seule, et la haine acharnée d'un père et d'un persécuteur, pouvait incriminer de tels actes et de telles expressions. Le crime manquait au prétendu coupable ; un hasard fatal vint en fournir l'apparence ou le prétexte au tsar.

IV

Quelque temps avant sa répudiation et son emprisonnement au monastère de Souzdal, l'impératrice Eudoxie, outragée et menacée par son mari, avait conçu une passion secrète pour un officier général de l'armée de Pierre, nommé Glébof. Cet amour, resté mystérieux et innocent jusque-là, s'était irrité et passionné davantage depuis neuf ans par la séparation et par la cruelle captivité d'Eudoxie. Glébof avait réussi, pour se rapprocher de l'impératrice, à se faire nommer au commandement des troupes qui gardaient le monastère de Souzdal. Il avait trouvé dans ce commandement des occasions naturelles d'intelligences et d'entrevues avec

Eudoxie. Elle avait pris en religion le nom d'Hélène, pour tout dépouiller de la terre jusqu'à son nom ; mais elle n'avait dépouillé ni ses regrets, ni son amour, ni son ambition, ni ses droits.

Un prélat remuant, Dosipheï, archevêque de Rostof, confident des amours de Glébof et d'Hélène, n'avait pas hésité à les fiancer dans la chapelle du monastère, et à échanger entre eux les anneaux bénits, gage de leur future union. La sœur du tsar elle-même, la tsarine Marpha, amie d'Hélène, lui avait fait présent de robes et de bijoux interdits dans le cloître, et conformes au rang qu'elle avait occupé et qu'elle espérait occuper de nouveau dans le monde. Ces deux princesses, dont l'une était mère, l'autre tante d'Alexis, étaient soupçonnées de relations et de partialité bien naturelle pour les malheurs de ce jeune prince. Elles fondaient, disait-on, des espérances de liberté sur son règne futur.

Ces amours, ces fiançailles secrètes, ces relations supposées, ces perspectives de liberté et de règne, travesties en complicité et en crime, éclatèrent comme autant de preuves des forfaits que le père avait besoin de trouver dans le fils.

Hélène, enchaînée et amenée à Moscou, écrivit sous le coup des menaces une lettre suppliante à son mari ; lettre dans laquelle elle avouait qu'elle avait dépouillé après six mois l'habit de religieuse dont on l'avait forcément revêtue : c'était tout son crime, elle le confessait publiquement, et implorait pour toute grâce la vie. Ses interrogatoires ne révélèrent aucun autre crime : on ne le trouva pas suffisant pour lui infliger la mort. On se borna à lui imposer la honte d'être fouettée par deux religieuses, et à l'enfermer pour le reste de ses jours dans un couvent inaccessible, sur un écueil du Lac Ladoga.

L'archevêque Dosipheï, reconnu coupable d'avoir fiancé

les deux amants, fut dégradé par le clergé asservi au tsar, et livré par ses pairs à la vindicte des lois civiles; on lui brisa les membres à coups de barre de fer.

V

La cruauté des supplices infligés aux autres prétendus conjurés surpassa la boucherie des strélitz. Tous ceux qui avaient approché du monastère de Souzdal et entretenu des intelligences avec Hélène et Glébof furent dépecés en lambeaux; leurs têtes, plantées à la pointe des piques, restèrent, avec la tête de l'archevêque, exposées aux regards du peuple et aux insultes des oiseaux de proie sur les murs du Kremlin.

L'infortuné Glébof, coupable de sa pitié et de sa constance pour la belle Hélène, devenue libre cependant par la répudiation de son mari, fut empalé à demi, au milieu d'un cercle formé par les piques qui portaient les têtes coupées de ses confidents décapités. Alternativement enlevé du pal et replacé sur l'instrument du supplice, le tsar prolongea à dessein sa vie pendant six semaines pour prolonger ses tortures; il le fit marcher plusieurs fois devant lui sur des herses formées de pointes de fer aiguisées, pour le contraindre, par l'excès de la douleur, à accuser Hélène. Glébof, plus soigneux de préserver la vie, l'honneur, la mémoire de son amante que d'allonger son martyre, persista dans un silence ou dans des dénégations qui refusaient tout élément de condamnation aux juges contre Hélène.

A la fin de ce long supplice, et pendant que Glébof, exposé une dernière fois sur le pal, au milieu de la grande place de Moscou, luttait contre les angoisses de la nature, Pierre s'approcha encore de lui, et le somma, au nom de la vérité, de la religion, du Dieu devant lequel il allait paraître, de confesser son crime et ses relations avec Hélène ; mais Glébof, plus fort que la mort, détournant dédaigneusement sa tête mourante vers son bourreau :

« Il faut, lui dit-il, que tu sois aussi imbécile que tyran pour croire que, n'ayant rien voulu avouer au milieu des tortures inouïes que tu m'as fait subir depuis tant de jours, j'irais flétrir l'honneur d'une femme vertueuse et sans tache, maintenant que je suis au moment d'être affranchi de tes cruautés par mon dernier soupir ! Va, monstre ! ajouta-t-il en lui crachant au visage, retire-toi de mon pal, et laisse mourir en paix celui que tu n'as pu laisser vivre. »

On a pitié de l'espèce humaine qui consent à honorer du nom de grand homme un bourreau capable de trouver sa vengeance et sa volupté dans de telles tortures, savourées pendant quarante jours, et infligées à des innocents et même à des coupables ! Il faudra refaire la langue humaine quand on voudra refaire la moralité des peuples, dépravés par les jugements et par les mots de l'histoire.

VI

Pierre ne fut point assouvi par tant de martyres.

« Quand le feu rencontre de la paille, dit-il à ceux qui s'étonnaient de sa constance dans la férocité, il la brûle ; mais quand il rencontre du fer, il faut qu'il s'éteigne. »

Il ignorait que le sang, comme l'huile, attire le feu.

La pauvre paysanne finnoise, Euphrosine, interrogée à son tour, confessa que son amant Alexis s'était plaint quelquefois des rigueurs de son père. Alexis lui-même comparut tremblant devant le clergé érigé en tribunal et devant le tsar. Le clergé complaisant encouragea le père à frapper, par une allusion biblique qui flétrissait jusqu'à la compassion paternelle dans l'âme d'un père : « *David dit à son général : « Épargnez mon fils Absalon. » Le père voulut l'épargner, mais la justice de Dieu ne l'épargna pas.* »

Un prisonnier, qui habitait la même prison qu'Alexis, entendait toutes les nuits le bruit des coups dont on accablait le tsarevitch pour le contraindre à signer des aveux et des suppliques à son père. Ses gémissements étouffés perçaient les murs de son cachot. Ces pièces et ces aveux extorqués servirent d'excuse aux juges. Le 24 juin 1718, ils le condamnèrent à l'unanimité à la peine de mort. Jamais les tyrans ne manquent de sentences pour légitimer leurs forfaits.

Nous possédons aujourd'hui des détails circonstanciés sur les derniers moments d'Alexis. A la lecture de son arrêt de mort, il tomba évanoui au pied du juge qui lui lisait sa sentence. Le saisissement l'avait tué avant le supplice.

Le tsar, pour se donner à la fois le bénéfice de la clémence et celui de la mort, accorda avec ostentation la grâce de son fils ; mais, se tournant vers un chirurgien affidé qui comprenait à demi-mot les volontés de son maître :

« Va soigner le malade, lui dit-il ; et comme le saisissement a été dangereux, saigne-le abondamment, et ouvre-lui les quatre veines. »

Anna Crammer, confidente à cette époque de Pierre et de Catherine, certifia plus tard qu'il avait été en outre décapité, et qu'elle fut chargée elle-même de recoudre la tête au tronc et d'entourer le cou d'une cravate noire, pour que le cadavre exposé sur un lit de parade, à visage découvert, selon l'usage des sépultures grecques, ne laissât pas voir la trace de la hache.

Pierre, qui était alors à Pétersbourg, où l'exécution avait eu lieu dans la citadelle, suivit le cercueil de son fils en versant des larmes. Était-ce hypocrisie ? était-ce contradiction de la nature dans un caractère aussi facile aux larmes qu'au sang ? Constantin à Byzance, et Philippe II à Madrid, avaient porté aussi avec larmes le deuil de leur fils. La férocité a ses mystères, comme le fanatisme et l'ambition.

VII

La Providence ne paraissait pas venger sur ses armes les barbaries de sa cour. La Livonie, l'Esthonie, la Carélie, l'Ingrie, la Finlande presque entière, s'incorporaient successivement à ses États ; la Pologne pliait sous le roi imposé par lui.

Il avait rapporté de la France, qu'il avait visitée dans son second voyage, une administration imitatrice de celle de Louis XIV ; ses institutions civiles prospéraient sans résistance dans son peuple ; sa marine se construisait à Cronstadt ; les folies héroïques de Charles XII le délivraient de son seul ennemi dangereux sur la Baltique ; il établissait à la fois à Pétersbourg des lois somptuaires et des manufactures, contradiction qu'un peuple primitif ne comprenait pas encore ; un hospice d'orphelins et d'enfants trouvés, des écoles publiques, s'élevaient à Moscou et dans les principales villes de l'empire. Les riches boyards et les princes furent provoqués à se construire des palais dans la nouvelle capitale ; l'uniformité des poids et mesures fut décrétée ; des tribunaux de commerce jugèrent les trafiquants ; un canal de grande navigation fut creusé pour joindre par une voie plus courte le lac Ladoga à la Néwa, qui coule à Pétersbourg ; les chantiers inaccessibles de Cronstadt (la ville couronnée) furent élargis et fortifiés ; le commerce fut vivifié d'Astrakan en Perse et de Tobolsk en Chine ; les tribunaux furent réformés sur le modèle des parlements français.

Sa flotte avait, pour la première fois, fait face à une flotte anglaise dans la mer Baltique ; il dictait la paix au successeur de Charles XII en Suède ; le sénat, le clergé, le peuple et l'armée lui décernaient de son vivant le nom de Grand. Il l'était par ses œuvres, non par sa vertu. Il partait pour la campagne de Perse accompagné de Catherine, naviguait sur la mer Caspienne, parvenait jusqu'au Daghestan avec une armée de soixante mille Russes ou Cosaques ; Derbent se rendait à lui sans siége ; il revenait triompher une troisième fois à Moscou ; il partageait une partie des provinces ravies à la Perse avec la Turquie ; rien ne manquait à sa félicité que lui-même.

Son caractère, aigri par des souffrances physiques, suites des débauches de sa jeunesse et de l'abus du vin, faisait trembler autour de lui tout ce que la nature condamnait à l'aimer. Des calamités domestiques vengeaient enfin le meurtre de son fils innocent. La femme qu'il avait tant aimée, et qu'il avait couronnée impératrice en 1724, devenait elle-même la vengeance intime attachée à son cœur. Des révélations neuves et complètes de la domesticité du tsar répandent enfin la lumière sur ce qui n'avait été jusqu'ici que des conjectures tour à tour affirmées et démenties. C'est à ces révélations que nous empruntons le récit des dernières années du législateur de la Russie.

VIII

Le frère de cette même étrangère qui, sous le nom d'Anna Moëns de la Croix, avait inspiré avant Catherine de la passion à Pierre le Grand, était le plus beau jeune homme de la cour. La sœur, devenue madame de Balk, était grande maîtresse de la maison impériale. Le frère, par le crédit de la grande maîtresse, était devenu premier gentilhomme de l'impératrice : sa jeunesse, sa taille élancée, les grâces de sa figure, les charmes de son caractère, qui contrastaient avec les disgrâces, les débauches et les brutalités d'un mari devenu le tyran de sa famille, avaient d'abord touché, puis amolli, et enfin possédé le cœur aimant de Catherine.

« Je me souviens, dit Villebois, témoin de ces amours naissantes, que, dans les commencements de cette liaison, ayant été à la cour sans être nullement prévenu de ce qui se passait entre la tsarine et son chambellan Moëns de la Croix, non-seulement je soupçonnai leur amour en les voyant ensemble, mais même je ne conservai pas le moindre doute à cet égard. Cependant je ne les vis qu'en public, et dans un jour où il y avait un grand concours de monde au palais; je n'ai jamais mieux compris qu'en cette occasion combien l'amour est imprudent, et combien ses impressions sont impossibles à dissimuler. »

La tsarine n'avait encore que trente-sept ans, et conservait tout le prestige de sa rare beauté, bien qu'elle eût déjà marié sa fille Anne, aussi belle que sa mère, au duc régnant de Holstein.

La découverte de cet amour, et la surprise des deux amants dans l'appartement de la grande maîtresse, sœur du coupable, porta jusqu'au meurtre la rage et la honte du mari. L'image des trois enfants, qui s'élevaient entre l'épouse adultère et lui, préserva seule Catherine de la mort suspendue sur elle. Moëns de la Croix et sa sœur, jetés dans les cachots, allaient expier leur crime par un supplice ignominieux, quand Tolstoï et Osterman, deux ministres confidents du tsar, embrassèrent ses genoux, et lui représentèrent que le procès fait à l'impératrice déshonorerait les filles du déshonneur de leur mère, et leur enlèverait les mariages et les trônes auxquels elles pouvaient aspirer en Europe.

Pierre, prêt à imiter Henri VIII d'Angleterre et à commander l'échafaud d'une autre Anne de Boleyn, s'arrêta devant ces considérations. L'intérêt du père lui fit dissimuler l'affront de l'époux. Il ordonna seulement qu'on instruisît le procès de Moëns de la Croix et de sa sœur, madame de Balk, comme coupables du crime de concussion dans leurs emplois à la cour. Le fidèle et généreux Moëns, plus soigneux de sauver l'honneur de Catherine que son propre honneur, consentit à se laisser convaincre de ce crime imaginaire, pour enlever tout prétexte de dévoiler aux juges un autre crime. Le délire de la douleur et de la vengeance égarait la raison du tsar pendant l'instruction de ce procès.

« Une jeune Française, dit Villebois, qui était au service des princesses Anne et Élisabeth, me raconta que le tsar, revenant un soir de la forteresse de Pétersbourg, où l'on travaillait au procès du sieur Moëns, entra inopinément et sans suite dans la chambre de ces jeunes princesses, qui s'occupaient à des ouvrages de leur âge et de leur sexe, avec plusieurs autres jeunes filles auprès d'elles pour leur éducation et leur amusement.

» Il avait, me dit cette demoiselle, l'air si terrible, si menaçant et si hors de lui, que tout le monde fut saisi de frayeur, en le voyant entrer. Il était pâle comme la mort, et avait les yeux étincelants et égarés ; son visage et tout son corps étaient agités de tremblements convulsifs.

» Il se promena plusieurs minutes dans la chambre sans dire mot à personne, et en jetant des regards affreux sur ses filles, qui, effrayées et tremblantes, s'esquivèrent tout doucement et se réfugièrent, aussi bien que le reste de la compagnie, dans une autre chambre.

» L'empereur tira et remit plus de vingt fois dans le fourreau le couteau de chasse qu'il portait ordinairement à son côté. Il en frappa les murailles et la table à plusieurs reprises, en faisant des grimaces et des contorsions si affreuses, que la petite demoiselle française, qui, seule, n'avait pu encore s'esquiver, ne sachant où se mettre, se cacha sous la table, où elle resta jusqu'à ce qu'il fût sorti. Cette scène muette dura plus d'une demi-heure, pendant laquelle il ne fit que haleter, frapper des pieds et des poings, jeter par terre son chapeau et tout ce qui se rencontrait sous ses mains. Enfin, en sortant, il tira la porte avec tant de violence qu'il la brisa. »

En rentrant dans ses appartements, il déchira le testament qu'il avait écrit et devait déposer aux archives du sénat, pour léguer le trône après lui à son épouse maintenant adultère.

Moëns fut décapité quelques jours après. Pierre prit la tête par les cheveux et l'insulta avec une joie barbare, pour faire savourer à sa complice l'expiation d'un crime qu'elle était obligée de paraître considérer avec indifférence ; il fut assez cruel pour faire monter Catherine en voiture et pour la conduire lui-même lentement sur la place, autour du poteau sanglant où la tête de son amant était clouée.

Depuis ce jour, dit la chronique du palais, il n'adressa plus la parole à son épouse qu'en public. L'infidélité de sa femme avait vengé le meurtre de son fils. La douleur cachée consumait son âme. Une maladie contractée depuis longues années, et aggravée par un saisissement de froid à la cérémonie de la bénédiction des eaux, l'emporta le 28 janvier 1725, à l'âge de cinquante-deux ans. Sa fille Anne, image innocente de sa mère, reçut son dernier soupir.

Homme fort d'intelligence, plus fort de passions, fort de volonté, frère ingrat, mari cruel, père dénaturé, souverain sanguinaire, il porta dans des mains barbares une grande pensée de civilisation; il ébaucha la Russie comme le fer ébauche le bois, à coups de hache, mais il la façonna à la grande image qu'il en avait conçue en naissant; et si le monde ne lui doit que de l'honneur, la Russie lui doit sa reconnaissance et son admiration. Il reste pour elle l'incarnation de la patrie se dégageant du limon de son origine pour étonner le monde par l'énergie, la promptitude et la grandeur de son avénement à la renommée, à la politique, à la guerre et à la civilisation.

IX.

Son nom pesait encore d'un tel poids sur l'empire après sa mort, qu'il régna encore de son lit funèbre. La seule mention du testament qu'il avait écrit pour donner l'empire à l'esclave livonienne, son épouse, suffit pour faire passer sans résistance et sans transition Catherine du pied de l'échafaud au trône. Menchikof, son premier maître, son premier amant, maintenant son premier ministre, lui en avait préparé les voies pendant la courte agonie de Pierre. Le commandement général des troupes, dont il était investi, ne permit pas au sénat et au clergé d'hésiter entre Catherine et le fils vivant du malheureux Alexis, petit-fils de Pierre le Grand.

Soit feinte, soit souvenir de tout ce qu'elle devait à Pierre, Catherine mena en veuve inconsolable le deuil de son mari. Pendant les quarante jours que le corps fut exposé sur le lit de parade, on la vit prier une demi-heure le matin et une demi-heure le soir auprès du catafalque. Elle baisait à chaque instant avec des sanglots le visage et les mains de son époux, et versait des torrents de larmes. L'abondance intarissable de ces larmes, et la beauté surnaturelle que cette douleur vraie ou simulée ajoutait à ses charmes, frappaient, disent les mémoires du temps, les Russes et les voyageurs étrangers. « Jamais, dit un témoin assidu à ce deuil, on ne vit une pleureuse si belle et si pathétique d'attitude. » « Quoique je susse bien à quoi m'en tenir sur la sincérité de ces larmes, dit Villebois, j'en étais toujours aussi ému que si j'avais assisté à une représentation de la tragédie d'*Andromaque*. »

Son premier acte fut de rappeler à la cour la sœur de son amant décapité, madame de Balk, à qui Pierre avait laissé la vie, après l'avoir fait outrager et battre de verges. Son règne de deux ans ne fut que la continuation paisible de celui de Pierre, sous le ministère presque absolu de Menchikof. Déjà languissante de la maladie de poitrine dont elle devait bientôt mourir, elle négligea les soins du gouvernement pour s'abandonner tout entière à l'amour que lui avait inspiré le jeune prince polonais

Sapiéha, le plus beau de ses compatriotes. Elle l'avait marié à une de ses nièces, afin d'avoir le prétexte de ne jamais se séparer de lui.

La perspective de sa fin prochaine encouragea Tolstoï, Boutourlin et le comte de Vier, aventuriers portugais devenus ministres de la police en Russie, à conspirer pour faire passer le sceptre après elle au jeune duc de Holstein, époux de la princesse Anne. Menchikof prévint ce complot en faisant arrêter les conspirateurs. Il décida la tsarine à désigner pour son successeur le fils de Pierre et d'Eudoxie, le grand-duc Pierre, âgé alors de treize ans. Catherine mourut la nuit même où ce testament vrai ou supposé avait ainsi déshérité ses filles (17 mai 1727).

X

Menchikof, auteur de la fortune du fils d'Eudoxie, gouverna sous son nom, et, pour s'assurer un plus long empire, fiança sa propre fille à ce jeune Pierre II. Mais, trop confiant dans la reconnaissance d'un enfant, Menchikof, occupé de son faste et de ses plaisirs, négligeait de surveiller assez son pupille. Ses ennemis, Osterman, Golofkin, Galitzin, Dolgorouki, longtemps ses subordonnés, maintenant ses rivaux, s'entendirent pour miner sous lui sa puissance. Ils s'étaient aperçus de la répugnance que la fille de Menchikof inspirait au jeune tsar son fiancé, de son inclination pour sa jeune tante Élisabeth, et de l'impatience avec laquelle il supportait l'orgueil du régent.

Pendant un voyage de plaisir de Menchikof à sa maison de campagne d'Oranienbaum, les Dolgorouki enlèvent le tsar de Peterhof, où le régent l'avait laissé et devait venir le rejoindre. Menchikof, étonné de ne pas retrouver le tsar à Peterhof, court à Pétersbourg, se présente au palais : on lui en interdit le seuil ; il rentre dans son propre palais, et il le trouve déjà dépouillé de ses gardes, de ses trésors, de ses meubles, par l'ordre du tsar. Il espère encore dans la longue habitude de son ascendant ; il envoie sa femme et ses filles en larmes supplier Pierre de lui accorder une entrevue. Une escorte de grenadiers le conduit pour toute réponse à sa résidence de Ranimbourg, à quelque distance de la capitale.

« Je suis bien criminel, je l'avoue, s'écrie-t-il, et j'ai mérité mon sort ; mais il ne me vient pas du tsar. »

Le cortége de serviteurs, de voitures, de chevaux de main qui l'accompagnent en plein jour au lieu de son exil, rappelle plutôt le faste d'un ambassadeur que la suite en deuil d'un exilé. En traversant les rues de Pétersbourg, il saluait, du geste et de la voix, la foule accourue à ce spectacle des vicissitudes du sort ; ses adieux ne révélaient aucune altération dans son âme. Il supportait l'adversité, comme il avait mérité la fortune, avec un sang-froid supérieur aux événements. Il se flattait encore d'un traitement conforme aux services qu'il avait rendus à trois règnes, et au respect que la Russie portait à son nom.

La première halte de son escorte à deux heures de distance de la ville le détrompa. Un détachement de soldats l'y attendait ; l'officier qui le commandait lui redemanda, au nom du souverain, ses décorations.

« Les voilà, dit-il à l'exécuteur des ordres du tsar ; je m'attendais à les restituer. Prenez cette cassette, vous y trouverez ces hochets de la fausse vanité. Si vous, qui êtes chargé de ma dépouille, vous venez jamais à en être revêtu, apprenez de moi comment on s'en détache. »

On le fit descendre, ainsi que sa femme et ses enfants, de sa voiture; on renvoya son cortége, ses serviteurs, ses bagages; on le fit monter avec sa famille dans des chariots de paysans qu'on avait amenés de Ranimbourg pour cet usage.

« Faites votre devoir, dit-il à l'officier; je suis préparé à tout événement. Plus vous m'ôterez de richesses, moins vous me laisserez de liens. Ayez soin seulement de dire à ceux qui vont s'enrichir de mes dépouilles, que je les trouve plus à plaindre que moi. »

Sa femme et ses enfants, tous placés dans un chariot séparé, le suivirent à Ranimbourg. Il ne pouvait plus les entretenir que furtivement aux haltes où les chariots s'arrêtaient; il profitait de ces courtes entrevues pour soutenir leur constance par les maximes d'une résignation qui égalait la plus stoïque philosophie en action. Ses ennemis le trouvèrent encore trop rapproché de Pétersbourg et du tsar à Ranimbourg, quoique cette habitation fût éloignée de cent cinquante lieues de Moscou. Ils l'exilèrent à quinze cents lieues de là, dans le village de Iakoutsk, à l'extrémité de la Sibérie. Sa femme, de la grande famille des Arsénikof, dont le dévouement surpassait encore la beauté, ses enfants et huit serviteurs voulurent partager son sort. Les forces de la princesse Menchikof n'égalèrent pas sa tendresse; elle expira de fatigue, de froid et de douleur entre Ranimbourg et Kazan; son mari l'assista, au lieu de prêtre, dans son agonie. De tous ses biens terrestres, il ne pleura que cette épouse; il l'ensevelit à Kazan.

En passant par Tobolsk, capitale de la Sibérie, qu'il avait peuplée lui-même d'exilés illustres pendant ses trois règnes, la foule, ameutée par les victimes de sa justice, l'attendait pour insulter à sa ruine. Menchikof reconnut un de ceux qui se vengeaient ainsi par ses imprécations contre lui.

« Puisque tu ne sais te venger d'un ennemi tombé que par des outrages et non par la générosité, lui dit-il, satisfais ta haine! Pour moi, je t'écouterai sans plainte et sans ressentiment. Si je t'ai écarté de ma route pendant que je gouvernais l'empire, c'est que je te connaissais beaucoup de mérite et d'ambition; j'ai vu en toi un obstacle à mes desseins sur la Russie, et je l'ai brisé. Tu aurais fait de même à ma place! Ce sont là les tristes lois de la politique. »

Puis, se tournant vers un autre : « Quant à toi, lui dit-il, je ne savais pas même que tu languissais dans ce désert, je te croyais absent ou mort : voilà la vérité. Mais si les outrages que tu me prodigues sont un adoucissement à tes souffrances, continue; je souffrirai tout sans murmure! »

Un troisième, plus lâche et plus injuste, ramassa de la boue dans sa main et la jeta au visage du fils innocent de Menchikof et de ses sœurs.

« Ta vengeance est infâme, lui dit le père : venge-toi sur moi, et non sur ces innocents. »

La pitié du gouverneur lui fournit, à Tobolsk, quelques roubles, avec lesquels il acheta une hache et quelques outils propres à abattre le bois et à cultiver la terre, des semences et des filets pour pêcher la nourriture à ses enfants. Un chariot découvert, traîné par des chiens, le transporta avec son fils et ses filles à Iakoutsk. On les avait revêtus du costume des paysans sibériens; cinq mois de route à travers les steppes, les frimas et les neiges, éprouvèrent rudement leur constance.

Un officier qui avait été autrefois son aide de camp et qui revenait du Kamschatka, où Menchikof l'avait envoyé en mission, entra par hasard dans la cabane où il se reposait pendant une halte. Menchikof l'appela par son nom.

« Comment me connais-tu ? lui dit le voyageur étonné.

» — Et toi, lui dit le prince, est-ce que tu ne connais pas Alexandre ?

» — Quel Alexandre ? reprit l'officier.

» — Alexandre Menchikof, répliqua l'exilé.

» — Oui, je le connais, répondit l'aide de camp, puisque j'ai servi sous ses ordres.

» — Eh bien, il est devant tes yeux. »

Le voyageur incrédule crut qu'un paysan insensé rêvait dans sa demeure des grandeurs et des adversités imaginaires; mais Menchikof, le prenant par la main et le menant auprès d'une lucarne dont le jour tombait sur son visage :

« Regarde-moi bien, lui dit-il, et rappelle-toi les traits de ton ancien général. »

L'aide de camp tomba à ses pieds en lui donnant les titres de prince et d'altesse, par lesquels il l'avait toujours nommé dans sa grandeur.

« Supprime ces titres, lui dit l'exilé; je ne suis plus qu'un misérable paysan, tel que je suis né. Dieu, qui m'avait élevé au sommet de la vanité humaine, me fait redescendre à mon premier néant. »

L'officier hésitait encore à croire à une si étrange chute ; il s'approcha d'un jeune paysan occupé dans un coin de la cabane à raccommoder avec des cordes la semelle de ses bottes, usée par la marche.

« Quel est véritablement cet homme ? dit-il à l'enfant.

» — Cet homme, répondit le petit paysan, c'est le prince Alexandre, mon père. Est-ce que tu veux aussi nous méconnaître dans notre disgrâce, toi qui as si souvent mangé notre pain ?

« — Frère, reprit alors Menchikof, affligé de l'amertume des paroles de son fils, pardonne au malheureux enfant, aigri par l'excès de l'infortune imméritée de ses parents ! Ce jeune paysan est en effet mon fils ; et voilà mes filles, ajouta-t-il en lui montrant du geste deux jeunes paysannes couchées sur la terre et trempant du pain d'orge dans une écuelle de lait. Celle-ci, l'aînée, est la fiancée de l'empereur ! Ta surprise cessera quand tu connaîtras les événements qui se sont passés dans l'empire, depuis trois ans que tu voyages à deux mille lieues de Moscou. »

Il fit le récit de ces morts, de ces révolutions, de ces renversements de pouvoir ; puis, reprenant avec une sérénité triste, et montrant du regard ses enfants endormis sur le plancher, il versa sur eux quelques larmes :

« Voilà, dit-il, l'unique objet de mon tourment, la seule cause de mes douleurs. Je suis à présent aussi pauvre que j'ai été riche, mais je ne regrette point ma fortune perdue. Je suis né paysan, je mourrai paysan ; la pauvreté n'a rien qui m'effraye. Ma liberté même, je ne la regrette point davantage. Ma vie n'a pas été exempte de fautes, et je considère ma misère présente comme une juste expiation de mes erreurs passées. Mais ces innocentes créatures, quels crimes ont-elles commis ? Pourquoi les avoir enveloppées dans ma disgrâce ? Aussi, dans le fond de mon âme, j'espère que Dieu, toujours équitable, permettra que mes enfants revoient leur patrie ; ils y rentreront, éclairés par l'expérience et sachant se contenter de leur position, si humble que le ciel la leur fasse. N'est-ce pas mon ambition insatiable qui a été la source des maux que j'endure à présent ? Nous allons nous quitter pour ne jamais nous revoir, sans doute. Lorsque tu auras l'honneur d'être reçu par l'empereur, raconte-lui comment tu m'as trouvé ; assure-le que je ne maudis point sa justice, et dis-lui que je jouis présentement d'une liberté d'esprit et d'une tranquillité de conscience que je ne soupçonnais point au temps de mes prospérités. »

Jamais l'adversité ne montra un parvenu plus digne de son élévation et plus indifférent à sa chute. Il souriait d'expier ici-bas ce que l'excessive prospérité porte d'enivrement et de crime avec elle.

XI

Le désert glacé où on le déposa enfin devint à l'instant l'unique objet de ses pensées et de ses travaux. Il défricha un terrain en abattant avec la hache des arbres pour se construire une hutte sibérienne. Cette hutte se composait d'une chapelle et de quatre chambres. Il habitait l'une avec son fils; ses filles habitaient la seconde, ses serviteurs et ses provisions occupaient les deux autres. La fiancée de l'empereur apprêtait la nourriture ; sa seconde fille, aidée d'une esclave de son père, raccommodait les hardes et lavait le linge. Des graines de légumes, un traîneau, quatre vaches pleines, des poules et des pigeons, envoyés de Tobolsk par un bienfaiteur inconnu, complétèrent cette colonie hyperboréenne : le travail, la prière et la méditation remplissaient ses jours.

Ce rude climat après six mois lui enleva l'aînée de ses filles, destinée au trône de Russie. Elle mourut dans une hutte de Sibérie, sans autre prêtre à son chevet que son père, qui lui récitait les psaumes de la mort. Il creusa de ses propres mains la terre sous le plancher de la cabane, pour y ensevelir son enfant. Sa seconde fille et son fils tombèrent malades de la même langueur; il parvint à force de veilles à les sauver, et s'épuisa dans ces soins paternels. La fièvre minait ses forces sans atteindre son courage. Pressentant de plus près la mort, il appela ses chers enfants après de son lit, pour leur adresser ses adieux et ses recommandations suprêmes.

« Je touche à ma dernière heure, leur dit-il : la mort n'aurait rien que de consolant pour moi, si, en paraissant devant Dieu, je n'avais à lui rendre compte que du temps que j'ai passé dans cet exil. La philosophie et la religion, que j'ai quelquefois négligées dans ma prospérité, m'ont appris que si la justice de Dieu est infinie, sa miséricorde, en qui j'espère, ne l'est pas moins. Je me séparerais du monde et de vous bien tranquille, si je n'avais donné à ce monde et à vous que des exemples de vertu. Vos âmes exemptes de toute souillure sont encore dans un état d'innocence que ces déserts protégeront mieux que l'air de la cour : si vous y retournez jamais, ne vous souvenez que des exemples que je vous ai donnés dans ce séjour. Mes forces s'en vont; venez plus près de moi, que je puisse vous bénir encore. »

Il mourut dans l'effort d'étendre la main sur la tête de ses enfants agenouillés (2 novembre 1729). Ses enfants l'ensevelirent dans la même fosse où il avait couché sa fille.

XII

On leur accorda, après la mort de leur père, un peu plus de liberté. Il leur fut permis d'aller le dimanche assister à l'office divin de Iakoutsk. Un jour, en passant devant une hutte de Sibériens sur la route de la ville, la fille de Menchikof aperçut un homme dont la tête, coiffée d'un bonnet moscovite et voilée d'une longue barbe, se montrait à travers la lucarne de la maison. Le visage de celui qu'elle prenait pour un paysan moscovite avait l'expression de l'étonnement et de la curiosité en la regardant. Elle pressa le pas pour échapper à ses regards; une voix connue la rappela d'un ton suppliant. Elle se retourna, et reconnut le prince Dolgorouki, l'ennemi de son père et la cause de son exil.

« Princesse, lui dit Dolgorouki, pourquoi vous détournez-vous avec répugnance ? Doit-on conserver de l'inimitié dans les lieux et dans l'état où nous sommes ? Mes malheurs sont ceux de votre père. Le tsar Pierre II est mort huit jours après avoir été fiancé avec ma fille ! la voilà ici mourante et couchée sur un banc de bois ! L'impératrice Anne règne à sa place. Elle nous a exilés à notre tour pour des crimes imaginaires; on nous a traités en criminels sur la longue route; j'ai perdu ma femme en chemin, et ma fille se meurt. »

La fille de Menchikof s'attendrit sur le sort des Dolgorouki, et parla, au retour, à son frère, de sa rencontre. Ce jeune homme, plus vindicatif, reprocha à sa sœur d'avoir écouté l'ennemi de leur maison, et de ne lui avoir pas, selon la dernière expression du mépris des Russes, craché au visage.

« Sont-ce là les sentiments de notre père, lui répondit la jeune fille, et l'oubli des injures qu'il nous a recommandé en mourant ? »

XIII

Peu de jours après cette rencontre, l'impératrice Anne, qui venait de succéder à son neveu, envoya délivrer les deux enfants de Menchikof, dont l'innocence et le malheur attendrissaient son souvenir. Ils coururent à l'église de Iakoutsk pour rendre grâce à Dieu de leur délivrance.

Au retour de Iakoutsk, ils passèrent devant la hutte des Dolgorouki et y entrèrent.

« Puisqu'on vous laisse une liberté qui m'est refusée, leur dit Dolgorouki, approchez-vous, et consolons-nous les uns les autres par la conformité de notre sort et par le récit mutuel de nos malheurs. »

Le jeune prince Menchikof s'approcha en effet, et répondit à Dolgorouki :

« J'avoue que je conservais encore de la rancune contre toi; mais, en te voyant dans un état si misérable, je sens toute haine s'éteindre dans mon cœur, et je te pardonne, comme mon père t'a pardonné. C'est peut-être au sacrifice qu'il a fait à Dieu de ses peines que nous sommes redevables de notre liberté et de notre rappel à la cour.

» — Vous avez donc la permission d'y retourner ? lui dit le prince Dolgorouki très-étonné, et en poussant un soupir.

» — Oui, répondit Menchikof; et, pour qu'on ne nous y fasse pas un crime de l'entretien que nous avons avec toi, tu ne trouveras pas mauvais que nous nous retirions.

» — Quand partez-vous ? reprit Dolgorouki.

» — Demain, dit Menchikof, accompagnés d'un officier qui, en nous apportant notre grâce, nous a amené, pour nous en retourner, des voitures un peu plus commodes que celles dans lesquelles nous sommes venus.

» — Adieu donc ! répliqua Dolgorouki, oubliez tous les sujets d'inimitié que vous pouvez avoir contre moi; songez quelquefois aux malheureux que vous laissez ici et que vous ne reverrez plus. Privés de toutes les nécessités de la vie, nous commençons à succomber sous le poids de notre misère. Je ne dis rien qui soit au-dessous de la vérité ; et, si vous en doutez, regardez mon fils, ma fille et ma bru étendus sur des planches, et accablés de maladies qui ne leur laissent pas la force de se lever. Ne leur refusez pas la consolation de recevoir vos adieux. »

Menchikof et sa sœur ne purent voir ce triste spectacle sans être émus ; ils dirent à Dolgorouki qu'ils ne pouvaient, sans se rendre criminels, parler en sa faveur dans le pays où ils allaient, mais qu'ils lui procureraient dans celui qu'ils quittaient tout le soulagement dont ils étaient capables, en lui faisant présent de l'habitation que leur père et eux y avaient établie.

« Elle est commode, lui dirent-ils, et bien pourvue de bestiaux, volailles, et autres provisions qui nous ont été envoyées par des amis inconnus. Reçois-les d'aussi bon cœur que nous te les abandonnons ; tu peux dès demain en prendre possession, car nous partirons de grand matin. »

La tsarine les reçut avec tendresse, attacha la jeune fille au palais. Elle la maria avec un fils de Biren, duc de Courlande, son favori. On rendit au fils la cinquantième partie des terres et des trésors de son père.

Quelques mois avaient suffi pour changer les tsars, les choses et les hommes à Moscou. Racontons rapidement ces vicissitudes, que les péripéties de Menchikof nous ont fait un moment oublier.

XIV

On a vu que les Dolgorouki, après avoir enlevé le jeune pupille de Menchikof à son empire, s'étaient emparés du gouvernement avec leur faction. Ils voulaient le consolider à jamais en donnant à Pierre II une de leurs sœurs, Catherine Dolgorouki, jeune fille de l'âge du tsar. Mais le fils d'Eudoxie n'avait pu voir sa jeune tante Élisabeth, seconde fille de Catherine et de Pierre le Grand, sans éprouver pour elle une inclination que l'âge et la familiarité accroissaient tous les jours davantage; il se refusait obstinément à élever sur son trône une autre princesse que sa tante.

Les Dolgorouki, pour triompher par la jalousie d'une passion qui contrariait leur ambition, révélèrent au tsar l'amour mal déguisé de la princesse Élisabeth pour un jeune soldat des gardes, nommé Razomouski. Cette passion de la jeune princesse pour le beau soldat était si ardente et si publique, que, pendant une maladie de Razomouski, Élisabeth fit à pied le pèlerinage de Moscou au monastère de Troïtza pour obtenir pour lui une guérison miraculeuse.

Cette révélation découragea le tsar de son amour ingrat pour sa jeune tante; il consentit à fiancer la princesse Dolgorouki. Mais, avant que les noces fussent accomplies, il mourut de la petite vérole, laissant une fiancée veuve avant le mariage, et le trône sans autre héritier que les deux princesses Anne et Élisabeth (janvier 1730).

XV

Les ministres, le sénat, le clergé, les députés du peuple de Moscou, convoqués au Kremlin par Osterman, oracle caché de la politique russe depuis la mort de Menchikof, se hâtèrent d'élire la princesse Anne, duchesse de Courlande, seconde fille d'Ivan V, et nièce de Pierre Ier.

Cette princesse, avant de régner en Courlande, avait eu pour instituteur Osterman, et pour premier amant Vasililakowitz Dolgorouki. Ils se flattaient l'un et l'autre de reprendre l'ascendant qu'ils avaient eu sur sa jeunesse. Mais Anne, depuis qu'elle avait quitté la cour de Moscou, avait donné à un autre de ses sujets l'empire absolu sur sa politique et sur son cœur. Cet homme était Ernest Biren, depuis duc de Courlande et tyran de la Russie.

Ernest Biren, le Menchikof féroce d'un autre règne, était, comme le favori russe, un simple paysan, fils d'un palefrenier du duc de Courlande. Il dut à sa beauté les regards de sa souveraine, devenue veuve et maîtresse de son cœur. Il dut à son aptitude et au despotisme de son ascendant l'empire absolu sur la Courlande, et bientôt après sur la Russie. Le sortilége de la passion, auquel on croyait encore dans le Nord, pouvait seul expliquer son impérieuse domination sur la nièce de Pierre le Grand.

Le prince Dolgorouki, en venant apporter le sceptre de Russie à la duchesse de Courlande, s'étonna d'apercevoir, derrière le fauteuil de son ancienne maîtresse, un jeune homme dont le costume annonçait la domesticité, mais dont le visage témoignait l'assurance. Voulant s'entretenir sans témoin avec la nouvelle impératrice, Dolgorouki prit rudement l'étranger par le bras pour l'écarter de l'appartement. Mais cet étranger était le favori Biren; il donnait des ordres et n'en recevait pas dans ce palais. Dolgorouki sentit que la Russie aurait deux maîtres, et Biren voua, dès cette première entrevue, haine à la faction des Dolgorouki.

XVI

A peine la nouvelle tsarine fut-elle arrivée à Moscou, qu'elle oublia la condition que le sénat et le peuple avaient faite, à son couronnement, de ne jamais amener en Russie son favori Biren. Osterman, Allemand nationalisé à la cour de Russie, et puissant par la supériorité de ses talents et par l'habileté de son caractère, conspira avec les princes Troubetskoï, Tcherkaski, Bariatinski, ennemi des Dolgorouki, la ruine de cette famille. Il conseilla à la tsarine de s'affranchir des entraves dont ces ambitieux sujets, disait-il, avaient prétendu garroter sa puissance, et d'en appeler au peuple et à l'armée contre cette insolente aristocratie.

Elle convoque les députés de la noblesse de l'empire, et fait lire devant eux le pacte constitutionnel imposé par les Dolgorouki. Ces limitations de l'autorité despotique de la souveraine, seule religion politique des Russes, indignent l'assemblée. A chaque article, une clameur de la noblesse de province s'élève contre les Dolgorouki. Le pacte est déchiré pièce à pièce aux applaudissements du peuple, et les députés conjurent la tsarine de régner, comme ses ancêtres, avec la plénitude indépendante de sa volonté. Le despotisme était un progrès sur l'anarchie et sur la féodalité fédérative des boyards. La Russie avait l'instinct de l'unité d'action, nécessaire à l'adolescence des grands peuples. Elle préférait les inconvénients de la tyrannie à la décomposition de l'empire, qui avait encore besoin de tutelle. Elle devait trop au despotisme de Pierre le Grand, pour marchander le pouvoir à ses successeurs.

Biren prit des mains de sa souveraine le pouvoir absolu qu'on venait de restaurer pour elle.

Les Dolgorouki, accusés par la clameur publique d'avoir altéré ou inventé le testament de Pierre le Grand, sont arrêtés, jugés, écartelés, avec onze mille de leurs prétendus complices, par le féroce Courlandais. Moscou n'est qu'un champ de supplices. Le sang des familles nobles y coule aussi abondamment sous la hache des bourreaux de Biren, que celui des strélitz sous la hache de Pierre le Grand. La Sibérie reçoit dans ses déserts tous ceux que la mort épargne.

Anne, cruelle par obéissance et non par caractère, se jette vainement aux pieds de son favori pour mendier de lui la vie de ses victimes; Biren refuse à sa souveraine la moindre goutte d'un sang odieux. Pour assurer après elle à Biren l'impunité et un trône, elle le fit reconnaître et proclamer duc souverain de la Courlande.

Elle appela à Moscou une de ses nièces, fille de sa sœur Catherine et du duc de Mecklenbourg. Cette enfant de douze ans, adoptée par la tsarine, fut déclarée héritière du trône de Russie. Elle lui choisit pour époux, parmi les princes allemands dépendants de la cour de Vienne, le prince de Brunswick-Bewern, que ce choix prédestinait à la prison et à la mort (1739).

XVII

Biren gouverna, sous le nom d'Anne, avec une énergie qui rappelait la volonté de Pierre le Grand. Les armées russes entrèrent à Varsovie sous les ordres du maréchal Munich, étranger comme Osterman et Biren, naturalisé par ses services en Russie. Munich emporta d'assaut Dantzig, qui soutenait le parti du roi Stanislas Poniatowski, candidat de la France, contre le roi Auguste de Saxe, candidat de l'Allemagne et de la Russie. La moitié de la Pologne, divisée en deux partis acharnés, combattait avec les Russes contre elle-même. Munich vainqueur passe de Pologne en Turquie et en Crimée, soumet la Moldavie, ravage Azof et la Crimée. Mais les Turcs, souvent vaincus, jamais conquis, refluent sur les Russes, perpétuent la guerre jusqu'en 1740, et forcent Biren à la paix.

La nièce de l'impératrice, mariée au duc de Brunswick-Bewern, donne un héritier mâle à l'empire sous le nom d'Ivan. Biren, qui veut perpétuer son règne sous une longue minorité, fait prêter serment à cet enfant, et exclut du trône sa mère. La mort prévue et prochaine de l'impératrice lui fait décerner d'avance, par la noblesse et par le général Munich, le titre et le pouvoir de régent de Russie.

Anne mourante consent à tout, et se contente de plaindre l'ambition insatiable de son favori, dont elle prévoit la chute sous la grandeur. Elle expire le 28 octobre 1740, après un règne de dix ans, qui n'a été que la longue et sanglante tyrannie de son favori sur son peuple. La Russie, à cette époque, n'avait plus d'autre constitution que le caprice d'un paysan courlandais.

XVIII

Biren, régent, dissimulait mal l'ambition secrète de s'élever jusqu'au trône. Il osa, dès le lendemain de la mort de l'impératrice Anne, donner le palais pour prison au duc de Brunswick, père de l'héritier de l'empire. « Si la jeune mère d'Ivan VI, disait-il, ose inquiéter, au nom de son fils, ma régence, je la renverrai avec son empereur au berceau en Allemagne, et j'appellerai en Russie le duc de Holstein, plus proche parent qu'elle de Pierre le Grand. »

Il flattait en même temps la princesse Élisabeth, fille de Pierre et de Catherine, de l'élever au trône si elle consentait à épouser son propre fils, et à substituer ainsi le sang de Biren au sang impérial des Romanof. Ces duplicités et ces insolences le soutenaient à la fois sur le vide et sur la tyrannie. La haine publique, muette pendant la vie de l'impératrice Anne, commençait à l'assaillir de murmures et de complots.

L'ingrat Munich, son complice et son général, donna une âme et un bras au ressentiment des Russes. Munich s'était flatté, en favorisant les prétentions de Biren à la régence, de la partager avec lui. Biren ne lui avait donné que de vains honneurs : Munich, confident des humiliations et des griefs du prince et de la princesse de Brunswick, annihilés et emprisonnés dans le palais d'hiver, conspira avec eux la chute du tyran commun.

Le 18 novembre, à minuit, après avoir soupé à la table du régent au palais d'été, avec une liberté d'esprit qui couvrait la perfidie du conjuré, Munich prend quatre-vingts soldats de garde au palais de la princesse de

Brunswick, les harangue en présence de la jeune mère captive et de l'empereur au berceau, reçoit leur serment de fidélité au sang de Pierre le Grand, marche à leur tête dans l'ombre au palais d'été, aborde la garde de Biren, l'embauche sans bruit, la réunit à sa troupe, et ordonne à son aide de camp Manstein de pénétrer avec vingt grenadiers dans les appartements du régent endormi.

Biren, surpris dans son sommeil à côté de sa femme, se précipite du lit en appelant au secours, et en luttant de ses mains désarmées contre les soldats ; il tombe sous leurs genoux sur le plancher, on lui lie les pieds et les mains avec les ceinturons des sabres. Pendant cette lutte, la régente, nue en chemise et échevelée, s'échappe du palais par une fenêtre basse, et court, les pieds dans la neige, en poussant des cris d'effroi sur le meurtre de son mari. Les soldats de Munich l'arrêtent, et reçoivent l'ordre de la reconduire à ses appartements ; mais, au lieu d'exécuter cet ordre respectueux de leur général, ils la jettent et la laissent demi-morte sur un monceau de neige. Un officier de la troupe des conjurés la rencontre, la relève, la couvre de son manteau, et la reconduit au palais.

Quelques heures après, Biren, sa femme et ses enfants, conduits au château de Schlüsselbourg sur l'île du lac Ladoga, sont condamnés à l'éternel exil de la Sibérie. Munich dessine de sa propre main, avec un raffinement de cruelle ironie, le plan de la hutte qu'il destine au régent de l'empire ! Il proclame la duchesse de Brunswick, mère d'Ivan, régente pendant la minorité de son fils. Il demandait pour lui-même, en retour de ce service, le titre de généralissime des armées de terre et de mer de toutes les forces de l'empire et la souveraineté de l'Ukraine, par une ambitieuse émulation avec le paysan de Courlande, devenu souverain de sa patrie. Le fils du pasteur luthérien d'Allemagne ne voulait pas monter moins haut que le fils du palefrenier de Courlande.

Ces prétentions impérieuses offensèrent la régente. Elle se sentait encouragée dans son ingratitude. La Russie était lasse d'aventuriers devenus ses tyrans, pour prix de l'hospitalité qu'elle donnait à des esclaves. Menchikof, Biren, Munich, Osterman, lui faisaient regretter le joug des Dolgorouki. Munich fut contraint de se contenter du titre de prince Munich. Le titre de généralissime fut réservé au mari de la régente, père d'Ivan. Osterman et Golofkin entrèrent au conseil pour contre-balancer sa domination. Habile général, perfide conspirateur, homme d'État incapable, son insuffisance ne tarda pas à éclater dans le gouvernement. Sujet embarrassant du moment où il n'était plus tuteur tout-puissant de ses maîtres, il se retira, en faisant trembler encore la régente de quelque coup de main contre la cour. On n'osait encore sévir contre lui jusqu'à l'exil en Sibérie; la terreur de son nom était si grande à Moscou, que la régente et son mari, entourés de gardes doublées à toutes leurs portes, ne couchaient pas deux nuits de suite dans le même palais.

XIX

La régente cependant conquérait tous les cœurs par la douceur de son gouvernement et par les charmes de son caractère. Osterman gouvernait sous son nom avec le génie étendu d'un véritable philosophe homme d'État. Le maréchal Lascy, général étranger comme Munich, avait remplacé Munich dans le commandement de l'armée, et combattait les Suédois en Finlande. Une jeune Livonienne, nommée Julie de Mengden, favorite de la princesse et uniquement occupée de plaisirs et de luxe, avait pris sur le cœur de son amie un ascendant passionné qui portait ombrage même au prince de Brunswick, époux de la régente. Cette favorite complaisante avait épousé le comte de Lynar, Polonais qui représentait la république de Pologne à la cour de Russie. La régente, qui aimait le comte de Lynar, avait ainsi des entrevues en apparence irréprochables avec son amant dans la chambre de sa favorite. La comtesse de Lynar avait reçu, en récompense de ce service, d'immenses terres en Livonie. Le prince de Brunswick accusait l'infidélité de son épouse. Les ministres de la cour étaient divisés en deux factions : l'une pour la femme coupable, l'autre pour le mari trompé. Osterman était du parti du prince, Golofkin du parti de la régente. A la faveur de ces dissensions intestines, un troisième parti se formait dans le peuple et dans les casernes en faveur de la princesse Élisabeth, injustement écartée du trône par Menchikof et par Biren.

Cette princesse, douée d'une beauté qui rappelait celle de sa mère, d'un cœur tendre et d'une grâce indolente qui enlevait les cœurs sans prétendre les subjuguer, acquérait chaque jour une popularité plus universelle dans l'empire. Violemment éprise d'un jeune grenadier aux gardes, Alexis Razomouski, elle faisait, pour voir plus souvent ce favori, des promenades fréquentes autour des casernes. Les soldats, auxquels elle permettait les plus flatteuses familiarités, montaient quelquefois sur les brancards de son traîneau pour s'entretenir avec elle : ils avaient appris ainsi à la connaître et à l'aimer.

Cette popularité encouragea l'ambassadeur de France, la Chétardie, et un chirurgien français nommé Lestocq, attaché à la maison d'Élisabeth, à ourdir une conjuration pour la substituer à la régente. La Chétardie fournit l'argent, Lestocq le génie de l'intrigue, Élisabeth la popularité, les troupes des complices et des exécuteurs. La conjuration, née d'elle-même et répandue dans l'air, était, comme toutes les conjurations heureuses, universelle, mais impalpable. La régente, qui la sentait sans avoir la résolution de la prévenir, se contenta d'en parler à la princesse Élisabeth, qui se défendit avec larmes, et peut-être avec vérité, d'en être complice. Lestocq, averti de cet entretien par Élisabeth, dessine en silence, sous les yeux de la princesse, un gibet et une couronne : « L'une pour vous, ou l'autre pour moi ! » écrit-il au bas de cet apologue.

Ce péril la décide ; elle sort à minuit avec Lestocq de son palais, se présente à la caserne du régiment des gardes de Préobrajenskoï où servait son amant, trouve trente soldats conjurés qui la reçoivent aux portes, en rassemble en un moment trois cents autres qui jurent de mourir pour elle, marche au palais, écarte les sentinelles, et envoie les trente premiers conjurés surprendre le prince et la princesse dans leur lit. Les soldats ordonnent, au nom d'Élisabeth tsarine, à la régente de se vêtir et de les suivre ; à peine lui laissent-ils le temps de jeter une robe sur ses épaules. Le prince, enveloppé dans sa couverture, est emporté par les grenadiers, qui le jettent nu sur un traîneau ; l'enfant, endormi dans son berceau, se réveille, et jette des cris d'effroi à l'aspect des soldats et des armes nues ; sa nourrice accourt, le prend dans ses bras, et l'emporte aux pieds d'Élisabeth. La tsarine attendrie protége contre les soldats l'enfant qui lui sourit, et qui tend les bras à celle qui le détrône. Elle entre au palais, et envoie le prince, la princesse et leurs favoris achever la nuit dans son propre palais, devenu leur prison (1741).

La capitale se réveille aux cris des troupes proclamant

l'avénement de l'impératrice Élisabeth. Le perfide Munich est jeté dans un cachot, en attendant un autre exil. Le cri public ratifie la conjuration d'une nuit. La régente et son mari sont envoyés prisonniers à Riga, puis transférés de Riga à Dunamunde, de Dunamunde à Ranimbourg, puis séparés de leur fils Ivan VI, qu'on éleva captif dans l'île de Schlüsselbourg, sur le lac Ladoga. Leur captivité errante dura jusqu'à leur mort, pendant trente-neuf années d'angoisses et de larmes, empoisonnées par le souvenir de leur courte félicité et de leur innocence.

XX

Le parti militaire, qui avait porté Élisabeth au trône, ne crut régner qu'en frappant les ministres et les partisans de la régente. Tous les services rendus sous cette princesse furent des crimes. Osterman et Munich lui-même furent condamnés à mort, sous des prétextes dérisoires. On les conduisit jusqu'au pied de l'échafaud; mais Élisabeth, qui ne voyait dans le suprême pouvoir que le bonheur de récompenser ses amis et d'élever ses favoris, se refusait à punir ses ennemis : elle s'était juré à elle-même qu'aucune goutte de sang, même criminel, ne tacherait l'échafaud pendant sa vie. L'humanité, selon cette âme douce, était désormais le plus grand besoin de la civilisation russe : elle s'y consacra. Osterman, Munich et leurs amis reçurent leur grâce au moment où la hache était déjà levée sur leur tête. Munich alla occuper en Sibérie la hutte qu'il avait dessinée de sa propre main pour son ennemi Biren.

Pressée de rentrer dans les termes de la loi de succession portée par son père et violée en elle, la nouvelle tsarine se hâta de désigner pour son héritier au trône de Russie le duc de Holstein, fils de sa sœur aînée. Ce jeune prince fut appelé par elle en Russie, embrassa la religion grecque, et reçut le nom impérial de Pierre en mémoire de son aïeul. Bestuchef, fils d'un Écossais, qui avait changé de nom comme de patrie, ancien protégé de Biren et précipité avec lui du pouvoir, gouverna avec le titre de vice-chancelier.

XXI

Le maréchal Lascy contraignit par ses victoires les Suédois à la paix. A la mort de leur vieux roi, les Suédois offrirent leur trône au duc de Holstein. Il préféra le titre d'héritier présomptif d'Élisabeth, et se repentit trop tard d'avoir écarté l'offre d'un peuple fidèle et héroïque pour l'éventualité d'une couronne, jouet des révolutions militaires.

Déjà une conspiration de palais s'ourdissait contre Élisabeth en faveur du jeune Ivan, fils de la régente emprisonnée. La plus belle femme de Russie, la princesse Lapoukin, était l'âme du complot. Elle y avait entraîné, par ses charmes et par son éloquence, sa famille et ses amis. Condamnée avec eux à la Sibérie, après avoir eu le bout de la langue coupé par le bourreau, elle se débattait contre les exécuteurs, et conserva assez de parole pour invoquer la vengeance de Dieu et des hommes contre Élisabeth. L'impératrice, dont les conjurés avaient menacé la vie, fut assez magnanime pour laisser la vie à ses assassins.

Le duc de Holstein, l'héritier de l'empire, fut marié

par elle à la fille du prince régnant d'Anhalt-Zerbst. Cette princesse adopta, comme son mari, le rite grec, et fut nommée à son second baptême Catherine Alexieuwna, nom qu'elle devait illustrer depuis par tant de génie, tant de fortune et tant de crimes.

XXII

Les causes de cette préférence pour une jeune princesse allemande, sujette du roi de Prusse le grand Frédéric, furent cherchées dans la politique : elles étaient toutes dans le cœur d'Élisabeth.

Élisabeth, encore enfant, avait été destinée à épouser un jeune prince d'Anhalt-Zerbst, que la cour de Moscou avait fait venir en Russie pour ce mariage. La plus tendre inclination s'était formée entre les deux fiancés, quand le prince d'Anhalt fut enlevé par une mort précoce. Élisabeth, fidèle à sa mémoire, avait juré de n'épouser jamais un autre prince. Elle conservait un culte pour son nom, et recherchait toutes les occasions de rapprocher d'elle une famille qui lui rappelait son premier amour. La sœur du prince enlevé ainsi à la tendresse de la princesse, maintenant tsarine de Russie, avait été encouragée par le grand Frédéric à profiter de ce sentiment personnel pour présenter à la cour de Moscou sa fille, nièce du fiancé si cher à Élisabeth, et dont la beauté pouvait séduire les yeux de l'héritier du trône.

Les prévisions du grand Frédéric se vérifièrent. La jeune princesse d'Anhalt et le grand-duc de Russie ne purent se voir sans s'aimer; la mère favorisa entre eux des entretiens secrets qui enflammèrent jusqu'à la passion l'héritier d'Élisabeth; puis, feignant de les découvrir avec douleur, elle se jeta aux pieds de la tsarine, les baigna de larmes, et la conjura ou d'unir les deux amants, ou de la congédier pour jamais d'une cour dans laquelle sa fille avait perdu la paix de son âme et le bonheur de sa vie. Élisabeth, émue des souvenirs de celui qu'elle avait tant aimé et dont elle retrouvait la ressemblance dans sa nièce, mêla ses larmes à celles de la sœur du prince d'Anhalt, et se félicita d'une passion mutuelle qui prévenait ses desseins secrets.

Le mariage fut fixé à un jour prochain; mais le même jeu du sort qui avait enlevé à la tsarine son fiancé parut menacer l'union du grand-duc et de la princesse. La petite vérole attaqua et défigura complétement le jeune prince, doué jusque-là d'une beauté de traits qui avait ravi les yeux de sa future épouse. Quand les deux amants se revirent pour la première fois après une séparation, la princesse ne reconnut plus son fiancé, et conçut pour lui autant de répugnance qu'elle avait eu d'attrait. Elle avoua cette invincible répugnance à sa mère, et versa ses larmes dans son sein. La mère la conjura de dissimuler pour un trône une aversion que le temps et l'empire atténueraient, et compenseraient par l'élévation de sa famille. Un long évanouissement fut la seule réponse et la seule résignation de la jeune fille. Le trône alors ne lui dérobait pas le malheur de ne pouvoir aimer celui qu'elle était condamnée à épouser.

Le mariage accompli à regret, et longtemps stérile par un léger vice de conformation du prince, accrut, au lieu de la diminuer, la répugnance de l'épouse du futur empereur de Russie. La supériorité d'esprit et de grâce de sa femme l'humiliait, le contraste de son ignorance avec les goûts littéraires d'une jeune princesse élevée dans les raffinements de la philosophie et de la littérature allemande, offensait sa rusticité. La tsarine Élisabeth et son chancelier Bestuchef semblaient se complaire à reléguer l'héritier du trône dans un isolement et dans des occupations triviales, indignes de son rang ; la stérilité de sa femme lui était imputée à honte ou à crime. On semblait se repentir de l'avoir rapproché du rang suprême, et méditer de lui substituer un autre tsar. Les délateurs, courtisans du parti de Bestuchef, ne cessaient d'entretenir la tsarine des incapacités ou des vices de son héritier. Ce même Razomouski, fils d'un paysan de l'Ukraine, que l'impératrice avait élevé de l'obscurité d'une caserne et du rang de simple soldat aux premiers honneurs de l'empire, et même jusqu'à sa main par un mariage secret, partageait l'aversion de Bestuchef pour le grand-duc. Un des frères du favori, Kyrille Razomouski, servait, par une familiarité perfide avec le grand-duc, les projets de Bestuchef et de son frère.

Ce Kyrille, simple paysan du pays des Cosaques, averti au fond de ses steppes, par la rumeur publique, de la faveur de son frère aîné poussée jusqu'à la démence par la tsarine, était parti à pied de la hutte paternelle, sans autre bagage que sa balaïka, sorte de lyre à trois cordes dont les bergers de l'Ukraine se servent pour accompagner leurs chants populaires. Son frère, pour le polir avant de le présenter à la cour, l'avait envoyé à Berlin étudier sous le célèbre géomètre Euler, qu'il appela bientôt après en Russie. A son retour à Moscou, Kyrille fut nommé comte, commandant des gardes d'Ismaïlof, président de l'Académie des sciences et des arts, et enfin hetman ou généralissime des Cosaques de l'Ukraine, titre équivalent à une souveraineté viagère de ces hordes belliqueuses. Introduit dans la familiarité du grand-duc pour le trahir, Kyrille, souvent offensé dans le vin par les sarcasmes de l'héritier du trône sur son ancienne obscurité et sur son indigence dorée par son frère, haïssait le grand-duc en le caressant.

Un autre enfant de l'Ukraine, favori du grand-duc, nommé Goudowitz, et devenu son aide de camp, aspirait à supplanter Kyrille dans le titre d'hetman des Cosaques. Kyrille, tremblant que la faveur du grand-duc pour Goudowitz ne le dépossédât de la dignité de chef de sa horde, complota avec Bestuchef, Schouvalof, nouveau caprice de l'impératrice, la princesse Daschkof et quelques autres femmes de la cour d'Élisabeth, la perte du grand-duc dans l'esprit de sa tante. On lui peignit ce jeune prince comme abruti par l'ivrognerie; on l'enivra à dessein par un criminel subterfuge, pour le faire surprendre chancelant et balbutiant après un repas, par la tsarine. Convaincue ainsi par ses propres yeux des vices de son successeur, elle lui retrancha les traitements qu'elle lui faisait pour sa table et pour ses palais à Pétersbourg. Il s'éloigna de plus en plus d'une cour où il ne comptait que des ennemis; il s'enferma avec quelques familiers dans l'ancienne maison de campagne de Menchikof, à Oranienbaum, sur le golfe de Finlande, dont l'impératrice lui avait fait présent. Il y vécut en prisonnier d'État volontaire, plus qu'en prince destitué du trône; aigri contre la cour, livré à des adulateurs ou à des traîtres, infatué d'une puérile manie d'imitation du grand Frédéric, recrutant, habillant, exerçant dans la tactique prussienne une poignée de soldats qui jouaient avec lui à la guerre et aux conquêtes dans les jardins de sa forteresse.

XXIII

L'habileté et les charmes de son épouse, la princesse d'Anhalt, contrastaient de plus en plus avec la rusticité soldatesque de son mari. L'impératrice Élisabeth lui témoignait autant d'attachement qu'elle nourrissait de dégoût pour le prince héréditaire. Un seul titre manquait à sa faveur, c'était celui de mère d'un prince, gage de la transmission de l'empire au sang des Romanof.

Une intrigue du palais, plus digne de l'anecdote que de l'histoire, entre le jeune et beau Soltikof, chambellan du grand-duc, et la grande-duchesse, corrigea la stérilité de la princesse. Un chirurgien, aposté par Soltikof, opéra pendant une ivresse la guérison de l'infirmité naturelle du grand-duc, qui séparait les deux époux. La princesse devint mère. La rumeur publique l'accusa d'intelligence avec le chambellan, pour attribuer à son mari la paternité d'un fils de Soltikof.

L'impératrice, quoique livrée de jour en jour davantage aux déréglements qui avaient succédé en elle à sa passion pour Razomouski, s'indigna, et menaça la grande-duchesse. Les protestations d'innocence et les larmes fléchirent Élisabeth. Soltikof fut arraché aux délices d'Oranienbaum, et relégué avec le titre de ministre de Russie à Stockholm. La grande-duchesse parut longtemps inconsolable de son absence et le pleura secrètement, jusqu'à l'apparition d'un jeune Polonais à la cour de Russie.

Ce Polonais était Stanislas Poniatowski, que l'amour de Catherine éleva au trône de Pologne, et que l'indifférence en précipita. Son histoire est celle de presque tous les parvenus de cette race héroïque, spirituels aventuriers qui montent et descendent au gré des mobilités de leur caractère et des vicissitudes incessantes de leur grande et inconstante patrie.

XXIV

Le père de Stanislas Poniatowski était un aventurier lithuanien qui, de la condition servile dans la maison princière de Mizielky, s'était élevé jusqu'à la faveur du héros de la Suède, Charles XII. Attaché ensuite au roi de Pologne Leckzinsky, beau-père du roi de France Louis XV, il avait soustrait à ce roi le titre d'abdication en sa faveur du roi son rival, Auguste II; il avait rapporté ce titre au roi Auguste de Varsovie. Ce prince, en récompense de cette fraude, avait fait épouser à Poniatowski une princesse de l'illustre famille des Czartorisky, descendants des Jagellons, cette souche royale de la Pologne héroïque. C'est ainsi que les Poniatowski devinrent les neveux et les protégés des Czartorisky.

Le fils du favori de Charles XII, Stanislas Poniatowski, avait reçu de la nature et de l'éducation, à l'exception du génie et de l'héroïsme, tout ce qui charme les yeux et séduit l'imagination des femmes : une figure gracieuse, un regard profond, une élocution facile, un caractère aventureux, un cœur plus féminin que mâle, une ambition que la fortune de son père et que des prophéties de famille avaient accoutumée à aspirer aussi haut que ses rêves. Il avait, pour parler toutes les langues, cette aptitude innée des hommes du Nord, aussi souples de langue que les échos de leurs forêts. Ses études et ses voyages en Allemagne, en Italie, en France, l'avaient façonné, et presque effacé de toutes les mœurs polies de ces différents peuples. On ne pouvait reconnaître, comme dans tous ses compatriotes, à quelle race du Midi ou du Nord ce jeune cosmopolite appartenait. C'était un homme de salon plus que de patrie. Ses légèretés de jeunesse à Paris, sous le règne dissolu de Louis XV, l'avaient fait renfermer pour dettes dans une prison de débiteurs sans caution. Madame Geoffrin, veuve d'un riche manufacturier de glaces, et patronne des hommes de lettres et des étrangers célèbres du temps, avait généreusement racheté sa liberté de ses créanciers. Il avait voué à cette femme opulente, prodigue de ses richesses, une reconnaissance et une amitié qui ne s'affaiblirent point sur le trône.

L'ambassadeur d'Angleterre à Pétersbourg, Hanbury Williams, l'avait mené comme ami en Russie, et introduit à la cour. Les conseils licencieux du ministre anglais lui firent porter les yeux sur la grande-duchesse, comme sur une conquête digne de sa séduction et de ses perspectives de grandeur. L'ambition de devenir le protégé d'une future impératrice de Russie arbitre de la Pologne, enhardit, autant que l'amour, les regards et les aveux du jeune Polonais. La grande-duchesse y répondit en femme avide d'intrigues occultes et de plaisirs dérobés à l'aridité de son existence. L'impératrice Élisabeth, soupçonnant dans ce beau Polonais un successeur de Soltikof, lui fit insinuer le conseil de s'éloigner de Russie. Poniatowski était trop prudent pour résister, trop épris pour ne pas songer à justifier son retour. Il sollicita du comte de Bruhl, ministre du roi de Saxe et de Pologne, un caractère diplomatique auprès de la cour de Russie, qui le couvrît du droit des nations contre les ombrages du grand-duc et contre les proscriptions arbitraires de l'impératrice Élisabeth.

Le grand chancelier Bestuchef, jaloux de l'ascendant de Soltikof, et redoutant moins un étranger qu'un Russe dans la faveur de la grande-duchesse, appuya secrètement auprès du comte de Bruhl les sollicitations de Poniatowski. Le crédit des Czartorisky fit le reste. Malgré la loi constitutionnelle, qui interdisait à un Polonais de représenter la Saxe, et à un Saxon de représenter la Pologne, le comte de Bruhl, dans l'intérêt de sa cour, dérogea à cette loi, et nomma le jeune Polonais ministre de Saxe et de Pologne à Pétersbourg. Les patriotes polonais s'élevèrent en vain contre cette violation de pacte entre la république et le royaume de Saxe. Les Czartorisky, appuyés par l'Angleterre et par la Prusse, dédaignèrent ces clameurs : ils voyaient dans l'amour de la grande-duchesse pour leur neveu le gage d'un trône pour leur maison.

XXV

A son retour à Pétersbourg, Poniatowski trouva la grande-duchesse plus éprise que jamais, le grand-duc presque insouciant des infidélités de sa femme, asservi lui-même à la comtesse Woronsof, maîtresse sans beauté et sans génie, mais plus appropriée à ses goûts soldatesques par sa complaisance à ses vulgaires caprices de chasse, de guerre et de vin. Il trouva l'impératrice Élisabeth elle-même presque abrutie par l'excès des plaisirs, détournant ses regards de désordres qui n'égalaient pas les siens, et plongée tous les soirs dans une double ivresse, sur laquelle on tirait le rideau des appartements intérieurs du palais.

Il faudrait remonter jusqu'à la peinture des avilissements des Césars romains dans Suétone pour retracer les scènes nocturnes des salles et des alcôves de la vieille impératrice. La superstition et la débauche s'y mêlaient comme les affaiblissements de l'esprit à des surexcitations physiques. Après avoir passé des heures entières, comme Louis XI, à genoux devant des images, objets de terreur et d'idolâtrie, elle se relevait du pavé de son oratoire pour s'asseoir à des festins avec ses femmes et ses familiers. Ses esclaves, accoutumées aux fréquentes ivresses dans lesquelles le vin égarait sa raison, se contentaient de faufiler les robes dont elles la vêtaient le matin, afin de la déshabiller d'un coup de ciseau au gré de son impatience, et de la porter à moitié endormie sur sa couche, où le réveil la ranimait pour d'autres dévotions et d'autres orgies.

Sa bonté seule ne se démentait jamais, même dans l'ivresse ; ses désordres n'étaient que les excès d'une tendresse féminine qui pardonnait tout aux autres, comme elle se pardonnait à elle-même. Bestuchef, les Razomouski et leur faction gouvernaient l'empire pendant cette seconde enfance de leur souveraine. Le peuple, qui ne voyait Élisabeth qu'à travers le prestige de la mémoire de Pierre le Grand, et qui n'en recevait que des bienfaits, vénérait en elle la mère de l'empire, ou jetait sur ces scènes scandaleuses le manteau de la compassion et du respect.

XXVI

La politique tracée par Pierre le Grand était encore la loi des ministres. Les cours de Pétersbourg, de Vienne et de Saxe étaient liguées, en 1748, contre les ambitieux empiétements du grand Frédéric en Sibérie et en Pologne. Ce prince, allié avec l'Angleterre contre les Autrichiens et les Saxons, les battait à la fois en Bohême et à Pirna. Apraxin, général d'Élisabeth, marchait au secours de Marie-Thérèse avec quarante mille Russes, et reconquérait la Silésie sur le roi de Prusse. Apraxin pouvait entrer, après sa victoire, dans Berlin. Un ordre secret de Bestuchef l'arrêta dans sa marche, et le fit replier vers la Courlande. Le général Fermer, qui succéda à Apraxin, vainquit les Prussiens dans une grande bataille ; il se retira pour cause d'infirmités. Soltikof le remplaça, battit une armée prussienne, et bientôt après triompha du grand Frédéric lui-même (12 août 1759). Les Russes ne profitèrent pas de leurs victoires. Ces ménagements inexpliqués de la Russie pour le grand Frédéric étaient une flatterie de Bestuchef au grand-duc Pierre, héritier de l'empire. Ce prince, fanatique d'admiration pour le héros de la Prusse, dont il avait fait son modèle, déplorait la politique de l'impératrice, et entretenait des relations secrètes avec Frédéric.

Bestuchef, quoique ennemi de Frédéric et peu disposé à complaire au grand-duc, témoin de l'affaiblissement d'Élisabeth et prévoyant sa mort prochaine, n'osait s'exposer au ressentiment du futur empereur. Cette complaisance, lâchement découverte à l'impératrice par le grand-duc lui-même, aurait coûté la vie du premier ministre sous un règne moins clément. Élisabeth, indignée de l'ordre de retraite envoyé par Bestuchef à Apraxin, lui imputa à trahison ce qui n'était que faiblesse. Le grand chancelier, arrêté, jugé, condamné à avoir la tête tranchée, reçut à la fois sa sentence et sa grâce. On le relégua, pour toute peine, dans un village des environs de Moscou.

Woronsof lui succéda ; il était le père de la maîtresse du grand-duc. La grande-duchesse, déjà soupçonnée et accusée par son mari de relations criminelles avec Poniatowski, se sentit abandonnée de toute la cour ; ses entrevues nocturnes avec Poniatowski furent surprises.

Poniatowski, déguisé, reconnu et arrêté la nuit dans les jardins d'Oranienbaum, fut menacé du supplice par le mari outragé; l'intercession de la comtesse Woronsof, maîtresse du grand-duc, obtint son élargissement; le grand-duc feignit d'avoir tout ignoré.

Élisabeth, attendrie par les aveux et les repentirs de la grande-duchesse, s'attacha de plus en plus au fils de cette princesse, le jeune Pétrowitz. Elle parut un moment décidée à le faire proclamer par les soldats héritier du trône, au préjudice de son père. Le comte Ivan Schouvalof, favori nouveau de l'impératrice, était le ressort caché de cette faction de cour, qui voulait éloigner du trône l'héritier naturel. Il convoitait pour lui-même, après la mort d'Élisabeth, la présidence d'un conseil de régence. Woronsof luttait en faveur du grand-duc contre le parti de la grande-duchesse et de Schouvalof. Dans des conciliabules secrets entre Woronsof, sa fille et le grand-duc, il fut arrêté que, dans le cas de mort prévue de l'impératrice, Pierre se ferait proclamer empereur, répudierait sa femme, déclarerait son fils illégitime, et épouserait Romanowna Woronsof, sa favorite. L'ambassadeur d'Angleterre devait fournir au grand-duc les premières sommes nécessaires à la solde et aux gratifications des soldats.

XXVII

Pendant que ces plans s'ourdissaient à Oranienbaum, résidence du grand-duc, des plans contraires se tramaient à Péterhof, résidence ou plutôt exil de la grande-duchesse. Un homme d'audace mesurée, de génie froid, de discrétion impénétrable, était l'âme de ce second conciliabule. Cet homme, jusque-là dans l'ombre, était le comte Panin, porté depuis au premier rang des hommes d'État de la Russie.

Panin, fils d'un aventurier italien venu de Lucques à Moscou sous Pierre le Grand, était resté étranger aux factions du gouvernement et de la cour. Élevé pour la diplomatie, qui aiguise l'esprit et polit les mœurs, ministre de Russie à Stockholm, rappelé pour son mérite par l'impératrice et nommé par elle gouverneur du jeune Pétrowitz, fils du grand-duc, Panin n'avait pas tardé à se dévouer par prévision et par attrait au parti de la grande-duchesse, et à conquérir sur elle l'ascendant d'une haute intelligence sur une femme entourée de basses médiocrités. Confident de l'inimitié mutuelle de la femme et du mari, complice muet de la double intrigue qui se nouait autour de la grande-duchesse et autour du grand-duc, Panin conçut un troisième plan, qui consistait à réconcilier dans le même intérêt politique le grand-duc et sa femme, à enlever pour jamais l'élection turbulente et capricieuse des tsars à l'armée, à attribuer au sénat le droit de ratifier l'avénement régulier à la couronne, à limiter le despotisme des empereurs par une constitution aristocratique, et à importer en Russie les institutions de l'Angleterre comme un élément d'ordre, de liberté et de civilisation.

Dans cette pensée, Panin employa son habileté et son éloquence sur le favori de l'impératrice Schouvalof et sur le confesseur de cette princesse, pour la rapprocher du grand-duc et de sa femme, qu'elle écartait avec la même répugnance de son lit de mort. Le grand-duc et la grande-duchesse, politiquement réconciliés, parurent ensemble au palais, s'agenouillèrent au pied du lit de l'impératrice mourante, et reçurent ses pardons et ses bénédictions sur leurs têtes : « Je vous ai toujours aimés, leur dit la miséricordieuse impératrice, et je meurs en vous souhaitant la concorde et la prospérité, gages de votre bonheur et de celui de la Russie. »

La mort surprit sur ses lèvres cette vertu du pardon, que pendant vingt ans de règne avaient contre-balancée ses faiblesses de cœur, ses excès de tempérament (janvier 1762). De ce règne féminin l'amour avait été le seul vice : il avait amolli l'empire, mais il avait détendu la férocité des mœurs et des gouvernements de Pierre le Grand. La Russie devait à Élisabeth ses premières traditions d'humanité ; sa mémoire mérita des Russes le pardon qu'elle avait prodigué pendant sa vie.

LIVRE QUATRIÈME

I

Les conseils de Panin avaient amorti, dans un intérêt commun d'avénement pacifique à l'empire, l'inimitié de la grande-duchesse et du grand-duc. Il y eut une trêve dans leur haine mutuelle, qui empêcha les deux factions de se combattre sur le cercueil d'Élisabeth. Le grand-duc sentit qu'il avait besoin du génie supérieur et des grâces habiles de sa femme pour dompter les antipathies de cour, de sénat, d'armée, qui répugnaient à sa proclamation au trône. La grande-duchesse espéra que le besoin qu'il avait d'elle pour gouverner le subjuguerait et l'enchaînerait à sa domination, et que si elle ne régnait plus dans son cœur comme épouse, elle régnerait au moins comme premier ministre dans son gouvernement. Plus homme d'État qu'épouse et que mère, cette espérance lui suffisait; l'ambition était sa première passion, l'amour n'était que la seconde.

Dans cette espérance, elle concourut successivement, pendant les dernières heures de la vie d'Elisabeth, à toutes les mesures qui pouvaient préparer l'avénement sans résistance de son mari au trône. Aussi habile à écrire qu'à combiner les plans politiques, elle rédigea de sa propre main les proclamations et les manifestes que l'empereur son mari devait adresser au peuple russe, au clergé et à l'armée, en succédant à sa tante. Consultée par lui sur les plans constitutionnels de Panin, qui voulait que Pierre III reçût le trône du sénat, pouvoir civil, au lieu de le tenir, comme ses prédécesseurs, du droit à la succession et de l'acquiescement de l'armée, Catherine, avec l'instinct du despotisme qui se détruit en se limitant, répondit, par une lettre raisonnée et confidentielle à l'empereur, qu'il ne fallait rien innover de restrictif au pouvoir absolu et d'offensant pour l'armée, et monter au trône selon les anciennes traditions de l'empire.

Ce prince, convaincu, par un entretien avec son confident Troubetzkoï, des périls des nouveautés proposées par Panin et de la sagesse des conseils de sa femme, écarta l'idée de subordonner son droit dynastique au contrôle du sénat, et de limiter par des lois écrites la loi vivante en sa personne. Il monta à cheval suivi de ses aides de camp, et se présenta au peuple et aux troupes, qui le saluèrent sans hésitation et sans murmure de leurs acclamations.

« Si tu as bien soin de nous, lui crièrent les soldats, nous te servirons aussi fidèlement que nous avons servi notre bonne mère, la tsarine Élisabeth. »

II

Le nouvel empereur prit le nom de Pierre III, nom cher à la mémoire des Russes. Son règne de six mois, secrètement influencé par les conseils de Panin, démentit en quelques jours tous les augures que ses nombreux ennemis en avaient répandus dans la nation; il parut digne du trône en y touchant.

Il oublia tous les ressentiments que les favoris et les ministres du règne précédent avaient mérités de lui. Ce même Alexis Razomouski, favori d'Élisabeth, à qui Pierre, alors grand-duc, avait envoyé un jour un coussin de couleur de sang surmonté d'une hache, comme symbole de la vengeance qu'il se réservait après son avénement, fut maintenu dans sa dignité et dans sa fortune. Ivan Schouvalof, dernier favori d'Élisabeth, auteur avec Panin de la réconciliation au lit de mort de l'impératrice, fut récompensé avec munificence; les prisonniers d'État des règnes d'Anne et d'Élisabeth furent rappelés de la Sibérie.

Biren, l'amant de l'impératrice Anne et le bourreau de la noblesse moscovite, reçut la permission de vivre à Pétersbourg, et bientôt après l'investiture de sa souveraineté de Courlande. Corrigé par l'adversité, Biren gouverna en père jusqu'à sa mort cette principauté, qu'il avait conquise au prix du sang de vingt mille Russes livrés à la hache. Le vieux et perfide maréchal Munich, âgé de quatre-vingt-deux ans, patriarche de l'armée, de l'intrigue et de la gloire, rentra dans Pétersbourg, précédé de ses fils et de trente-deux de ses petits-fils, qui étaient allés au-devant de son traîneau pour lui faire cortége. Il parut devant l'empereur, revêtu de la même peau de mouton qui lui servait de costume dans les steppes de la Sibérie.

« J'espère, lui dit Pierre, que, malgré votre grand âge, vous pourrez servir encore la Russie et moi?

» — Puisque Votre Majesté, répondit le vieux maréchal, me fait passer des ténèbres à la lumière, et me rappelle du fond d'une caverne aux marches d'un trône, elle me trouvera toujours prêt à donner mon reste de vie pour son service. Ni le long exil ni les rigueurs des climats de la Sibérie n'ont amorti l'ardeur que j'ai autrefois montrée pour les intérêts de la Russie et pour la gloire de ses souverains. »

Ces retours d'illustres victimes, ces pardons des offenses personnelles, ces spectacles des vicissitudes du sort, transformées en grâces par la clémence du prince, la déclaration d'affranchissement de la noblesse russe de toute servitude, la liberté de voyager et de séjourner hors de l'empire donnée à tous les nobles, l'abolition du tribunal secret d'État, qui, semblable à l'inquisition d'Espagne, jugeait, condamnait, exécutait sur l'indice d'un seul délateur; enfin, le rapprochement de sa femme, jusque-là écartée ou négligée à Pétersbourg, et la bonne intelligence apparente qui semblait régner entre les deux époux, rassérénaient complétement les premiers mois du règne.

L'aide de camp de l'empereur et son ami, Goudowitz, était l'inspirateur de ces heureux commencements. Il voulait démentir, à force de magnanimité et de bienfaits, les sinistres préventions que Catherine, aidée de ses partisans, avait artificieusement répandues dans l'opinion contre le caractère et contre le règne de son mari.

III

Ces préventions achevaient de se dissiper par des réformes dans l'administration de la justice, par des visites fréquentes de l'empereur aux établissements publics d'arts, de sciences, de manufactures, par des encouragements aux savants et aux artistes qui illustraient la Russie, enfin par la paix promptement rétablie avec le roi de Prusse, et par la reddition sans rançon des prisonniers prussiens faits pendant les dernières guerres. Le portrait du grand Frédéric, inauguré avec pompe dans ses appartements, annonçait à la Russie et au monde quel modèle de génie, d'activité et de civilisation le nouvel empereur se proposait d'imiter.

La première impopularité qui assaillit son gouvernement fut la conséquence d'une de ces imitations du grand Frédéric, dans ses efforts pour combattre les superstitions presque idolâtres des Russes. Il voulut toucher aux propriétés abusives des couvents de moines, qui stérilisaient les provinces, et faire enlever des églises les images miraculeuses des saints, chères aux crédulités des paysans; il exhila l'archevêque de Novogorod, qui défendait, au nom du clergé, ces pratiques. Il donna aux vaisseaux récemment construits des noms de héros au lieu des noms de saints, qui les protégeaient, selon le peuple, d'une vertu divine; il fit bâtir dans sa forteresse d'Oranienbaum un temple luthérien, et il assista lui-même à la dédicace. Il s'entoura de soldats allemands formés à la discipline prussienne par le grand Frédéric, ce maître de la guerre moderne; il se forma une garde personnelle de ses compatriotes du Holstein, appelés à Pétersbourg comme plus incorruptibles dans leur dévouement que les Russes. Il licencia la garde noble, qui avait jadis détrôné Anne et porté Élisabeth au palais. Enfin, il introduisit dans les régiments des gardes d'Ismaïlof et de Préobrajenskoï l'exercice prussien, minutieux et sévère, odieux aux soldats.

Ces changements dans l'exercice, dans l'uniforme, dans la discipline, humiliaient et froissaient les Russes. Ils commençaient à voir un étranger dans leur souverain. La guerre qu'il méditait contre le Danemark pour arracher à ce royaume le duché indivis de Schleswig et l'annexer au duché de Holstein, son État héréditaire et personnel, acheva de lui aliéner les cœurs des patriotes russes.

Le roi de Prusse, Frédéric, lui déconseilla en vain cette guerre, ainsi que ces nouveautés minutieuses et blessantes, de nature à offenser l'orgueil national des Russes ou la superstition des popes. Pierre, mesurant la servilité des Russes à son dédain pour eux, s'obstina à l'œuvre de Pierre le Grand sans mesurer ni la diversité des temps ni la différence de génie de son aïeul avec sa propre médiocrité. D'ailleurs, Pierre le Grand était Russe, et Pierre III était Allemand; les peuples qui subissent la tyrannie domestique se révoltent contre la réforme étrangère. Pierre III devenait aux yeux des vieux Russes un ennemi public introduit dans le palais des tsars par la loi de succession.

IV

L'impératrice, ménagée au commencement par lui, maintenant négligée, bientôt outragée à mesure que son mari se croyait plus affermi, vivait reléguée dans la solitude à Péterhof. Elle n'en sortait que rarement, pour recevoir dans les cérémonies publiques, tantôt des honneurs affectés, tantôt des affronts.

Le jour de la célébration de la paix conclue avec la Prusse, Pierre, assis à côté de sa femme pour contempler le feu d'artifice, appela la comtesse Woronsof, sa maîtresse, la fit asseoir à côté de lui, et ne s'entretint qu'avec elle.

Quelques jours après, ayant porté à table la santé du

prince Georges de Holstein, son oncle et général de sa garde allemande, Catherine ne se leva pas avec les autres convives pour répondre au toast de son mari, offensant pour les Russes. Pierre, échauffé par l'ivresse, s'indigna de cette immobilité de l'impératrice, et murmura à demi-voix contre elle le mot le plus outrageant qu'un homme puisse adresser à une femme. L'impératrice l'entendit, rougit de honte, pleura de rage, et se plaignit à voix basse à son chambellan favori, Strogonof, qui assistait au festin derrière son fauteuil. L'empereur, offensé de cet entretien et de ces larmes, ordonna à Strogonof de sortir de la salle, et de se rendre à la prison militaire de Pétersbourg. Les Russes, spectateurs de ces outrages, s'attendrissaient pour l'impératrice, et méprisaient un prince à la fois brutal et timide, qui ne savait ni répudier ni respecter son épouse; les fautes mêmes de Catherine, excusées à leurs yeux par sa jeunesse et par sa beauté, leur semblaient justifiées par la grossièreté soldatesque du tsar allemand, et par le scandale public de ses amours avec la comtesse Woronsof.

Catherine, habile à tourner en popularité pour elle-même cette pitié des Russes, affichait ses larmes plus qu'elle ne les cachait à la cour. Ses artifices de conduite, poussés jusqu'à la plus abjecte hypocrisie, cherchaient dans les superstitions même du peuple un intérêt et une faveur qu'elle opposait perfidement à l'irréligion de son mari. Bien qu'elle n'eût d'autre foi et d'autre culte dans son âme que le culte de l'ambition et du plaisir, et le mépris des superstitions nationales, elle simulait la dévotion grecque, chère au peuple russe. On la voyait tous les jours visiter les églises, adorer les reliques, honorer les popes, affecter le zèle des autels, édifier les fidèles par ses dons et ses pèlerinages aux monastères, et se justifier des fautes qu'on lui imputait par l'appareil d'une sainteté publique qui la défendait contre les soupçons de la foule.

Le contraste de cette régularité apparente avec les opinions luthériennes attribuées à son mari, avec les scandales de sa cour d'Oranienbaum, pleine d'orgies, de schisme, de comédiennes et d'ivresse, reportait sur Catherine l'intérêt et le fanatisme, qui s'éloignaient chaque jour davantage de son mari. Toute la conduite de la tsarine n'était qu'une conspiration muette contre son époux.

V

La politique du tsar n'offensait pas moins les Russes que ses mœurs et sa religion ne blessaient leurs superstitions et leur orgueil national. Il avouait tout haut, dans l'indiscrétion de l'ivresse, qu'il avait communiqué secrètement au roi de Prusse, pendant la guerre de l'impératrice Élisabeth contre ce prince, les plans de campagne de la Russie contre le grand Frédéric. Il évacuait les provinces de la Prusse royale, conquises et occupées par les armées russes; il ordonnait à son général Tzernitschef, qui commandait les trente mille Russes auxiliaires prêtés à l'Autriche pour combattre les Prussiens, de quitter l'armée autrichienne et de rentrer immédiatement en Pologne. Passant sans ménagement et sans transition du camp de la coalition contre Frédéric dans le camp de ce prince ennemi de la Russie, il plaçait sous ses ordres le corps d'armée qui le combattait la veille.

L'Autriche, la France, l'Angleterre, protestaient en vain par leurs ambassadeurs contre ces revirements soudains de la Russie. Il ne répondait à ces ambassadeurs que par des apothéoses du grand Frédéric et par des dédains pour leurs représentations; il annonçait hautement l'envoi d'une seconde armée de vingt mille Russes, envoyée au roi de Prusse pour contraindre Marie-Thérèse et Joseph II à renoncer au recouvrement de la Silésie, arrachée par Frédéric à l'Autriche.

Ses indiscrétions domestiques n'amassaient pas contre lui moins de haines et de complots que ses indiscrétions politiques. Il parlait presque ouvertement de répudier Catherine, de faire prouver et déclarer à sa honte l'illégitimité de son fils le tsarewitz, et d'épouser la comtesse Woronsof, devant laquelle il s'abaissait quelquefois en public jusqu'à l'oubli de toute dignité.

Dans cette pensée, il rappela de Madrid, où il était ambassadeur, le premier favori de Catherine, le prince Alexis Soltikof, et l'accabla tour à tour de caresses et de menaces, pour lui arracher l'aveu juridique de ses relations criminelles avec la tsarine et de sa paternité du tsarewitz. Catherine et ses partisans, informés des obsessions de Pierre pour obtenir ce témoignage, tremblèrent que l'ambition ou la terreur ne parvînt à desceller les lèvres de Soltikof.

VI

Comme si Pierre eût voulu à dessein intimider jusqu'à la terreur sa femme, et la pousser à la feinte ou au crime par les menaces suspendues sur sa tête, il affecta tout à coup de chercher dans tout l'empire et de présenter lui-même aux Russes un héritier du trône de Russie, plus légitime que le fils de Catherine et que lui-même. Il donna à cette recherche assez de mystère pour éveiller la curiosité inquiète de sa cour, et assez de publicité pour laisser transpirer le mystère.

Cet héritier légitime du trône de Russie existait dans le malheureux Ivan VI, orphelin précipité du trône dans les cachots avec la régente Anne, sa mère, grandi à l'ombre des voûtes de la prison d'État de Schlüsselbourg, sur le lac Ladoga, et expiant, pendant les vingt années du règne d'Élisabeth, sa naissance par son éternelle captivité. Promené d'abord avec sa mère Anne et avec son père, le prince de Brunswick, de Moscou à Riga, de Riga dans la ville glaciale d'Oranienbourg; arraché ensuite à sa famille captive par un moine russe, qui voulait le sauver et le réserver pour le trône dans quelque asile d'Allemagne; reconnu et arrêté à Smolensk, au moment où il touchait à la liberté; ramené au monastère de Valdaï, dans les forêts qui entourent Moscou; conduit de là secrètement à Pétersbourg, devant l'impératrice Élisabeth, qui pleura de tendresse en le revoyant; ses seize ans, son innocence, sa beauté, ses malheurs, sa ressemblance avec Catherine Ire, dont ses cheveux, ses yeux, son teint, sa voix, retraçaient l'image, ne purent racheter, aux yeux d'Élisabeth, le danger de sa liberté. Il n'y avait pour cet adolescent que le cachot ou le trône sur la terre. Élisabeth ne pouvait lui rendre le trône : le cachot de l'île de Schlüsselbourg redevint son éternel séjour. Il y languissait depuis six autres années, quand Pierre III, moitié par pitié, moitié par animosité contre sa femme, et peut-être dans le vague désir d'adopter pour son successeur un prince si cher aux vieux Russes, songea à visiter le malheureux Ivan.

Pierre III n'espérait plus avoir d'enfant, même en épousant la comtesse Woronsof : la nature semblait refuser toute fécondité à ses amours; cette adoption le vengeait à la fois de sa femme et du fils illégitime qui monterait après lui sur le trône. Il partit mystérieusement pour Schlüsselbourg.

VII

Le grand écuyer Alexandre Narischkin, l'aide de camp allemand Sternberg, le ministre de la police Korff, et le conseiller d'État Wolkoff, étaient les seuls confidents du but de ce voyage.

L'empereur, suivi de ces familiers, présenta lui-même au commandant de la forteresse un ordre de sa propre main, qui ordonnait à cet officier de laisser pénétrer les cinq étrangers dans la prison d'Ivan. Le commandant, à qui l'empereur était inconnu, obéit à cet ordre; la prison du prince s'ouvrit, les visiteurs entrèrent. Le cachot étroit, profond, ténébreux, obstrué à sa seule lucarne par une pile de bois à brûler qui en obscurcissait encore le demi-jour, était la tombe d'un vivant, plus que la prison d'État d'un prétendant, innocent de son origine.

Pierre s'était confondu à dessein, sans aucune marque distinctive de son rang, dans le groupe; il avait voulu éprouver si le jeune prisonnier se tromperait à l'apparence, ou s'il soupçonnerait en lui la souveraineté empreinte, par l'habitude de régner, sur le visage des princes. Narischkin, jeune, beau, élevé de taille, noble de figure, revêtu d'un magnifique uniforme, s'avançant le premier, devait naturellement paraître le chef de l'empire aux yeux d'Ivan.

La nature, le sang, ou la ressemblance avec les princes de sa maison, dépeints à son enfance par sa mère, inspirèrent mieux le prisonnier. Il considéra un instant d'un œil hagard les cinq étrangers qui venaient tout à coup troubler le silence de son cachot; puis se jetant sans hésiter aux pieds de l'empereur, :

« Tsar, lui dit-il en joignant les mains, vous êtes ici comme partout l'empereur et le maître. Je ne veux pas vous importuner par une longue prière; mais adoucissez la rigueur de mon sort. Je gémis depuis bien des années dans ce ténébreux cachot : la seule grâce que je vous demande est de me permettre de respirer, de temps en temps, un air plus libre. »

Pierre parut attendri de ces paroles. « Levez-vous, prince, dit-il à Ivan en le frappant légèrement sur l'épaule; n'ayez aucune inquiétude pour l'avenir. J'userai de tous les moyens qui sont en mon pouvoir pour rendre votre situation plus douce. Mais dites-moi, prince, vous souvenez-vous de tous les malheurs que vous avez éprouvés depuis votre première jeunesse?

» — Je n'ai presque aucune idée de ceux qui ont assailli mon enfance, répondit Ivan; mais du moment où j'ai commencé à sentir mon infortune, je n'ai pas cessé de mêler mes larmes à celles de mon père et de ma mère, qui n'étaient malheureux qu'à cause de moi; et ma plus grande peine était de voir les mauvais traitements qu'ils souffraient quand on nous transportait d'une prison dans l'autre.

» — Et d'où provenaient ces mauvais traitements? demanda le tsar.

» — Des officiers qui nous conduisaient, et qui étaient presque toujours les plus inhumains des hommes, répondit Ivan.

» — Vous rappelez-vous les noms de ces officiers? dit Pierre.

» — Hélas! reprit le jeune prince, nous n'étions pas curieux de les apprendre. Nous nous contentions de rendre grâce au ciel, à genoux, lorsque ces monstres étaient relevés par des officiers moins feroces.

» — Quoi! s'écria l'empereur, vous n'en trouvâtes jamais d'humains?

» — Un seul mérita d'être distingué de ce troupeau de tigres, dit Ivan; il emporta notre estime et nos regrets. Ses bontés, ses attentions généreuses, ne sortiront jamais de ma mémoire.

» — Et vous ne savez pas non plus le nom de ce brave homme? demanda vivement le tsar.

» — Oh! pour celui-là, je m'en souviens bien, repartit Ivan; il s'appelait Korff. »

Ce même baron de Korff était, comme on l'a déjà vu, de la suite du tsar. Il fondait en larmes en écoutant ces détails; et le tsar, qui n'était pas moins attendri que lui, le prit par le bras et lui dit d'une voix étouffée: « Baron, voilà comme un bienfait n'est jamais perdu! »

Pour se remettre de son émotion, Pierre sortit avec Korff, Narischkin et Wolkoff, et laissa le baron d'Ungern-Sternberg seul avec Ivan.

« Comment êtes-vous donc venu ici, prince? lui dit alors Ungern-Sternberg.

» — Qui peut, répliqua Ivan, prendre assez de sûreté contre les razboïniks? Un jour, un ordre de je ne sais qui arrive dans la prison où j'étais avec mes parents. Les razboïniks se jettent au milieu de ma famille, et m'arrachent à ceux que je connaissais seuls au monde, et qui seuls avaient ma tendresse et ma confiance, je veux dire mon père, ma mère, mes frères et mes sœurs. Oh! combien je les ai pleurés! et combien ils doivent eux-mêmes, s'ils vivent encore, pleurer la mort de leur fils et de leur frère!

» — Quel croyez-vous que sera le sort de notre nouvel empereur? demanda le baron.

» — Si j'en juge d'après l'idée que je me suis formée des Russes, il ne sera pas plus heureux que le mien. Mon père et ma mère m'ont souvent répété que les princes étrangers seront toujours haïs et détrônés par les perfides et orgueilleux Russes. »

Le tsar rentra alors avec Narischkin, Korff, Wolkoff, et accompagné cette fois du commandant, auquel il dit, en présence d'Ivan : « Je vous ordonne de donner, dès ce moment, au prince tous les secours qu'il vous demandera, et de le laisser en tout temps se promener dans l'enceinte de la forteresse. Je vous enverrai, par écrit, des ordres plus détaillés, d'après lesquels vous réglerez désormais votre conduite à l'égard de sa personne sacrée. »

En sortant de la chambre d'Ivan, l'empereur parcourut l'intérieur de la forteresse ; et, après avoir examiné un terrain qui lui parut propre à la construction d'un édifice pour loger le prisonnier, il donna ordre au commandant d'y mettre des ouvriers, et il ajouta : « Je veux que ce soit un pavillon dans lequel il y ait neuf croisées de front, et que du reste de l'emplacement on lui fasse un jardin où il puisse prendre l'air, et trouver quelque adoucissement à la rigueur qui oblige à le tenir enfermé. Dès que le pavillon sera achevé, je viendrai moi-même y installer le prince. »

Le tsar ne parla ainsi au commandant de Schlüsselbourg que pour qu'on ne pénétrât point ses véritables intentions ; car quel besoin aurait-il eu, autrement, de donner ordre qu'on construisît une nouvelle prison pour celui à qui il destinait le trône ?

Cette prison était celle qu'il destinait à sa femme et à son fils. Les indiscrétions qui lui échappèrent à son retour à Pétersbourg ne laissèrent que trop pour lui transpirer cette préméditation de sa visite à Ivan. Il ordonna, au contraire, que le prisonnier de Schlüsselbourg fût transporté immédiatement à Kexholm, autre îlot fortifié du lac Ladoga. La fortune qui poursuivait Ivan depuis sa naissance faillit l'engloutir, pendant cette translation, dans les flots soulevés du lac Ladoga.

VIII

Ce voyage, ces paroles ambiguës, cette prison, dont la construction pressée de Schlüsselbourg était démentie par la translation d'Ivan dans un autre séjour et par son adoption indiscrètement annoncée aux familiers de Pierre, inspirèrent à Catherine la terreur et la résolution nécessaires pour prévenir par un complot le complot qui s'ourdissait si ouvertement contre elle-même.

L'isolement, le silence, l'oubli, les larmes, les dévotions dans lesquelles elle vivait en apparence ensevelie à Péterhof, n'étaient que des voiles. Ses nuits, dérobées à ses surveillants, rachetaient l'inaction de ses jours; sous l'apparence de la résignation, de l'étude, et d'un deuil simulé de l'absence de Poniatowski, rappelé en Pologne, elle cachait à tout le monde ses amours avec le plus beau et le plus brave des officiers de l'artillerie de la garde russe, Grégoire Orlof.

Grégoire Orlof, remarqué par elle entre tous ses camarades à une revue, et admis à des entretiens secrets dans une maison d'emprunt des environs de Péterhof, avait ignoré longtemps lui-même le nom et le rang de la femme mystérieuse qui ne lui dévoilait que son amour.

Ce ne fut que plusieurs mois après ces entrevues nocturnes que, passant à cheval, dans une cérémonie militaire, devant l'empereur et l'impératrice, réunis ce jour-là sous le même dais, il reconnut sa souveraine dans son amante. Il trembla de terreur et frémit d'orgueil; mais l'orgueil et l'amour l'emportèrent sur l'effroi. Orlof s'enveloppa d'un plus impénétrable mystère, et il ajouta au culte pour la femme le fanatisme du dévouement pour la sûreté ou pour la vengeance de l'impératrice.

IX

Grégoire Orlof, maintenant aide de camp du prince Pierre Schouvalof, grand maître de l'artillerie, qui avait été flatté d'avoir dans son état-major le plus beau de tous les Russes, n'était que le fils aîné d'un de ces strélitz dont la tête était tombée sous la hache de Pierre le Grand. Deux de ses frères, presque aussi remarquables que lui par leur stature, par leur force et par leur intrépidité soldatesque, servaient comme simples soldats dans les gardes. Une femme de chambre, confidente de l'impératrice à Péterhof, Ivanowna, était seule complice de ces amours. La princesse Daschkof, sœur de la maîtresse de Pierre III, la comtesse Woronsof, et amie passionnée de la tsarine, ignorait elle-même ce nouvel amour.

Pendant que Bestuchef, l'ancien chancelier disgracié, Kyrille Razomouski, hetman des Cosaques, Wolkonski, le neveu de Bestuchef, et Panin, gouverneur du tsarewitz, conspiraient, à l'instigation de Catherine, pour détacher la noblesse, le clergé, les troupes, de la cause de Pierre, et pour tourner toutes les faveurs du peuple vers la tsarine, reléguée et menacée à Péterhof, Grégoire Orlof conspirait dans les casernes avec ses frères et avec les mécontents de l'armée, humiliés de la préférence montrée aux Allemands par le tsar germanique. Orlof assurait ainsi, un à un, des défenseurs à une princesse qu'on ne le soupçonnait pas même de connaître.

De son côté, la princesse Daschkof, jeune femme, belle, intrigante, lettrée, éloquente, héroïque de courage, jalouse d'avoir été supplantée par une sœur sans talents et sans beauté, la princesse Woronsof, dans la faveur espérée du tsar, formait à Pétersbourg, dans sa maison, un noyau d'opposition et de parti dont elle était l'âme.

Ces trois conspirations marchaient parallèlement sans se connaître et même sans se soupçonner : l'une tramée par l'ambition de Bestuchef et de Panin ; l'autre inspirée par l'amitié de la princesse Daschkof ; l'autre échauffée par l'amour de Grégoire Orlof. La tsarine seule en tenait dans sa main les trois fils soigneusement distincts, se réservant de les confondre le jour de l'exécution. Jusque-là, il convenait à sa sûreté que la découverte fortuite de l'une ne fît pas découvrir les deux autres. Il lui convenait aussi de laisser croire à chacun des trois meneurs de ces intrigues d'État qu'il était le seul confident de l'impératrice, et qu'à lui seul appartiendrait, après le succès, l'honneur et la reconnaissance du salut de la souveraine.

Les complots de ce genre, fréquents et presque habituels chez les Russes, comme on l'a vu dans les renversements de Menchikof, de Munich, de Biren, de l'impératrice Anne, sont la vengeance de la servitude sous les États despotiques. La résolution des soldats, la discrétion des courtisans, la dissimulation grecque des hommes d'État, qui formaient le fond du caractère russe dans la capitale, en assuraient le secret.

La séduction personnelle des charmes, de l'esprit et de l'éloquence de la tsarine, chef invisible de ces trois complots, ne laissait pas douter que la flamme de la sédition militaire ne se communiquât électriquement aux soldats et au peuple à l'aspect inattendu d'une femme belle, d'une mère éplorée, d'une héroïne intrépide, apparaissant comme l'image vivante de la Russie, et demandant protection contre l'étranger. La nature, qui est le premier complice des conspirations de ce genre dans les yeux et dans le cœur des soldats, conspirait avec la tsarine. Les années qui venaient de s'écouler depuis son mariage, à quatorze ans, avec Pierre III, avaient accompli au lieu de flétrir sa beauté. Ses larmes, plus supposées que réelles, n'imprimaient à ses traits qu'une beauté de plus, la mélancolie sur la jeunesse. Le portrait que les diplomates français résidant alors à Pétersbourg font de la tsarine atteste l'empire de cette jeune mère sur les yeux de son peuple.

« Sa taille, disent-ils dans leurs récits, est souple et noble, sa démarche fière, sa personne et son maintien remplis de grâces. Son air est d'une souveraine. Tous ses traits annoncent un grand caractère. Son cou est élevé, et sa tête fort détachée ; l'union de ces deux parties est, surtout dans le profil, d'une beauté remarquable ; et, dans les mouvements de sa tête, elle a quelque soin de développer cette beauté. Elle a le front large et ouvert, le nez presque aquilin ; sa bouche est fraîche, et embellie par ses dents ; son menton un peu grand et se doublant un peu, sans qu'elle soit grasse. Ses cheveux sont châtains et de la plus grande beauté ; ses sourcils bruns ; ses yeux bruns et très-beaux : les reflets de la lumière y font paraître des nuances bleues, et son teint a le plus grand éclat. La fierté est le vrai caractère de sa physionomie. L'agrément et la bonté, qui y sont aussi, ne paraissent, à des yeux pénétrants, que l'effet d'un extrême désir de plaire ; et ces expressions séduisantes laissent trop apercevoir le dessein même de séduire. Un peintre, voulant exprimer ce caractère par une allégorie, proposait de la représenter sous la figure d'une nymphe charmante, qui, d'une main qu'elle tient avancée, présente des chaînes de fleurs, et de l'autre, qu'elle tient derrière elle, cache une torche enflammée. »

X

Une telle femme n'avait pas besoin de l'intérêt que l'exil et la persécution attachent aux victimes pour enlever le cœur des soldats ; son seul aspect les embauchait à sa cause.

Un soir qu'elle traversait une galerie obscure du palais de Péterhof, où elle était plus captive que tsarine, sous la garde des détachements de troupes, une sentinelle lui ayant porté les armes, elle s'arrêta, et lui demanda comment elle l'avait reconnue ?

« Notre mère, lui répondit le soldat dans le style oriental de sa race, qui ne te reconnaîtrait pas? Tu éclaires tous les lieux où tu passes. »

Elle envoya une pièce d'or au soldat.

Elle s'étudiait à leur plaire et à répandre parmi eux la renommée de sa familiarité maternelle, en causant avec les sentinelles et en leur donnant sa main à baiser. La pitié qu'elle provoquait autour d'elle par le bruit des dangers dont elle était menacée, par l'affectation de tristesse et par des larmes feintes, répandues et mal dérobées devant la cour, portaient jusqu'à l'attendrissement et jusqu'à l'indignation le sentiment public qui s'élevait en sa faveur et contre son mari. Des rumeurs exagérées, habilement semées dans la capitale, par ses partisans, sur les scandales de la cour d'Oranienbaum, sur la prochaine répudiation, sur le mariage du tsar avec la comtesse Woronsof, préparaient le peuple à tout croire, à tout craindre, et à tout oser.

Orlof accréditait ces bruits, vrais ou faux, parmi les soldats des deux régiments et de l'artillerie en garnison à Pétersbourg. Son ami Bébikof et ses deux frères étaient les agents cachés, mais actifs, de la sédition. Nommé trésorier de l'artillerie par le crédit de l'impératrice, il puisait largement dans la caisse de ce corps les sommes nécessaires pour corrompre par la licence ceux que les sentiments désintéressés ne suffisaient pas à embaucher. Les popes, achetés par la haine du luthéranisme et par l'intérêt de la religion nationale, prêchaient à voix basse aux soldats l'insurrection pour la religion.

Ces manœuvres d'Orlof, ces corruptions, ces prédications avaient déjà conquis à la cause encore vague de la tsarine des compagnies entières du régiment des gardes d'Ismaïlof; les soldats avaient prêté un à un serment, sur les images saintes, de mourir pour la tsarine ou pour son fils. Le colonel de ce régiment, Kyrille Razomouski, hetman des Cosaques, était le seul officier étranger encore au complot. Orlof, qui connaissait l'influence de ce chef demi-barbare des hordes de l'Ukraine sur les troupes, lui demanda hardiment un entretien secret au nom de l'impératrice.

Razomouski, flatté et enivré de la confiance que la tsarine lui témoignait, et se croyant le chef d'un complot dont il n'était que l'instrument principal dans l'armée, jura de garder le secret, et d'entraîner la garde et les Cosaques au premier signal de Péterhof. Avec l'hypocrisie perfide où les races barbares voient la supériorité de la dissimulation sur la vérité, Razomouski continua de fréquenter, d'aduler et d'endormir la cour allemande d'Oranienbaum, se réservant de se venger de la servilité par la trahison.

Il ne manquait plus à la révolution imminente qu'une occasion et qu'un homme d'État : l'occasion ne devait surgir que d'un hasard ; l'homme d'État était trouvé dans le comte Panin.

Mais, de même qu'à l'avénement de Pierre III Panin avait voulu restreindre le despotisme traditionnel des tsars, en déférant l'installation du monarque au sénat et en limitant le pouvoir absolu par des lois, de même, à la veille de la révolution contre le tsar, il voulait circonscrire et légaliser la révolution, en ne donnant que la régence à Catherine, et en proclamant le tsarewitz empereur à la place de son père détrôné. Imitateur des institutions républicaines ou représentatives dont il avait vu le modèle en Suède et en Angleterre pendant quatorze ans de sa vie diplomatique, Panin se flattait toujours de les importer par degrés dans sa patrie. Le sentiment de sa propre supériorité d'esprit et d'éloquence sur les favoris et sur les soldats dont il était entouré lui assurait aussi plus d'ascendant durable sous un gouvernement libre que sous un despotisme arbitraire. La longue minorité d'un tsarewitz de cinq ans lui promettait aussi un plus long règne d'homme d'État sous cette minorité que sous une impératrice maîtresse absolue du choix de ses ministres.

La princesse Daschkof, dont Panin était éperdument amoureux, sans obtenir d'elle d'autre retour que des confidences politiques, partageait les opinions presque républicaines de cet homme d'État. Elle les transmettait par des billets confidentiels à l'impératrice, qui feignait de les approuver. Panin et la princesse Daschkof avaient rédigé de concert un plan de constitution par lequel le sénat et les nobles, déposant Pierre, proclameraient l'impératrice régente, mais limiteraient son pouvoir par des restrictions, des consentements et des lois organiques, bases de la souveraineté nationale et barrières contre le despotisme des tsars.

XI

La lecture de cette constitution dessilla les yeux de Catherine : elle comprit que l'empire allait lui échapper au moment même où elle conspirait le crime pour l'empire. Sans rien révéler de son mécontentement à la princesse Daschkof et à Panin, elle chargea Orlof de les déjouer dans la capitale, tout en paraissant obéir à leurs inspirations.

Orlof, dont la princesse Daschkof ignorait les relations secrètes avec la tsarine, s'offrit comme un simple instrument de sédition militaire à la princesse Daschkof et à Panin, sans rien leur laisser soupçonner de son intelligence secrète avec Péterhof. La princesse et Panin, heureux de rencontrer dans Orlof un complice inespéré et puissant dans les casernes, lui ouvrirent les conciliabules des nobles et du clergé, engagés par eux dans la conjuration.

Orlof, devenu nécessaire à ces conjurés de la noblesse et du clergé qui ne pouvaient rien sans les troupes, protesta énergiquement devant eux contre une demi-révolution qui n'aurait d'action sur les troupes qu'autant qu'elle aurait pour mobile et pour cri de ralliement le nom d'une souveraine adorée, contre le nom d'un souverain indigne du trône. Il s'éleva contre ces demi-mesures qui perdent les conspirations comme les empires, en diminuant la passion publique qui fait le succès de ces grands mouvements ; il déclara, au nom des soldats et du peuple, que si le clergé et la noblesse persistaient dans ces tempéraments inintelligibles aux Russes, les soldats et le peuple se passeraient de leur concours pour délivrer seuls la Russie de l'oppression et de la honte dont le règne de Pierre III humiliait la nation.

Ces paroles et ces menaces confondirent en peu de jours les plans républicains de Panin et de la princesse Daschkof. Catherine, informée par Grégoire Orlof de l'évanouissement de ce rêve, dissimula sa satisfaction dans ses lettres à son ami et à Panin; elle leur promit qu'une fois impératrice par la sédition des soldats et par le fanatisme du peuple, elle saurait bien donner d'elle-même à l'aristocratie russe et à la nation les garanties contre le despotisme que des casernes ne voulaient pas comprendre en ce moment.

XII

Pendant ces conspirations et ces contre-conspirations si habilement menées de front à Pétersbourg du fond de la retraite de la tsarine à Péterhof, ses agents agitaient tous les jours le peuple par des bruits mensongers que le lendemain dissipe, mais qui entretiennent le peuple dans une perpétuelle agitation. Il faut agiter les masses qu'on veut remuer un jour.

Tantôt c'était le tsar Pierre qui méditait de faire répudier leurs maris par douze femmes des plus illustres familles de sa cour licencieuse d'Oranienbaum, et qui préparait les nouvelles noces de ces femmes avec ses favoris; tantôt c'étaient les Tartares de Crimée qui campaient aux frontières de l'empire, prêts à envahir les provinces aussitôt que le tsar aurait désarmé Pétersbourg en conduisant l'armée russe dans le Holstein; tantôt c'était le sacre des empereurs à Moscou, que l'empereur dédaignait de recevoir de la main du clergé russe : dédain impie, qui affranchissait de droit les Russes de l'obéissance à un prince allemand et luthérien.

Chacun de ces bruits donnait aux esprits une commotion favorisée par l'absence de Pierre III, retiré à Oranienbaum, au sein de sa cour militaire et de ses familiers, odieux aux Russes. La flotte et l'armée, rassemblées au bord du golfe de Finlande, sous sa main, n'attendaient plus que son ordre pour marcher et pour voguer vers le Danemark.

Les ambassadeurs des cours étrangères, unanimes à blâmer cette expédition perturbatrice et capricieuse du tsar, et surtout le baron de Breteuil, ambassadeur de France, désespérant de retenir le tsar, se tournaient vers la tsarine, invoquaient son avénement, trempaient dans les conspirations qui s'ourdissaient pour elle, lui faisant offrir, au nom de leurs cours, les subsides nécessaires pour embaucher les troupes et accomplir la révolution.

Tout conspirait à la fois dans la capitale pour la plus sûre des conspirations, celle des esprits et des cœurs. Le tsar et ses ministres, renfermés à Oranienbaum dans les plaisirs et dans les préparatifs du départ, étaient les seuls qui n'eussent pas le pressentiment de leur danger. A Pétersbourg et à Péterhof, on n'avait plus d'incertitude que sur l'occasion, le jour et le mode plus ou moins sanglants de la révolution.

XIII

Les assassins ne manquent jamais aux conspirations chez les peuples encore voisins de la barbarie. Le sang, qui flétrit justement ailleurs, illustre dans ces temps et dans ces climats.

Un capitaine aux gardes, nommé Passek, était venu à Péterhof se jeter aux pieds de l'impératrice pour lui demander son consentement au meurtre de son mari, s'engageant à le poignarder en plein jour à la tête de ses troupes. Demander un tel ordre à une épouse, c'était se désarmer soi-même. Passek fut désavoué avec une horreur décente, sinon sincère, par l'impératrice ; mais ce soldat féroce, prenant sur lui seul un crime qu'on ne pouvait pas lui commander, s'associa à un de ses camarades aussi féroce que lui, nommé Bachekakof.

Ils s'embusquèrent dans les roseaux, non loin de la petite maison inhabitée que Pierre le Grand s'était construite dans les îles marécageuses pendant qu'il bâtissait Pétersbourg. Pierre III venait s'y promener fréquemment les soirs d'été, seul avec sa favorite Woronsof; les deux assassins les attendirent. Le hasard sauva la vie de l'empereur de leurs coups.

Par les conseils toujours modérateurs du comte Panin, on s'arrêta à un plan d'enlèvement nocturne de l'empereur dans sa maison de campagne d'Oranienbaum, qu'il habitait presque sans garde, avec la confiance d'un souverain dont la nombreuse armée campe dans les villages autour de sa résidence. Un groupe choisi et non suspect de nobles conjurés, sous la conduite de Panin lui-même, familier du palais, s'introduisit dans les appartements, sous prétexte de les admirer, pendant une absence de Pierre III, reconnut les escaliers, la chambre, le lit, les corridors, les portes secrètes, et s'assura ainsi de la promptitude et du silence dans l'exécution.

Les conjurés, revenus à Pétersbourg, convinrent de se porter par détachements et par diverses routes en nombre suffisant, une des prochaines nuits, à Oranienbaum; de pénétrer de gré ou de force dans le palais, mal gardé par quelques Allemands de la troupe de Holstein; de monter à l'appartement du tzar, de l'enlever s'il se laissait surprendre dans le sommeil, de le poignarder s'il tentait de résister, de convoquer le clergé et la noblesse pour ratifier le lendemain sa déposition ou sa mort, et de proclamer à sa place l'impératrice Catherine, sa veuve, restée en apparence étrangère à l'événement.

Pour mieux attester son innocence dans une entreprise d'où pouvait résulter la mort de son mari, Catherine, scrupuleusement absente de Pétersbourg pendant les derniers jours qui précédaient l'événement, se renferma plus étroitement que jamais dans la solitude et dans le silence de Péterhof; mais présente, quoique invisible, par Panin, par la princesse Daschkof et par Orlof, à tous les conciliabules de la capitale et des casernes, elle était à la fois le centre, l'âme et le but du grand mouvement préparé dans l'ombre.

Un de ces hasards qui trompent les combinaisons les mieux ourdies et qui assurent le succès des conspirations par le désespoir même des conspirateurs, faillit faire avorter le crime au moment où il était le plus fortement conçu.

XIV

Ce même Passek, qui, dans l'exaltation et dans l'impatience de sa haine, avait épié le tsar dans les jardins d'Oranienbaum pour le poignarder au bras de sa maîtresse, avait fait confidence du complot d'enlèvement à un soldat de sa compagnie des gardes. Le soldat, irrité d'une peine disciplinaire que Passek venait de lui infliger injustement, se vengea en allant dénoncer la conspiration à la police. A dix heures du soir, le 8 juillet 1762, Passek fut arrêté, et un courrier expédié dans la nuit à Oranienbaum pour informer l'empereur de la révélation du soldat.

Le moindre fil coupé rompt la trame du complot le mieux ourdi. L'empereur averti, en arrivant inopinément le lendemain dans sa capitale et en devançant les conjurés par la promptitude de sa justice, ne laissait d'option à sa femme et à ses complices qu'entre la fuite, le supplice ou le suicide.

Une précaution digne de Venise, suggérée à la princesse Daschkof par un Italien, le Piémontais Odart, son familier, prévint cette catastrophe. Par les conseils et par les soins d'Odart et de la princesse, un espion avait été attaché aux pas de chacun des chefs de la conjuration, afin que leurs démarches, constamment éclairées, ne permissent impunément à aucun d'eux le repentir, la révélation ou la trahison. L'espion qui suivait Passek accourut, un quart d'heure après l'arrestation de cet officier, au palais de la princesse Daschkof, pour l'avertir de l'imminence du danger. Excitée plus qu'atterrée par cette catastrophe, la princesse fait appeler Panin dans son palais, lui raconte ce qu'elle vient d'apprendre, et l'encourage à prévenir par une explosion immédiate l'arrivée et la vengeance de l'empereur.

« La victoire désormais, lui dit-elle, est aux plus téméraires et aux plus prompts ! Rassemblons cette nuit tous les complices, soulevons les casernes et le peuple ! La multitude appartient à celui qui lui inspire le premier courant. L'empereur n'a rien de prêt pour étouffer un mouvement qui aura eu des heures avant son retour pour grandir, et qui sera trop avancé pour reculer. Que pourra, contre une ville soulevée et contre des régiments sous les armes, cet ivrogne avec son cortége d'histrions, de femmes et de débauchés ? Combien de choses qui semblent impossibles à la délibération s'accomplissent, uniquement parce qu'on a eu l'audace de les entreprendre ! Comment dérober désormais un mystère dont tant de complices ont la confidence, et qu'une première lueur va éclairer d'un jour complet ? Notre mort est certaine et ignominieuse demain. Mort pour mort, ne vaut-il pas mieux celle qui peut tout gagner, que nous recevrons en combattant, en triomphant peut-être, et qui, dans tous les cas, sera suivie au moins de la gloire de la tentative, des regrets des patriotes, et des applaudissements de la postérité ? »

XV

L'âme d'une Romaine parlait par la bouche d'une barbare. Panin était trop amolli par la fréquentation de mœurs étrangères, trop diplomate et trop temporisateur, pour entendre un pareil langage. Il n'avait donné à la conspiration que ces gages qu'on peut retirer à propos, pour éviter le supplice ou même la disgrâce.

« L'arrestation de Passek, dit-il à la princesse, n'est qu'un tâtonnement de la police, qui cherche un complot sans pouvoir rencontrer un conspirateur. Passek arrêté et interrogé ne révélera qu'un complice, ou saura mourir avec son secret. Un mouvement précipité est une révolution avortée. Lors même que la nuit nous suffirait pour soulever les troupes et le peuple, ces régiments en si petit nombre et ce peuple désarmé pourraient-ils résister demain à l'armée entière cantonnée autour de l'empereur, et accourant avec lui pour défendre ou venger son trône d'une impuissante sédition? La guerre civile entre la garde et l'armée, qu'il faut avant tout prévenir, ne sera-t-elle pas le premier résultat de notre intempestive précipitation? Les nuits, qui ne sont dans cette saison qu'une longue prolongation du jour, nous prêteront-elles des ombres pour couvrir de quartier en quartier les courses de nos émissaires? L'impératrice absente et non prévenue, dont la présence et la parole sont nécessaires à l'émotion des soldats et du peuple, peut-elle donc recevoir à temps l'avis de notre changement de plan, et avoir franchi avant le milieu du jour prochain la distance qui sépare Péterhof de Pétersbourg? Croyez-moi, ne précipitons rien; laissons les événements, souvent plus sages que les hommes, nous conseiller demain ce que demain aura à faire, et nous rendre une sécurité trop vite perdue, ou nous offrir une occasion que les mouvements aveugles de notre ennemi nous font souvent plus favorable que nos combinaisons préméditées. »

Panin, plus homme d'État que conspirateur, après ces paroles propres à endormir toute autre âme qu'une âme héroïque, se retira, et s'endormit lui-même dans l'admiration de sa propre prudence, supérieure, selon lui, à l'inquiète agitation des autres conjurés.

XVI

Heureusement pour Catherine, la princesse Daschkof ne s'endormit pas comme Panin. A peine l'homme d'État vieilli dans les temporisations de la politique était-il rentré dans sa demeure, que cette jeune femme de dix-huit ans, avide à la fois d'amitié, d'ambition et de gloire, s'habille en homme, sort seule de son palais, et se rend sur un pont de bois de la Néwa, où les conjurés, sous prétexte de respirer l'air du soir, avaient l'habitude de se rendre un à un pour échanger quelques mots, en se rencontrant, sur les progrès de la conjuration.

Grégoire Orlof et ses deux frères s'y promenaient : elle les aborde, leur parle à l'écart, leur annonce l'arrestation de Passek, le départ du courrier de la police pour le camp de l'empereur, son entretien avec le pusillanime Panin, sa persistance dans la nécessité d'une explosion soudaine; fait passer sa résolution dans leur âme, écrit au crayon un billet à l'impératrice, et charge un des frères Orlof, nommé le Balafré, de porter, de toute la rapidité des chevaux, ce billet à Péterhof. Orlof le Balafré part avec la promptitude d'un homme qui dispute un empire à la course. Le billet ne contenait que ces mots : « Venez, madame, le temps presse ! » Orlof lui dirait le reste.

XVII

Sans perdre une heure en vaines délibérations, et sans douter de la promptitude de Catherine à accourir à leur signal, la princesse, les deux Orlof et les principaux conjurés, avertis les uns par les autres, se répandent chacun dans les casernes, éveillent les sous-officiers, se concertent avec les soldats affidés, et se tiennent prêts en silence à donner le signal et l'exemple de la révolution, au moment où on viendra leur annoncer l'arrivée de l'impératrice.

La princesse Daschkof, pendant ces rassemblements, répandait son âme et son éloquence dans la nuit. On assure que, pour décider Panin à confondre son sort à celui des conjurés, elle sacrifia pour la première fois sa beauté à l'amour jusque-là rebuté de l'homme d'État.

XVIII

Huit lieues séparent Péterhof de Pétersbourg. Orlof le Balafré les avait franchies avec la rapidité de la pensée des conjurés qui le suivait sur cette route. On avait attendu ce jour-là l'empereur à Péterhof. Sous prétexte de laisser à son mari et à sa cour la libre disposition du château, mais en réalité pour échapper plus sûrement à la surveillance d'une domesticité nombreuse, l'impératrice s'était reléguée elle-même presque seule dans un pavillon séparé du château. Ce pavillon, noyé dans l'ombre des jardins, était construit sur les bords d'un canal navigable aux petites embarcations de plaisir ; ce canal communiquait à la Néwa. Grâce à cette disposition des eaux, une barque amarrée sous les fenêtres de l'appartement de l'impératrice pouvait la recevoir au premier signal de mort ou de captivité venu d'Oranienbaum ou de Pétersbourg, et la soustraire au poignard ou au cachot de ses ennemis.

Grégoire Orlof, à qui ses entrevues nocturnes avec l'impératrice donnaient le secret des lieux, des portes, des jardins, des corridors, et même les clefs des appartements du pavillon impérial, avait tout éclairé d'avance pour les pas de son frère. Le Balafré, s'approchant dans l'ombre des murs du pavillon, et réveillant à demi-voix la confidente Ivanowna, s'était introduit jusque dans la chambre où dormait l'impératrice. Là, oubliant ou feignant d'oublier le billet de la princesse Daschkof, dont il était porteur, afin de revendiquer pour lui et pour son frère toute la gloire et toute la reconnaissance du service, il réveilla en sursaut Catherine : « Levez-vous, madame, et accourez, lui dit-il ; il n'y a pas une minute à perdre ! »

Sans attendre la réponse et sans écouter une seule question, Orlof redescend, sort à pied des jardins, court à une ferme voisine où, par les soins de son frère, une voiture et des chevaux, toujours cachés et apostés, attendaient l'instant d'un départ imprévu, attelle les chevaux, fait conduire la voiture à une porte extérieure du palais, et, traversant de nouveau au galop de son cheval les jardins, revient annoncer à l'impératrice que tout est prêt pour la fuite.

Catherine, à peine vêtue, soutenue par le bras de sa femme de chambre, la fidèle et courageuse Ivanowna, court sur les pas d'Orlof à la porte indiquée, y trouve la voiture, y monte avec Orlof, et part au galop de huit chevaux tartares, aussi rapides que ses désirs. Mais, à quelque distance de Péterhof, les chevaux, essoufflés par cette course inusitée, s'abattent sur la route, et ne peuvent se relever pour conduire une voiture trop inégale à leurs forces.

Orlof, désespéré d'un retard qui peut coûter l'empire et la vie aux conjurés, laisse l'impératrice sur la route, s'enfonce dans les terres, découvre une maison de paysans, en ramène un chariot de campagne appelé *kibitka*, attelé de trois chevaux de labour, y fait monter sa souveraine, et, prenant lui-même les rênes, court à toute bride vers Pétersbourg, tremblant d'être prévenu par le jour.

On avait franchi la moitié du chemin, et les chevaux commençaient à perdre haleine, quand on aperçut à travers un flot de poussière une voiture venant de Pétersbourg, et courant au galop dans la direction de Péterhof. L'impératrice, Ivanowna, Orlof, tremblèrent un instant que ce ne fût la voiture de l'empereur attendu, venant d'Oranienbaum surprendre sa femme, et se venger du complot découvert sur celle qui en était l'auteur et le but. Mais soudain la voiture, s'arrêtant et se retournant vers la ville, laissa voir Grégoire Orlof lui-même, qui venait presser l'arrivée de l'impératrice.

« Tout est prêt! » s'écria Orlof à sa souveraine sans descendre de voiture et sans perdre une minute en vain entretien. A ce mot, reprenant sa course vers la ville, suivi par le chariot de l'impératrice, les deux voitures traversent au lever du jour, au galop des chevaux, toute la capitale étonnée de la rusticité de ces équipages, et ne s'arrêtent que sur l'esplanade, où les casernes agglomérées des régiments des gardes forment une sorte de camp à l'orient de Pétersbourg.

XIX

Catherine, encore couverte de la poussière du chemin, et appuyée sur le bras de sa femme de chambre Ivanowna, descend du chariot, traverse à pied le vaste espace destiné aux exercices qui sépare la route des casernes, et s'avance pâle et tremblante vers les portes de la cour du régiment d'Ismaïlof.

Elle s'attendait à trouver ce régiment sous les armes, et à être accueillie par la multitude et par les acclamations qui décident du sort des journées. Le vide et le silence l'étonnent et la glacent. A peine un groupe d'une trentaine de soldats en chemise, achevant de s'habiller, semblent-ils s'apercevoir de cette femme qui hésite à franchir le seuil de leur cour. A la voix et au geste d'Orlof, ces soldats étonnés se groupent peu à peu autour de l'impératrice; elle reprend courage, et, se découvrant à eux, elle leur dit, d'une voix tremblante, « qu'elle vient se jeter dans leurs bras; que l'empereur avait donné l'ordre de la tuer, elle et son fils, leur tsarewitz; que les assassins, déjà partis d'Oranienbaum, la cherchaient en ce moment pour accomplir le forfait commandé; qu'elle venait implorer d'eux non l'empire, mais sa vie et celle de son enfant. »

Pendant ce colloque entre cette femme inconnue et ces soldats groupés autour d'elle, les autres soldats sortent comme un essaim des casernes; les officiers accourent. L'impératrice reprend son assurance; elle les harangue, non plus en suppliante, mais en souveraine; elle ordonne d'aller appeler l'aumônier du régiment, et d'apporter un crucifix. Le prêtre, entraîné par les soldats, se présente tremblant et hésitant, le crucifix à la main, sans savoir pour quel usage on prostitue, au milieu de ce tumulte, l'image de son Dieu.

L'impératrice fait prêter sur le crucifix, à tous les soldats, le serment de la défendre et de mourir pour elle. Cette scène remplit d'enthousiasme, de larmes et de cris les cours des casernes, et l'espace vide entre les casernes et la route. Ces clameurs, répercutées de caserne en caserne, se répandent jusqu'aux extrémités de la ville; la princesse Daschkof, avertie de la présence de son amie, accourt à cheval, en uniforme de dragon, l'épée à la main, l'éloquence sur les lèvres ; les affidés de la noblesse, de l'armée, du clergé, rassurés par l'accueil des soldats à l'impératrice, se mêlent sans crainte à un mouvement déjà prononcé; l'hetman des Cosaques, Kyrille Razomouski, démasque sa fausse fidélité à l'empereur, et vient donner son régiment à l'impératrice; les Wolkonski, les Schouvalof, les Bruce, les Strogonof, chefs de la noblesse disgraciée, se confondent avec les généraux, les soldats, le peuple.

Toujours enclins au parti aristocratique de Panin, ils parlent aux groupes de régence, de sénat, de liberté, de limites au despotisme, d'institutions conquises avec l'impératrice sur le caprice des mauvais princes. Leurs paroles, trop écoutées par le peuple, menaçaient encore une fois de changer une révolution de palais et de casernes en une révolution de liberté publique.

Grégoire Orlof, attentif à tout ce qui peut dénaturer le mouvement et atténuer sa future puissance, s'avance vers eux, leur dit que les soldats font des révolutions pour des noms propres, et non pour des idées mixtes; que limiter en un pareil jour leur enthousiasme, c'est limiter et peut-être perdre le mouvement lui-même ; et qu'il poignardera de sa propre main le premier noble qui prononcera encore le mot de régence.

XX

Déjà les trois régiments, sortis, à la voix de leurs officiers, de leurs chambres, étaient sous les armes sur l'espace compris entre les casernes. L'impératrice, entourée d'un bataillon carré qui s'était formé de lui-même pour protéger sa vie contre les prétendus assassins du tsar, passait et repassait tour à tour devant le front des troupes. Le courant, irrésistible désormais, entraînait tout.

Deux officiers du régiment de Preobrajenskoï, fidèles à leur serment à l'empereur, résistèrent seuls, avec l'héroïsme sans espoir de leur conscience, à l'entraînement de leurs soldats, et furent arrêtés par eux comme traîtres.

Passek, enfermé depuis la veille dans la prison de ce régiment, craignant un piége dans le bruit des acclamations du dehors qui retentissaient jusque dans son cachot, refusait d'en sortir.

Pendant que les soldats de ces trois corps baisaient la main de l'impératrice, Orlof, se croyant sûr du régiment de l'artillerie, courait à ses casernes, et leur ordonnait de prendre les armes. Mais les artilleurs refusèrent d'obéir à un autre ordre qu'à celui de leur général.

Ce général était un Français, fils de ce Villebois, favori de Pierre le Grand, dont les mémoires secrets, récemment découverts, répandent tant de clarté sur le caractère de son maître. Le fils de Villebois, homme aussi remarquable par sa figure que par son intelligence et son caractère, avait été assez distingué depuis quelques années par les regards de l'impératrice pour se croire une place à part dans son cœur et un avenir brillant dans sa faveur future. Grand maître de l'artillerie et du génie, c'était par lui que l'impératrice avait fait nommer son favori caché, Orlof, trésorier de l'artillerie. Orlof, jaloux de l'attention de sa maîtresse pour Villebois, n'avait pas voulu l'initier au complot, dans la crainte de lui donner ainsi un nouveau titre aux bontés de sa souveraine.

Catherine, apprenant l'absence de Villebois et l'hésitation des artilleurs, envoya un officier chercher le grand maître de l'artillerie. Villebois, confondu d'un événement qu'il n'apprenait que par l'événement lui-même, accourut le dernier, et la rougeur sur le front, à l'ordre de Catherine. L'amour qu'il nourrissait dans son cœur pour elle rendait son retard plus coupable et son attitude plus embarrassée.

« Vous auriez dû prévoir, madame... lui dit-il en commençant une excuse qu'elle ne lui laissa pas achever.

» — Je ne vous ai pas envoyé chercher, lui répondit-elle en se pressant de l'interrompre, pour apprendre de vous ce que j'aurais dû prévoir, mais pour vous demander ce que vous prétendez faire.

» — Vous obéir et vous servir, madame, » répondit Villebois en tombant aux genoux de Catherine.

L'amour avait vaincu, d'un regard, en lui la fidélité. Il partit pour aller faire prendre les armes à l'artillerie et au génie, et pour remettre les arsenaux à l'impératrice. Par cette dernière défection, toutes les troupes de Pétersbourg étaient à la tsarine.

Environnée de ces dix mille soldats d'élite, et suivie des flots d'une population fanatique, elle remonta dans ce chariot de paysan dont elle avait fait un char de triomphe, et se rendit à la cathédrale, où le clergé la bénit et la proclama au bruit des cloches et des salves du canon. Elle en ressortit pour se rendre au palais.

Déjà les troupes campaient autour du palais, et des pièces de canon, placées à l'embouchure de toutes les rues qui y aboutissent, en défendaient l'accès aux troupes de l'empereur. On croyait entendre, au moindre bruit élevé dans la ville, les pas de l'armée qu'il ramenait d'Oranienbaum pour reconquérir sa capitale et son trône. On s'était hâté de placer des postes à toutes les issues sur la campagne et sur la Néwa, pour empêcher que ce prince ne reçût trop tôt la nouvelle d'une révolution destinée à le surprendre autant qu'à le vaincre.

L'impératrice, qui n'avait le matin qu'un seul homme et une seule femme avec elle, avait au milieu du jour une armée, une capitale et un peuple.

XXI

L'impopularité de l'empereur à Pétersbourg était telle que, de toute cette armée et de tout ce peuple, aucun Russe n'avait songé à courir à Oranienbaum pour l'avertir de l'écroulement de sa monarchie. Un seul homme, d'une condition servile, nommé Bressan, Français de nation, barbier de Pierre III, et que cette domesticité intime avait attaché de cœur à son maître, avait prévenu la défense de sortir des portes. Par les soins de Bressan, un simple valet d'écurie, monté sur un chariot de poste, traîné par un cheval rapide et porteur d'un billet du barbier, courait, sans être soupçonné ni poursuivi, vers Oranienbaum. Il avait ordre de Bressan de ne remettre son message cacheté qu'à l'empereur lui-même.

Ainsi c'était un serviteur étranger et un paysan en haillons qui donnaient seuls au maître de tout un empire un dernier signe de fidélité. Grâce aux détachements postés sur toutes les routes, Orlof et l'impératrice se croyaient sûrs de dérober au moins un jour et une nuit aux mesures de l'empereur pour lutter contre la révolution.

XXII

Pendant que le courrier de Bressan courait sur la route d'Oranienbaum, l'impératrice avait envoyé les soldats de la garde chercher le tsarewitz enfant, qui, sous la garde de Panin, son gouverneur, habitait un autre palais de la capitale. Panin, resté jusque-là dans l'ombre d'une révolution qu'il avait conçue sans l'accomplir et qui le dépassait de son premier élan, prit dans ses bras l'enfant en chemise de nuit, et l'apporta mal éveillé encore à sa mère.

Catherine, l'enfant dans ses mains, se présenta au balcon du palais aux regards attendris des soldats et du peuple, et l'offrit longtemps aux transports et aux bénédictions de la foule. Hélas! c'était ce même Paul Ier qui, salué empereur par une révolution en plein jour, devait expirer dans ce même palais sous la main d'une révolution nocturne, porté au trône par le crime d'une mère, précipité au tombeau par le crime d'une aristocratie! Mais nul n'entrevoyait un pareil sort à travers le délire de popularité armée qui entourait la belle impératrice, et qui excusait par ses dangers son forfait.

XXIII

Comme pour délier la multitude des scrupules de son serment à l'empereur, ou comme pour prophétiser à ce prince sa destinée prochaine, l'impératrice et la princesse Daschkof, habiles l'une et l'autre en expédients et en artifices, faisaient au même moment fendre les rangs de la foule et des soldats par un magnifique cortége funèbre, suivi d'un nombreux clergé, dont nul ne connaissait le cadavre. Des rumeurs utiles à propager, et sans danger à dissimuler plus tard, répandaient dans la foule que c'était le corps de l'empereur Pierre III, mort ou tué dans la nuit précédente, à qui on rendait silencieusement les honneurs suprêmes.

Cette conviction de la vacance du trône, que personne n'osait sonder ou révoquer en doute, enlevait toute hésitation au peuple dans la proclamation de la veuve et du fils du souverain porté au tombeau.

« Nous avions tout prévu! » disait plus tard la princesse Daschkof, confidente de l'impératrice, quand on l'interrogeait sur cette mystérieuse apparition d'une sépulture sans mort. Cette fausse nouvelle, écrite le jour même par les conjurés et par les hommes crédules dans tout l'empire, aida beaucoup à l'unanimité de la révolution. Pourquoi les généraux, les soldats, les paysans, les esclaves, se seraient-ils obtinés à garder fidélité à un empereur enseveli? La crédulité populaire donnait du temps à la perfidie.

XXIV

Un manifeste, rédigé, sous l'inspiration de l'impératrice, par le Piémontais Odart, était semé en même temps sur les têtes de la multitude, annonçant que l'impératrice Catherine, cédant aux vœux de ses peuples, montait sur le trône de sa chère patrie. Ce manifeste, habilement combiné pour flatter les préjugés russes, accusait, au nom d'une princesse étrangère, allemande, incrédule et licencieuse, l'empereur son mari de son origine allemande, de sa partialité pour le roi de Prusse, de son impiété envers la religion nationale et de son insoumission aux prêtres. « Enfin, s'écriait Odart en écoutant les acclamations qui s'élevaient de la foule à la lecture du manifeste impérial, je ne crains plus le supplice : ce peuple m'absout! »

La cour entière de Pierre III avait déjà passé dans les appartements de l'impératrice. Dans un conseil de guerre et d'État, tenu debout par ses principaux complices autour d'elle, on se décida à abandonner à son propre enthousiasme la capitale, désormais compromise dans la révolution, et à marcher, sans laisser respirer l'événement, avec toute l'armée contre l'empereur. Il était midi. Les chefs du clergé russe, vieillards d'un aspect vénérable, rehaussés par leur costume sacerdotal, leurs chevelures et leurs barbes blanches, traversèrent l'armée avant son départ, portant la couronne, le globe impérial, les rituels; et, montant au palais au bruit des chants sacrés, couronnèrent l'impératrice.

A peine Catherine eut-elle dépouillé les ornements impériaux dont elle avait été revêtue pour la cérémonie, qu'elle emprunta l'uniforme de la garde d'un jeune officier de même taille qu'elle; et, montant à cheval à la porte du palais, elle passa en revue l'armée, enthousiasmée de ses charmes relevés par l'uniforme, l'épée, le cheval manié avec la grâce virile d'une amazone. Les soldats jurèrent de vaincre ou de mourir pour elle. La princesse Daschkof, en habit de dragon et en casque d'or dont la crinière flottait sur son cou, galopait à côté de son amie, enlevant les yeux par sa beauté, les cœurs par son éloquence. Pendant que les troupes défilaient vers la porte qui mène au golfe de Finlande, Catherine, remontée dans son palais, dîna rapidement près d'une fenêtre ouverte, où les régiments la saluaient en défilant.

Après ce dîner public, elle remonta à cheval, reprit la tête de l'armée, et, rencontrant à quelque distance de la ville un corps de trois mille Cosaques qui allaient rejoindre l'armée de l'empereur, elle les enleva d'étonnement et d'admiration par ses paroles et par l'ascendant de Kyrille Razomouski, leur hetman, en grossit son armée, et les amena à sa suite. La marche de cette armée sans ennemis, ivre de séductions et d'espérances, accueillie de village en village sous des arcs de feuillages et de fleurs, précédée par deux jeunes femmes en habit de guerre, ressemblait moins à une sédition militaire qu'à une saturnale de courtisanes et de soldats. Mais le nom d'impératrice, et le respect des Russes pour la mère de leur tsarewitz, imprimaient même à une révolution triomphante l'empreinte d'une soumission passionnée et d'un dévouement religieux à la maternité de l'empire.

La nuit arrêta l'armée de l'impératrice non loin de Péterhof, sur la route d'Oranienbaum. Ces deux palais de campagne sont bâtis à quelque distance l'un de l'autre sur les pentes qui bordent la Néwa, avant que ce fleuve se confonde avec le golfe de Finlande. Oranienbaum, bâti, comme on l'a vu, par Menchikof et fortifié puérilement par Pierre III, qui se complaisait aux images de guerre, s'élève au sommet des dernières collines qui forment le bassin de la Néwa, à l'endroit où le fleuve, cessant de serpenter entre des rives boisées et marécageuses et des îles, se répand tout à coup dans un horizon d'eau presque sans bornes, semblable à une mer. Des terrasses d'Oranienbaum, le regard plonge à la fois sur les sinuosités de la Néwa, sur les sombres forêts de la rive droite du fleuve, sur le golfe arrondi de Finlande, et sur la ville et les fortifications de Cronstadt en face, port, citadelle et arsenal de Pétersbourg. Un faible rempart de quelques pieds d'élévation, surmonté de canons et gardé par une garnison de trois mille soldats du Holstein, compatriotes de l'empereur, donnait à la maison de plaisance de Pierre III l'apparence, les consignes et la gravité d'une forteresse. C'est de là qu'il croyait dominer Pétersbourg, menacer la Suède, intimider le Danemark, et simuler le héros de Potsdam.

XXV

Le matin du jour où avait éclaté la conjuration, l'empereur, prêt à partir pour Péterhof, où il était attendu pour célébrer sa fête, avait reçu de Pétersbourg, par le courrier du ministre de la police, le vague indice d'un complot et la nouvelle de l'arrestation de Passek. Ces indices étaient trop légers et le caractère de Passek trop décrédité pour inspirer à l'empereur une sérieuse attention à la dépêche.

« C'est un fou ! » dit-il avec dédain en parlant de ce conjuré à ses ministres ; et, sans donner à ces révélations plus d'importance qu'on n'en doit aux propos d'une tête folle, il était monté en voiture ouverte avec sa maîtresse, quelques jeunes femmes de sa cour, et l'ambassadeur de Prusse. Des aides de camp et des courtisans le suivaient à cheval sur la route de Péterhof ; l'entretien était serein et gai comme le jour. Aucun pressentiment de danger, aucun nuage d'esprit ne pesait sur les imaginations du maître et des courtisans. L'aide de camp général de l'empereur, Goudowitz, précédant d'un quart d'heure le cortége, galopait vers les jardins de Péterhof pour annoncer à l'impératrice l'arrivée de son mari.

Péterhof cependant était déjà plein de doute, d'inquiétude vague et de chuchotements sur les événements encore inexpliqués de la nuit précédente. On avait trouvé le matin la chambre de l'impératrice, dans le pavillon, vide. Une sentinelle interrogée disait avoir entendu le galop d'un cheval dans les allées du parc ; une autre avait vu deux femmes sortir de la porte du parc longtemps avant l'aube. Était-ce un enlèvement de l'impératrice par son mari, pour l'enfermer, comme on la menaçait, dans la prison mystérieuse d'Ivan, sur le lac Ladoga ? Était-ce une évasion de Catherine, et le premier pas d'une conjuration qui aurait éclaté en son nom dans la capitale ? Des marchands et un villageois de Péterhof, partis le matin de Pétersbourg, ne rapportaient rien qui pût confirmer ces dernières suppositions. Tout était tranquille, disaient-ils, à leur départ, dans la ville, et les régiments se rassemblaient seulement aux champs des casernes pour célébrer militairement la fête du jour.

Un chambellan de l'impératrice, impatient cependant d'informer le tsar de l'absence de sa femme, dont il allait être étonné, s'acheminait lentement au-devant des voitures sur la route d'Oranienbaum, pour apprendre ou pour recevoir des nouvelles. Ce chambellan arrêta l'aide de camp Goudowitz, et lui raconta précipitamment la disparition nocturne de l'impératrice. Goudowitz, jugeant avec raison qu'une pareille disparition était l'indice ou le commencement d'une grande crise, tourna la tête de son cheval vers Oranienbaum, et courut à toute bride à la rencontre de l'empereur. Il fit signe aux postillons d'arrêter, malgré l'empereur qui leur criait de poursuivre, descenditde cheval, et, s'approchant de l'oreille de Pierre, il dit à voix basse quelques mots qu'aucun autre n'entendit.

On vit pâlir à ces mots le visage consterné de l'empereur, comme s'il avait vu sur sa tête une épée nue. « Laissez-moi descendre, » dit-il à ceux qui l'accompagnaient. Il descendit, s'entretint un peu de temps à l'écart sur la route avec Goudowitz ; puis, se rapprochant de la voiture, il ordonna à toutes les dames d'en sortir, leur dit de venir le rejoindre à pied au château de Péterhof par les allées du parc qui allongeaient la distance ; et, remontant seul avec Goudowitz dans la voiture, il courut comme le vent vers le pavillon de l'impératrice. Là, comme si les murs avaient dû lui rendre celle qu'il s'obstinait à y chercher encore, il regarda sous le lit, ouvrit les armoires, sonda du pommeau de son épée les plafonds, les planchers, les lambris, et, redescendant consterné au-devant de sa maîtresse qui accourait aussi troublée que lui vers le pavillon : « Je vous le disais bien, criait-il aux femmes de sa suite, qu'elle était capable de tout. »

A ce moment, un jeune domestique français qui revenait de Pétersbourg à Péterhof, et qui s'étonnait de l'étonnement général, vint avec une naïveté terrible dire à l'empereur « qu'on avait tort de s'inquiéter à Péterhof du sort de l'impératrice, et qu'il venait de la voir de ses propres yeux à Pétersbourg à la tête des troupes, pour célébrer avec pompe la fête de l'empereur. »

XXVI

Pendant que Pierre n'interprétait que trop bien la naïveté du jeune domestique étranger, le valet d'écurie envoyé par le barbier Bressan, et qui, n'ayant plus trouvé l'empereur à Oranienbaum, l'avait suivi à Péterhof, parut, se jeta aux pieds de son souverain, et tirant de son sein le billet du barbier, le présenta tout tremblant à l'empereur.

L'empereur lut à haute voix le message aux femmes et aux hommes de sa suite : « Les régiments des gardes sont soulevés, l'impératrice est à leur tête ; neuf heures sonnent ; elle est à l'église de Casan. Tout le peuple paraît suivre ce mouvement, et les fidèles sujets de Votre Majesté n'osent se montrer. »

« Eh bien, messieurs, s'écria le tsar déjà trop convaincu de l'audacieuse témérité de sa femme, vous voyez si j'avais raison de la soupçonner et de la surveiller ! »

A ces mots, le grand chancelier Woronsof, présumant trop de son ascendant sur la capitale, ou pressé peut-être de déserter, sous un prétexte de fidélité, une fortune qui chancelait, proposa de partir pour Pétersbourg. Il ramènerait, disait-il, l'impératrice à la soumission, les troupes à leur devoir, la ville à l'obéissance. Il partit, échoua du premier mot devant l'impératrice trop engagée pour reculer, lui prêta serment, et se fit garder à vue par les troupes dans sa maison, afin de pouvoir alléguer la contrainte, si l'empereur, triomphant à son tour, lui demandait compte de son inaction. Plusieurs des courtisans de Pierre III suivirent, sous d'autres prétextes, l'exemple du grand chancelier.

Sa cour diminuait comme sa fortune. Lui-même commençait à éprouver ce chancellement d'esprit des hommes qui tombent ; il cherchait à tromper par l'agitation de son corps l'irrésolution forcée de son âme. Sa tête faible ne conservait ni lucidité ni sang-froid. Il nommait un généralissime de ses troupes, et il le révoquait ; il envoyait ordre à l'armée de marcher sur Pétersbourg, et le contre-ordre suivait à l'instant l'ordre ; il courait à grands pas d'une chambre à l'autre, du palais au jardin, du jardin au palais ; il chargeait l'un d'aller tuer l'impératrice, l'autre d'aller lui faire des représentations et des offres d'accommodement. Une soif inextinguible, symptôme de la fièvre qui consumait son âme, lui faisait demander à boire à chaque instant ; il dictait des manifestes injurieux contre sa femme, et, n'ayant ni secrétaire ni presse pour les multiplier, il employait les jeunes femmes de sa suite à les copier à la hâte sous ses yeux, pour les répandre dans l'armée. Il quittait, par les conseils de ses familiers, l'uniforme prussien, qui le dépopularisait dans l'esprit de son peuple, et reprenait l'uniforme russe.

Un seul homme, dans toute cette cour dispersée à travers les appartements et les jardins, conservait le calme et l'autorité que donne l'expérience des grandes crises humaines : cet homme était un vieillard de quatre-vingt-deux ans, le maréchal Munich. A la nouvelle des événements de Pétersbourg, Munich, reconnaissant de son rappel de Sibérie par l'empereur, était accouru d'Oranienbaum à Péterhof pour conseiller, pour consoler ou pour agir. Il remerciait le ciel d'avoir assez de jeunesse de cœur sous ses cheveux blancs pour soutenir un trône ébranlé, ou pour mourir les armes à la main aux pieds de son bienfaiteur. Sa présence relevait l'espoir des courtisans alarmés. Munich, dans l'esprit des Russes, valait une armée.

« Cherchez tout de suite, dit-il à l'empereur en général consommé, le salut de l'empire et le vôtre au cœur de l'armée qui vous reste encore. Ni Péterhof ni Oranienbaum ne peuvent résister, avec les bataillons épars et découverts que vous appelez, aux vingt mille hommes de l'impératrice qui s'avancent, et qui vous cerneront dans quelques heures. Une résistance inégale ne servira qu'à faire massacrer vos amis et vous-même par des soldats dont l'impunité est dans votre sang. Le salut et la victoire ne sont pour vous qu'à Cronstadt : hâtez-vous d'y rentrer sous la protection des remparts, de l'armée et de la flotte encore intactes de la sédition; emmenez-y en otage les courtisans, parents ou femmes des traîtres qui ont levé contre vous le drapeau de la révolte, et qui trembleront en voyant leurs familles entre vos mains. C'est de Cronstadt seulement que vous pourrez ou négocier, ou combattre, ou reconquérir par la terreur de votre armée, grossie par les provinces, la capitale, repentante de son égarement irréfléchi. »

Tout le monde applaudit à ce conseil qui éloignait le danger prochain, et qui laissait du temps aux événements. Un aide de camp, envoyé immédiatement à Cronstadt, rapporta que la flotte et l'armée, indignées contre l'attentat des gardes, attendaient l'empereur, et se glorifiaient d'avance d'avoir à combattre pour sa cause.

Mais déjà l'arrivée à Péterhof des trois mille Allemands de sa garde du Holstein rassurait l'empereur. Cette troupe lui rendait la fatale prétention d'essayer son génie de grand général émule du roi de Prusse, contre l'armée de Pétersbourg qui campait si près de lui. Sourd aux conseils du vieux Munich, il disposait ses trois mille Allemands sur quelques mamelons dominant la route de Pétersbourg, combinait un plan de bataille et de retraite dans les règles de l'art, et disait qu'il était honteux de fuir sans avoir combattu devant l'armée d'une femme. Rassuré par la contenance de ses Allemands, il raillait maintenant avec ironie les courtisans et les femmes de sa cour qui se pressaient de s'embarquer sur deux légers navires, pour s'éloigner de Péterhof et pour naviguer vers Cronstadt.

L'aurore dissipa cette velléité d'héroïsme. A peine les hussards de ses avant-postes entrevirent-ils l'armée de l'impératrice s'avançant en ordre de bataille vers Péterhof, qu'il donna l'ordre à ses Allemands de se replier sur Oranienbaum, et que, s'évadant lui-même du palais avec sa maîtresse, ses serviteurs, les femmes de sa cour, il monta dans un des navires et vogua, à force de rames et de voiles, vers Cronstadt.

XXVII

Mais en perdant un jour et une nuit, il avait perdu à la fois son refuge, la flotte et l'armée, que sa présence aurait électrisées la veille. L'impératrice l'avait devancé à Cronstadt comme à Pétersbourg. Les révolutions ne triomphent qu'en dérobant le temps aux gouvernements. L'amiral Talitzin, entraîné par Orlof dans le parti de l'impératrice, s'était embarqué pendant la nuit dans une chaloupe, et s'était présenté au lever du jour devant le port. Un ordre du commandant de Cronstadt interdisait de laisser descendre à terre qui que ce fût venant de Pétersbourg. Mais, au nom de Talitzin, les postes présument qu'un amiral n'est pas compris dans la consigne. Ils envoient prévenir le commandant de Cronstadt; il vient lui-même sur les marches du quai conférer avec Talitzin, debout sur le pont de sa chaloupe. Il lui demande des nouvelles de Pétersbourg. L'adroit Talitzin répond qu'il les ignore ; qu'une vague rumeur de révolution de la capitale est venue à ses oreilles dans sa maison de campagne éloignée, où il passait l'été ; et qu'à ce bruit il a cru devoir accourir à son poste sur la flotte, pour faire son devoir au service de l'empereur.

Le commandant, trompé par ce spécieux prétexte, ordonne aux postes de laisser prendre terre à l'amiral. Mais à peine Talitzin a-t-il touché le rivage, qu'il harangue les soldats et les matelots attroupés par la curiosité autour de lui, leur apprend le mouvement de la capitale, la sédition universelle, la fuite de l'empereur, la révolution nationale accomplie contre un souverain qui humilie la Russie sous l'insolence d'une poignée d'Allemands, et leur ordonne au nom de l'impératrice, désormais leur seule souveraine, d'arrêter le commandant de Cronstadt, et de prêter serment à Catherine.

Les hourras lui répondent ; la révolution, comme la flamme, gagne de vaisseau en vaisseau, de la flotte à la ville, et de la ville à l'armée. Le commandant est consigné dans sa maison par ses propres gardes ; les cloches sonnent, le canon retentit ; le serment est prêté par les troupes et par le peuple. La nuit couvre la ville et la flotte ; et Talitzin, plaçant deux cents pièces de canon, la mèche allumée, sur les quais, surveille lui-même la mer et le fleuve, pour prévenir tout débarquement nocturne et toute tentative des partisans de l'empereur.

XXVIII

Cependant l'empereur, que le vent soufflant vers la mer avait empêché d'entendre les cloches, les hourras et les salves de la révolution, abordait en pleine nuit au quai de Cronstadt. Déjà les matelots de son yacht se préparaient à jeter le pont mobile du navire au bord, pour le faire descendre au rivage.

« Qui vive ? crie une sentinelle aux matelots.

» — L'empereur, répond l'équipage.

» — Il n'y a plus d'empereur ! » réplique la sentinelle.

Les soldats se pressent tumultueux sur le quai autour de leur camarade en faction, et présentent la baïonnette aux matelots, en répétant qu'il n'y a plus d'empereur !

Pierre, à cet arrêt qui frappe ses oreilles comme une déchéance, monte de la chambre du navire sur le pont, ouvre son manteau, montre son uniforme et ses décorations et s'écrie : « C'est moi ! reconnaissez votre empereur ! » Il se prépare à s'élancer sur le quai ; les baïonnettes lui opposent une muraille de fer.

« Faites feu sur lui, s'il persiste à ne pas s'éloigner ! » crie Talitzin à la troupe.

L'empereur, anéanti de surprise et de consternation, tombe en arrière entre les bras de Munich et de ses aides de camp. Talitzin répète à haute voix, entendue dans la nuit, l'ordre aux canonniers de couler les deux navires, s'ils ne reprennent pas à l'instant le large.

« Au large les yachts ! au large les yachts ! » crie avec rage la foule grossissante. Les canonniers pointent leurs pièces ; le capitaine des yachts leur crie, à l'aide de son porte-voix, qu'il va s'éloigner, et qu'on lui laisse seulement le temps de s'évader. Il coupe les câbles de ses ancres pour fuir plus vite, et s'éloigne poursuivi de vague en vague dans la nuit par les cris forcenés de : « Mort à l'empereur ! vive l'impératrice ! »

« C'en est fait, dit l'empereur en reprenant ses sens, la défection est générale. J'ai vu ce complot dès la première heure de mon règne. »

Et, redescendant dans la chambre du yacht, on l'entendit sangloter longtemps entre les consolations de sa maîtresse et les conseils désespérés du père de la comtesse Woronsof.

XXIX

Les deux yachts, sans ordre de route, après avoir vogué assez loin pour être hors de portée de canon, flottaient sans rames et sans voiles sur une eau calme, aux lueurs de la lune d'été. Le vieux maréchal Munich et les jeunes femmes de la suite de l'empereur s'entretinrent à voix basse, sur le pont, des vicissitudes d'un seul jour, au bruit lointain des tumultes de la ville et au bruit rapproché des sanglots de l'empereur, sans autre asile dans son vaste empire que le milieu d'un fleuve dont tous les bords repoussaient déjà sa fortune. L'impératrice sa femme, rentrée triomphante dans le palais dont elle s'était évadée comme une criminelle la veille, couchait cette même nuit, au milieu de l'armée, à Péterhof.

Pierre, après avoir pleuré son empire dans le sein de la fidèle Woronsof, fit appeler Munich sur le pont, pour s'entretenir avec lui de ce qui restait de salut à sa fortune. Les femmes éplorées et les serviteurs, devenus égaux au maître par l'adversité commune, entrèrent sur les pas de Munich sans être conviés, pour entendre les derniers conseils du vieux guerrier.

« Maréchal, dit Pierre à son général, j'aurais dû suivre hier vos avis ; mais enfin, vous qui avez vu tant d'extrémités, qu'ai-je encore à faire pour surmonter mon sort?

» — Rien n'est entièrement perdu, répondit Munich qui avait eu le temps de rassembler ses idées pendant sa longue méditation sur le pont : il faut voguer à force de rames vers le port de Revel, y prendre un vaisseau de guerre, faire voile vers la Prusse, où quatre-vingt mille hommes de votre armée se glorifieront de donner l'asile de leur fidélité à leur empereur, et revenir avec cette armée à la conquête de l'empire. Je m'engage avec une telle armée, animée par une telle cause, à vous rendre en six semaines votre trône et vos États ! »

L'empereur paraissait acquiescer à cette résolution, la seule ouverte, si elle n'était pas infaillible, quand l'effroi d'une longue navigation sur deux barques de plaisir dépourvues de vivres, le vent contraire, la fatigue des rameurs épuisés par un jour et une nuit d'efforts, firent jeter un cri presque unanime de contradiction aux femmes et aux courtisans témoins de l'entretien.

« Eh bien, nous ramerons nous-mêmes, s'il le faut, » dit le vieillard.

Mais des conseils moins désespérés et moins résolus lui fermèrent de toutes parts la bouche : les uns disaient que le plus sûr moyen de perdre l'empire, c'était de le fuir; les autres, que la révolution de la capitale n'était qu'une émeute irréfléchie qui céderait à la première résistance des soldats allemands, toujours fidèles; ceux-là, que l'impératrice ne pousserait pas le crime jusqu'au bout, et qu'elle n'avait voulu montrer sa force que pour obtenir une part d'influence dans l'empire; ceux-ci, qu'il fallait négocier avec elle le lendemain, et désarmer ses partisans par des conditions équitables accordées à son ambition; tous, qu'il fallait retourner à Oranienbaum avant qu'elle y devançât l'empereur.

XXX

Pierre, comme un homme qui a épuisé ses forces dans les larmes et à qui il ne reste plus que les espérances désespérées, se complut à croire ce qu'il désirait, et à se fier à un accommodement forcé avec sa femme. La nécessité, comme il arrive dans les âmes vaincues, lui fit même trouver de la convenance, de la dignité et de la douceur dans cette honte. Le vent et les rames ramenèrent rapidement les deux yachts à la hauteur de son château d'Oranienbaum.

Ses serviteurs éplorés, qui suivaient de loin le sillage de ses navires, l'attendaient sur la grève.

« Mes enfants, leur dit-il en descendant du pont, nous ne sommes plus rien ! »

On lui apprit que l'impératrice n'était plus qu'à quelques heures du château. Il conçut alors la pensée de s'enfuir seul et déguisé vers la Pologne, et il ordonna de seller et de brider le cheval le plus rapide de ses écuries. Sa maîtresse ainsi abandonnée lui persuada qu'il y aurait plus de sûreté pour eux à se livrer à la magnanimité de l'impératrice, et à obtenir d'elle la permission de se retirer ensemble dans son duché personnel du Holstein, pour y vivre inoffensifs au trône à jamais abdiqué.

« Ne le faites pas, notre père ! lui disaient les domestiques, avertis par l'instinct de leur fidélité; ne le faites pas, elle vous fera mourir!

» — Pourquoi, leur disait avec l'accent d'un tendre reproche la favorite plus dévouée que prévoyante, pourquoi vous complaisez-vous à effrayer notre maître? »

Pierre, arrêté à ce dernier parti, puisqu'il ne restait plus ni temps ni moyen pour un autre, ordonna de cesser tout préparatif de défense, de démonter les canons de leurs affûts, de licencier les soldats, et de mettre les armes en monceaux à terre.

« Hé quoi! s'écria à cet aspect Munich, révolté de tant de résignation, ne saurez-vous pas demain mourir en empereur? Si vous avez peur des armes, prenez un crucifix en main pour vous protéger contre les sabres des soldats; ils n'oseront les lever sur le symbole de leur religion : et moi je me charge de combattre et de tomber pour vous. »

Mais Pierre ne répondit à ce reproche héroïque qu'en demandant une plume, et en écrivant une lettre soumise et lâche à sa femme. Il lui abandonnait l'empire, et il ne lui demandait que son duché de Holstein, pour y vivre en paix avec sa maîtresse la fidèle Woronsof, et son fidèle aide de camp le Cosaque Goudowitz.

Il chargea de cette lettre l'officier général qui commandait le matin les soldats du Holstein. La foule des courtisans et des femmes se hâta de s'embarquer avec le porteur de cette lettre, pour fuir la contagion de l'infortune. La princesse Woronsof et Goudowitz restèrent presque seuls avec l'empereur. Ses disgrâces semblaient accroître la tendresse de l'une et la fidélité de l'autre; Pierre n'eut pas du moins à reprocher à la fortune la pire de ses injures, la défection de l'amour et la trahison de l'amitié.

XXXI

L'impératrice, sans daigner lui répondre, lui renvoya par son messager le modèle de la renonciation à l'empire, qu'il fallait préalablement signer. Un homme déshonoré n'est plus à craindre. Pierre n'hésita pas à signer sa honte. La renonciation était ainsi conçue :

« Durant le peu de temps de mon règne absolu sur l'empire de Russie, j'ai reconnu en effet que mes forces ne suffisaient pas pour un tel fardeau, et qu'il était au-dessus de moi de gouverner cet empire, non-seulement souverainement, mais de quelque façon que ce fût; aussi en ai-je aperçu l'ébranlement, qui aurait été suivi de sa ruine fatale, et m'aurait couvert d'une honte éternelle. Après avoir donc mûrement réfléchi là-dessus, je déclare sans aucune contrainte, et solennellement, à l'empire de Russie et à tout l'univers, que je renonce, pour toute ma vie, au gouvernement dudit empire, ne souhaitant y régner ni souverainement, ni sous aucune autre forme de gouvernement, sans aspirer même d'y parvenir jamais, par quelque secours que ce puisse être. En foi de quoi je fais un serment devant Dieu et tout l'univers, ayant écrit et signé cette renonciation de ma propre main. »

XXXII

A peine Pierre avait-il signé ainsi, non sa défaite, mais son ignominie, que ses Allemands furent sommés de rendre les postes du palais et de se retirer sans armes dans les villages voisins, comme prisonniers de guerre. Il sortit lui-même d'Oranienbaum dans l'appareil d'un vaincu qui va implorer sa grâce, pour aller se remettre à la merci de sa femme. La princesse Woronsof, le maréchal Munich et son aide de camp Goudowitz le suivirent sur la route de Péterhof. Il redoutait l'effet de sa présence sur les corps de l'armée révoltée qu'il avait à traverser pour se rendre à Péterhof; la sédition pouvait s'absoudre dans son sang. Heureusement les premières troupes qu'il rencontra furent les trois mille Cosaques rencontrés aux portes de Pétersbourg par les rebelles, et qui éclairaient maintenant l'armée de Catherine. L'aspect de leur empereur, hier sacré à leurs yeux, aujourd'hui humilié et déposé, les exhortations de Goudowitz, leur compatriote, destiné à être leur hetman, imprimèrent un morne respect à ces barbares. Leur silence fut leur dernier hommage.

Mais aussitôt que les régiments des gardes aperçurent l'empereur, les cris de : « Vive Catherine! » accompagnés de gestes menaçants, d'injures soldatesques, de cliquetis d'armes, portèrent la terreur dans l'âme du prisonnier. Des groupes forcenés de soldats et de populace précédaient sa voiture au pied du grand escalier; il en monta les degrés sous les huées et sous les sabres nus de ses propres gardes; son favori Goudowitz, séparé du maître qu'il voulait encore défendre, fut foulé aux pieds des soldats. La princesse Woronsof, sa maîtresse, enlevée violemment de sa voiture, les cheveux épars, les vêtements en désordre, son grand cordon déchiré en lambeaux sur sa poitrine, fut poussée d'un groupe à l'autre par les soldats, comme un jouet de prostitution dans une cour de caserne; ni sa pâleur, ni ses larmes, ni ses cris, n'attendrirent la férocité et la vengeance de Catherine.

L'empereur, reprenant à ces cris le courage désespéré de l'homme outragé dans ce qu'il aime, monta avec un mouvement de rage convulsif les marches de l'escalier, en reprochant aux soldats l'opprobre de leur conduite. Ces reproches ne firent qu'activer leur fureur.

« Déshabille-toi! lui crièrent ses bourreaux.

» — Me voilà entre vos mains, » leur répondit-il. Et, arrachant lui-même son cordon, son épée, son habit, ses bottes, il resta quelques moments nu, eu chemise, exposé du haut du palier à la risée des soldats et de la multitude.

Jamais, chez un peuple qui se vante de sa religion pour le trône, la royauté avilie ne subit une pareille *passion*. Ni le procès de Charles Ier, en Angleterre, ni l'échafaud de Louis XVI, en France, ne dégradèrent de ces excès l'armée, le peuple et le roi. La mort peut avoir sa solennité dans l'outrage; la dérision ne l'a pas. Il vaut mieux être la victime que le jouet de la multitude. Catherine, en laissant outrager ainsi son empereur, son époux, sa rivale, faisait plus que se venger : elle déshonorait sa vengeance.

Enfin l'infortuné souverain, arraché du trône, séparé de sa favorite et de son ami, foulant de ses pieds nus les marches de ce palais où il régnait encore le matin, fut jeté avec eux, sous des consignes impitoyables, dans des chambres basses du palais.

XXXIII

Pendant ces huées et ces outrages à l'empereur, l'impératrice tenait sa cour à Péterhof, aux acclamations de l'armée campée dans les jardins, et de la multitude accourue de Pétersbourg. Les parents de la princesse Woronsof se pressaient déjà dans ses salons, et se jetaient aux pieds de Catherine pour implorer sa magnanimité et sa faveur. La jeune princesse Daschkof, l'héroïne de cette révolution, qui avait trahi sa famille pour servir son amie, était la sœur de la comtesse Woronsof. Encore couverte de son uniforme de dragon et de la poudre du camp, elle s'agenouilla avec ses parents devant son amie, pour intercéder en leur faveur: « Madame, lui dit-elle, voilà ma famille que je vous ai sacrifiée. »

L'impératrice la releva, lui passa au cou le cordon et le collier que les soldats venaient d'arracher à sa sœur prisonnière, et promit sa faveur aux Woronsof humiliés.

On amena devant elle le vieux maréchal Munich, incertain du sort qu'on lui réservait.

« Eh bien! lui dit-elle, vous avez donc voulu me combattre?

» — Oui, madame, répondit le vieux et souple guerrier, qui croyait, comme tous les soldats, que la fortune accomplie dégage du devoir et du sentiment; ce matin c'était mon devoir : maintenant mon devoir est de combattre pour Votre Majesté. »

Que s'était-il passé cependant entre le matin et le soir? Rien que la défaite du droit et la victoire de la révolte. Mais sous son apparence stoïque Munich n'était qu'un courtisan ambitieux, jaloux de prêter son épée, comme un outil banal de guerre, à toutes les causes. Le service pour un tel homme n'est pas une conscience, c'est un métier.

XXXIV

Le lendemain, l'impératrice rentra avec l'armée victorieuse sans combat dans la capitale. Il n'y avait plus dans le palais d'autre lutte que la lutte des conjurés pour arracher un plus haut prix de leur service, et la lutte des ennemis de la veille cherchant à racheter à force de servilité leur lenteur à deviner la fortune. Les voiles qui avaient couvert jusque-là le mystère de la conjuration et celui de l'amour se déchirèrent tout à coup aux yeux étonnés des courtisans.

La princesse Daschkof, qui se croyait la seule âme du complot et la seule maîtresse de la faveur de l'impératrice son amie, fut confondue d'étonnement, en entrant inopinément dans la chambre de Catherine, de voir Grégoire Orlof, à demi couché sur un divan, tendre sa jambe nue à l'impératrice à genoux, qui pansait de ses propres mains une légère blessure de son amant. Elle comprit, à cette familiarité, qu'elle n'avait été que l'instrument et non le ressort de la révolution, et que l'amour ainsi déclaré en enlèverait le prix à l'amitié. Elle osa murmurer, reprocher, et se plaindre. Écoutée avec répugnance, elle remplit le palais et la ville de sa déception. La disgrâce déjà suspendue sur elle, et modérée par la seule convenance, ne tarda pas à la reléguer à Moscou.

Orlof, affichant avec une hauteur soldatesque l'amour qu'il avait inspiré et les services qu'il prétendait avoir rendus seul, aspirait ouvertement à la main d'une maîtresse qui n'était pas encore veuve, et défiait devant ses flatteurs l'ingratitude de l'impératrice, couronnée par ses mains.

« Je suis maître absolu des gardes, osa-t-il lui dire un jour à table dans l'échauffement du vin, et je pourrais renverser un trône aussi facilement que je l'ai élevé. »

XXXV

Cependant la seconde capitale de l'empire, Moscou, accueillait mal une révolution faite sans son concours; les vingt mille hommes de garnison qui occupaient la ville et le Kremlin ne répondaient que par un morne silence à la proclamation de l'impératrice Catherine II. Trois fois le général et les officiers poussèrent devant les soldats le cri de : « Vive la tsarine! » trois fois les soldats refusèrent de répondre, ou ne répondirent que par le sourd murmure du mécontentement. Ils n'avaient pas contre l'empereur les griefs des régiments séditieux des gardes; et si Munich eût paru à Moscou, la ville, l'armée, les campagnes, auraient maintenu leur foi à l'empereur, aimé du soldat.

A Cronstadt et à Pétersbourg même, les soldats qui n'appartenaient pas aux régiments complices d'Orlof commençaient à s'étonner d'avoir été entraînés, par quelques conjurés, plus loin que leur fidélité au sang de Pierre le Grand ne le permettait à de vrais Russes. Trompés par les Orlof et par Catherine elle-même, ils avaient cru s'armer pour défendre la mère du tsarewitz contre le meurtre prétendu de son mari, et pour mettre sur le trône l'enfant à qui le trône appartenait, en cas de déposition du père. Au lieu du tsarewitz, ils avaient couronné une princesse allemande, étrangère de sang à la dynastie et à la nation russe ! L'empire avait été dérobé, avec l'impudeur d'une comédie politique, dans une sédition soulevée au nom du salut de l'empire. Les lendemains de pareilles comédies d'État sont terribles pour ceux qui en ont joué les principaux rôles. Les peuples pardonnent les crimes plus aisément que les humiliations.

L'armée et le peuple se sentaient joués, et de plus ils commençaient à se sentir coupables. Les nations neuves ont le remords aussi prompt et aussi redoutable que la férocité. L'esprit et le cœur des troupes se reportaient sur l'infortuné Pierre III, plus plaint que haï par la nation. On se demandait si on n'avait pas excédé envers lui les bornes de la justice et de la pitié? si la pensée du meurtre de sa femme et de son fils, qu'on lui imputait, n'était pas imaginaire? si les outrages qu'il avait subis, nu, sanglant, bafoué sur l'escalier de Péterhof, n'étaient pas un crime national que la justice divine ferait expier à une épouse régicide? si la prison inconnue dans laquelle il languissait, privé de toute famille, de toute amitié, de toute consolation, ne renfermait pas des bourreaux au lieu de geôliers? si la Russie pouvait accepter, sans complicité dans l'assassinat de famille, le meurtre sans jugement commis dans l'ombre par une femme contre son mari?

De tels entretiens entre les soldats et entre les peuples de tout l'empire étaient, s'ils se prolongeaient quelques jours, les ferments d'une résipiscence qui pouvait être aussi prompte et aussi terrible que la révolution. Les auteurs de ce demi-crime sentirent que le crime irréparable et tout entier pouvait seul les absoudre ou les prémunir contre la vengeance. Ils n'étaient pas hommes à scrupules : la terreur du châtiment, l'amour, l'ambition, n'en ont pas.

Le meurtre du malheureux empereur fut résolu dans le palais où régnait son épouse. Catherine elle-même assista-t-elle à ces délibérations sanguinaires, ou les ratifia-t-elle de son consentement avoué? ou permit-elle aux meurtriers de présumer d'elle assez de connivence tacite pour être sûrs de son pardon, quand ils lui rapporteraient le forfait commis et irréparable?

Nul ne le sait; mais les murs du palais le savent, et la faveur réservée aux assassins par l'épouse de Pierre assassiné atteste que si elle ne fut pas complice avant, elle consentit à l'être après. Le crime qu'on ne prévient pas quand on est souverain, le crime qu'on accepte quand il vous couronne, le crime qu'on récompense quand on devrait le punir, ce crime est de vous dans toutes les langues. Il n'a pas de jugement, mais il a un cri et une évidence. Ce cri et cette évidence suffisent pour accuser éternellement celle qu'on ne put jamais convaincre.

XXXVI

Quant au meurtre lui-même, les circonstances en ont été longtemps obscures. Le témoignage tardif, mais circonstancié, d'un témoin domestique (ce même Bressan qui avait envoyé un messager à Oranienbaum, et qui avait obtenu d'être renfermé avec son maître), n'en laisse dans l'ombre aucune atrocité.

La proximité de Péterhof inquiétait l'impératrice et ses complices : une émotion des soldats de garde pouvait rendre un chef à l'armée de Moscou, un tsar à la Russie, un vengeur à l'usurpation conjugale. Le sixième jour après son couronnement, l'impératrice ordonna qu'on conduisît son mari au château impérial de Robscha, séjour décent pour une captivité d'État, que la pitié semblait vouloir tempérer de quelque douceur.

L'empereur, informé de cette résidence qu'on feignait de lui destiner, fit demander pour toute société, à sa femme, un petit nègre dont l'entretien l'amusait quelquefois; un chien favori, ce courtisan du cœur et non du rang de son maître; enfin son violon, dont Pierre se plaisait à jouer comme Frédéric le Grand de sa flûte; une Bible et quelques livres, pour se distraire de l'obsession de ses pensées. Il disait dans sa requête à l'impératrice que, rebuté désormais de la méchanceté et de l'ingratitude des hommes, il voulait vivre en philosophe détrompé des vanités humaines, comme Dioclétien à Salone, sans regrets du trône, sans retour vers le passé.

Mais, au lieu de recevoir ces soulagements à son infortune, il fut transporté pendant la nuit dans une captivité plus étroite et plus ignorée, à Mopsa, petite maison de chasse de l'hetman des Cosaques, le perfide Razomouski. Nul, à l'exception de l'impératrice, d'Orlof, de leurs complices et de quelques soldats employés par eux à la garde du prisonnier, ne connaissait à Pétersbourg le lieu de la résidence de l'empereur.

XXXVII

Il y languissait depuis quelques jours, quand l'agitation croissante parmi les troupes de Moscou et de Cronstadt précipita le crime, encore indécis. Le poison fut choisi, parmi tous les instruments de mort, comme celui qui laissait le moins de traces sur le visage, le moins d'indice à la postérité. Un médecin de la cour, étranger, vendu d'avance à tous les crimes d'État légitimés par l'intérêt des maîtres de l'empire, fut chargé de préparer le breuvage mortel. Alexis Orlof et Tieplof, hommes décidés à tout ce qui pouvait leur donner un titre à la reconnaissance des assassins, se chargèrent de faire boire le poison par ruse ou par force.

Alexis Orlof était ce soldat colossal, frère du favori de l'impératrice, qui avait couru à Péterhof chercher la maîtresse de son frère pour monter au trône ou à l'échafaud.

Tieplof était un de ces aventuriers de parti qui tentent indifféremment la fortune par toutes les complaisances que l'ambition demande à la servilité. Il était fils naturel de l'archevêque de Novogorod et de la femme d'un serf, chauffeur de poêles dans le palais épiscopal. Élevé libéralement par l'archevêque; précepteur ensuite de ce Kyrille Razomouski, que son frère, Alexis Razomouski, l'ancien favori de l'impératrice Élisabeth, avait voulu façonner pour la cour; exilé du palais pour des crimes; rentré en grâce par la faveur de Kyrille; chargé par lui de l'administration de l'Ukraine, qu'il avait pressurée par ses concussions; revenu à Pétersbourg pour s'y vouer à la fortune des Razomouski et des Orlof, ses patrons ne s'étaient pas trompés en le choisissant lorsqu'ils avaient cherché autour d'eux une main propre à toute œuvre de ténèbres.

XXXVIII

Le 16 juillet 1762, Alexis Orlof et Tieplof, partis ensemble de Pétersbourg, se firent ouvrir la prison de Mopsa, et se présentèrent avec un visage riant à l'empereur, comme deux messagers de réconciliation et de bonnes nouvelles, qui venaient lui annoncer sa prochaine translation à Robscha, avec toutes les douceurs et toutes les libertés dues au rang et à la résignation de l'ancien maître d'un empire. Ils lui demandèrent la faveur de dîner à sa table, pour se réjouir avec lui de ces adoucissements à son sort.

Pierre, consolé par leur visite, ordonna de servir le repas. On apporta, suivant l'usage russe, quelques instants avant le dîner, des verres et des bouteilles de liqueurs fortes, que les convives boivent debout pour aiguiser l'appétit. Pendant que Tieplof s'efforçait de distraire l'attention et les yeux du prisonnier par ses entretiens, Orlof remplissait les verres et versait furtivement dans celui qui était destiné à l'empereur le poison caché dans son sein. Pierre sans défiance but le verre d'eau-de-vie empoisonnée, et, consumé presque instantanément par le feu du poison qui dévorait ses entrailles, il jeta un cri et se tordit dans les convulsions de la douleur. Orlof, affectant de croire que ce n'était que la chaleur de l'eau-de-vie qui surprenait son palais à jeun, lui présenta un second verre.

Pierre le repoussa avec horreur, en lui reprochant la lâcheté de son crime. Il demandait à grands cris du lait et du contre-poison ; mais les murailles étaient sourdes, et les deux scélérats le poursuivaient, avec un autre verre empoisonné dans la main, pour le forcer d'épuiser la dose. A la fin, le fidèle valet de chambre François Bressan entend ce tumulte, accourt, et reçoit son maître éperdu dans ses bras.

« Les lâches, s'écriait Pierre, les ingrats, les perfides ! Ce n'était donc pas assez pour eux de m'empêcher d'accepter la couronne de Suède et de me ravir celle de Russie ! Il leur faut encore ma vie ! »

Bressan supplia Orlof et Tieplof d'épargner son malheureux maître ; mais les deux bourreaux, secondés par un officier de garde, Baratinsky, qu'ils appelèrent à leur aide, jetèrent le serviteur hors de la chambre, et continuèrent à présenter le reste du poison aux lèvres de l'empereur. Pierre tomba sur le parquet, dans la lutte. Tandis qu'Orlof, avec une force et un poids d'Hercule, pesait sur la poitrine de l'empereur écrasée sous son genou, et qu'une de ses mains gigantesques lui serrait la gorge et que l'autre lui tenaillait les tempes, Baratinsky et Tieplof prennent sur la table une serviette, la tordent en câble, et, la nouant en nœud coulant et la passant autour du cou de l'empereur mal contenu par Orlof, achèvent de l'étrangler et le laissent sur le plancher, se débattant contre la mort. Dans une dernière convulsion, la victime portant sa main crispée au visage d'Orlof l'avait déchiré à la joue d'un ongle sanglant.

XXXIX

A peine l'empereur avait expiré sous l'étreinte de ses trois assassins, qu'Alexis Orlof, remontant le cheval tout bridé qui l'attendait dans la cour, repartit au galop pour apporter le premier la nouvelle de son propre crime au palais.

C'était le moment où l'impératrice, dînant ce jour-là en public, venait de s'asseoir à table avec toute sa cour, le sourire sur les lèvres et la gaieté dans l'entretien. On vit entrer tout à coup, dit un des assistants, Alexis Orlof échevelé, couvert de sueur et de poussière, les habits déchirés, la joue saignante, la physionomie troublée, sinistre, pleine de tragédie et de précipitation. En entrant, ses regards inquiets et ardents cherchèrent les yeux de l'impératrice : elle le vit, se leva en silence, s'écarta dans l'embrasure d'une fenêtre qui formait un cabinet, lui fit signe de la suivre, s'y entretint un moment seule avec l'assassin ; puis, faisant appeler le comte Panin, dont elle avait déjà fait son ministre, elle se consulta avec Orlof et lui sur la manière d'apprendre cette mort à l'empire. Panin conseilla d'attendre au lendemain, pour se donner le temps de colorer le crime. L'impératrice, reprenant à l'instant sa sérénité un moment troublée, revint s'asseoir à sa table, dîna avec appétit, et causa avec une gaieté soutenue jusqu'à la fin du dîner.

Le lendemain, ainsi que la scène avait été convenue entre elle et Panin, un messager accouru de Mopsa lui apporta pendant qu'elle était à table, devant sa cour, une lettre par laquelle elle était censée apprendre inopinément la mort naturelle et subite de son mari. Elle se leva de table, elle sortit les yeux baignés de fausses larmes, elle congédia les courtisans et les ambassadeurs, et se renferma pendant quelques jours dans ses appartements, pour y cacher à tous les yeux le mystère de sa douleur ou de sa joie. Elle dicta de là au peuple russe le manifeste hypocrite destiné à tromper les uns, à masquer les autres :

« Le septième jour après notre avénement au trône impérial, disait ce manifeste, nous fûmes informée que le ci-devant empereur était attaqué d'une colique violente, occasionnée par les hémorroïdes, dont il avait eu autrefois de fréquents accès. Aussi, pour ne point manquer au devoir que nous impose la religion chrétienne et à la sainte loi qui prescrit de conserver la vie à son prochain, nous ordonnâmes de lui envoyer à l'instant tout ce qui pourrait servir à prévenir les suites d'un mal si dangereux, et de le soulager par de prompts remèdes. Nous apprîmes cependant hier, avec beaucoup de douleur et de regrets, qu'il avait plu au Très-Haut de terminer sa carrière. C'est pourquoi nous avons ordonné de déposer son corps dans le monastère de Newsky, pour y être inhumé.

» Nous exhortons en même temps, en souveraine et en mère, tous nos fidèles sujets à faire les derniers adieux au défunt, en oubliant le passé, et à prier Dieu pour son âme, ainsi qu'à regarder cet arrêt inattendu du Tout-Puissant comme un effet des vues impénétrables que sa providence s'est réservées sur nous, sur notre trône et sur notre chère patrie. »

XL

Le corps de Pierre III, apporté à Pétersbourg, fut exposé en effet pendant trois jours dans l'église de Saint-Alexandre-Newsky. On l'avait revêtu, pour dépopulariser jusqu'à son cadavre, de son uniforme prussien, odieux aux Russes. La noirceur de son visage coloré par le poison, les traces des doigts des assassins empreints sur son cou, ne pouvaient laisser le moindre doute à ceux qui, selon l'usage russe, venaient baiser sur la bouche le visage de leur souverain ; soit que l'impératrice dédaignât de cacher avec trop de soin les traces de la violence qui faisait son titre à l'empire, et qui fondait la terreur de son nom ; soit plutôt que les Orlof, les Tieplof, les Baratinsky, exécuteurs de l'assassinat et surveillants de la sépulture, ne fussent pas fâchés, pour se prémunir contre la peine, de laisser entrevoir au peuple qu'ils avaient une complice sur le trône, et que cette complice les absolvait en avouant sans scrupule leur crime commun.

Le peuple, moins vendu que les soldats, suivit le cortége funèbre en mêlant ses larmes, pour un empereur déjà regretté, à ses imprécations sourdes contre les gardes qui avaient trahi, livré et tué leur maître.

XLI

Aucun des souverains de l'Europe, tous présents par leurs ambassadeurs à Pétersbourg, n'ignora le complot, la trahison domestique, l'usurpation, le poison, le meurtre du mari par les amants de la femme. Tous affectèrent d'ignorer ou d'excuser, et saluèrent, dans l'épouse adultère et dans la complice de l'assassinat, l'heureuse impératrice. La royauté par politique, la philosophie par esprit de secte, la littérature par vénalité, l'opinion par vogue, se complurent à voiler, à colorer, à exalter l'immoralité, l'audace, le forfait. La distance, la beauté, le trône, le bonheur du règne, grandirent et transformèrent l'attentat conjugal en coup d'État, dont l'absolution était dans le génie de Catherine.

Voltaire, Diderot, d'Alembert, le grand Frédéric, donnèrent honteusement, les uns par vanité, les autres par cupidité, ceux-ci par engouement, ceux-là par faiblesse, l'exemple de l'adulation au succès, et l'exemple pire de l'estime au vice et de l'indulgence au crime. Le siècle littéraire les suivit tout entier dans leur prostration de conscience devant une femme qui s'était faite veuve pour régner en homme sur le trône, en courtisane dans son lit. Le nom de Catherine II, patronne de la superstition à Moscou, patronne de l'impiété à Paris, exalté par les apôtres nés de la vérité et de la vertu à Ferney et en France, corrompit plus les peuples que la longue impunité accordée par la Providence à son règne. Il y a des bonheurs qui feraient douter de la justice de Dieu, il y a des hommages qui font douter de la conscience humaine.

L'apothéose de Catherine II par Voltaire est la plus grande faiblesse de ce philosophe; car, en faiblissant ainsi devant une femme dont toute la fortune était fondée sur un meurtre, il faisait faiblir avec lui toute la morale de l'humanité. Que peuvent penser les peuples qui voient honorer sur le trône des actes qu'on leur fait expier justement sur l'échafaud? Et comment reprocher ensuite avec autorité, à ces mêmes peuples en révolution, des débordements, des scandales et des assassinats dont on leur a donné de si haut l'exemple, l'encouragement et la gloire, dans ces dynasties et dans ces aristocraties qui gouvernent le monde?

L'histoire ne sera utile que quand elle aura sur les yeux le bandeau de la justice, et quand elle appellera le crime et le vice par leurs noms, sans s'informer si ces noms sont ceux d'une prostituée ou d'une impératrice.

Laissons la femme, reprenons le règne.

LIVRE CINQUIÈME

I

Catherine avait dérobé l'empire par une conjuration : elle avait maintenant à le reconquérir sur ses complices, et à légitimer par le talent du gouvernement non le crime, mais l'usurpation. Ceux qui avaient été ses instruments allaient devenir ses obstacles ; mais si sa perversité de femme avait éclaté dans le complot, son génie de souveraine allait égaler son ambition.

Le grand Frédéric avait deviné le premier ce génie sous l'apparente légèreté de la femme. « L'empereur de Russie, écrivait-il le lendemain de la révolution de Pétersbourg, vient d'être détrôné par sa femme. On s'y attendait : cette princesse a beaucoup d'esprit et les mêmes inclinations vicieuses qu'Élisabeth. Elle n'a aucune religion, mais elle contrefait la piété. C'est la répétition à Pétersbourg de l'empereur grec Zénon, de son épouse Adriana, ou de Marie de Médicis en France. Le pauvre empereur Pierre III a voulu imiter Pierre le Grand, mais il n'en avait pas le génie. »

Déjà l'impératrice, qui avait soulevé le peuple et l'armée au nom de l'antipathie des Russes contre les Prussiens, commençait à se jouer des préjugés populaires et soldatesques un moment remués par elle pour le besoin d'un jour ; elle caressait l'ambassadeur de Frédéric, qu'elle jugeait avec raison le plus grand et le plus utile des alliés. Elle se hâta aussi de rassurer le Danemark sur la guerre que son mari méditait follement contre ce royaume. Elle flatta également l'Angleterre de la prochaine conclusion de traités privilégiés de commerce, le meilleur gage d'alliance entre deux peuples dont l'un avait tout à acheter, et dont l'autre avait tout à vendre.

L'ancien chancelier Bestuchef, le plus vieux et le plus consommé des hommes d'État de la Russie, fut rappelé par elle de son exil, et consulté avec une déférence qui lui rendit, sinon l'autorité, au moins l'influence de premier ministre. Avoir été disgracié par son mari était le premier titre à sa confiance. Bestuchef et Panin furent les hommes d'État de son conseil ; Grégoire Orlof resta l'homme de son cœur. Ce favori osait aspirer à la main de sa souveraine. La passion qu'elle lui témoignait ouvertement, et les rivaux qu'elle lui sacrifia sans hésitation aussitôt qu'ils lui portaient ombrage, semblaient encourager Orlof à tout espérer. Schouvalof, qui avait paru plaire à Catherine ; Villebois, qui avait osé l'aimer, et qui avait trahi pour cet amour son devoir de général de l'artillerie ; enfin la princesse Daschkof, qui avait non-seulement conspiré, mais combattu pour elle, furent relégués loin de la cour.

II

Ces ingratitudes soulevèrent les murmures des gardes pendant un voyage de l'impératrice à Moscou pour s'y faire couronner. Les soldats, encouragés par les popes, s'indignaient à haute voix, dans des conciliabules de caserne, de ce qu'un seul homme, dont la beauté et la faveur étaient les seuls titres, accaparait insolemment tout le prix d'une révolution; ils se demandaient si leurs régiments ne s'étaient révoltés contre leur légitime empereur que pour remettre l'empire à une femme étrangère à la Russie, qui le remettait à son tour à un soldat complice de ses amours? Le nom d'Ivan VI, seul véritable héritier du sang et des droits de Pierre le Grand, circulait dans toutes les bouches. Une conspiration à la fois religieuse et militaire se formait dans l'ombre pour arracher ce jeune captif à son cachot, pour l'envelopper de l'armée, et pour le proclamer à la place de Catherine.

La froideur avec laquelle elle était reçue à Moscou; le masque de dévotion jeté par elle aussitôt qu'elle n'avait plus eu besoin de la connivence des prêtres; la disgrâce de l'archevêque de Novogorod, un des auteurs de la déposition de l'empereur; les confiscations des richesses des moines, maintenues par l'impératrice contre l'espoir du clergé; les récriminations des popes et des évêques contre l'impiété de celle qu'ils proclamaient, la veille, la nouvelle Esther des Grecs, encourageaient cette agitation des casernes.

On y répandait un manifeste authentique, mais non encore publié, quoique signé, de l'infortuné Pierre III contre sa femme. Dans ce manifeste, le mari outragé et le souverain affronté articulait tous les crimes de son épouse, et déclarait que le grand-duc, son enfant prétendu et l'héritier illégitime du trône, était le fruit d'un commerce criminel entre l'impératrice et Soltikof. Ce manifeste, imprimé à des millions d'exemplaires, était le titre d'une révolution nouvelle.

Cette révolution allait éclater, quand Alexis Orlof, Tieplof, Baratinsky, Glebof, Passek, Kyrille Razomouski, laissés à Pétersbourg par Grégoire Orlof pour surveiller l'inconstance des troupes, la découvrirent, l'étouffèrent dans la terreur des châtiments, en firent mutiler les principaux fauteurs dans les supplices, et envoyèrent les autres périr dans les neiges de la Sibérie. L'impératrice sentit, pour la première fois, le danger de laisser dans le jeune Ivan un droit vivant en contraste avec son usurpation.

On assure que pendant les premiers jours de la révolution, au moment où l'empire indécis chancelait encore entre elle et sa fidélité au sang de Pierre le Grand, elle avait fait venir secrètement Ivan à Pétersbourg, afin de l'avoir sous sa main et de le présenter elle-même au peuple, si la révolution hésitait à la proclamer impératrice ; elle aurait gouverné comme tutrice d'Ivan, adopté au détriment de son propre fils. La promptitude avec laquelle la Russie avait fléchi sous sa main l'avait dispensée de cette transaction avec la nécessité. Ivan était rentré dans sa prison, plus près désormais de la tombe que du trône.

III

La paix générale de l'Europe, après la guerre de Sept ans, si funeste à l'Autriche, si honteuse pour la

France, si glorieuse pour le héros de la Prusse, laissait à l'impératrice le loisir d'étudier l'Europe et de civiliser ses vastes États. Dès les premières heures de son gouvernement, on reconnut en elle l'âme de Pierre le Grand sous une forme plus douce. La civilisation, la législation et l'administration de l'Occident, ne trouvant plus en Russie d'autres résistances que l'ignorance du peuple et leur nouveauté, se répandirent rapidement dans tout l'empire avec l'uniformité et l'universalité d'une volonté absolue. Le despotisme, quand par hasard il est éclairé, peut devenir un véhicule de civilisation.

Ce fut le caractère du règne de Catherine II. Plus elle avait de crimes à racheter dans l'origine de son pouvoir, plus elle s'étudia à en ensevelir le remords et la mémoire dans l'immensité de ses services à la Russie. Partageant sa vie entre l'ambition et le plaisir, elle donnait au conseil, avec ses hommes d'État, Panin, Bestuchef, Biren et le vieux Munich, éprouvés par le pouvoir et par l'exil, toutes les heures dérobées à ses plaisirs. Elle les étonnait par l'universalité de ses connaissances et par la lucidité de ses vues; elle s'enrichissait de leur longue expérience. Créer l'administration une et régulière, compatible avec l'étendue et la diversité de ses États, développer le commerce, importation de la richesse, accroître sa marine à la proportion des nouvelles mers qui s'ouvraient au Nord et à l'Orient devant elle, remplir le trésor sans exagérer les impôts, attirer sur son nom la considération de l'Europe par le nombre et par la discipline de ses armées, se faire place en Occident surtout par cette diplomatie grecque d'une cour réputée barbare qui veut séduire et s'assimiler avant de montrer la force et la conquête; enfin discerner et corrompre partout, et surtout en France, foyer de la pensée, cette puissance encore occulte de l'opinion publique qui s'exprime par la littérature, qui popularise les noms, qui décerne la gloire, et faire de cette puissance l'alliée sourde et invisible de son ambition et de sa renommée : telle était l'œuvre préméditée de Catherine.

« Je crois, disait-elle avec une fausse modestie au baron de Breteuil, ambassadeur de France, incapable de la comprendre, je crois que la Russie mérite en effet quelque attention. J'ai la plus belle armée de l'Europe ; l'argent me manque, il est vrai, mais j'en serai abondamment pourvue en peu d'années par les produits que je puis exporter partout. Si je me laissais aller à mon penchant, j'aimerais la guerre plus encore que la paix ; mais l'humanité, la justice, la raison, me retiennent. Cependant je ne serai pas comme l'impératrice Élisabeth, je ne me ferai pas presser pour entreprendre la guerre ; je la ferai quand elle me sera utile, jamais par complaisance pour les intérêts des autres puissances ! Ne me jugez que dans cinq ans ; il me faut ce temps pour mettre l'ordre dans l'empire. »

IV

La Prusse et l'Autriche continuaient à occuper par leurs troupes les États héréditaires de Pologne. Catherine fit entrer quarante mille hommes, commandés par Romanzof et Tattschef, en Pologne, pour forcer Frédéric et Marie-Thérèse à évacuer ce royaume, qu'elle voulait libre ou dominé par elle seule. Poniatowski, son ancien favori, à qui elle avait caché ses relations avec Orlof, ne doutait pas d'être accueilli à Pétersbourg en amant désormais avoué, et peut-être en époux d'une souveraine. Elle dissipa ses illusions par la défense de venir en Russie, sous des prétextes politiques ; mais elle conçut dès cette époque la pensée de compenser pour lui l'amour évanoui par le don du trône de Pologne.

Les exigences d'Orlof impatient de sa main, qu'elle ne voulait accorder à personne; les rivalités entre ce favori et ses rivaux; les prétentions insatiables de tous ces soldats parvenus, auteurs de son élévation, et qui se croyaient le droit de lui redemander l'empire en détail, contrastaient avec la majesté de son titre d'impératrice et avec l'élégance lettrée de son esprit. Ce joug de la soldatesque lui pesait; elle le supportait jusqu'au moment où son autorité affermie lui permettrait de le rejeter loin d'elle.

Ses lettres aux étrangers, avec lesquels elle entretenait déjà des correspondances personnelles, sont pleines de ces dégoûts du pouvoir suprême. « Je ne mène point une vie agréable, disait-elle un jour à un des ministres étrangers; je sais que les soldats qui m'entourent sont sans éducation, mais je leur dois ce que je suis; ils sont pleins de courage et de dévouement, et je suis sûre qu'ils ne me trahiront pas. »

Panin était le seul de ses conseillers qui fût digne, par ses lumières et par ses délicatesses d'esprit, de l'entretien d'une princesse lettrée; il ne cessait de l'encourager à s'affranchir de cette sujétion et des exigences soldatesques, en transportant une part de souveraineté politique au pouvoir civil, représenté par les députés de la noblesse des provinces et par le sénat. Bestuchef détruisait d'un mot l'effet de ces insinuations de Panin, en démontrant à l'impératrice que tout partage de la souveraineté, dans un pays accoutumé à confondre le pouvoir et le despotisme, était une périlleuse abdication. Grégoire Orlof, flatté par Panin d'être placé au sommet de ces institutions représentatives comme président perpétuel du sénat, copartageant de l'empire, souriait lui-même à ces innovations sans les comprendre.

Bestuchef crut pouvoir le convertir à son parti en lui promettant plus que Panin. Il le flatta de décider l'impératrice à lui offrir d'elle-même la couronne. Orlof, comme tous les barbares, enfants par la crédulité et la passion, se crut déjà le tsar de cette patrie où il était arrivé soldat. Rien ne paraissait trop élevé à ces trois frères, les géants de la Russie, que la nature semblait avoir marqués de la taille, de la force et de la beauté des races primitives. Orlof pleura de joie en tombant dans les bras du vieux et rusé Bestuchef; il croyait avoir l'oracle de sa conduite et de sa fortune dans la tête supérieure de ce vieillard.

V

La grossesse avancée de l'impératrice, prête à donner un fils à Orlof, devait incliner Catherine à donner un père avoué à l'enfant qu'elle portait dans son sein. Elle parut écouter, en effet, les insinuations de Bestuchef avec une hésitation qui ne demandait que des prétextes pour être vaincue. Bestuchef se chargea de faire violence à ses scrupules en faisant parler le clergé et le peuple. Il rédigea et fit circuler des projets d'adresse de la nation à sa souveraine, pour la décider à se choisir un époux, dans l'intérêt de la perpétuité du trône.

« Le tsarewitz, fils de Pierre III, disaient ces adresses mendiées, ne promettant pas des jours assurés et longs à la Russie, l'impératrice, jeune, belle et féconde, devait d'autres héritiers à l'empire; il était nécessaire qu'elle se choisît un époux, soit en donnant sa main au jeune Ivan, à qui elle restituerait ainsi la couronne, soit en élevant jusqu'à elle un Russe digne du trône par le choix même qu'elle ferait de lui pour régner. »

Douze évêques, un grand nombre de popes et la plupart des généraux et des officiers vendus à Orlof signèrent cette adresse, en ajoutant que le choix du prince Ivan serait dangereux et impolitique, puisque ce prince, croyant ne devoir le trône qu'à son droit, pourrait être ingrat envers l'impératrice, et la précipiter du trône où elle l'aurait fait monter. Le choix d'un Russe, qui devrait tout à l'estime et à l'amour, leur paraissait préférable, et ils désignaient assez Orlof sans prononcer son nom.

L'impératrice était enivrée de sa toute-puissance; Orlof, d'ambition. Panin, Kyrille Razomouski, le chancelier Woronsof, frémirent d'avoir à courber la tête sous le fils d'un strélitz échappé à la hache de Pierre le Grand. Le rude et astucieux hetman des Cosaques, Razomouski, osa protester respectueusement, dans une audience secrète, contre une faiblesse de cœur qui allait humilier et désaffectionner tant de braves serviteurs aussi dévoués qu'Orlof; il se jeta aux pieds de l'impératrice, pour la conjurer de ne pas prostituer l'empire à celui à qui elle donnait son cœur. Le chancelier Woronsof, d'autant plus persuasif dans son opposition au mariage qu'il était plus servile ou plus complaisant de caractère, se joignit à Razomouski.

Catherine, maîtresse d'elle-même, feignit d'apprendre avec étonnement le projet qu'on lui supposait d'élever son amant au trône; peut-être même se félicitait-elle en secret d'une opposition qu'elle pouvait opposer ellemême aux instances d'Orlof, comme un obstacle politique plus fort que son amour. Elle parut s'indigner contre Bestuchef, dénoncé par Panin et Razomouski comme l'inspirateur de ces adresses; elle le traita en public avec sévérité, en secret avec faveur. Woronsof comprit que Bestuchef avait flatté le cœur, et que lui-même n'avait flatté que l'orgueil de sa souveraine. Il remit ses fonctions, s'éloigna de la cour, et voyagea en Europe. L'impératrice accoucha en secret, à Moscou, d'un fils qui reçut d'elle une existence et une fortune anonymes.

VI

La haine des rivaux de palais et de casernes contre le favori trop aimé couva en conspiration contre la vie d'Orlof. La garde du palais veillait à la porte de son appartement comme à celle des appartements impériaux : une sentinelle achetée promit de livrer le seuil à trois conjurés. L'heure avait été mal indiquée. Quand les assassins se présentèrent, la sentinelle vendue était déjà relevée de faction; le nouveau factionnaire refusa obstinément la porte aux instances des officiers armés. Le bruit éveilla le palais; les assassins en uniforme s'évadèrent à la faveur de la nuit et du tumulte. L'impératrice trembla pour les jours de son favori et pour les siens; elle quitta Moscou le lendemain. Des cris de joie séditieux, des insultes, des menaces populaires, saluèrent son départ précipité; son portrait, placé sur un arc de triomphe, fut déchiré sous ses yeux et traîné en lambeaux dans la boue.

La honte d'obéir à un strélitz insolent ouvrait les cœurs, même à Pétersbourg, à tous les ressentiments. Panin et Razomouski eux-mêmes furent soupçonnés de méditer l'élévation d'Ivan au trône. L'impératrice avertie cherchait des indices sans pouvoir les saisir; elle crut que la princesse Daschkof, reléguée à Moscou, aigrie par sa disgrâce et maîtresse un jour de Panin, avait le secret de la conjuration ; elle lui écrivit pour lui rappeler leur première amitié et lui rendre sa faveur, si elle consentait à révéler ce qu'elle devait savoir du plan des conjurés.

« Madame, lui répondit en Romaine du temps de la liberté la jeune princesse, je n'ai rien entendu ; mais si j'avais entendu quelque chose, je me garderais bien de le dire. Qu'exigez-vous de moi ? Que je meure sur l'échafaud ? Je suis prête à y monter, plutôt que de vous servir par la délation de mes amis. »

L'impératrice, sans oser porter ses coups aussi haut que les têtes suspectes de Panin et de l'hetman des Cosaques, frappa plus bas, pour intimider davantage. Elle rétablit la peine de mort, supprimée pendant tout le règne de la miséricordieuse Élisabeth. Il n'appartenait pas à l'épouse montée au trône sur le corps de son époux assassiné de décréter dans son empire l'abolition de la peine de mort, abolition qui est la suprême vertu des gouvernements innocents. Ainsi tremblante entre les violences de son favori et les attentats des ennemis d'Orlof, elle expiait l'amour par la sujétion à son complice, et l'empire par l'insomnie de l'ambition.

VII

La maladie du vieux roi de Pologne et de Saxe, Auguste III, usé de débauches, appelait Catherine en Pologne : Orlof la retenait à Pétersbourg, dans la crainte que la passion de l'impératrice pour Poniatowski ne se rallumât par l'entrevue des deux amants.

Le 5 octobre 1763, Auguste III mourut. Jamais l'élection au trône de Pologne n'avait été nationale, sincère et libre : cet infortuné pays, aussi incapable de liberté que de servitude, avait toujours admis l'intrigue, la main, les armées des puissances ses voisines, dans ses comices électoraux. Les vrais électeurs étaient tour à tour la Suède, la Prusse, la Saxe, l'Autriche, la Turquie, la Russie enfin. Les rois n'étaient que les chefs de parti de cette aristocatie sarmate, et les vice-rois de la puissance prédominante par les factions ou par les armes dans leur patrie. Les quatre-vingt-dix mille Russes commandés par Romanzof et cantonnés en Pologne épiaient depuis un an l'heure de la mort du roi Auguste pour faire prévaloir le candidat de la Russie. Nous avons vu que le souvenir encore tiède d'un premier amour avait désigné pour cette candidature le séduisant mais fourbe Poniatowski. Pour détacher cette fois l'impératrice de Russie de la Prusse, la France et l'Autriche affectaient de se désintéresser du choix que ferait la diète pour le trône électif en Pologne ; ces puissances livraient la noblesse sarmate à la corruption ou à l'intimidation de l'impératrice.

Cette princesse, au moins aussi diplomate que Panin, accepta le désistement de la France et de l'Autriche, mais assura sa prédominance absolue dans la diète par un traité secret avec le grand Frédéric, roi de Prusse, traité qui lui garantissait la neutralité de ce roi lui-même dans l'élection. Par ce traité, du 31 mars 1764, l'impératrice et Frédéric s'engageaient, sous prétexte de maintenir l'indépendance absolue de la république aristocratique de Pologne, à y entretenir le germe mortel d'anarchie qui viciait ses institutions et qui la livrait éternellement à la merci de ses voisins.

« Nous y maintiendrons même par nos armes, disaient les deux perfides contractants, le principe de la libre élection contre toute tentative d'y rendre le pouvoir héréditaire ! ».

« Souvenez-vous de mon candidat! écrivait Catherine à son ambassadeur à Varsovie. Je vous écris ce mot à deux heures après minuit, jugez si la chose m'est indifférente! »

L'armée russe entra dans Varsovie sous prétexte d'y maintenir l'ordre et la liberté pendant l'agitation électorale. Une partie des Polonais se joignait aux troupes russes pour opprimer les votes, l'autre partie s'armait pour la cause des candidats opposés à la Russie ; le prince Radziwil et le comte Branitzky, dont le fils devait vendre bientôt la Pologne à Catherine, levaient alors des corps de troupe contre elle. La diète générale de Varsovie fut, comme toujours, le scandale et non l'exercice de la liberté ; on tira les sabres des fourreaux contre le président Malakowsky, qui voulait au moins exclure les étrangers du scrutin de la patrie. Un des orateurs les plus éloquents de ce pays de l'éloquence, Mokranowsky, nonce ou député de Cracovie, fut forcé de se défendre, le sabre à la main, pendant qu'il parlait, contre les épées des officiers russes, qui plongeaient du haut des tribunes sur sa tête ; puis, renonçant tout à coup à défendre sa vie, remettant son sabre dans le fourreau et découvrant sa poitrine :

« S'il vous faut une victime, dit-il aux Russes, me voilà ; mais du moins je mourrai libre, ainsi que j'ai juré de vivre. »

Le prince Adam Czartorisky, oncle de Poniatowski et patron du candidat russe, se jeta entre Mokranowsky et ses assassins pour protéger la vie de l'orateur. Les Russes s'apaisèrent à la voix de Czartorisky : la vaine éloquence d'un orateur perdue dans l'avilissement général des âmes n'était qu'une parade de liberté. Ensanglanter la diète n'eût été que tacher de sang le titre du candidat des Czartorisky et des Russes.

« Je veux qu'il soit roi, et il le sera, disait Catherine, fût-il, comme vous le dites, le petit-fils d'un serf et serf lui-même ! »

VIII

Pendant cette longue brigue de suffrages, Poniatowski, accompagné des chefs de la faction de ses oncles maternels les Czartorisky, visitait un à un tous les nonces dans la plaine de Wola, à trois lieues de Varsovie ; il vit enfin les populations rangées autour de la szopa (vaste hangar ouvert à tous les vents, dans lequel le sénat et l'ordre équestre campent plus qu'ils ne siégent) proclamer à l'unanimité le client de Catherine.

Poniatowski, parvenu au trône de la république par l'amour d'une femme couronnée elle-même par les meurtriers de son mari, traversa Varsovie aux acclamations du peuple pour prendre possession du château royal. Les Polonais saluaient en lui un roi qui n'avait su acheter la république par des caresses que pour la livrer à des menaces. Catherine, en faisant proclamer dans son favori un complice, s'assurait un complaisant d'abord, et une victime après. Elle voulut jouir elle-même de son ouvrage ; elle partit pour la Livonie. Poniatowski déguisé l'attendait à Riga, pour lui rendre grâce et hommage. La terreur que la jalousie d'Orlof inspirait à Catherine couvrit de mystère l'entrevue et l'entretien du roi de Pologne et de l'impératrice de Russie.

C'est de Riga qu'elle envoya l'ordre impitoyable d'immoler dans sa prison l'innocent Ivan, avec la même indifférence qu'elle l'avait appelé, peu de temps auparavant, à Pétersbourg pour l'adopter et l'associer à l'empire. Ce crime était plus impardonnable que le meurtre de son mari, car il n'avait pas même la haine pour explication et la vengeance pour excuse. Ce n'était qu'une prudence sanguinaire, comparable à ces meurtres des frères des sultans dans le sérail de Constantinople, pour qui vivre était un crime. On se confond devant le défi à toute conscience et à tout remords dans les écrivains français, et dans Voltaire surtout, exaltant pendant trente ans, au nom de l'humanité et de la vertu, une femme qui venait de commander froidement un meurtre si atroce sur un enfant désarmé et sans crime. L'adulation, quand elle descend si bas, n'est plus seulement lâche, elle est complice.

Les circonstances de l'assassinat du jeune Ivan n'ont pas plus d'ombre aujourd'hui que la lutte de Pierre III contre ses assassins. Le temps éclaire jusqu'aux ténèbres des cachots.

IX

On voulait que la mort d'Ivan fût une énigme comme celle de l'empereur; il fallait, de plus, un prétexte au meurtre. La perversité fournit tout.

La forteresse de Schlüsselbourg, dans laquelle on avait ramené Ivan après son entrevue avec Catherine le troisième jour de la révolution, couvre de ses remparts crénelés un îlot quadrangulaire battu de tous côtés par les vagues du lac sombre de Ladoga. Deux tours semblables à des phares, et une caserne qui est à la fois prison d'État, s'élèvent au milieu de l'écueil dans l'enceinte des remparts. Depuis l'adoucissement que la visite de l'empereur Pierre III avait apporté à la captivité d'Ivan, une chambre de ce donjon était la demeure du jeune prisonnier. Les craintes de Catherine avaient ajouté à cette captivité une rigueur et une précaution de plus : deux officiers de la garnison, le capitaine Oulousief et le lieutenant Tcheskin, hommes de dévouement féroce, couchaient toutes les nuits dans la chambre du prince. Ils étaient porteurs d'un ordre, signé de l'impératrice, de tuer Ivan à la première tentative qu'on ferait pour le délivrer. Huit soldats d'élite gardaient le corridor et les passages qui aboutissaient à la chambre ; des factionnaires, l'arme chargée, formaient, de plus, une chaîne de postes continue depuis l'entrée des corridors intérieurs jusqu'au corps de garde, commandé par un autre officier. Pour que le meurtre d'Ivan pût s'accomplir sans que le sang rejaillît directement sur ses meurtriers, il fallait donc qu'une apparence de tentative d'enlèvement du prince fournît le motif ou le prétexte de sa mort aux geôliers, et fournît en même temps l'apparence d'une mort accidentelle à ceux qui auraient commandé, non le meurtre, mais la consigne.

Le hasard, le choix ou la police, cette fatalité des crimes d'État, avait présenté l'instrument de cette tragédie compliquée à Orlof ou à l'impératrice.

X

Le régiment de Smolensk formait en ce moment la garnison de la forteresse de Schlüsselbourg. Un officier de ce régiment, nommé *Wasili Mirowitsch,* était un Cosaque de l'Ukraine, petit-fils d'un de ces traîtres, compagnons de Mazeppa, qui avaient soulevé leurs hordes, et combattu avec Charles XII, roi de Suède, contre le tsar Pierre le Grand. Les biens de cette famille avaient été confisqués pour crime de désertion à l'ennemi. Le jeune Wasili désirait à tout prix les recouvrer par quelque service éclatant ou occulte à l'impératrice. Son dévouement était sans scrupule comme son ambition, féroce comme son origine. Ses réclamations obstinées le firent connaître des agents de la cour. On lui insinua, dit-on, que la restitution du patrimoine paternel serait le prix d'un service dont la nature et le plan lui furent dévoilés.

Ce jeune homme, habile à laisser transpirer de faux indices pour détourner les yeux des véritables, s'entretint deux ou trois fois à Pétersbourg, avec des officiers subalternes du palais et de la garde, d'un plan d'évasion qu'il préméditait pour Ivan, et de l'effet foudroyant que produirait l'apparition inattendue de cet héritier légitime de l'empire venant redemander son trône au régiment des gardes. Il initia, ajoute-t-on, sur la foi du serment, à son complot, un lieutenant du régiment de Wéliki Louki, nommé Apollon Ousakof. Mais Apollon, noyé par accident peu de jours après cette confidence, perdit la trace du complot avec la vie.

XI

Quoi qu'il en soit, Wasili Mirowitsch avait déjà passé une semaine de service au château de Schlüsselbourg sans avoir trouvé l'occasion d'une tentative, et il allait en sortir avec son détachement, quand il obtint de ses chefs la permission d'y rester une semaine de plus, sous prétexte d'y remplacer un autre officier. Un certain Pliskof, trois caporaux et deux soldats, initiés et corrompus par lui, attendaient, dans l'espoir de larges récompenses, le signal que Wasili devait leur donner. On ignore si ces complices croyaient servir Ivan ou l'impératrice.

Le 4 juillet 1764, à deux heures du matin, Mirowitsch et les trois sous-officiers ordonnent au poste de cinquante hommes de prendre les armes et de marcher, sans dire pour quel motif et par quel ordre supérieur, à la prison d'Ivan. Les soldats obéissent passivement à leurs officiers : en traversant la place d'armes qui séparait le corps de garde de la prison, ils rencontrent comme par hasard le commandant de la forteresse *Berednikof*, qu'on croyait endormi depuis longtemps, et que quelques vagues rumeurs du complot tenaient sans doute éveillé et vigilant sur sa garnison.

Berednikof aborde Mirowitsch, et lui demande par quel ordre il déplace un détachement pendant la nuit. Mirowitsch, sans autre réponse, frappe légèrement le commandant du canon de son fusil, et le remet sans résistance et sans protestation à la garde de deux de ses soldats. Le commandant souffre patiemment cette violence feinte ou réelle. Mirowitsch poursuit sa route, et se présente à la porte du corridor qui mène à la chambre d'Ivan. Il somme les sentinelles d'ouvrir le passage, elles répondent par des coups de feu ; le détachement riposte par d'autres coups de feu sur les factionnaires ; mais, quoique à bout portant et dans un étroit corridor voûté, ce feu réciproque n'atteint ni les sentinelles ni les assaillants.

Cependant les cinquante soldats de sa suite s'étonnent de la résistance des gardes intérieurs ; ils somment leur chef de leur lire l'ordre en vertu duquel il leur fait violer tant de consignes. Mirowitsch tire de son sein un faux ordre préparé par lui au nom du sénat de l'empire, qui déclare l'impératrice déchue pour avoir été en Livonie épouser l'étranger Poniatowski, roi de Pologne, et qui appelle au trône Ivan. Les soldats crédules ne suspectent pas le décret du sénat, et saluent le nom d'Ivan d'acclamations. Mirowitsch fait monter une pièce de canon, et la pointe contre les portes encore fermées de la chambre d'Ivan.

XII

Cependant le prisonnier, endormi auprès de ses deux geôliers, s'éveille au premier coup de feu ; il s'élance de son lit ; il entend ses geôliers intérieurs crier aux factionnaires de faire feu sur les soldats, il les voit fermer les verrous, tirer leurs sabres et les brandir sur sa tête ; il tombe à leurs pieds, il embrasse leurs genoux, en les conjurant de ne pas lui arracher la vie pour un crime dont il n'est pas complice. Les assassins semblent hésiter devant tant de jeunesse, de beauté, d'innocence : mais la voix de Mirowitsch, qui, la mèche sur la lumière du canon, leur ordonne d'ouvrir la porte, semble l'emporter sur leur compassion ; ils le percent de plusieurs coups d'épée dans le buste et dans les membres. Ivan, jeune, grand, fort comme sa race, lutte en désespéré contre ses bourreaux : saisissant d'une main crispée le sabre d'Oulousief, il le brise, et se défend avec le tronçon ; mais pendant qu'il écarte ainsi un de ses meurtriers désarmé, l'autre le poignarde par derrière et le renverse. Oulousief, s'armant alors d'une arme plus courte et plus terrible, le cloue à coups de baïonnette sur le plancher.

Ivan expire dans des flots de sang. Les deux officiers, l'ordre de l'impératrice dans une main, la baïonnette ensanglantée dans l'autre, ouvrent alors la porte, et montrent aux soldats le cadavre d'Ivan.

A cet aspect, Mirowitsch recule d'une horreur réelle ou feinte, et se jette sur le corps d'Ivan en s'écriant : « J'ai manqué mon coup, je n'ai qu'à mourir ! » Puis, sans chercher à fuir, il traverse libre les rangs de ses soldats, va rejoindre le gouverneur dans le poste où il l'a consigné, lui remet son épée et lui dit : « Je suis maintenant votre prisonnier ! »

XIII

Le lendemain, on ouvrit les portes de la forteresse. On montra au peuple des campagnes voisines le corps d'Ivan. Il était vêtu d'une veste de matelot du lac Ladoga. Tout le peuple versait des larmes en contemplant cette statue colossale de six pieds, cette épaisse chevelure blonde bouclée, éparse sur un cou d'une blancheur féminine, ce premier duvet naissant sur des joues à peine viriles, ces traits purs comme le profil grec sur la carnation d'un Scythe, cette bouche où la jeunesse de son âge et la mélancolie de son âme luttaient comme pendant sa vie, et cette jeunesse fauchée dans la fleur, où l'éternel repos de la mort ajoutait encore à la merveilleuse beauté d'Ivan. On l'enveloppa, au lieu de linceul, d'une peau de mouton noire, et on le jeta dans une tombe creusée sur le rivage.

Le peuple, soulevé par cette beauté, par ce rang et par ce mépris, éclatait en murmures, en imprécations, et demandait à grands cris la mort de ses assassins. Une barque avait déjà soustrait Oulousief et Tcheskin à leur peine. Un vaisseau les porta anonymes et protégés en Danemark, où le ministre de Catherine les accueillit, en attendant les récompenses et les avancements qui leur étaient réservés en Russie après que le cri du sang de leur victime eût été étouffé par l'oubli.

Panin, informé de l'événement par le gouverneur de Schlüsselbourg, se hâta d'envoyer un courrier à Riga pour annoncer à l'impératrice qu'elle n'avait plus de concurrent à l'empire. Une agitation extraordinaire, dont on ignorait la cause, se trahissait depuis quelques jours dans les traits et dans les mouvements de l'impératrice. Elle semblait avoir, dit le général irlandais Brown, on ne sait quel pressentiment d'une catastrophe inconnue des courtisans; elle se levait plusieurs fois par nuit de sa couche, demandant à ses femmes s'il n'était pas arrivé un courrier de Pétersbourg. La lecture de la dépêche de Panin calma son anxiété. Elle avait pleuré d'attendrissement à Pétersbourg en voyant la jeunesse et la beauté d'Ivan, elle pleura peut-être en apprenant sa mort; mais l'ambition satisfaite sécha ses larmes, et la politique cacha ses remords.

Mirowitsch, qui comptait sur la récompense de son service et qui bravait insolemment ses juges, subit la mort en s'étonnant d'être désavoué. Pliskof et les caporaux, ses complices, passèrent par les verges et furent condamnés aux travaux forcés. Le mystère le plus impénétrable plana sur la nuit de Schlüsselbourg. Les uns crurent Mirowitsch insensé, les autres complice; il n'y eut d'avéré et d'historique que le meurtre d'Ivan dans son cachot par les deux officiers munis d'un ordre éventuel de Catherine, et l'assassinat d'un innocent pour la tentative d'un insensé ou pour la connivence d'un séide. L'un de ces crimes n'était pas moins inexplicable que l'autre, mais il n'était pas moins sinistre.

L'horreur en rejaillit avec tant de murmures contre l'impératrice, qu'elle n'osa, de quelque temps, rentrer à Pétersbourg. On allait jusqu'à craindre tout haut pour les jours de son propre fils, le tsarewitz Paul, qu'elle semblait haïr de toute la haine qu'elle avait portée à son père. Les questions de cet enfant l'importunaient, et ne pouvaient avoir de réponse : « Pourquoi, disait-il, a-t-on donc fait mourir mon père, et pourquoi ma mère occupe-t-elle un trône dont j'étais l'héritier? »

XIV

Ces alarmes, ces murmures, ces nécessités de coups d'État sanglants pour amortir le ressentiment d'un premier crime, contraignirent Catherine à se livrer de plus en plus à la protection ou à la domination d'Orlof, dont la faveur garantissait l'impunité et le crédit aux autres auteurs de la révolution. Ce règne soldatesque d'un strélitz humiliait Panin, ministre indolent, mais politique d'une trempe plus raffinée que ce favori du regard. Orlof, de son côté, offensé du moindre obstacle que Catherine opposait à ses caprices, s'indignait de l'ascendant de Panin. Forcée souvent de choisir entre le maître de son cœur et le directeur de sa politique, impératrice et femme tour à tour, Catherine s'efforçait en vain de réconcilier son ministre et son amant.

Orlof, soit qu'il voulût menacer Catherine de son indifférence, soit que le remords de ses crimes, mal récompensés tant qu'ils n'auraient pas le trône pour récompense, l'agitât déjà de la démence où il expira depuis, montrait une humeur farouche à sa maîtresse.

Il s'absentait de Pétersbourg pendant des semaines entières pour des chasses aux ours dans les sombres forêts de la Russie, ou pour des débauches avec des femmes perdues de mœurs, indignes rivales de la maîtesse de l'empire. Il affectait d'étaler ces infidélités à sa souveraine comme pour lui prouver le mépris des charmes qu'il avait achetés jadis par tant de hasards.

XV

Les événements de Pologne, qu'elle avait semés et qui mûrissaient, suffisaient à peine à distraire Catherine de ses peines domestiques.

Les protestants et les catholiques de ce royaume se divisèrent en deux factions politiques armées, factions aisément fomentées dans des intérêts contraires par les cours catholiques de France et d'Autriche, et par les cours protestante et schismatique de Prusse et de Russie. Les catholiques, voulant exclure les protestants du droit de suffrage, firent rendre un décret qui déclarait coupables de haute trahison les dissidents qui invoqueraient la protection des cours étrangères. A la diète de 1766, la Russie et la Prusse présentèrent au roi Poniatowski des réclamations en faveur des protestants leurs clients. La noblesse catholique s'ameuta contre ces réclamations. Le roi, qui voulut intervenir pour concilier les deux partis, fut accusé, en face, de connivence avec l'étranger. Il se retira injurié de la diète; des rigueurs atroces contre les dissidents furent votées par la noblesse, affectant le zèle religieux pour exclure les ennemis du gouvernement et de la patrie. Des confédérations, sorte d'anarchies armées, dernière raison des Polonais dans leurs querelles, se formèrent. La Suède, la Prusse, la Russie, s'armèrent pour la cause, juste au fond, des confédérés dissidents, qui ne demandaient que l'égalité politique pour les sectateurs de toutes les communions (1767).

Radziwil, chef des nobles catholiques intolérants, fut nommé par cette aristocratie maréchal d'une confédération armée; il éleva pouvoir contre pouvoir, dans son palais de Varsovie, en face du roi Poniatowski. Les Russes, campés près de Varsovie, enlevèrent le tribun de cette confédération, l'évêque de Cracovie. Radziwil réclama le prisonnier; Poniatowski lui-même intervint pour obtenir réparation de l'outrage. Le prince Repnin, commandant des forces russes, refusa de le rendre, et l'envoya, avec quelques autres agitateurs, au fond de la Russie, où ils subirent six ans d'exil. Les ministres de Prusse, de Suède, de Danemark, d'Angleterre, soutinrent la violence de Repnin, à la fois ambassadeur et général en Pologne : Repnin affectait d'effacer le roi lui-même dans sa capitale. Poniatowski, moins roi que client des Russes, vivait en captif dans son palais, méprisé d'un des partis, haï de l'autre, odieux à tous.

Les plans de partage se délibéraient ouvertement entre le roi de Prusse et Catherine, sous prétexte d'étouffer cette perpétuelle anarchie. Le duc de Choiseul, qui gouvernait alors en France, ministre plus spirituel que résolu, crut obvier à ce partage en suscitant les Turcs contre la Russie : « Je vois avec peine, lit-on dans sa dépêche à M. de Vergennes, son ambassadeur à Constantinople, se former dans le Nord une ligue qui deviendra formidable pour la France. Le moyen le plus certain de rompre ce plan, et peut-être de renverser de son trône usurpé l'impératrice Catherine, serait de lui susciter une guerre; il n'y a que les Turcs à portée de nous rendre ce service. Si vous espérez pouvoir y parvenir, si vous le croyez possible, on vous fera passer tous les secours en argent qui seront nécessaires. »

XVI

Le divan n'eut pas besoin des incitations et des subsides de la France ; son antique amitié pour la Pologne, qui avait vécu tant de siècles sous le patronage ottoman, lui suffisait. Il offrit ses armées au roi de Pologne Poniatowski contre les Russes et les Prussiens coalisés. Ce roi timide les refusa, sous prétexte que les frontières et l'indépendance de son royaume n'étaient point menacées. Ce refus de complaisance pour Catherine ajourna la guerre.

Catherine profita de cette prolongation de la paix pour promulguer un nouveau code. Ce code, extrait des écrits de Montesquieu, fut présenté et discuté en présence de tous les députés des peuplades nombreuses et diverses de l'empire.

« Qu'avons-nous besoin de code écrit? dit un Samoyède au nom des pasteurs errants de sa nation; nous faisons paître paisiblement nos *rennes*. Faites des codes contre nos voisins et contre vos gouverneurs russes, pour arrêter leurs exactions et leurs brigandages. »

On parla d'affranchir les paysans serfs. La noblesse, propriétaire d'hommes, s'émut ; les paysans, agités par le mot de liberté, fermentèrent. Catherine comprit le péril d'une idée neuve et juste présentée aux espérances des uns, aux terreurs des autres ; elle se hâta de dissoudre ce congrès national, qui commençait à sentir trop sa force et son droit pour la sûreté du despotisme. Elle se borna à se faire proclamer, par ses sujets ainsi représentés, *la Mère de la patrie!*

Frédéric le Grand, qui la flattait tout haut, après l'avoir caractérisée tout bas si sévèrement, lui écrivait : « L'histoire nous apprend que Sémiramis commandait des armées ; la reine Élisabeth d'Angleterre est comptée au rang des grands politiques ; Marie-Thérèse d'Autriche a montré qu'une femme pouvait être un héros au commencement de son règne : mais aucune femme n'avait jusqu'à vous été législatrice ; cette gloire était réservée à Catherine II. »

Louis XV seul, parmi les rois, professait ouvertement son mépris pour elle. « Le roi, écrivait le duc de Choiseul, méprise trop profondément et la princesse qui règne sur la Russie, et ses sentiments et sa conduite, pour s'inquiéter de la haine de cette princesse contre nous. Il pense que la haine d'une telle femme est plus honorable que son amitié. »

Le ministre français lui refusait, le plus longtemps possible, ce titre d'impératrice qu'elle ambitionnait pour s'égaler par le nom aux souverains qu'elle égalait en puissance.

XVII

Cette haine et ce mépris des étrangers, instruits des crimes par lesquels elle était parvenue à l'empire, fermentaient encore dans le cœur de quelques Russes. Un officier nommé Tschologlokof, neveu de ce Skawronski que la servante de Livonie, devenue tsarine, avait reconnu pour son frère, résolut de venger le meurtre de l'empereur et d'Ivan. Il attendit trois fois Catherine, dans un couloir obscur du palais qu'elle traversait habituellement, pour l'assassiner. Il avait confié son fanatisme à un de ses camarades, qui le révéla à Orlof. Orlof le surprit le poignard à la main, et le traîna aux pieds de Catherine. Elle affecta la magnanimité, et se contenta de le reléguer, pour le reste de ses jours, aux extrémités de la Sibérie.

C'est à cette époque de son règne qu'elle offrit au philosophe français d'Alembert l'emploi de gouverneur de son fils, le jeune Paul Pétrowitz. D'Alembert refusa, non, comme on l'a écrit, par répugnance morale contre une cour dépravée, mais par fidélité de cœur aux attachements qui le retenaient à Paris. Il préféra la médiocrité philosophique et l'amitié d'une femme au luxe et aux vanités d'une cour. Le grand déclamateur Diderot, appelé à Pétersbourg pour donner des leçons de philosophie et de législation à Catherine, fut moins sage que d'Alembert ; il accourut à l'invitation de l'impératrice. Elle feignit de l'écouter quelques jours en disciple ; mais elle aurait donné elle-même des leçons de gouvernement à l'ami enthousiaste et utopiste de J.-J. Rousseau. Elle renvoya ce philosophe à ses rêves, comblé de ses bienfaits. Elle ne voulait que flatter en lui la littérature et la philosophie françaises, qui dispensaient la renommée en Europe.

Sa correspondance avec Voltaire, esprit plus juste et plus politique que Diderot et J.-J. Rousseau, atteste en elle un génie pratique de gouvernement qui n'avait rien à emprunter à ces philosophes que la popularité et la gloire. C'est pour mériter l'estime de ces dispensateurs de la renommée qu'elle fit voyager dans ses vastes États des savants, chargés de faire la géographie des terres et l'enquête morale des différentes races qui les habitent. Elle fonda et dota alors, à l'imitation de Frédéric à

Berlin, les académies de Pétersbourg. Elle introduisit la première *l'inoculation* dans ses États, et en fit l'épreuve sur son propre fils ; elle se fit inoculer elle-même avant de tenter l'épreuve sur le tsarewitz. Orlof imita sa souveraine.

« Le grand maître de l'artillerie, écrivait-elle à Voltaire, le comte Orlof, ce héros qui ressemble aux anciens Romains des beaux temps de la république, dont il a le courage et la générosité, est allé à la chasse le lendemain de l'opération, dans une épaisse neige. »

Orlof, de tous les Romains, ne rappelait que le licencieux et heureux Antoine.

XVIII

La déclaration de guerre de la Turquie la surprit dans l'œuvre de ces améliorations intérieures. Les confédérés polonais catholiques avaient osé attaquer ou du moins harceler les Russes, campés auprès de Varsovie. Ils invoquaient cette fois le divan à leur secours. Le sultan fit marcher trois cent mille hommes vers la Pologne. Les armées russes couvrirent les frontières de l'empire, depuis Azof jusqu'à Chokzim. Au premier combat sous les murs de cette place, le général de Catherine, le prince Galitzin, fut précipité dans le Dniester par les Ottomans. Les confédérés polonais de Bar, en s'unissant en ce moment aux Ottomans, auraient facilement purgé leur patrie de l'occupation des Russes. La France, dont ils imploraient les subsides, leur refusa l'or nécessaire à l'armement du pays.

Frédéric, saisissant l'heure avec l'instinct du guerrier et de l'ambitieux, envoya le prince Henri, son frère, à

Pétersbourg sous prétexte d'hommages et de fêtes, mais en réalité pour négocier le démembrement de la Pologne. Les fêtes babyloniennes que Catherine donna au prince de Prusse, dans son palais de *Tzarko-zélo*, ne furent que le voile éblouissant de l'intrigue politique.

« J'épouvanterai la Turquie, dit-elle textuellement au prince ; je flatterai l'Angleterre : chargez-vous d'acheter l'Autriche pour qu'elle assoupisse la France, son alliée actuelle. »

Frédéric avait prévenu les conseils de l'impératrice en séduisant le téméraire et léger Joseph II, empereur d'Allemagne, par l'appât d'une partie de la Pologne. On détermina d'avance les parts à Tzarko-zélo; on devait les déchirer plus tard. C'était assez pour l'impératrice d'avoir, pour le moment, désintéressé l'Europe entière de toute opposition à ses manœuvres en Pologne et à sa guerre contre les Turcs. Son vice-roi, Poniatowski, déclara lâchement, au nom des Polonais, la guerre aux Turcs qui versaient leur sang pour sa cause.

L'armée ottomane, deux fois victorieuse sur le Dniester et en Pologne, reflua, après dix mois de combats, en Moldavie. Pendant que son nouveau général, le célèbre Romanzow, la refoulait sur le Pruth et sur le Danube, Catherine, avec la tolérance de l'Angleterre, de la France et de l'Espagne, faisait sortir du golfe de Finlande, contourner l'Océan et entrer dans la Méditerranée deux flottes commandées par les deux frères d'Orlof, pour insurger et envahir le Péloponèse et les îles grecques de l'Archipel.

Nous avons révélé, dans l'*Histoire de la Turquie*, les intrigues fomentées en Grèce par les Orlof pour l'arracher à l'empire ottoman. La Valachie et la Moldavie, occupées par Romanzow deux fois vainqueur, trempaient dans l'insurrection des Grecs contre les conquérants de

Constantinople. Expulser les Ottomans de l'Europe, et replanter à Byzance l'étendard d'une souveraineté chrétienne par la main et pour la toute-puissance des Slaves, était la pensée traditionnelle des vieux Russes. Cette pensée, transmise à Catherine II par le maréchal Munich, avait couvé dans l'âme vaste mais inexpérimentée des Orlof. Catherine y avait souri, comme à une de ces perspectives illimitées qui s'ouvrent à l'horizon des jeunes empires. Elle pressait à la fois l'empire ottoman par la Tartarie, par la Bulgarie et par la Morée.

L'aveugle Europe semblait se complaire dans son indifférence ou dans sa complicité devant l'étreinte de l'Orient par la Russie. La rade de Tschesmé, où deux amiraux anglais, sous les ordres des deux Orlof, incendièrent la flotte des Turcs, porta la terreur à Constantinople ; la réverbération de cet incendie commença à éclairer l'Europe sur les desseins de la Russie. Catherine, dans l'ivresse de sa victoire, en attribua faussement la gloire aux frères de son favori, et fit construire un palais et une ville pour en immortaliser le souvenir. (Juillet 1770.)

Alexis Orlof, laissant l'escadre russe à Paros, vint triompher en personne à Pétersbourg. Il en repartit bientôt, comblé d'honneurs et de dons par l'impératrice, pour aller, disait-il, conquérir l'Archipel et l'Égypte. En passant par Vienne, il eut la sinistre indiscrétion de raconter à table les détails de l'assassinat de Pierre III, étouffé par sa propre main. Il se plaignit des nécessités de la politique, qui exigeaient de tels services d'un homme aussi peu sanguinaire que lui. Les auditeurs frémirent d'horreur : nul ne se doutait qu'il allait bien mériter de sa maîtresse par un service plus lâche et plus perfide encore que le meurtre de son souverain.

XIX

L'impératrice Élisabeth avait eu de son union secrète, mais légitime, avec le soldat aux gardes Alexis Razomouski, une fille élevée sous le nom de princesse Tarakonof. Cette jeune princesse, d'après les traditions russes, pouvait, à défaut d'Ivan, prétendre légalement à la couronne. Elle n'avait que quinze ans en 1771 ; sa beauté rappelait le sang de la première Catherine ; son âge, sa candeur, son innocence, les grâces naïves de son esprit, éloignaient d'elle tout soupçon d'autre ambition que celle de l'amour. Une gouvernante, choisie parmi les étrangères qui élevaient ordinairement la noblesse russe, était chargée de sa maison et de son éducation. Rien ne transpirait au dehors de cet intérieur mystérieux que la naissance illustre de l'orpheline, ses charmes et ses précoces vertus. C'était le temps où Catherine faisait violence par ses armes à la Pologne, la contraignait à subir le joug des Russes par la main de son ancien favori, le faible roi Poniatowski. Le prince Radziwil, Polonais révolté, comme on l'a vu, contre Poniatowski, et chef de la confédération des catholiques dissidents contre les Russes, chercha, dans son imagination romanesque de Sarmate, le moyen de se venger et peut-être de se grandir jusqu'à un trône, en jetant un élément de compétition dynastique parmi les Russes. Il parvint, à force d'or et d'intrigues, à faire enlever la fille d'Élisabeth à Pétersbourg et à la conduire à Rome, en lui promettant de l'épouser, et de la ramener en Russie avec l'appui des Polonais catholiques pour y revendiquer l'empire usurpé. Mais déjà l'aventurier Radziwil, vaincu et proscrit après la confédération dissoute en Pologne, n'avait plus à offrir en réalité à l'orpheline que le partage de sa proscription et de sa misère dans la capitale du monde chrétien. Il y vivait des débris de son opulence passée et de la vente successive des diamants de sa maison.

L'impératrice Catherine, inquiète de l'existence d'une jeune fille que la passion du peuple russe pour le sang de Pierre le Grand pouvait substituer à Ivan, tenta la cupidité de Radziwil. Elle lui fit offrir la restitution de ses immenses domaines dans sa patrie, s'il voulait se servir de son ascendant sur la princesse pour la ramener en Russie et la livrer à la merci de Catherine. Radziwil ne consentit qu'à la moitié de la perfidie qu'on lui proposait : il promit d'abandonner à son sort la princesse, mais il refusa d'être l'instrument de sa captivité. A ce prix il rentra dans sa patrie, dans ses biens et dans la faveur de l'impératrice. Alexis Orlof se chargea du reste.

XX

A peine Alexis Orlof avait-il rejoint la flotte russe, qui, en revenant de l'Archipel, avait relâché à Livourne, qu'il s'occupa d'attirer la fille ingénue d'Élisabeth dans le piége mortel où il s'était chargé de la surprendre et de la livrer. De concert avec lui, des intrigants italiens, masqués en officiers de la marine russe, se rendirent à Rome, et parvinrent, sous prétexte de dévouement au sang de leur empereur, à s'introduire dans le palais de la jeune fille. Ils l'entretinrent avec d'hypocrites confidences du prétendu complot qui se tramait partout en Russie, dans le peuple, dans l'armée, dans la flotte, pour précipiter du trône l'infâme Catherine, étrangère à l'empire, et pour y replacer la fille du tsar. Ils finirent par lui insinuer, dans des confidences plus perfides, qu'Alexis Orlof lui-même, aigri par l'ingratitude de Catherine, avait résolu de se venger de l'impératrice, en accomplissant contre elle la révolution qu'il avait accomplie à regret contre Pierre III. La main de la princesse était le prix mis par Alexis Orlof à cette défection.

Les manœuvres et les illusions de Radziwil n'avaient que trop préparé la fille d'Élisabeth à ces perspectives de trône ; elle croyait les Russes impatients de couronner en elle l'héritière de Pierre le Grand. Le don de son cœur et de sa main au sujet courageux qui lui donnait en retour l'armée et la flotte ne paraissait pas à sa gouvernante et à elle-même un prix supérieur à un empire. Alexis Orlof reçut d'elle l'autorisation de venir secrètement à Rome conférer des plans ainsi préparés. Non content de flatter par ses respects l'orgueil et l'ambition d'une enfant, il enivra son cœur inexpérimenté de l'apparence d'une passion qui effaçait l'horreur de ses crimes. Un mariage sacrilége, célébré par des bandits subalternes déguisés en prêtres grecs, convainquit l'orpheline qu'elle était l'épouse de celui dont elle allait être la victime.

XXI

Aussitôt après la fameuse cérémonie des noces, Orlof, persuadant sans peine à son épouse qu'elle serait plus en sûreté en Toscane qu'à Rome contre les agents de Catherine, la conduisit à Pise, où il lui avait fait préparer un palais et choisir des serviteurs vendus à ses desseins. Il l'entoura, pendant quelques semaines, de tous les respects et de toutes les fêtes d'une petite cour. Le peuple de Pise et des campagnes voisines, convaincu par ces apparences de la présence d'une impératrice de Russie dans ses murs, se précipitait sur ses pas dans les courses fréquentes qu'elle faisait jusqu'à Livourne, port opulent de la Toscane, voisin de sa résidence à Pise. L'amiral de l'escadre russe, Greig, le consul d'Angleterre et sa femme, la recevaient au consulat en souveraine plutôt qu'en exilée. Tout concourait à lui dérober le piége sous les respects et sous l'amour. On lui persuadait que les matelots et les soldats même de la flotte russe, mouillée dans la rade, brûlaient de saluer en elle le sang des tsars, et qu'ils n'attendaient que sa présence pour faire éclater leur fidélité.

Le jour fut enfin choisi pour cette apparition de la princesse sur l'escadre. Orlof ordonna tout pour la tragédie qu'il avait conçue. Après une fête chez le consul d'Angleterre, à laquelle l'amiral Greig, son épouse, Alexis Orlof et ses principaux officiers avaient assisté, on conduisit cérémonieusement la princesse, revêtue de ses plus riches parures, au rivage, à travers des flots de peuple curieux. Des chaloupes pavoisées y reçurent la fille d'Élisabeth, Orlof, l'amiral, le consul anglais, les femmes et leur suite. Les chaloupes, suivies par les regards et les acclamations de la foule, voguèrent, au bruit des salves du canon, vers le vaisseau amiral. Hissée à bord dans une espèce de trône, la princesse touche à peine le pont, que la scène change au signal d'Orlof. On repousse au large les chaloupes, on charge de menottes et de fers les mains et les pieds de la princesse, on lui déclare qu'elle est désormais sur le sol russe, et prisonnière de celle dont elle affectait tout à l'heure le trône; on la descend ainsi enchaînée dans un cachot de l'entre-pont. Elle invoque en vain par ses cris et par ses larmes le secours d'un époux qu'elle ne peut croire complice : Orlof ne daigne pas même répondre à ses gémissements, et fait voile à l'instant avec sa proie pour la Russie.

Arrivée à Pétersbourg, la fille des tsars fut enfermée dans la forteresse, et traitée en criminelle d'État par Catherine. Elle y languit six ans, jusqu'au mois de décembre 1777, où les eaux débordées de la Néwa, refoulées par la mer, s'élevèrent au-dessus du soupirail qui lui donnait le jour, et la noyèrent dans son cachot.

XXII

Pendant cette expédition maritime d'Alexis Orlof dans l'Archipel, les Russes, tour à tour vainqueurs et vaincus sur le Danube, n'avaient pu franchir la Bulgarie. Le khan des Tartares de Crimée, auxiliaire constant des Ottomans, défendait héroïquement les lignes de Pérékop. Le prince Dolgorouki, à l'exemple du maréchal Munich quarante ans auparavant, franchit ces lignes, défendues en vain par une fosse de quatre-vingts pieds de profondeur et de quarante de largeur. L'armée tartare recula devant celle de Dolgorouki jusque sur les terres de la Turquie. L'empereur d'Autriche Joseph II, effrayé des progrès des Russes, promit ses secours et ses armes au sultan Mustafa dans une convention secrète, à condition que les Ottomans payeraient les frais de la guerre commune. Le divan paya à la cour de Vienne le premier terme du subside de cinq millions de francs. Ce subside, honteusement détourné de son emploi par Joseph II, servit à solder le contingent des troupes que ce souverain inconsidéré prêta bientôt à Catherine contre les Turcs.

XXIII

La peste, communiquée par les Turcs aux Russes à Bender, se propageait jusqu'à Moscou. L'archevêque, poursuivi jusqu'au pied des autels par une populace fanatique qui l'accusait d'avoir fait enlever une image miraculeuse de saint Nicolas, avait été massacré dans les rues de Moscou. Grégoire Orlof accourut rétablir l'ordre et rendre le sang-froid à cette ville, où le vertige de la peur s'ajoutait aux calamités de la contagion. Cent mille habitants jonchaient les rues et les campagnes de cadavres. Un linceul de neige couvrit tout, et l'hiver purifia l'atmosphère. Orlof, à son retour à Pétersbourg, fut reçu par sa maîtresse en triomphateur des éléments.

La Pologne palpitait encore sous l'armée russe ; un noble Polonais, Poulawski, homme intrépide mais sans scrupule, commandait la nouvelle confédération des patriotes. Il ordonna à trois de ses officiers d'enlever le roi Poniatowski de Varsovie, même au risque de l'assassinat, si l'assassinat était nécessaire.

Le dimanche 3 septembre 1771, le roi, après un dîner chez le prince Czartorisky, son oncle, rentrait à Varsovie avec une suite de quatorze serviteurs et de son aide de camp. Il approchait de son palais, quand des coups de feu, tirés à bout portant par des hommes à cheval, percèrent de balles sa voiture. Un de ses heiduques tomba mort à ses côtés ; le reste de sa suite s'évada. Un coup de pistolet tiré sur le roi perça son chapeau et effleura sa tête ; un coup de sabre lui balafra le visage. Traîné par le pan de son habit à travers l'obscurité des rues, Poniatowski fut à la fin contraint de monter un des chevaux de ses assassins, pour ne pas retarder leur course. Le cheval tomba en franchissant le fossé qui sépare le faubourg de la campagne ; le roi eut le pied foulé sous le corps du cheval ; on lui en donna un autre ; on lui arracha ses décorations et ses diamants. Abandonné en cet état à sept des conjurés, sous les ordres d'un officier de la confédération nommé Kozuisky, il erra une partie de la nuit avec eux et au hasard dans les ténèbres. Aux premières lueurs du jour, les conjurés reconnurent qu'ils s'étaient égarés dans les routes de la forêt de Varsovie, et qu'ils étaient encore aux portes de la ville. Des cavaliers russes couraient la campagne. Les conjurés s'enfuirent au galop, laissant le roi blessé seul avec Kozuisky. Le roi, menacé de mort par son unique gardien, parvint à l'attendrir : Kozuisky, transformé d'ennemi en protecteur, tomba aux pieds de Poniatowski, lui demanda sa grâce, et le porta dans un moulin voisin, d'où le roi envoya, par un paysan, un billet à son capitaine des gardes.

On le croyait mort dans la capitale. Le bruit des coups de feu, le cadavre de l'heiduque, le sang qui tachait la voiture, le chapeau du roi percé d'une balle, trouvé dans la boue, tout semblait attester un assassinat consommé. Son retour parut une résurrection ; Varsovie et le parti russe l'accueillirent avec des délires de joie. Les assassins, découverts, périrent sur l'échafaud. Kozuisky, protégé à son tour par le roi, qu'il avait sauvé, reçut dans l'exil la punition de son crime, et dans une fortune le prix de son repentir.

XXIV

Les prétextes d'intervention et de démembrement, multipliés par de telles anarchies à Varsovie, décidèrent Catherine à faire la paix avec les Ottomans, pour concentrer son ambition sur la Pologne. Grégoire Orlof dut aller la négocier à Fokzani ; Romanzof continua tout à la fois la négociation et la guerre à Bucharest.

Orlof, averti par ses affidés d'une nouvelle passion de l'impératrice, accourut sans ordre à Pétersbourg pour perdre son rival, ou ramener à son joug impérieux son ingrate souveraine. Depuis longtemps ce joug pesait à Catherine. Son ministre Panin, sans cesse entravé ou dominé par l'impérieux Orlof, épiait l'heure du refroidissement entre la souveraine et le favori. Catherine, souvent humiliée des infidélités et des brutalités de son complice, croyait ne pouvoir congédier sans péril celui qui l'avait élevée à l'empire, et qui ne pouvait lui-même avoir de sûreté contre le supplice qu'à l'abri de son trône. D'ailleurs, le fils qu'elle avait d'Orlof, Babrinsky, était un lien vivant qui l'attachait encore au père. Souvent on la surprenait versant des larmes en embrassant cet enfant, dont les traits lui rappelaient ceux d'Orlof.

Un jour, surprise par Orlof lui-même dans un de ces retours de tendresse vers le passé, elle s'humilia jusqu'à lui proposer de l'épouser en secret, pour l'enchaîner à jamais à elle. Orlof, plus offensé qu'attendri par cette offre, lui répondit avec hauteur qu'une union secrète était une insulte, et qu'il se croyait assez grand pour porter publiquement le titre de son époux, ou assez fier pour le dédaigner. Cette réponse décida Catherine à extirper de son cœur les restes de sa tendresse pour un homme qui aspirait à sa couronne plus qu'à son cœur.

Ce fut peu de jours après cet entretien qu'Orlof partit pour aller traiter des préliminaires de la paix avec le grand vizir à Foksani. Panin et les ennemis du favori profitèrent de son éloignement pour insinuer à l'impératrice qu'Orlof, en se chargeant lui-même de cette pacification, ne songeait à rien moins qu'à se créer un empire indépendant, en se faisant accepter des deux empires comme souverain intermédiaire de la Moldavie et de la Valachie. Cette supposition ne dépassait pas les rêves ambitieux d'Orlof : celui qui avait tant obtenu de la fortune se croyait le droit d'en espérer davantage.

Mais un regard de l'impératrice sur un jeune sous-lieutenant de ses gardes, nommé Wasilikof, fut plus persuasif que les insinuations de ses ministres. Wasilikof était d'une beauté et d'une stature qui rappelaient la jeunesse d'Orlof. Placé sans cesse sous les yeux de Catherine, comme pour nourrir son inclination naissante, par l'ennemi des Orlof, l'astucieux et féroce Bariatinsky, le sous-lieutenant fut élevé en peu de jours jusqu'au rang de chambellan intime de l'impératrice. Il parut aux yeux de toute la cour avoir hérité de tout l'amour dédaigné par Orlof; mais le génie manquait au nouveau favori pour nourrir la tendresse d'une femme que la beauté seule ne suffisait pas alors à séduire.

Orlof cependant, averti par ses amis d'une faveur qui menaçait d'effacer la sienne, partit sans ordre de Fokzani, et accourut à Pétersbourg pour gourmander sa souveraine et pour écraser son rival. Catherine, instruite de son retour et intimidée de ses violences, ordonna de lui refuser l'entrée de la ville, de doubler la garde du palais, et de placer des sentinelles à la porte de l'appartement de Wasilikof. Orlof, arrêté par cet ordre aux portes de la ville, reprit, frémissant, la route de Gatchina, une de ses maisons de campagne. Le comte Tzernitcheff, son ennemi, vint, au nom de l'impératrice, lui demander la démission de ses emplois. Il marchanda fièrement son obéissance : on lui en paya le prix par des domaines, par des trésors et par des pierreries dignes d'un satrape du Nord. Le titre de prince de l'empire, une terre de six mille paysans, une vaisselle d'argent somptueuse, une pension de cinq cent mille francs, le décidèrent à voyager quelques années loin de sa patrie. Il alla étonner la France, l'Angleterre, l'Italie, par des magnificences qui effaçaient celles des rois, mais qui laissaient d'autant plus lire sur son nom la tache de sang dont il les avait achetées. Le remords commença en lui avec la disgrâce. L'agitation de son âme en présageait l'égarement.

XXV

Les hostilités avec les Ottomans avaient cessé partout, excepté en Crimée et sur la mer Noire. L'heure d'annexer à l'empire les premiers lambeaux de la Pologne était propice. Frédéric le Grand se chargea d'endormir et de coïntéresser au partage l'imprévoyant et vaniteux empereur d'Allemagne, Joseph II. Ce prince, héritier de la politique de Vienne, était fier surtout de braver les scrupules de la probité politique. Il aurait rougi d'être moins immoral et moins perfide que le modèle de tous les vices des rois, le grand Frédéric.

Une entrevue à *Neiss*, en Silésie, entre ces deux souverains, décida le démembrement à bénéfice commun. Le vieux prince de Kaunitz, oracle de la cour de Vienne, applaudit à la fermeté d'esprit de son élève, qui n'hésitait pas devant un crime d'État utile à sa monarchie. L'âme machiavélique du grand Frédéric avait perverti autour de lui l'Allemagne, la Russie, l'Europe entière. Les succès de la Prusse par la fraude et par la violence corrompaient l'esprit des rois et des peuples. Rien n'est plus funeste aux nations que ces grands scandales permis par la Providence, où la fortune se range en apparence du parti de l'iniquité. Frédéric avait fait de la Prusse le démenti vivant de la moralité politique, et l'encouragement des princes ambitieux, par l'exemple au larcin, à l'astuce et à la conquête. Voltaire, les philosophes, les historiens, les poëtes de la France, l'absolvaient au nom de la gloire, comme ils absolvaient Catherine au nom de la civilisation. Les lettres se faisaient complices de la perversité des cours; il ne restait pas même aux peuples la voix pour protester. C'est le crime des lettres au dix-huitième siècle.

XXVI

A peine le roi de Prusse et Joseph II avaient-ils concerté avec Catherine leurs mesures à Neiss et à Neustadt, que l'empereur d'Autriche, infidèle aux Turcs, perfide aux Polonais confédérés, fit entrer ses troupes en Pologne, sous prétexte d'aller secourir ceux qu'il venait enchaîner. Lorsque plus tard les États de Brabant se séparèrent de l'empire d'Autriche, pouvait-on plaindre un prince qui avait commencé sa mission de réformateur de l'Allemagne et de la Belgique par une si lâche et si astucieuse duplicité? Les confédérés, étonnés, se dispersèrent devant lui, abandonnant leur patrie à son sort, et allant agiter vainement l'Europe de leurs éternelles récriminations.

Le ministre de Joseph II se chargea de présenter le premier, au roi et au sénat de Pologne, l'arrêt de la dégradation de leur patrie. Le manifeste de la Russie et celui de la Prusse se jouaient des mots et de la pudeur en notifiant aux Polonais l'acte de partage signé d'avance à Pétersbourg. Ces manifestes étaient en même temps l'acte d'accusation, malheureusement le mieux mérité, contre les éternelles agitations d'un peuple qui ne laissait de repos ni à lui-même ni à ses voisins. Pour comble d'humiliation, la diète polonaise, à laquelle on demandait d'approuver et de ratifier elle-même le démembrement de sa patrie, vota, à une immense majorité, la spoliation des trois puissances (1772).

Quelques patriotes seuls osèrent reprocher au roi Poniatowski sa condescendance aux vœux de son ancienne maîtresse.

« Je suis las de vous entendre, leur répondit le roi découragé. Le partage de notre malheureux pays est la conséquence de votre ambition, de vos dissensions, de vos brigues éternelles, de votre appel incessant aux étrangers dans vos querelles. N'attribuez vos malheurs qu'à vous-mêmes! Pour moi, quand il ne me resterait qu'autant de terrain que ce chapeau peut en couvrir, je serais encore aux yeux de l'Europe votre légitime et malheureux roi. »

Par ce premier partage, œuvre de Catherine et de Frédéric, ces deux idoles de la philosophie corrompue du siècle, la Russie s'adjugeait trois mille quatre cents lieues carrées du sol polonais; l'Autriche, deux mille sept cents lieues carrées; la Prusse, mille lieues carrées. Cinq millions d'âmes, attachées à ce sol, troquées, vendues, distribuées à la merci des copartageants, passaient de la liberté à la servitude et d'une nationalité à une autre comme de vils troupeaux.

L'Europe se taisait devant ce communisme en action des cours, complice du moins par sa lâcheté et par son silence. Les Polonais, si souvent punis de leur versatilité, devinrent intéressants par leurs malheurs. Cette tyrannie ralluma en eux le génie de la liberté, pour laquelle ils surent mieux mourir qu'ils n'avaient su vivre.

XXVII

Aussitôt après ce partage, Catherine, reprochant à Romanzof son inactivité sur le Danube et ses revers devant Silistrie, écrivit à son général que les Romains ne s'informaient jamais du nombre, mais de la place où étaient leurs ennemis. Elle écrivait en même temps à Voltaire des sarcasmes contre les sultans Mustafa et Abdul-Hamid, ses ennemis.

Voltaire, dans ses réponses, l'encourageait aux conquêtes sur l'empire ottoman, comme il l'avait encouragée à la spoliation de la Pologne. Ce grand esprit se laissait éblouir par la gloire du nouvel empire surgissant dans le Nord sous le génie d'une femme. Il n'entrevoyait pas encore la monarchie universelle de la Moscovie dans le refoulement des Turcs et dans l'affaiblissement de l'Allemagne. Il écrivait, pour complaire à Catherine, la première histoire de Russie sur les documents fournis par l'impératrice.

La paix de Schumla ou de Kainardji, signée sur un tambour par Romanzof et par le kyaïa du grand visir, cédait à la Russie la libre navigation de la mer Noire jusqu'à la mer ottomane, Azof, Taganrok, Kilburn, et l'indépendance nominale de la Crimée, premier pas vers sa prompte vassalité aux Russes. L'Orient, par cette paix, s'ouvrait au commerce de la Russie ; l'Ukraine polonaise la rapprochait de plus du Danube, pour peser de plus près sur Constantinople ; l'incorporation des Cosaques de l'Ukraine lui donnait une innombrable cavalerie légère, pour contre-balancer les Tartares encore insoumis (1774).

La migration en masse de six cent mille Kalmouks errants, qui leva inopinément ses tentes et qui s'enfuit avec ses troupeaux à travers sept cents lieues vers la Chine, pour y chercher un joug plus paternel, compensa un peu les bénéfices de cette paix.

Catherine les redemanda à l'empereur de la Chine.

« Je ne suis pas un prince assez injuste, répondit l'empereur de la Chine, pour livrer des peuples du même sang que moi aux étrangers, ni un père assez dénaturé pour repousser des enfants qui rentrent dans le sein de leur famille. Je n'ai appris la fuite des Kalmouks que par leur arrivée dans mes États ; je me suis empressé alors de leur rendre les parages qui leur ont anciennement appartenu. Ne vous plaignez pas d'eux, mais plaignez-vous de vos officiers, qui ont osé porter la main sur la barbe de leur khan et faire battre de verges leurs vieillards. »

XXVIII

Orlof, instruit sans doute de l'affaiblissement de la passion de Catherine pour Wasilikof, reparut tout à coup, sans être attendu, à Pétersbourg. A son retour, Wasilikof, congédié après vingt-deux mois de faveur, fut éloigné avec le titre et les trésors dont l'impératrice consolait ses favoris. On croit qu'elle voulut faire apparaître Orlof comme une menace devant les partisans du grand-duc son fils, qui conspiraient sourdement pour ce fils de Pierre III contre sa mère.

Sa première tendresse pour Orlof parut se ranimer plus vive par sa présence. Elle lui rendit toutes ses familiarités et tous ses honneurs ; elle ne lui refusa que l'exil de son premier ministre Panin, toujours gouverneur de Pétrowitz, son fils. Elle maria cet héritier présomptif du trône à la fille du landgrave de Hesse-Darmstadt, la princesse Wilhelmine, qui prit le nom de Nathalie Alexeïevna. La politique de la cour de Pétersbourg cherchait, déjà depuis trois générations, ses alliances de famille parmi les petites cours d'Allemagne : la parenté devait, avec le temps, devenir un lien pour la politique ; le patronage sur l'Allemagne était la lointaine ambition de la Russie.

Après ce mariage, qui émancipait le grand-duc de la tutelle de son gouverneur Panin, Orlof insista sur l'éloignement de ce ministre. Catherine ajourna encore cette condescendance à son ancien favori. Elle prit le prétexte de la politique pour s'y refuser ; son véritable motif était une quatrième passion couvée dans son cœur, et favorisée en secret par Panin. L'objet de cette passion était Potemkin. La révolte de Pougatchef suspendit pour quelque temps, en 1774, l'avénement de ce favori, destiné à devenir bientôt le prodige de la faveur et l'*Antoine* de la Cléopâtre russe.

LIVRE SIXIÈME

Les remords du meurtre de Pierre III semblaient peser plus sur les provinces que sur la capitale, sur le peuple que sur la noblesse. La conscience des nations despotiques est moins viciée dans les masses que dans les hauteurs. Catherine, flattée dans sa cour et dans son armée, était haïe aux extrémités de l'empire. Les moines et les paysans ne pouvaient croire à la réalité de l'assassinat de l'empereur; ils espéraient toujours qu'échappé par quelque protection divine au fer des complices de sa femme, ce prince, caché dans la solitude ou dans la foule, apparaîtrait, soutenu par la justice de sa cause et par la fidélité du peuple russe, pour redemander avec le trône la tête de ses assassins. Déjà plusieurs faux empereurs en Crimée, dans le Montenegro, province turque de l'Albanie, dans la province d'Oufa, fief des Woronsof, avaient profité de cette crédulité pour tenter de grandes impostures. Une mort prompte avait étouffé ces tentatives dans le sang des aventuriers.

Un autre aventurier avait été plus habile ou plus heureux. Ymélian Pougatchef, fils d'un simple Cosaque des rives du Don, était né à Simoweïsk, village de ces hordes. Cavalier dans l'armée de l'impératrice Élisabeth dans la campagne contre la Prusse, puis dans la guerre de 1769 contre les Turcs, déserteur en Pologne après le siége de Bender, recueilli par des ermites polonais, le hasard inspira à ces Polonais aventureux l'idée de susciter en lui une conspiration à Catherine, leur ennemie. Pougatchef leur racontait un soir que, pendant le siége de Bender, il avait été arrêté et considéré longtemps par un officier russe de la garde, qui lui avait dit : « Si l'empereur Pierre III n'était pas mort, je croirais le revoir en toi. »

Peu de jours après cet entretien, qui frappa d'étonnement les ermites, l'un d'eux, que Pougatchef n'avait pas encore vu au couvent, l'aborda en le saluant du nom de Pierre III. Cette seconde attestation de ressemblance avec l'empereur, rêvée par tant d'imaginations, ébranla l'imagination du Cosaque lui-même. Les insinuations des ermites firent le reste. Ils lui persuadèrent de revendiquer la couronne qui lui appartenait; ils le munirent de lettres de recommandation pour leurs frères de la même secte de fanatiques, répandus dans la petite Russie. Pougatchef y voyagea de cellule en cellule, reçu comme un prodige, caché comme un mystère; et, faisant marcher par ces ermites ambulants sa renommée devant lui, il parvint, tout accrédité déjà, au pays des Cosaques du Don, sa patrie. De là, dans la crainte d'être reconnu et puni comme déserteur, il passa sur les rives du fleuve Oural. Il y sema les premiers germes de son imposture, fut arrêté et emprisonné à Kasan.

Les popes de Kasan, crédules ou complices des ermites de Pologne, lui ouvrirent furtivement les portes de sa prison. Muni d'armes et d'or par eux, il descendit le Volga jusqu'à son confluent avec l'Irghis, remonta les bords de cette rivière, et s'enfonça dans les déserts. Il y trouva les Cosaques nomades, disposés à tout croire et à tout faire pour se venger du gouvernement de Catherine, qui voulait leur faire couper leurs barbes et qui rétrécissait les limites de leurs pâturages. Pougatchef, annoncé à eux par les moines d'Yaik comme un proscrit illustre qui les conduirait à la vengeance, les rejoignit dans les marais où ils fuyaient l'oppression des Russes, et se proclama hautement devant eux l'empereur Pierre III. échappé à ses assassins et cherchant en eux ses vengeurs. La crédulité des opprimés ne demande pas d'autres preuves qu'une fable qui les flatte. Ce titre lui donna en peu de jours une armée. Il assiégea Yaik, il emporta et brûla les forteresses de bois construites par les Russes, et défit les troupes envoyées contre lui par le gouverneur d'Orenbourg. Tchernitchef lui-même, cerné et pris par les Cosaques, fut massacré par les vainqueurs.

Le bruit de cette rébellion triomphante rallia aux premières bandes du faux empereur les Bachkirs et les Kirghis, autres castes de ces nomades belliqueux. Les paysans qui travaillaient aux mines de cuivre de l'Oural s'y rallièrent en masse; ils fondirent des canons et des boulets pour les rebelles. Dix mille Kalmouks désertèrent d'un coup le drapeau de Catherine, et passèrent aux Cosaques après avoir tué leurs généraux. Enfin les Polonais, exilés par l'impératrice dans les steppes de la Sibérie, accoururent en foule à l'armée de Pougatchef, et prêtèrent leur intelligence de la guerre et leur audace révolutionnaire à ce mouvement.

Le fanatisme religieux, dont Pougatchef leur avait emprunté le masque, consacrait sa cause aux yeux de la Russie. Vêtu en ermite et la croix d'évêque dans une main, le prétendu empereur de Russie affectait le mépris du monde et de ses grandeurs. Il abdiquait d'avance dans ses discours la couronne qu'il conquérait par ses armes; il jurait qu'il ne travaillait qu'à rétablir le grand-duc son fils sur le trône usurpé par une marâtre étrangère à la Russie. Ce désintéressement doublait sa popularité, en ralliant à sa cause tous les politiques de la cour qui avaient été déçus en croyant servir la cause d'un tsarewitz, et qui avaient malgré eux couronné une usurpatrice.

Moscou s'agitait au nom de Pierre III, ressuscité pour purifier la Russie de la tyrannie et de la corruption d'une femme odieuse aux vieux Russes. Cette capitale, dépourvue de troupes par le général Romanzof, attendait le rebelle dans ses murs pour le couronner. Pougatchef, en perdant les jours en hésitations, en débauches, en cruautés sur la route, donna le temps à Catherine de rappeler, pour couvrir Moscou, une partie de l'armée du Danube, devenue libre par la paix avec les Turcs. Six cents lieues de pays étaient déjà au pouvoir de ce compétiteur de l'empire; il battait monnaie et faisait frapper des médailles à son effigie, portant pour devise : Pierre III, empereur, *redivivus et ultor* (ressuscité et vengeur). Le premier choc de l'armée du Danube et de Pougatchef porta l'effroi dans le cœur de Catherine; son général Bébikof fut défait et tué dans le combat.

Le prince Galitzin, à la tête de l'armée ralliée, vengea Bébikof. Pougatchef, vaincu à son tour, se réfugia dans les montagnes inaccessibles de l'Oural, au milieu de ses partisans. Il en redescendit bientôt après, et fondit sur Kasan avec une armée plus nombreuse que la première; il brûla les faubourgs de cette Samarcande commerciale de la Russie. Il allait marcher de là sur Moscou, quand la présence du général Romanzof lui-même, avec cent mille vétérans des guerres ottomanes, l'arrêta. Panin, frère du premier ministre, s'avançait d'un autre côté. Pougatchef, cerné et affamé dans un bassin de montagnes, y combattit vainement en désespéré ; son armée fut décimée par le canon russe. Lui-même n'échappa aux fers qu'en repassant le Volga à la nage et en s'enfonçant de nouveau dans son désert natal, entouré de séides vaincus, mais non découragés.

La trahison seule pouvait le livrer à Catherine. Elle acheta trois traîtres parmi les Cosaques compagnons de Pougatchef. Un de ces barbares, dans la familiarité de la tente, dépeignit un jour à Pougatchef le découragement de ses amis, le désespoir de sa cause, l'impossibilité d'échapper longtemps aux Russes, qui rétrécissaient autour d'eux le cercle de leurs régiments. Il lui représenta qu'un traité, précédé d'une amnistie et garanti par des serments mutuels, était la seule chance de sauver leur vie et de recouvrer un jour leurs armes. Pougatchef, indigné, pressentit la trahison dans ces paroles ; il tira son poignard pour frapper le traître : les deux autres se jetèrent sur lui, le désarmèrent, l'enchaînèrent, le livrèrent, les mains liées derrière le dos, aux avant-postes du général russe. Panin le fit enfermer dans une cage de fer, et l'envoya ainsi en spectacle à Moscou. Son corps, décapité et coupé en quartiers, fut exposé sur les créneaux du Kremlin.

Ainsi s'évanouit, dans le sang de l'imposteur, une insurrection qui avait soulevé un quart de l'empire et coûté des flots de sang à la Russie.

11

L'apaisement de cette révolte rendit la sécurité à Catherine. Rien ne consolide autant un trône qu'un soulèvement vaincu. Orlof avait été soupçonné d'avoir suscité lui-même Pougatchef, pour faire sentir à l'impératrice la nécessité de s'appuyer sur le bras d'un soldat. Rien ne justifie une si odieuse et si périlleuse supposition de complicité dans Orlof; son nom était couvert d'autant d'imprécations que celui de Catherine dans les manifestes des rebelles; il était la première victime désignée à la vengeance des Russes. La cause du refroidissement de Catherine pour lui était tout entière dans un dégoût de femme, et non dans un soupçon d'impératrice. Il avait abusé des faiblesses et des docilités de l'amour; il voulait asservir quand il n'aimait plus. L'orgueil humilié avait fini par se révolter dans l'âme de l'impératrice. Depuis longtemps elle aimait mystérieusement le jeune Potemkin.

Les Potemkins étaient une famille polonaise, naturalisée en Russie et vivant dans une modique obscurité sur une petite terre seigneuriale des environs de Smolensk. Celui dont la Russie et l'Europe apprirent alors pour la première fois le nom était né dans cette résidence rurale de ses pères, en 1736. Élevé à Moscou dans les lettres, il s'y distingua par la promptitude de son intelligence et par sa passion pour la poésie, ce débordement de l'imagination dans les riches natures. De la poésie à l'héroïsme il n'y a que la distance du rêve à la réalité, dans les races primitives. Le jeune Potemkin rêva dès son adolescence des destinées démesurées à sa naissance; il se fit soldat, parce que l'épée est le talisman des hautes fortunes. La nature l'avait doué de cette mâle beauté qui attire les regards sur l'homme, et de l'homme sur le nom. Promu bientôt au grade d'officier dans les gardes à cheval, brave, enthousiaste, éloquent, supérieur de grâce et de génie à ses camarades, il ne tarda pas à être comme eux ébloui des charmes de la tsarine, attendri par ses malheurs, passionné pour sa cause contre les brutalités de son mari. Pressé d'évaporer dans quelques entreprises romanesques cette chaleur d'âme des Polonais, qui se répand dans tous les hasards, et qui en fait les premiers complices de toutes les révolutions, il entra avec ardeur dans la conjuration des casernes pour Catherine ; il fut l'âme et la voix des conciliabules soldatesques dans la nuit qui précéda la révolution.

Au moment où l'impératrice sortait de Pétersbourg pour marcher contre son mari, Potemkin ayant été envoyé par Orlof auprès d'elle pour lui demander un ordre, son cheval se cabra pour ne pas s'éloigner de celui de l'impératrice ; et, soit instinct de l'animal, soit adresse du cavalier, Potemkin attira longtemps ainsi l'attention et l'émotion de sa souveraine. Elle n'oublia jamais l'émotion de ce premier regard. Orlof n'était que l'Hercule, Potemkin était l'Antinoüs de la Russie. Il fut un des officiers de confiance envoyés le soir, de Péterhof à Oranienbaum, pour demander à l'empereur Pierre III l'acte de son abdication. Récompensé de son zèle dans la révolution par le grade de colonel et par une mission diplomatique en Suède, il revint à Pétersbourg, et fut introduit par les Orlof eux-mêmes dans le cercle étroit de militaires et de partisans qui charmaient les soirées du palais. Il y conçut dès lors pour cette femme séduisante une passion qui ne s'exprimait que par le culte silencieux des regards et du dévouement.

Les Orlof néanmoins en furent offensés. Grégoire et Alexis ayant un jour convié sous un faux prétexte le modeste adorateur à un entretien secret avec eux, le raillèrent cruellement sur ses prétentions au cœur de la souveraine ; et, dans une rixe qui s'éleva à ce sujet entre Potemkin et eux, Alexis Orlof et Grégoire Orlof lui crevèrent un œil d'un coup au visage. Ces barbares fils de strélitz se réconcilièrent néanmoins avec Potemkin, et ne soupçonnèrent pas la vengeance qui couvait sous l'oubli apparent de l'offensé. Catherine, informée par eux-mêmes de l'amour du beau Polonais et de l'accident qui avait puni son audace, affecta d'ignorer un amour qui lui inspirait une reconnaissance secrète. Il partit pour l'armée de Romanzof, décidé à chercher dans la mort l'oubli de la passion qui le consumait pour Catherine ; il n'y trouva que des occasions de s'illustrer contre les Turcs dans la longue guerre de Moldavie.

Instruit du déclin de faveur d'Orlof, il obtint d'être envoyé par Romanzof à Pétersbourg, pour apporter à Catherine la nouvelle de la victoire de Chokzim. Il espérait trouver le cœur de l'impératrice libre ; il le trouva occupé par l'insignifiant favori Wasilikof. Déçu dans ses espérances, il s'éloigna sans se plaindre de la cour, où le bonheur d'un autre offensait ses regards, et courut s'enfermer dans un monastère des environs de Pétersbourg, pour y ensevelir sa douleur. L'impératrice, affligée de son absence, en apprit la cause, le plaignit tout haut, et le rappela par des insinuations consolantes. Il s'obstina à ne pas les comprendre, se revêtit du costume des moines du couvent de Saint-Alexandre-Newsky, parut décidé à abjurer le monde, et poussa la dévotion désespérée jusqu'à la démence. Ce délire de la piété et de l'amour toucha le cœur de Catherine ; elle envoya sa confidente, la belle comtesse de Bruce, au couvent de Saint-

Alexandre-Newsky, pour rendre la raison avec l'espoir à Potemkin.

Le Polonais, jetant le froc, reparut à la cour, d'autant plus adoré de Catherine qu'elle avait plus longtemps refoulé cette passion dans son âme. Wasilikof, relégué à Moscou, céda l'empire à ce rival, arraché du cloître pour régner dans le cœur et dans le conseil de sa souveraine. Son ascendant absolu sur l'impératrice ressembla dès ce jour à un sortilége. Ce sortilége n'était que la perpétuelle agitation du caractère de ce favori, qui faisait tour à tour admirer, adorer, trembler, espérer Catherine, la traitant dans la même journée en idole ou en esclave. Mais Catherine, heureuse de son esclavage, lui sacrifiait tous ses rivaux. Orlof et Panin furent écartés. Potemkin régna ou par lui-même ou par des rivaux tolérés par lui jusqu'à sa mort.

Un mariage secret pouvait seul expliquer ces excès d'asservissement dans une femme impérieuse : on le supposa, sans en avoir jamais la preuve. Affectant dans le palais l'attitude, le costume négligé, la familiarité supérieure d'un époux sur une épouse docile, il levait, dans ses colères, la main sur sa maîtresse; il la punissait quelquefois par des absences obstinées de son appartement; il osait lui reprocher tout haut jusqu'au crime de son usurpation et de ses meurtres.

Un jour que l'impératrice l'avait envoyé plusieurs fois prier de venir assister dans sa chambre au conseil, et qu'il continuait à jouer aux dés avec ses familiers sans daigner répondre :

« Que faut-il que je dise à l'impératrice ? lui demanda respectueusement le chambellan.

» — Dites-lui, répondit insolemment le favori, qu'elle trouvera une réponse dans la Bible, au commencement du premier psaume :

« *Heureux l'homme qui n'a jamais assisté au conseil
des pervers!* »

La passion effrénée qu'il avait su inspirer, parce qu'il la ressentait lui-même, lui pardonnait tout. Il concentra dans sa seule main tous les ministères et tous les commandements d'armée. Ces scandales et ces honneurs ne retranchèrent rien à ses démonstrations sincères de piété presque ascétique. Il passait des heures au pied des autels ; il ne vivait, pendant les longs carêmes grecs, que de racines ; il ne buvait que de l'eau ; il éprouvait ou il simulait des scrupules sur son union illicite avec l'impératrice. La consécration de leur amour par un pope put seule, dit-on, les apaiser.

III

Panin conservait encore sous Potemkin la molle direction des affaires, que son indolence rendait à la fois commode et inoffensive au favori. Quant à Grégoire Orlof, il n'avait pu supporter longtemps le spectacle du triomphe d'un rival autrefois dédaigné par lui. Époux d'une femme jeune et belle, il la perdit, en visitant de nouveau la Suisse, dans son exil volontaire. Revenu à Pétersbourg après la mort de sa femme, il ne reparut à la cour que pour effrayer ses amis de sa démence, et l'impératrice de ses reproches sur leur crime commun. Ses remords prirent le caractère de la vengeance. L'ombre de Pierre III le chassait de résidence en résidence. Exilé enfin à Moscou, il y expira dans les convulsions du meurtrier qui s'entend citer au jugement de Dieu par sa victime. Sa vie et sa mort justifièrent la Providence de sa criminelle élévation.

Potemkin au moins, en partageant le trône, était innocent du régicide; sa souveraine ne voyait pas sur ses mains le sang de son mari. Sa faveur, toujours excessive en 1776, n'avait plus cependant le caractère de l'amour. Le cœur de Catherine, dépravé par l'inconstance de ses attachements, ne cherchait plus, comme une sultane du Nord ou comme une courtisane antique, que la nouveauté dans la passion. L'âme en elle se séparait des sens : commencement ordinaire de la dépravation, qui a besoin de matérialiser le plaisir. L'impératrice régnait, la femme se dégradait jusqu'à la courtisane. Cette courtisane couronnée choisissait, au lieu d'être choisie; c'était désormais la seule différence.

IV

Un jeune secrétaire du cabinet, nommé Zawadowsky, distingué pour sa figure par Catherine, fut agréé par Potemkin lui-même comme un rival subordonné à son dédaigneux ascendant. Un honteux marché parut, à dater de ce jour, conclu entre le favori suprême, les favoris subalternes et l'impératrice, pour se partager la faveur permanente de la politique, les faveurs changeantes de l'intimité, le trône et la couche. Le titre de favori fut dégradé au rang d'une domesticité quelquefois passionnée, toujours infamante. Zawadowsky en jouit peu de temps. Potemkin le craignit assez peu pour laisser Zawadowsky, après sa courte faveur, continuer les fonctions de secrétaire dans le cabinet. L'impératrice ne rougissait déjà plus ni de ses abandons ni de ses inconstances.

Potemkin, récompensé de ses complaisances, reçut

de sa souveraine des dons, des priviléges, des honneurs qui l'égalaient à un roi. Il fit venir sa mère à la cour, et la créa dame du palais. Trois de ses nièces, filles de sa sœur, madame d'Enquelhart, furent appelées d'Allemagne à Pétersbourg pour décorer de leurs grâces sa maison; elles y régnèrent sur son cœur jusqu'à sa mort. Potemkin continua à occuper au palais l'appartement contigu à celui de l'impératrice; une communication patente existait entre les deux appartements. Potemkin affectait de traverser à toute heure les salles et les corridors, les jambes demi-nues, les cheveux épars, la poitrine débraillée, un simple peignoir jeté sur ses épaules, dans le costume d'un homme à qui le mariage ou la familiarité sans bornes ne commande plus la pudeur. Ainsi, de ce mélange de domination et de complaisance, de culte et de dédain, se constitua, sous l'apparence d'un satrape de cour, le véritable empereur de Russie. Une passion criminelle avait élevé Catherine sur le trône; c'était à l'amour dédaigneux de la dégrader.

Bientôt il se construisit, à côté du palais impérial, un palais personnel, bâti et meublé avec le luxe d'une demeure souveraine; puis, mécontent de l'architecture de ce palais, il s'en construisit un autre contigu à celui de l'Ermitage, habité par l'impératrice. Une galerie couverte, conduisant de ce palais dans l'autre, ne faisait des deux demeures qu'une seule habitation. Quand l'indolent Potemkin négligeait d'aller lui-même rendre les hommages d'un sujet à l'impératrice, elle venait, sans être aperçue du dehors, le consulter sur les affaires d'État ou sur les plaisirs de cour, d'autant plus humble avec lui qu'elle s'abaissait de plus haut. Aucune servilité n'égale celle d'une souveraine qui est descendue, pour un sujet, de son rang. Les courtisans et les ambassadeurs des cours étrangères suivaient l'exemple d'une prostration que Catherine donnait à l'empire devant celui qui avait été son idole, et qui restait son maître.

V

Un nouveau caprice l'entraîna vers un jeune barbare, nommé Zoritch, né dans les forêts de la Servie, et que le hasard avait appelé à Pétersbourg.

Zoritch, simple fils d'un paysan de la Servie, avait été fait prisonnier par les Turcs dans une des nombreuses révoltes de sa sauvage patrie contre les pachas. Jeté dans le bagne de Constantinople, il avait limé ses fers; une barque grecque l'avait porté à Azof. Engagé dans l'armée russe du prince Galitzin, il s'était élevé au rang de capitaine de hussards. Sa figure grecque, sa taille albanaise, relevées par l'élégance de son costume militaire, faisaient du Servien Zoritch le type de la beauté virile dans les revues et dans les salons de Pétersbourg.

Potemkin, dans l'intérêt de son ambition, qui ne craignait rien d'un étranger illettré et demi-barbare, le présenta lui-même, comme un des officiers de son état-major, à l'impératrice, curieuse d'admirer ce chef-d'œuvre de la nature. Elle fut éblouie du premier regard. Elle avoua sa fascination à Potemkin; elle lui demanda humblement la permission d'aimer. Potemkin ne l'accorda pas, il la vendit. Zoritch ne fut installé dans l'appartement et dans la fortune de favori qu'après avoir ouvertement payé à Potemkin un honteux tribut de quatre cent mille francs. Ce tribut, renouvelé à chaque inconstance de cœur de Catherine, devint une source de prodigalités de Potemkin, et comme une reconnaissance de son droit de tolérer ou d'exclure les favoris subalternes. Cet impôt sur les passions de Catherine, fourni par la souveraine, payé par le favori, perçu par le complaisant, est une de ces obscénités de l'histoire plus fétides que l'impôt de Vespasien. Pétersbourg, du premier coup, dépassait le Bas-Empire.

Zoritch, ingrat et insolent envers Potemkin, ne tarda pas à vouloir gouverner l'empire parce qu'il régnait au palais. Ignorant et superbe, il prit la Russie pour un sérail où le caprice peut changer l'amour en despotisme ; il osa proposer un duel à Potemkin. Le favori dominant n'eut qu'un geste à faire pour expulser le Servien. La pitié de Potemkin et la munificence de l'impératrice lui assignèrent pour exil la ville de Schklow, érigée en principauté, et un revenu conforme à son nouveau rang. Il s'y consola, dans un faste barbare, d'une disgrâce qui avait fait un prince d'un pasteur des montagnes de Servie.

Un huitième complaisant de Potemkin, idole vide et futile des salons, le jeune Korzakof, succéda à Zoritch. Infidèle aussitôt qu'aimé, l'impératrice le surprit aux genoux de la belle comtesse de Bruce, sa confidente, dans sa propre chambre. L'éloignement et le silence furent la seule vengeance de l'amante et de l'amie offensées. Elle ne punit les téméraires qu'en retirant sa faveur à Korzakof, et sa familiarité à son amie. Magnanime, peut-être par indifférence, l'impératrice absolue ne vengeait pas la femme dédaignée. Elle semblait s'être habituée déjà à regarder la tendresse comme un service ; elle congédiait comme si elle eût dédaigné de punir. Un neuvième amour, plus digne cette fois de ce nom, couvait déjà dans son cœur pour un homme plus digne de l'inspirer et de le ressentir, le beau et malheureux Landskoï.

Mais la politique, la guerre, l'administration, l'encouragement des sciences, des lettres, du commerce, couvrirent, pendant ces années prospères de son règne les obscures intrigues du palais.

VI

La première épouse que l'impératrice avait donnée à son fils venait d'expirer d'une mort prématurée. Catherine, qui la supposait capable de provoquer le grand-duc à la revendication du trône, l'avait dénoncée à son mari comme suspecte d'une inclination criminelle pour le comte André Razomouski. Elle avait éloigné Razomouski par l'ambassade de Naples.

Aussitôt après les funérailles, elle demanda pour le grand-duc la main de la princesse Dorothée de Wurtemberg, nièce du roi de Prusse. Le grand-duc partit avec Romanzof pour avoir une entrevue à Berlin avec sa future épouse. Frédéric le reçut comme le gage d'une indissoluble alliance entre la Russie et la Prusse, les deux grandes ambitions conquérantes du Nord.

« Vous ne voyez en moi, prince, dit-il avec une glorieuse affectation de modestie à l'héritier de Catherine, qu'un pauvre vieillard malade, à cheveux blancs; mais croyez que je sens mon bonheur et ma gloire en recevant dans ces murs le digne héritier d'un puissant empereur, le fils unique de ma meilleure amie, la grande Catherine. »

La princesse de Wurtemberg, arrachée par la politique à l'amour mutuel qui l'unissait à son fiancé, le prince de Hesse-Darmstadt, suivit de près le grand-duc à Pétersbourg, où son mariage fut célébré. Elle embrassa, comme les grandes-duchesses destinées à l'empire, le culte national grec, et prit le nom de Marie Zederowna. Elle fut la mère d'Alexandre, de Constantin, de Nicolas, de Michel, et de cinq princesses, que ce siècle a vus sur le trône ou sur les marches du trône de Russie.

Ces négociations pour un mariage servirent de voile au grand Frédéric pour négocier en secret avec Catherine le deuxième démembrement de la Pologne, et pour obtenir d'elle le détrônement de sa créature, le roi Poniatowski.

Déjà la cour de Russie, semblable au sénat de Rome, prenait parti par ses ambassadeurs, devenus proconsuls, dans les factions qui déchiraient les nations du Nord. Le Danemark, agité par la faction opposée de deux reines, la reine douairière et la reine régnante, venait d'être consterné par le supplice du ministre Struenzée, amant de la jeune reine, et par l'emprisonnement de sa complice. La Suède venait de voir son roi Gustave III s'affranchir par une révolution militaire du joug de la diète, et proclamer une constitution qui rendait le pouvoir à la royauté. La Russie s'affligeait d'une révolution qui, en contenant les factions, enlevait les points d'appui à ses intrigues en Suède. La France, au contraire, par les conseils sages de son habile ambassadeur, M. de Vergennes, prêtait son appui et son or à Gustave pour refréner l'influence russe à Stockholm.

Gustave III, menacé par Catherine, vint à Pétersbourg pour neutraliser les ressentiments de cette cour. Ce voyage flatta Catherine sans l'endormir; elle vit dans le jeune roi de Suède trop de fierté pour un vassal, trop d'audace pour un complaisant, mais aussi trop de légèreté pour un ennemi longtemps dangereux. Elle attendit que les germes de ressentiment se fussent développés par le temps en Suède, et reporta ses regards vers la mer Noire.

Romanzof, par ses ordres, revendiqua pour sa souveraine le protectorat de la Crimée, où la Russie soutenait de ses armes le khan Sahim-Gheraï contre le khan légitime. L'impératrice se déclarait en même temps protectrice des populations grecques de Valachie et de Moldavie; elle exigeait que les princes précaires de ces provinces, nommés et révoqués par le sultan, fussent inamovibles, pour s'inféoder leur dynastie.

La France, dans un futile intérêt de rivalité de services avec l'Angleterre, inclina le divan à une partie de ces concessions. Catherine, appuyée par la France à Constantinople, régna déjà de fait en Crimée. L'ambassadeur de France, M. de Saint-Priest, reçut, en or et en diamants, des présents dignes du service. Par cette diplomatie à contre-sens, la France livrait elle-même à la fois la Pologne, la Turquie, la Tartarie et la Perse aux Russes. Nos guerres d'aujourd'hui ne sont que les expiations de nos fautes de cette époque à Constantinople.

L'invasion de la Bavière par Marie-Thérèse et Joseph II, contre les vues et les intérêts du grand Frédéric, menaça un moment d'allumer la guerre entre la Russie, l'Autriche et la Prusse. La France, avec la même complaisance pour Catherine, concourut par son plénipotentiaire, le baron de Breteuil, à l'union de ses ennemis naturels. Le congrès de Teschen (mars 1779) assoupit le différend, en accordant à l'Autriche une portion de la Bavière. La France n'en recueillit d'autre fruit que la signature d'un traité de neutralité armée de toutes ces puissances peu maritimes du Nord pour refréner l'omnipotence des Anglais sur l'Océan. Une flotte valait mieux pour la France que cette ligue, aussi facile à rompre qu'à former.

VII

Les succès de l'impératrice, depuis le Bosphore et le Danube jusqu'à la Baltique et la Bavière, ne suffisaient pas à la distraire de l'amour. Ce sentiment semblait se rallumer dans son cœur avec les années, comme un bonheur auquel on s'obstine d'autant plus qu'on le sent plus près de s'évanouir.

Le jeune et beau Landskoï, né d'une famille honorable, et simple chevalier dans la garde noble du palais, avait été depuis longtemps remarqué en faction à la porte de l'appartement, par sa souveraine. Landskoï avait frappé Catherine par une expression de candeur et de modestie juvéniles qui contrastaient avec la jactance d'Orlof, la majesté de Potemkin, la barbarie de Zoritch, la vanité de Korzakof. Ses regards respiraient l'amour pur, respectueux, timide, dont les femmes dépravées chérissent encore l'image, même après en avoir perdu le sentiment. Landskoï sembla rajeunir et purifier le cœur de Catherine. Elle avoua son inclination à Potemkin, avant de la déclarer par ses aveux à son nouveau favori. Potemkin exigea pour sa condescendance un tribut supérieur à celui qu'il avait reçu des précédents. Au prix de deux cent mille roubles donnés à Potemkin par Landskoï, l'impératrice obtint la permission d'élever jusqu'à elle le plus cher et le plus désintéressé de ses amants.

L'empire put s'humilier, mais il n'eut jamais à s'indigner de cette préférence. Le temps de sa faveur ne fut qu'une ère de félicité domestique pour Catherine, d'administration maternelle pour la Russie, de grâces, de nobles plaisirs pour la cour. Landskoï s'efforçait d'inspirer à l'empire tout entier l'amour qu'il portait à sa souveraine, et de reporter sur la Russie l'amour que la souveraine lui témoignait à lui-même. Sa douceur, sa modestie, sa bienfaisance, assoupissaient l'envie. On se félicitait d'une faiblesse qui s'excusait par des bienfaits. Potemkin lui-même contemplait sans ombrage une tendresse mutuelle qui lui livrait la politique, et qui ne voulait posséder que le cœur.

La mort trancha cette félicité. Une maladie lente, attribuée à tort au poison, minait la jeunesse du beau Landskoï. L'impératrice le soigna comme une mère son fils, et recueillit sur ses larmes son dernier soupir. Son désespoir égala sa passion. Enfermée, pendant plusieurs jours, dans la nuit et dans la solitude de ses appartements, comme Élisabeth d'Angleterre après le supplice de Leicester, elle voulut mourir de la mort de Landskoï : elle parut même résolue à abdiquer l'empire, plus cher jusque-là pour elle que la vie. Ses gémissements remplirent longtemps ses demeures. Elle porta le deuil de son favori aux yeux de toute la Russie, fière cette fois d'avouer dans tant de regrets tant d'amour. Elle éleva auprès de son palais de Tzarko-zélo un magnifique mausolée à Landskoï; elle s'y recueillait souvent pour pleurer. Son cœur, désespérant de retrouver jamais un attachement si personnel et si désintéressé d'ambition ou de fortune, parut renoncer pour jamais à l'amour. Un long interrègne de favoris suivit la mort de Landskoï.

VIII

L'ambition l'arracha seule à ce souvenir. Le dernier coup concerté contre la Pologne exigeait un secret qu'on ne pouvait confier à des plénipotentiaires. L'empereur d'Allemagne Joseph II, déjà tenté et séduit par le grand Frédéric, fut invité à une entrevue à Mohilof, sur le territoire polonais. L'impératrice y étala la pompe de cette Sémiramis dont ses adulateurs lui donnaient le nom. Joseph II y affecta la simplicité militaire du roi de Prusse, dont il n'avait que le costume. Les séductions de Catherine enivrèrent aisément un prince déjà ivre d'illusions. La guerre impolitique contre les Ottomans, le partage de leurs dépouilles en Europe, l'échange, au profit de l'Autriche, de la Bavière contre les Pays-Bas, y furent concertés entre les deux souverains (1780).

Joseph II, invité par Catherine à venir ratifier ces préliminaires de traité à Pétersbourg, se rendit à Vienne pour faire ses préparatifs de guerre, et de là à Pétersbourg. Il y signa le traité à Tzarko-zélo, sous l'empire des adulations et des fêtes dont l'habile Catherine fascinait l'inexpérience et la vanité de son hôte.

Les trois années qui suivirent furent employées, jusqu'en 1783, par Catherine, à vivifier le commerce de l'empire sur la mer Noire, à fonder Cherson sur le Dniéper, et à accomplir l'incorporation de la Crimée à l'empire.

Le khan de Crimée, Sahim-Ghéraï, était devenu pour les Tartares, maîtres de cette péninsule, ce que Poniatowski était pour les Polonais, un revendeur à la Russie de la patrie que la Russie lui avait vendue. Sahim-Ghéraï, obligé, pour se soutenir contre ses compétiteurs, d'emprunter sans cesse le secours des Russes, avait adopté les mœurs amollies de l'Europe. Il avait poussé l'adulation jusqu'à se parer du titre de général russe au service de Catherine, et de colonel des gardes Preobrajenskoï. Les plénipotentiaires de Catherine régnaient sous le nom de Sahim-Ghéraï dans sa cour de Batschi-Seraïl ou de Kaffa. Des intrigues, fomentées sous main par ces proconsuls, soulevèrent contre le khan deux de ses frères et une partie de ses hordes. Assiégé par eux dans Kaffa, il se réfugia sur le territoire russe à Taganrok. Potemkin vola lui-même à son secours, et le ramena en Crimée. Sahim-Ghéraï, réinstallé un moment par les armées russes, immola à leur intérêt et à sa vengeance seize des principaux chefs tartares patriotes qui s'étaient armés contre lui.

Les Turcs, indignés de l'invasion russe dans une presqu'île dont le traité de Kaïnardji avait déclaré l'indépendance, occupèrent l'île de Taman. Sahim-Ghéraï, à l'instigation des Russes, fit sommer le général ottoman de se retirer. Le pacha, pour toute réponse, fit trancher la tête de l'envoyé du khan. A cet acte de barbarie, prétexte trop stupidement donné aux Russes, les armées de Catherine demandèrent passage aux Tartares pour aller chasser les Turcs de l'île de Taman. A peine entrés en Crimée, ils l'envahirent tout entière. Kaffa même, résidence du khan Sahim-Ghéraï, fut assiégé et emporté par les Russes. Les habitants furent contraints de prêter serment à l'impératrice. Souvarof et Potemkin envahirent en même temps le Kouban, et soumirent les tribus tartares répandues sur ces vastes contrées. Le khan Sahim-Ghéraï abdiqua, comme allait bientôt abdiquer Poniatowski, échangeant son empire évanoui sous lui contre une pension de seize cent mille roubles. On ne daigna pas même lui payer longtemps le salaire de sa lâcheté; il vécut mendiant, et alla mourir supplicié justement par les Turcs à Rhodes.

Un manifeste astucieux et insolent, semblable à celui qui avait justifié le premier partage de Pologne, justifia par le sophisme la perfidie. Une entrevue préalable avec

Gustave III assura à Catherine la neutralité de la Suède pendant la guerre de conquête qu'elle méditait contre les Turcs. La France et l'Autriche, l'une dupe, l'autre complice, endormirent de concert le divan de Constantinople, pendant que Catherine rassemblait ses armées pour inonder l'empire ottoman. Catherine, grâce à cette indolence de la cour de Versailles, avait incorporé à ses vastes États, sans avoir commencé la guerre avec les Turcs, la Crimée, son Gibraltar dans la mer Noire, et le Kouban, sa route vers la Perse et vers la Turquie d'Asie. Elle rendit, pour la pompe des mots, son nom de Tauride à la Crimée; elle donna au Kouban le nom imposant de Caucase. La Fable s'ajoutait à l'histoire pour répandre en Europe le double prestige de ses conquêtes. Catherine savait, comme Napoléon, faire retentir, par la grandeur des noms, la grandeur des pas qu'elle faisait sur le globe. Potemkin, en récompense de ses succès, reçut le surnom de Taurique et le gouvernement presque souverain de la Tauride.

En même temps l'amiral Woïnovitch, esclave passé au service des Russes sur la mer Noire, recevait l'ordre de s'emparer du port persan d'Asterabad, sur la mer Caspienne. Les Persans, après avoir toléré la construction d'un fort russe sur leur rivage, firent prisonniers par trahison l'amiral et ses officiers, les chargèrent de fers, les outragèrent de coups de fouet, et ne les rendirent aux Russes qu'après avoir vu démolir le fort et jeter les canons à la mer. Catherine, obligée d'ajourner ses établissements commerciaux en Perse, se borna à y fomenter les dissensions éternelles de cette Pologne asiatique, en attendant l'heure de l'envahir.

Un traité avec la Chine autorisa, pour le commerce entre les deux empires, la résidence d'un certain nombre de jeunes Russes à Pékin pour y étudier la langue chinoise. La petite ville de Kiatka, aux confins des deux peuples, fut neutralisée, pour servir de foire périodique aux marchands russes et chinois. Des caravanes privilégiées et escortées furent autorisées à pénétrer d'un empire dans l'autre, pour y porter les produits du sol, les fourrures et les étoffes fabriquées.

Le Kamtchatka, les côtes nord-ouest de l'Amérique, le Japon, furent également jalonnés par Potemkin pour des commerces ou des établissements futurs. Jamais un peuple si récent sur le globe n'avait tant espéré de l'avenir par l'universalité de ses regards et de ses entreprises : l'espace et le temps semblaient d'avance lui appartenir. Catherine méritait le nom de *Grande*, au moins par la grandeur de ses ambitions. Elle avait trouvé dans Potemkin une grandeur de perspectives égale à celle de ses propres pensées : c'était le prestige qui l'attachait à ce ministre. Il lui donnait le monde en espérance, en retour du pouvoir qu'elle lui maintenait.

IX

Aussi insidieuse dans sa diplomatie que dans ses conquêtes, Catherine flattait l'empereur Joseph II, en contraignant par ses menaces la Hollande à céder à ce prince la libre navigation de l'Escaut.

Potemkin lui suggéra en 1787 le désir de se faire couronner à Cherson, comme souveraine de la Tauride. Ce voyage, destiné à rappeler ceux de Cléopâtre sur la mer de Syrie, et à éblouir ses nouveaux sujets par l'étalage d'une pompe asiatique, fut destiné aussi à fasciner les regards de Joseph II et des ambassadeurs de l'Occident, par l'étendue et par la célébrité des territoires et des mers où Catherine les promenait à sa suite. Un nouveau favori de l'impératrice, Momonof, une foule de courtisans et de femmes, les ministres, les ambassadeurs de France, d'Angleterre, d'Autriche, le prince de Ligne, courtisan de la gloire, dont la conversation étincelante éblouissait alors l'Europe, faisaient cortége à ce triomphe d'une femme qui s'était fait de l'Europe entière une cour. Montrer de près l'empire ottoman à ces représentants des cours d'Occident comme une proie facile à saisir, les rendre d'abord dupes puis complices de ses desseins sur le Bosphore, engager leur responsabilité dans ces perspectives, obtenir enfin d'eux la permission au moins tacite d'accomplir en Turquie ce qu'elle avait fait en Crimée, tel était, après l'orgueil du voyage lui-même, l'objet politique de cette longue promenade à travers l'empire.

Le récit fait par le prince de Ligne et par l'ambassadeur de France, M. de Ségur, rappelle le théâtre plus que l'histoire. On croit voyager avec ces courtisans à travers la Fable : les traîneaux courant de jour et de nuit, emportés par des centaines de chevaux sur des routes illuminées par des bûchers de distance en distance ; les populations bordant ces routes et se relayant pour des acclamations aussi prolongées que l'empire ; des corps d'armée, avec les généraux les plus célèbres à leur tête, campés pour saluer l'impératrice de province en province ; les cataractes du Dniester ouvertes dans le granit pour laisser voguer les cinquante galères de la souveraine ; le roi de Pologne, Poniatowski, accouru comme un simple vice-roi sur le rivage de Kanief, pour s'incliner devant son ancienne idole, devenue celle du monde ; un entretien secret d'une heure avec ce roi déjà condamné, encore trompé ; des villages récents, aux façades factices, décorant de loin en loin les collines du bord des fleuves, pour simuler la population et l'opulence dans les déserts ; l'empereur Joseph II, accouru par une autre route à Cherson, et attendant comme un vassal le débarquement de l'impératrice ; des palais bâtis pour un jour, des prodigalités de cent millions semées sur la route ; Potemkin, accompagné de la plus belle des femmes de l'Orient, madame de Witt, sa maîtresse, faisant les honneurs de la Crimée à sa souveraine ; l'impératrice de Russie logée à Batschi-Seraïl, dans le palais désert mais encore somptueux des khans ; à Pultawa, une représentation, par deux armées de soixante mille hommes, de la bataille où Charles XII céda la fortune à la Russie ; à Cherson, des arcs de triomphe avec cette inscription ambitieuse : « *C'est ici le chemin de Byzance* » ; au milieu de cet orgueil, Catherine se dégradant en public par les plus serviles condescendances envers son nouveau favori, le vulgaire Momonof, convive des empereurs et des rois ; enfin les entretiens à demi-voix ou confidentiels de l'impératrice et de Joseph II sur la part qu'ils projetaient de s'adjuger de ces terres et de ces mers ottomanes ; tous ces prodiges de puissance, de luxe, de fêtes, d'esprit, de scandales, firent du voyage en Crimée l'entretien de l'Europe et de la postérité. La Russie, personnifiée dans une femme à deux faces, européenne et orientale, la civilisation dans une main, l'épée dans l'autre, apparut pour la première fois à l'univers.

L'attitude courtisanesque des ambassadeurs de France, d'Angleterre, d'Autriche, d'Espagne, d'Italie, la présence de l'empereur Joseph II lui-même, ajoutèrent la déférence de l'Europe à l'orgueil de la tsarine. Un avertissement du sort sembla réveiller Joseph II de ses rêves d'envahissement de la Turquie et de la Pologne. La nouvelle de la révolution de ses États de Brabant lui arriva pendant qu'il complotait des révolutions chez ses voisins. Il partit précipitamment pour aller contenir ses propres provinces.

Pendant ce voyage, les agents de Potemkin agitaient les Égyptiens au Caire, les Grecs à Smyrne, les Roumains en Moldavie et en Valachie, les Serbes dans leurs montagnes, les Bulgares dans leurs vallées. Les réclamations du divan étant restées sans réponse, la Porte, inquiète du voyage inexpliqué de l'impératrice et de son intimité avec Joseph II, résolut de prévenir la coalition, et déclara la guerre à la Russie (mars 1787). C'est ce que désirait Potemkin.

X

Quatre-vingt mille Turcs s'avancèrent vers Oksakof, pendant que le vieux amiral Hassan-Pacha entrait dans la mer Noire avec seize vaisseaux, huit frégates et trente galères. L'âme des vieux Ottomans respire dans les paroles qu'Hassan adressa à ses officiers avant l'embarquement.

« Vous savez d'où je viens et ce que j'ai fait, leur dit-il. Un nouveau champ d'honneur m'appelle, ainsi que vous, à sacrifier le dernier soupir à l'honneur de notre religion et au service du sultan et de la nation invincible qui, dans les circonstances actuelles, demandent la dernière goutte de notre sang. C'est pour remplir ce devoir sacré que je me sépare maintenant de ceux de ma famille qui me sont les plus chers. J'ai donné la liberté à tous mes esclaves des deux sexes; je leur ai payé tout ce que je leur devais, et je les ai récompensés suivant leur mérite. J'ai dit le dernier adieu à mon épouse. Je vais enfin chercher les combats, dans la ferme résolution de vaincre ou de mourir. — Si j'en reviens, ce sera une faveur insigne du Tout-Puissant. Je ne désire de voir prolonger mes jours que pour pouvoir les terminer avec gloire. Telle est mon inébranlable résolution.

» Vous, qui avez toujours été mes compagnons fidèles, je vous ai convoqués pour vous exhorter à suivre mon exemple dans cette conjoncture décisive. S'il est quelqu'un de vous qui ne se sente pas le courage de mourir au champ d'honneur, il peut le déclarer librement; il trouvera grâce devant moi, et il recevra soudain son congé. Ceux, au contraire, qui manqueront de cœur en exécutant mes ordres dans une action ne doivent pas s'attendre à pouvoir s'excuser, en attribuant leur fuite aux vents contraires ou à la désobéissance de leurs matelots; car je jure par Mahomet, et par la vie du sultan, que je leur ferai trancher la tête, ainsi qu'à tout leur équipage. Mais celui qui montrera du courage en s'acquittant de son devoir sera récompensé avec largesse. Que tous ceux qui voudront me suivre à ces conditions se lèvent donc, et jurent de m'obéir fidèlement! »

A ces mots, tous les capitaines, s'étant levés, jurèrent de vaincre ou de mourir avec leur grand amiral.

« Oui, s'écria-t-il alors, je vous reconnais pour mes braves et fidèles compagnons! Allez, retournez à vos vaisseaux. Faites assembler les équipages; communiquez-leur ma harangue; recevez leur serment, et tenez-vous prêts à appareiller demain! »

Les Tartares de la Crimée et du Kouban répondirent au cri de guerre d'Hassan par des tentatives de soulèvement contre les Russes. Gustave III, roi de Suède, fut le seul des rois de l'Europe qui osa embrasser la cause des Turcs. Sa flotte s'empara des frégates russes qui croisaient à la hauteur de la Suède; lui-même, profitant du moment où toutes les troupes de l'impératrice marchaient au midi contre les Ottomans, s'avança sans résistance jusqu'à Frederikshane.

La capitale découverte ne semblait plus un asile assez sûr pour Catherine; on crut qu'elle allait se retirer à Moscou. On entendait de Pétersbourg le canon des Suédois retentissant en Finlande. Elle se montra égale au danger, supérieure à la crainte.

« Je vous écris au bruit du canon qui fait trembler les vitres de mon palais, mandait-elle en ce moment à son correspondant le prince de Ligne, et ma main ne tremble pas. »

L'amiral Greig, officier anglais à son service, sortit enfin de Cronstadt, et défit l'escadre suédoise à la bataille navale de Hogland (juillet 1788). On négocia la paix. Gustave, quoique vaincu sur mer, imposait des conditions impérieuses, la restitution d'une partie de la Finlande à la Suède, et la médiation de la Suède pour terminer la guerre de Catherine contre les Turcs.

« Quel langage! s'écria Catherine. Quand le roi de Suède serait déjà à Moscou, je saurais lui apprendre ce que peut une femme comme moi sur les débris d'un grand empire! »

L'armée suédoise, travaillée par la faction russe et par les mécontents de la révolution qui conspiraient à Stockholm, abandonna tout à coup Gustave à son héroïsme isolé, et refusa de marcher plus avant contre la Russie. Le roi, désarmé, ramena en frémissant ses troupes à Stockholm. La paix fut signée à Werela.

XI

Pendant cette courte guerre avec la Suède, les Turcs, malgré le courage d'Hassan, succombaient à Oksakof devant l'intrépidité de Souvarof, dont le nom commençait à sortir de l'obscurité dans ce siége. Potemkin, généralissime de toutes les armées de terre et de mer, gouvernait despotiquement toutes les opérations militaires des généraux subordonnés, depuis la Pologne jusqu'au Dniester, au Pruth et au Kouban. Il rêvait, dit-on, comme avait fait Orlof, de se construire un empire personnel de ces vastes lambeaux de Bessarabie, de Crimée, de Valachie, de Moldavie et de Pologne, arrachés aux Sarmates, aux Tartares et aux Ottomans. Les Autrichiens, commandés par le prince de Cobourg, devenu depuis célèbre par ses campagnes contre la révolution française, conquéraient Chokzim. Potemkin enlevait enfin Oksakof dans un assaut, qu'il contemplait de loin comme un combat de cirque donné à ses favoris et à ses maîtresses. L'assaut, le pillage et le massacre d'Oksakof entassèrent quarante-cinq mille cadavres de Russes et d'Ottomans, confondus dans les rues, sur les remparts et dans le fleuve. Il n'y eut ni pitié d'un côté, ni imploration de la vie de l'autre; la mort fut le seul arbitre entre les deux peuples.

L'Europe, fascinée par les écrivains à la solde de la Russie, applaudit à cette atroce exécution d'une ville innocente par un satrape du Nord. L'impératrice envoya à Potemkin un présent de cent mille roubles, un bâton de commandement incrusté de diamants, et entouré d'une branche de laurier aux feuilles d'or; elle lui conféra de plus le titre d'hetman des Cosaques, enlevé au vieux et perfide Razomouski, qui avait livré Pierre III, son bienfaiteur. Une aigrette de diamants et le rang de général récompensèrent Souvarof.

Souvarof, encouragé par ces distinctions de sa souveraine, déploya rapidement un génie sauvage qui fit de ce guerrier l'Annibal russe. La victoire de Foksani, remportée par Souvarof contre les Turcs, confirma sa renommée. Celle de Rimnik, où il sauva seul, avec trente mille Russes, l'armée autrichienne des deux cent mille Turcs ou Tartares du grand vizir, lui valut le surnom de Rimnisky, et le titre de comte du Saint-Empire romain et de comte de l'empire russe (1789).

XII

Le seul boulevard de la Turquie était désormais Ismaïl. Potemkin l'assiégeait depuis sept mois. Entouré dans son camp d'un cortége de femmes et de courtisans, il y égalait le luxe et la licence d'Antoine en Égypte. Un jour qu'il se faisait révéler superstitieusement les arrêts du destin par une devineresse de sa cour, qui lisait le sort dans la disposition des cartes : « Je connais, s'écria-t-il tout à coup, un oracle plus sûr que celui-là. » Et, s'adressant au chef de son état-major, il lui ordonne d'appeler Souvarof et son armée devant Ismaïl.

Souvarof arrive, harangue son armée : « Point de miséricorde aux vaincus, enfants! leur dit-il avec le stoïcisme féroce d'un barbare; les vivres sont chers! »

Le soir, Ismaïl était emporté (22 décembre 1789). Quinze mille cadavres de soldats de Souvarof avaient comblé les fossés, quarante-cinq mille Ottomans, soldats, habitants, hommes, femmes, vieillards, enfants, massacrés par l'ordre de ce héros du meurtre, avaient diminué le prix des vivres dans le camp. « Madame, écrivit Potemkin à Catherine, l'orgueilleux Ismaïl est à vos pieds. » Hassan mourut de douleur en apprenant la chute de ce boulevard de sa patrie. De jeunes officiers volontaires français, les Roger de Damas, les Langeron, les Richelieu, fuyant dans les camps de l'étranger les premières agitations de la révolution française, décoraient la cour de Potemkin, et signalaient leur valeur à l'assaut d'Ismaïl.

Catherine, enorgueillie du triomphe de ses généraux, parlait tout haut d'aller transplanter la capitale à Constantinople. Potemkin, rappelé après cette campagne à Pétersbourg, y arrivait par une route illuminée jusqu'à huit journées de distance de la capitale. Des courriers, envoyés deux fois par vingt-quatre heures au-devant de lui pour rapporter de ses nouvelles à l'impératrice, ne cessaient d'aller et de revenir de Pétersbourg à la station où le triomphateur avait passé la nuit. Une députation de ministres et de sénateurs alla jusqu'à Moscou lui porter les félicitations et presque les hommages de sa souveraine. Son entrée dans la capitale égala les cortéges romains après les guerres d'Asie.

Mais ce triomphe extérieur cachait autant de craintes qu'il montrait de joie et de déférences dans l'impératrice : elle voulait lui dérober, sous la magnificence de l'accueil, l'embarras et la froideur qu'elle éprouvait de son retour. Cette longue absence avait déraciné ce superbe favori du cœur et presque de l'esprit de sa maîtresse. Momonof, aimé quelque temps par Catherine, avait manifesté sa répugnance pour une femme flétrie par les années. Épris de la jeune et belle princesse Sherbetof, il avait mal déguisé ses sentiments à l'impératrice. A la fois offensée et clémente, Catherine avait doté les deux ingrats et les avait relégués à Moscou, pour ne pas être témoin de leur bonheur. Le dépit et l'habitude l'avaient jetée, le jour même du départ de Momonof, dans les bras d'un dernier favori. Ce favori était le jeune Platon Zoubof, jeune officier de la garde à cheval, pépinière de ces élus de la prostitution virile. Platon Zoubof, à peine âgé de vingt-trois ans, n'avait rien de ce qui pouvait justifier un tel choix, que la figure, la complaisance et l'ambition. La vieillesse de l'impératrice et sa dépravation croissante avaient laissé prendre à Zoubof sur son cœur un empire qu'il voulait étendre jusque sur sa politique. Bezboroko et Markof, ses ministres, étaient devenus les complaisants forcés du jeune favori.

Potemkin, informé de cet ascendant de Zoubof sur les affaires, avait protesté contre ce choix dans ses lettres à Catherine. Il arrivait pour l'expulser de la cour. Zoubof ne redoutait déjà plus de rival, et supportait mal un supérieur. Une faction libertine, composée de Valérien Zoubof son frère, et de Soltikof son ami, confidents tous deux des scandaleuses familiarités de l'impératrice avec ce jeune homme; de Léon Narischkin, sorte de bouffon grotesque et flatteur; d'une folle de cour, à qui la feinte folie permettait tout; de la Branitska, de la Protasof, de quelques femmes et de quelques serviteurs de confiance, enveloppait Catherine dans un cercle de plaisirs et d'entretiens impénétrable aux profanes. L'ambassadeur de France, Ségur, celui de Joseph II, Cobentzel, hommes spirituels, intéressés à flatter par état et par habitude; le prince de Nassau, aventurier illustre et cosmopolite, qui cherchait la gloire dans toutes les guerres et la fortune dans toutes les cours, y étaient seuls admis. Les trésors dévorés par les onze favoris précédents, pour prix de leur passion ou de leur complaisance, étaient maintenant la proie de Zoubof et de ses courtisans. La liste authentique de ces dons en terres, en paysans et en pierreries et en or, que nous avons sous les yeux, n'élève pas à moins de cent vingt millions de roubles le chiffre total de ces dilapidations du cœur d'une seule femme pendant ce long règne. Tacite n'a pas de mot plus caractéristique que ce chiffre. Les affaires nécessitaient un autre génie que celui de Zoubof.

La mort de Joseph II, remplacé sur le trône par Léopold, avait arraché l'Autriche à l'alliance russe. Celle de Frédéric II, qui datait de 1786, avait refroidi le cabinet de Berlin. Potemkin conseilla la paix avec les Turcs, afin de reporter l'attention tout entière de la Russie sur les événements et sur les doctrines dont la révolution française ébranlait le monde.

Catherine, portée au trône par une révolution de palais, détestait les révolutions populaires. Séditieuse avec ses complices contre son mari, impie avec Diderot, philosophe avec Voltaire, perturbatrice des nationalités établies en Crimée et en Pologne, elle était contre-révolutionnaire, et ennemie implacable des innovations politiques en France. Bien que la Russie, trop jeune pour la liberté, cet âge viril des peuples, fût impénétrable aux idées qui remuaient alors l'Occident de l'Europe, l'instinct du despotisme avertissait de loin l'autocrate que son devoir était d'être du parti des trônes contre le parti des peuples.

XIII

Potemkin affectait, depuis son retour à Pétersbourg, l'attitude d'un roi plus que d'un sujet; sa cour était aussi nombreuse que celle de sa souveraine. Il cachait sous des somptuosités, sous des fêtes et sous des amours d'ostentation, le chagrin secret qui minait son âme. Son crédit n'était plus qu'une apparence. L'impératrice, dominée tout entière par Zoubof et par les ministres du choix de ce favori, ne laissait à Potemkin les dehors de la toute-puissance que par la crainte qu'elle avait de lui, ou par la pitié qu'on a pour une vanité mourante.

Établi dans le palais Taurique, dont elle lui avait fait don, Potemkin se complaisait à étaler aux yeux des étrangers et des Russes sa pompe au lieu de sa puissance. Il voulut y donner à l'impératrice une fête monumentale, dont la description historique fût une des merveilles de sa fabuleuse vie.

Une façade décorée de colonnades, et surmontée d'une coupole, présente l'idée d'un temple plus que d'une habitation humaine aux regards. Quand on en franchit le seuil, on s'égare des yeux à travers de longs vestibules, d'immenses rotondes dont les corniches portent des tribunes et des forêts de piliers et de colonnes entrelacés. Les murs, lambrissés de cristal, multiplient l'espace, les décorations, les spectateurs, en les réfléchissant dans leur glace. Des lustres à mille branches de feux y répandent, en s'allumant, les scintillements du jour dans les eaux. Des urnes colossales de marbre et de porphyre sculptées y rappellent, comme des captifs de l'art grec dans ces âpres climats, les triomphes de la Russie sur la Tauride. Au delà de cette rotonde on entrevoit, à travers les interstices d'autres colonnades, un jardin d'hiver. Des palmiers de pierre en supportent le ciel factice; des haleines chaudes, soufflées par des foyers invisibles, y transforment l'hiver en éternel été; des eaux attiédies, jaillissantes ou courantes, y arrosent les plantes du Midi, frissonnantes du froid de la Russie. De blanches statues de Paros semblent respirer dans cet Élysée; un obélisque égyptien creux, dont les quatre faces sont de cristal transparent, reflète ces fleurs et ces statues et en porte l'image jusqu'au plafond. Les parfums enivrants des parterres y amollissent les sens. La statue de Catherine II, en marbre pentélique, semble régner encore par la beauté autant que par le sceptre sur ce séjour, don de l'amour et de l'orgueil.

La fête fut digne de la divinité à qui Potemkin en faisait la dédicace. Vêtu d'un habit de pourpre recouvert d'un vaste réseau de dentelle brodé de pierreries, étincelant de tous les diamants que la Perse, le Kouban, la Tauride, la Pologne, la Turquie, avaient jetés dans son trésor, il ne pouvait en porter le poids. Ses aides de camp étaient obligés de lui prêter leurs bras pour soutenir les pans de son habit, surchargé d'or et de perles; il semblait vouloir étaler en lui le prix fabuleux dont sa souveraine et sa maîtresse avait payé son amour et ses services.

Les deux petits-fils de Catherine, Alexandre et Constantin, exécutèrent devant elle des danses symboliques. Un éléphant monté par un Persan, les harnais couverts de rubis et d'émeraudes, apparut, portant les écrins du favori. Des tables à perte de vue, dressées dans les salles et dans les jardins, reçurent des milliers de convives. Potemkin, debout derrière l'impératrice, la servit comme un esclave volontaire. Au moment où elle se retira, il tomba à ses pieds et les arrosa de larmes. Elle s'attendrit elle-même au spectacle de sa propre grandeur, et au souvenir de son amour éteint pour l'homme qu'elle avait fait trop grand pour un sujet, pas assez pour un empereur.

Ce fut le dernier regard de l'impératrice à Potemkin, et de Potemkin à sa bienfaitrice. L'inquiétude, l'envie, la maladie, le chagrin, le chassaient de séjour en séjour, comme un homme qui marche sur un terrain miné sans vouloir s'avouer son danger. On apprit le lendemain à Pétersbourg qu'il venait de repartir, bouillonnant de colère contre le prince Repnin, son subordonné, qui venait de remporter, sur les frontières du Kouban, une victoire trop éclatante sur le séraskier Batul-Bey. Il gourmanda Repnin, et se rendit au congrès de Iassy pour y presser la conclusion de la paix avec les Turcs. Elle ne fut signée qu'après sa mort (janvier 1792).

La maladie morale, la disgrâce, dont il fuyait en vain le sentiment, poursuivirent Potemkin au congrès. Ses bizarreries d'esprit l'agitaient jusqu'à la démence. Il voulait braver, par la vigueur invulnérable de son tempérament, les souffrances sourdes qui le révélaient à lui-même mortel. Ses excès de table et de sensualités de toute nature redoublaient avec ses langueurs. Son intempérance égalait sa massiveté colossale : chacun de ses repas, semblables à ceux de Vitellius, engloutissait deux fois par jour une cuisse de bœuf, un jambon de porc, une oie, un faisan, des flacons de vins; d'eau-de-vie de Dantzig, de liqueurs corrosives. Ce régime accéléra la fièvre lente qui le consumait.

Il s'imagina que le mouvement et le changement d'air évaporeraient sa langueur. Le 15 octobre 1791, il éveilla ses serviteurs dans la nuit et partit presque sans suite pour Oksakof. Sa nièce favorite, la comtesse Branitska, l'accompagnait. A quelques lieues de Iassy, au moment où l'aurore, en se levant, répand le frisson de la fièvre dans l'air de ces plaines, il se sentit mourir. On arrêta la voiture; il se fit transporter sur le bord de la route, au pied d'un arbre, pour reprendre ses sens. A peine y était-il enveloppé de son manteau, qu'il rendit le dernier soupir, la tête sur les genoux de sa nièce, son dernier attachement sur la terre. On le rapporta à Iassy. On chercha sur son corps les traces du poison : le poison, c'était la satiété, et enfin la disgrâce.

Ainsi mourut l'homme étrange plus que grand qui avait étendu d'un tiers le territoire de sa patrie. Il ressemble plus à un héros de la Fable qu'à un génie de l'histoire. C'est un de ces hommes disproportionnés en masse comme en petitesse, qu'il faut voir de loin pour les admirer. Le lointain est la perspective des colosses. Potemkin fut le colosse de la faveur, de l'imagination, de la fortune, de la disgrâce, de l'ambition, du dégoût, de la démence des grands favoris. Catherine, la Russie et lui se complétèrent. Il fallait à cet homme chimérique une souveraine aussi hardie dans ses caprices que Catherine ; il fallait à Catherine un favori aussi désordonné de conception que Potemkin ; il fallait à Catherine et à Potemkin une nation aussi grandiose et aussi obséquieuse que la Russie de 1776, pour contenir et pour supporter une Catherine II et un Potemkin.

L'impératrice n'aimait plus Potemkin, mais elle se souvenait de l'avoir aimé. Sa mort lui rappela tout ce qu'elle perdait en lui d'amour et de génie. Un vide immense lui apparaissait dans sa jeunesse évanouie. Elle perdit plusieurs fois ses sens, en apprenant la nouvelle de cette fin inopinée sur la poussière d'où elle l'avait élevé jusqu'au trône. Elle lui érigea un tombeau, où la gloire de son règne parut être ensevelie avec lui.

XIV

L'héritage des titres, des commandements et des ministères de Potemkin fut partagé entre Besborodko, Markof, Soltikof et Zoubof, les uns ministres, le dernier favori de plus en plus absolu de Catherine.

La Pologne avait cherché un appui perfide dans la Prusse, depuis la mort du grand Frédéric. Elle avait de plus promulgué, à l'imitation de la France, une constitution de 1791 qui l'émancipait de l'étranger. Ces deux prétextes décidèrent l'impératrice à déclarer la guerre aux Polonais. La diète et le roi Poniatowski lui-même parurent s'élever un moment à la hauteur du danger; mais avant que la Pologne eût le temps de réunir les cinquante mille hommes qui composaient toute son armée nationale, cent mille Russes inondaient ses provinces. Le nombre écrasa le courage. Le jeune Kosciusko se fit son premier nom de patriote et de héros dans ces luttes inégales.

Trahie par ses propres enfants, la Pologne, déchirée au dedans pendant qu'elle était envahie du dehors, vit les Branitski, les Félix Potocki, les Rzewuski, les Kassakowski, les Radziwil, aristocratie parricide, trafiquer de leur consentement à l'anéantissement de leur patrie dans une confédération polonaise de nom, russe de cœur. Rassemblés à Grodno, ces patriciens polonais laissèrent l'ambassadeur de Catherine s'asseoir sous le dais du trône qu'il venait renverser. L'ambassadeur lut devant eux l'acte d'incorporation à l'empire russe de toute la Pologne envahie. Le roi de Prusse, Frédéric-Guillaume, incorpora de son côté le lambeau de Pologne saisi par ses troupes. L'ombre de roi, Poniatowski, assistait encore à Varsovie à cette déchéance qui lui laissait une capitale. Pendant deux ans il aida, par ses proclamations et par ses condescendances, les Russes et les Prussiens à triompher des confédérations patriotiques renaissantes en vain sous Kosciusko.

Ce jeune héros, ramassé mourant sur le champ de bataille avec ses compagnons de patriotisme et de gloire, Ignace Potocki, Zajonczek et Niemcewitz, poëte, politique et soldat, alla languir dans les cachots de Pétersbourg. Souvarof, que le massacre d'Ismaïl signalait à Catherine comme l'exterminateur sans pitié des capitales, emporta d'assaut le faubourg révolté de Varsovie, Praga, et y massacra froidement trente mille victimes, sans s'informer de l'innocence, de l'âge, du sexe. Varsovie le reçut le lendemain, couvert du sang de Praga (4 novembre 1794). La capitale fut incorporée comme le reste. Poniatowski, chassé du palais et relégué à Grodno sous une escorte russe et sous la protection du prince Repnin, alla y végéter d'une pension de l'impératrice. Trop voisin de sa honte, il demanda asile à Pétersbourg, et y mourut dans le mépris des deux nations et de la postérité.

XV

Nous touchons à la fin du règne de Catherine. C'est le moment de jeter un coup d'œil sur ce qu'il fut à l'intérieur.

Catherine continua Pierre le Grand. Comme lui, elle s'efforça d'attirer les étrangers et leur fit distribuer des terres. Elle fonda plus de deux cents villes, en rebâtit et en embellit d'autres, surtout la capitale; elle fit creuser des canaux pour porter l'abondance et le commerce dans tous ses États. Elle éleva des hôpitaux; elle ouvrit des écoles; elle fit visiter par Pallas des provinces inconnues de son empire; elle chercha enfin à répandre la civilisation autour d'elle. La révolution française lui envoya dans les nobles émigrés un contingent précieux; elle l'accueillit par amour pour son pays et par haine de la France.

L'assassinat de Gustave III, roi de Suède, par Ankastrœm (mars 1792), bien qu'étranger à la révolution française, avait redoublé la colère de Catherine et de sa cour contre les Français : « Je suis aristocrate de situation, et je dois faire mon métier, » répondait-elle au ministre de France qui faisait appel à ses anciennes opinions libérales.

Les émigrés français, cherchant partout asile, pitié, secours ou vengeance pour leur cause, remplissaient son palais, et nourrissaient ses ressentiments contre la révolution. Les princes français y étaient représentés par le prince Esterhazy, leur ambassadeur, complaisant de Zoubof. Il flattait ce favori du titre de *sauveur des trônes*. Les Bombelle, les Choiseul-Gouffier, les Saint-Priest, les Calonne, les Langeron, les Richelieu, les Roger de Damas, les d'Escars, gentilshommes d'élite de l'émigration française, le comte d'Artois lui-même, depuis Charles X, apportaient à Pétersbourg leurs hommages, leurs ardeurs civiles, leurs illusions.

Ils obtinrent de Catherine en 1794 des promesses, des subsides, des armements contre la France. Koutousof fut envoyé par elle à Constantinople pour obtenir du sultan l'expulsion de tous les Français qui propageaient la liberté et l'impiété dans le monde. Elle se décida enfin à joindre aux flottes anglaises contre la France une escadre de seize vaisseaux et de huit frégates. Elle rêvait sur mer et sur terre la lutte inégale du vieux despotisme russe et de la liberté naissante ; elle ne doutait pas du triomphe. La mort la prévint.

XVI

Rien n'annonçait en elle non-seulement la caducité, mais le déclin. Quoique âgée de soixante-huit ans, la majesté mêlée de grâce qui caractérisait sa beauté dans sa jeunesse était encore répandue en souvenir sur ses traits. On comprenait, au premier aspect, que cette femme avait voulu séduire autant que régner. Une certaine mollesse des lèvres et des joues, empreinte des longs excès, affaissait le bas du visage. Ses dents tombées de bonne heure déformaient et creusaient la bouche; le menton triple et relevé, comme celui d'Agrippine, annonçait la solidité de l'esprit et l'habitude fière de l'empire. Sa taille, un peu massive mais bien proportionnée, portait légèrement sa forte tête. Ses yeux, souvent baissés pour recueillir sa pensée, éclairaient en s'ouvrant sa physionomie d'une intelligence scintillante et pour ainsi dire visible. Elle cherchait à donner ordinairement à son visage l'expression d'une douceur maternelle, telle qu'il convenait à une mère de l'empire; mais, dans les moments où elle cessait de s'observer, les plis involontaires de son front semblaient envelopper des pensées cachées et profondes. Un sillon creux entre ses deux sourcils révélait l'astuce, le souci ou le remords. Une toilette toujours recherchée; des cheveux encore blonds, disposés avec artifice pour rappeler le diadème; le fard, les fleurs, les pierreries, les parfums, les étoffes soyeuses ou veloutées, les fourrures touffues, attestaient en elle le désir suranné de plaire au favori qui était honteusement chargé d'aimer, après le temps, celle qui voulait commander même à la nature et à l'amour.

XVII

Dans la matinée du 4 novembre 1796, Catherine, parée comme à l'ordinaire, sortit de son appartement, où elle venait de passer quelques heures avec Zoubof, pour déjeuner avec sa cour la plus familière, qu'on appelait *le petit Ermitage.* La joie rayonnait dans ses yeux et sur ses traits; tout lui était, ce jour-là, d'heureux augure, comme si la mort eût voulu lui cacher sous des triomphes son dernier pas dans la vie.

Un navire, arrivé dans la nuit de la Baltique, lui avait apporté la nouvelle de la retraite des Français sous le général Moreau au delà du Rhin. Elle avait écrit en badinant au ministre d'Autriche, Cobentzel, un petit billet familier pour l'informer de ce bonheur et de cette gloire des armes de l'Autriche. Ce billet respirait la joie, assaisonnée d'une légère ironie et d'un sanglant sarcasme. Elle avait provoqué ensuite à ses bouffonneries ordinaires son grand écuyer et son histrion de cour, Léon Narischkin, déguisé pour lui complaire en marchand ambulant, vendant et marchandant des futilités de femme. Elle s'était amusée à lui faire peur de la mort, dont il affectait de redouter jusqu'au nom, en le forçant à entendre les détails de la mort du roi de Sardaigne, son protégé, qu'elle venait aussi d'apprendre. Le déjeuner finit dans un fou rire qui éclata jusqu'aux larmes. L'impératrice, riant encore, se leva de table, et sortit en se plaignant à Narischkin de l'excès de rire, qui lui causait, dit-elle, des convulsions dans les entrailles.

Ses familiers attendirent longtemps et en vain son retour. Ses femmes, étonnées d'une absence qui se prolongeait plus que de coutume à cette heure de délassement après le travail et le déjeuner, entrèrent dans son appartement, et heurtèrent du pied le corps étendu sur le plancher. Un cri d'effroi répand la consternation dans le palais. On court prévenir Zoubof, dont l'appartement communiquait à celui de Catherine. Les médecins de la cour arrivent, couchent l'impératrice sur un matelas au grand air près d'une fenêtre, lui prodiguent vainement tous les secours de l'art, ne discernent plus que quelques faibles palpitations de vie dans le pouls, et prononcent l'arrêt fatal au favori, aux courtisans et aux ministres agenouillés près de sa couche. Zoubof, pour éloigner de lui tout soupçon d'avoir voulu tramer quelque complot de cour contre le droit héréditaire du trône, envoie son propre frère, Valérien Zoubof, prévenir le grand-duc à sa maison de campagne de Gatchina. En attendant, un demi-silence, interrompu seulement par quelques chuchotements indiscrets, empêche le secret du palais de transpirer dans la capitale.

Le grand-duc, absent de Gatchina, était allé à trois lieues plus loin visiter un moulin qu'il faisait construire. Zoubof poursuit sa course jusqu'au moulin, et annonce à voix basse l'événement au grand-duc. Le fils de Catherine, sans donner aucun signe de joie malséante ou de douleur simulée pour la perte d'une femme en qui il avait trouvé moins une mère qu'un tyran depuis son enfance, franchit en quatre heures la distance de seize lieues entre le moulin et Pétersbourg. Les ministres, le favori, les familiers, s'éloignent respectueusement de lui, ne sachant s'ils sont dignes à ses yeux d'amour ou de haine. Le grand-duc, son épouse, ses trois fils, ses filles, debout ou agenouillés autour du matelas, versent des larmes, les unes feintes, les autres pieuses.

Suspendue entre la mort et la vie, l'impératrice fait

attendre une nuit, un jour et la moitié de l'autre nuit, son dernier soupir. Les uns tremblaient, les autres espéraient qu'elle reprendrait la vie et la parole pour écarter du trône un fils qu'elle n'avait jamais aimé, et pour le léguer à son petit-fils Alexandre. Une femme de chambre assurait qu'elle avait senti un serrement de main convulsif, et surpris un regard encore intelligent de l'impératrice. Mais la parole ne revint sur ses lèvres que pour jeter, au milieu de la seconde nuit, un cri déchirant qui remplit le palais d'horreur. Ce cri fut son départ de la vie, ou son entrée dans l'éternité. Ceux qui l'entendirent crurent y discerner l'accent du condamné qu'on traîne à son juge.

Son jugement était commencé sur la terre. Elle avait mérité son surnom de *Grande;* grande dans le crime, grande dans le vice, grande dans l'empire, grande dans l'admiration, mais grande aussi dans l'horreur des hommes. Elle avait civilisé, elle avait illustré, elle avait étendu l'empire, mais elle avait perverti la Russie. Quand l'histoire n'affectera plus de se séparer de la conscience, elle dira si une femme infidèle et conspiratrice, maîtresse et complice des assassins de son mari, usurpatrice du trône, marâtre de son fils, meurtrière à froid d'un compétiteur involontaire de l'empire, l'innocent Ivan, conquérante par ruse de la Crimée, spoliatrice par violence de la Pologne, courtisane achetant au lieu de vendre, présentant aux regards de son peuple douze favoris successifs, étagés comme des cariatides obscènes sous les marches du trône, impie en France, hypocrite à Moscou, fomentant la révolution dans ses doctrines et la proscrivant dans ses actes, femme à trois faces et à trois langages, barbare avec les barbares, libérale avec les philosophes, révolutionnaire avec les peuples, contre-révolutionnaire avec les rois, comédienne souvent, tragédienne quelquefois, actrice toujours, mais grande actrice ; l'histoire à ce point de vue de l'honnêteté morale, qui est le point de vue de la véritable politique, dira si une telle femme doit être comptée au rang des bienfaitrices de son peuple ou des corruptrices de l'humanité.

LIVRE SEPTIÈME

I

Pendant que l'impératrice sa mère expirait sur un matelas de sa chambre, entre les transes de son favori et les larmes de son bouffon, le grand-duc Paul, près de passer du mépris à l'empire, disposait tout de concert avec Zoubof et les ministres pour saisir le règne aussitôt qu'il serait vacant. Déjà ses rares familiers, relégués depuis longtemps avec lui à distance de la cour, dans la solitude impériale de Gatchina, accouraient en foule autour de leur nouveau maître au palais, surpris de leur fortune, étonnés du respect des courtisans et des familiers, là où ils n'avaient paru rarement depuis tant d'années qu'au milieu des signes du dédain ou de l'indifférence.

Cependant, si le palais était plein des préparatifs et des agitations du nouveau règne, il était plein aussi d'un deuil décent et de larmes intéressées, mais sincères. Zoubof, pour qui l'impératrice avait été une mère plus qu'une amante, attendrissait la cour d'un désespoir qui justifiait des dons inouïs par des regrets pathétiques. Il ne parut jamais plus digne de la faveur que le jour où il en fut précipité. Il pleura moins l'impératrice que l'amie. Les trois fils et les quatre filles du grand-duc, que Catherine avait pour ainsi dire dérobés à leur père pour les élever et les chérir comme ses propres enfants, fondaient en larmes autour du corps inanimé de leur aïeule. Ces enfants connaissaient ses caresses, et ne connaissaient pas ses vices. Quant aux courtisans et aux familiers, ils voyaient avec terreur dans le fils de Catherine un vengeur plutôt qu'un souverain. Ils avaient cru, jusqu'à cette mort inopinée, que ce prince ne régnerait jamais sur la Russie, et qu'un acte ou un testament anticipé de sa mère le déclarerait inhabile au trône, et y appellerait à sa place un de ses fils. C'est à la loyale intercession du favori Zoubof que le grand-duc avait dû la temporisation de Catherine : c'est à cette temporisation qu'il devait l'empire.

Jamais homme n'avait été moins prédestiné par la nature à faire respecter en lui la souveraineté sur les autres hommes.

II

Le grand-duc, âgé déjà de quarante-trois ans quand il fut appelé à régner, était l'image de son père. C'est à cette ressemblance sans doute qu'il devait la haine de sa mère. Bien qu'on le crût généralement fils de Soltikof et non de Pierre III, ce portrait vivant du mari qu'elle avait détrôné importunait comme un remords ou comme une menace les yeux de Catherine.

Paul était de petite taille, roide de maintien, gauche de manières, sauvage de physionomie, Kalmouk de traits. Sa laideur, proverbiale en Europe, se gravait profondément dans les regards, et arrachait, à ceux qui le voyaient pour la première fois, un geste et une exclamation involontaire d'effroi. Il la connaissait tellement lui-même, qu'il avait horreur de sa propre image; il ne se regardait jamais dans un miroir, et il faisait enlever toutes les glaces des appartements qu'il habitait, de peur que sa figure, en s'y réfléchissant, ne lui retraçât douloureusement à lui-même la disgrâce de la nature. La répugnance que sa mère avait témoignée à son aspect dès son enfance avait ajouté la défiance de lui-même, la timidité et la contrainte extérieure à cette difformité des traits. Il s'était senti haï en naissant; et, quoiqu'il ne fût pas né pour haïr lui-même, cette aversion de celle qu'il aspirait vainement à aimer avait refoulé dans son cœur une tendresse naturelle devenue un supplice. Son âme douce avait été nourrie d'amertume, son éducation avait paru calculée comme un long infanticide : on aurait voulu qu'il mourût sans lui verser d'autre poison que l'indifférence, et sans le frapper d'un autre assassin que le dégoût.

On a vu que sa mère, aussi embarrassée, le jour de la révolution, de lui ravir le trône que de le lui donner, avait eu besoin de son existence pour briguer d'abord la régence de l'empire au nom de son fils, dont la vie, disait-elle, était menacée par son père. Quelques jours après, elle avait été embarrassée de lui à un autre titre, puisqu'en se proclamant impératrice en son nom propre, elle attentait en marâtre aux droits de cet enfant. C'est alors qu'elle avait hésité si elle ne lui ravirait pas plus que l'empire, et si elle n'épouserait pas le jeune Ivan pour régner du droit de ce nouvel époux, en faisant déclarer son propre fils inhabile au trône. Enfin, dans tout le cours de son long règne, elle avait été sans cesse importunée de l'existence de ce fils d'un père assassiné, craignant toujours qu'on ne révélât à ce fils la mort de son père, qu'on ne le portât à le venger, à redemander son trône à l'usurpatrice et son sang aux assassins : aussi l'avait-elle constamment tenu dans l'ombre et dans la terreur.

Tantôt voyageant en Europe, entouré de délateurs qui notaient ses pas et ses gestes; tantôt relégué à Gatchina ou à Paulawski, maison de campagne peuplée d'espions de sa conduite; traité avec une parcimonie qui contrastait avec les prodigalités de l'impératrice pour ses amants, écarté des yeux du peuple, sévèrement séquestré de l'armée, livré aux calomnies des courtisans, à la risée des familiers, la conspiration du mépris avait enveloppé sa vie d'une impopularité systématique. On voulait évidemment le préparer à la déchéance plus qu'au trône. On le montrait de loin à l'opinion des Russes comme un prince imbécile ou monstrueux, qui contrastait avec la grâce, le génie, la gloire de sa mère, et qui ne monterait sur le trône que pour la faire regretter ou pour faire désirer ses fils. On espérait vaguement qu'il vivrait assez peu, ou que Catherine vivrait assez longtemps pour que ce règne ne fût qu'une menace; on comptait sur la nature pour prévenir de plus sinistres révolutions d'État, mais l'impératrice déguisait mal sa volonté d'avoir un autre successeur que son fils.

III

Elle semblait lui envier jusqu'à ses droits de père. A peine l'épouse du grand-duc approchait-elle du terme de ses grossesses, qu'elle la forçait à venir accoucher à

Tzarko-zélo, maison impériale, bâtie au milieu des marais de la Néwa, et qu'elle lui enlevait ses enfants pour les faire élever par des mains étrangères. Toute surveillance sur leur éducation était interdite au grand-duc. L'impératrice semblait vouloir préparer ces enfants à ne pas connaître d'autre père et d'autre mère que leur aïeule. Leur véritable mère, la grande-duchesse Marie Fœdérowna, gémissait en silence de cette séparation ; mais sa résignation, sa douceur et sa vertu supportaient tout, dans l'intérêt de la sécurité de son mari et du bonheur futur de ses enfants.

L'aîné de ses fils, qui fut depuis l'empereur Alexandre, récompensait déjà ce sacrifice de sa mère et les soins de Catherine pour son éducation. Sa haute taille, l'élégance de ses traits, la majesté de son front, la lumière douce de ses yeux, la grâce fière de son sourire, son intelligence vaste et facile, rappelaient la jeunesse de Catherine. Un mariage trop précoce, comme si l'impératrice avait eu hâte d'assurer des héritiers à l'empire par ce rameau choisi de la maison de Romanof, avait un peu engourdi l'âme d'Alexandre. Mais cette mollesse même de son petit-fils plaisait à son aïeule ; elle y voyait le gage d'une obéissance plus souple à son génie. Le colonel Laharpe, républicain suisse, que l'impératrice avait donné pour précepteur à Alexandre, avait jeté dans son âme des germes de libéralisme que le despotisme suffirait trop un jour à étouffer, et des germes de vertu patriotique qui fructifieraient jusqu'auprès du trône. Quand on reprochait à Catherine, ennemie si déclarée de la révolution française, de faire élever son petit-fils par un républicain : « Laissez faire ! répondait-elle. Que Laharpe donne à mon petit-fils des principes d'humanité et de liberté : le trône lui donnera plus tard la mesure et la politique. »

Le second des enfants du grand-duc, Constantin, retraçait en tout son père par le visage kalmouk, et par le caractère conforme à ces traits. L'impératrice destinait l'un au trône et l'autre à l'armée. Elle donnait au premier une éducation européenne, au second l'éducation orientale. Il était exclusivement entouré de maîtres grecs, nés dans les États du Grand Seigneur et clients de la Russie. Ces Grecs lui enseignaient leur langue, leurs mœurs, leur histoire, lui communiquaient leurs espérances. Ils saluaient d'avance en lui le restaurateur futur de leur nationalité et le souverain de Constantinople. La nature toute militaire de ce jeune prince promettait un conquérant à la Turquie, mais un tyran plus qu'un civilisateur de l'Orient.

Le troisième fils, Nicolas, à peine adolescent, égalait en intelligence ses deux frères, et les surpassait en beauté. Son profil grec, presque féminin, mais solidifié par la vigueur moscovite, rappelait les médailles d'Alexandre de Macédoine enfant.

Les quatre princesses, images de leur mère par le visage et par l'âme, éclairaient de leur beauté et purifiaient de leur innocence ce palais souillé depuis trente ans par tant de vices, d'impudeurs et d'obscénités.

Ce cortége d'espérances, de grâces, de vertus, popularisait un peu ce commencement redouté de règne.

IV

Cette crainte même était un bonheur. Le premier moyen de ramener et de séduire les hommes prévenus, c'est de les étonner. Paul, soit par un instinct naturel, soit par les inspirations de l'impératrice son épouse, sembla s'étudier, pendant les premiers jours, à tromper toutes les terreurs de sa cour et de son peuple. Il appela le favori de sa mère, Platon Zoubof; et, se souvenant des égards que ce favori lui avait témoignés pendant sa puissance, il le confirma dans ses fonctions d'aide de camp général, qu'il occupait auprès de sa mère.

« Continuez, lui dit-il, à faire les fonctions de cette charge auprès des troupes de l'impératrice ma mère et votre bienfaitrice, et servez-moi avec autant de fidélité que vous l'avez servie. »

Tous les ministres de Catherine reçurent également de sa bouche la confirmation de leurs charges. Rien ne parut changé à la cour et dans l'empire, que le souverain.

Comme s'il eût voulu se soulager du remords que la conquête astucieuse et violente de la Pologne faisait peser sur la mémoire de sa mère, il alla ouvrir lui-même le cachot de la forteresse de Schlüsselbourg, où le Philopœmen des Polonais, l'héroïque Kosciusko, expiait la défaite de sa patrie, et lui rendit la liberté. Le dernier patriote polonais, vaincu et désarmé, parut quelques jours après, pâle, amaigri, saignant encore de ses nombreuses blessures, comme l'ombre de son infortunée patrie, pour rendre grâce à son libérateur, mais non hommage au conquérant de son pays. Il refusa le splendide établissement que Paul lui offrait en Russie, et n'accepta qu'une modique somme d'argent, indemnité de ses pertes personnelles, pour aller vivre dans la retraite et dans le deuil à Fontainebleau.

V

Paul ne parut se souvenir des griefs qui couvaient depuis tant d'années dans son cœur, qu'aux funérailles de sa mère, plus semblables à une accusation muette qu'à un hommage funèbre. Tout rappela dans cette cérémonie l'assassinat qui avait servi de degré à cette princesse pour monter au trône qu'elle avait si longtemps usurpé. Le nom de Pierre III, qu'on avait passé sous silence pendant les trente-cinq ans du règne de Catherine, reparut pour la première fois dans le programme du deuil national qu'on allait célébrer à la fois pour l'époux et pour l'épouse qui allait rejoindre sa victime au tombeau. Le souvenir filial de Paul le pressait de venger l'oubli dans lequel le crime, le remords et l'indifférence avaient laissé les cendres de son malheureux père.

Il se rendit, peu de jours après la mort de Catherine, au couvent de Saint-Alexandre-Newsky, où le corps de son père avait été déposé. Il se fit ouvrir par les vieux moines du monastère, contemporains de l'événement et gardiens de ses restes, la tombe sans inscription où Pierre III avait été enseveli. Il ordonna de défoncer le cercueil, et contempla avec des larmes pieuses et vengeresses les traces du meurtre sur le cadavre embaumé de son père. Il le fit exposer de nouveau sous la nef de l'église, pendant que le catafalque de l'impératrice était exposé dans une salle du palais. Il rechercha avec sollicitude, pour les récompenser de leur fidélité, les derniers serviteurs survivants de son père qui n'avaient ni trahi ni abandonné leur maître à l'époque de sa catastrophe.

Le vieux général Sternberg, disgracié et retiré depuis tant d'années, et qui ne recherchait plus de nouvelles faveurs, fut tout à coup élevé par Paul au rang de général en chef, et rappelé de sa solitude au palais.

« Avez-vous entendu parler, dit Paul au dernier ami de Pierre III, de ce que je fais pour la mémoire de mon père?

» — Oui, sire, répondit le vieux général; je l'ai appris avec un heureux étonnement.

» — Comment, avec étonnement? reprit l'empereur. N'est-ce pas mon premier devoir de fils et de souverain à remplir? »

Puis, se tournant vers un portrait de Pierre III qu'il venait de faire replacer dans son appartement, et le montrant du geste à Sternberg:

« Je veux, dit-il, qu'il soit témoin de ma reconnaissance envers ses fidèles amis. »

Il embrassa de nouveau le vieux général, le revêtit des insignes de l'ordre de Saint-Alexandre-Newsky, et confondit ses larmes dans un long embrassement avec les larmes du vieillard. Paul donnait cours ainsi à l'émotion d'un cœur tendre et filial, longtemps comprimé par la terreur du règne de sa mère.

Le jour des funérailles, il satisfit, autant qu'il l'osa, sa justice et sa vengeance muettes contre les assassins de son père, devenus les favoris de sa mère. Le corps de Pierre III, le front ceint de la couronne, fut transporté avec pompe au palais et placé sur la même estrade, à côté du corps de Catherine, comme pour appeler par cette réunion la pensée des Russes sur le malheur de l'un et sur le meurtre de l'autre. Ceux des meurtriers qui survivaient encore furent conviés à ces funérailles. Alexis Orlof, dont la stature gigantesque, la longue faveur, la haute fortune, le nom, la main, rappelaient le plus le crime, reçut, comme par un honneur dérisoire, l'ordre de marcher à pied derrière le corps de sa victime. Tous les regards et tous les gestes montraient en lui l'assassin contraint d'honorer la victime. Le prince Bariatinsky, le second des exécuteurs du meurtre, avait échappé par la fuite à l'honneur flétrissant de figurer dans le cortége funèbre. Passek, le troisième des assassins, dont le visage féroce conservait, comme celui de Bariatinsky, l'expression perpétuelle du crime, mourut de honte et de terreur la veille de la cérémonie.

Paul ne poussa pas plus loin sa vengeance. La conscience des Russes acheva seule de punir les meurtriers de son père. Paul, en ordonnant le procès des assassins, aurait craint de rencontrer le nom de sa mère. Le silence fit justice à tous dans la pensée de chacun. On admira également sa piété envers son père et sa réticence envers sa mère.

VI

L'image de ce père assassiné, sans cesse présente depuis trente ans à son esprit, troublait déjà sa faible imagination. Il ne sembla bientôt occupé que de se prémunir lui-même contre un sort semblable. Les terreurs du passé devinrent dans son âme les pressentiments de l'avenir. Il fit naître le péril à force de le prévoir. Il n'avait cependant dans une épouse docile et fidèle, et dans des enfants pieux et soumis, aucune des conditions de crime que Pierre III avait eu le malheur de rencontrer dans une épouse infidèle, ambitieuse et conspiratrice; mais son âme, agitée dès son enfance par les secousses de cette terreur de famille, conserva jusque sur le trône l'ébranlement de son berceau. La démence ombrageuse de son gouvernement fut encore le crime de sa mère. Toute sa politique ne fut qu'un spasme successif de son imagination, égarée par ses sinistres souvenirs. Ses rigueurs mêmes ne furent que ses paniques. Il se précipita de la terreur dans la tyrannie.

L'histoire de sa courte vie sur le trône ne serait que le récit des transes d'un maniaque de la peur, à qui la fortune aurait accordé le funeste don d'être tout-puissant. Nous la raconterons en peu de mots.

VII

Paul Ier n'était cependant ni borné d'intelligence ni méchant de volonté ; son esprit était étendu, son cœur sensible, ses intentions droites, ses instincts même généreux et magnanimes. Son seul malheur était d'avoir vécu quarante ans dans l'isolement des hommes et dans la terreur de sa mère, craignant sans cesse qu'elle ne voulût lui enlever le trône, la liberté et peut-être la vie. Passer sans transition de cette longue oppression à la toute-puissance était une secousse trop forte pour sa raison. Tremblant de rencontrer, dans le palais de sa mère morte, les piéges et les conspirations sourdes qui avaient couvé contre lui dans les conseils de Catherine, il caressa au premier moment tous les conseillers de l'impératrice, comme pour se faire pardonner de monter au trône, et pour obtenir grâce plutôt qu'obéissance de ses sujets. C'est dans cette pensée qu'il conserva les ministres, et qu'il nomma son fils, le tsarewitz Alexandre, gouverneur militaire de Pétersbourg, malgré la jalousie inquiète qu'il avait déjà conçue contre ce fils.

La seule mesure de précaution qu'il osa prendre peu de jours après son avénement à l'empire fut l'incorporation des bataillons exercés par lui à la discipline allemande, qu'on lui avait laissés comme un jouet de guerre pour amuser son oisiveté dans sa résidence de Gatchina. Cette incorporation soudaine de ses soldats et de ses officiers favoris dans les régiments des gardes parut une impardonnable insulte aux soldats et aux officiers de Catherine. Ils s'indignèrent d'être commandés par des officiers inconnus, qui n'avaient d'autre titre que leur complaisance aux caprices militaires du grand-duc, des uniformes étrangers, et leur instruction dans une tactique prussienne odieuse aux Russes. Les casernes de Pétersbourg fermentèrent jusqu'à la sédition, comme à la veille de la révolution qui avait détrôné Pierre III.

Paul, effrayé et repentant de sa témérité, courut lui-même aux casernes, harangua, supplia, s'excusa, et ne ramena les soldats au respect qu'à force d'explications et de promesses. Mais à peine la présence et les adjurations du nouvel empereur avaient-elles obtenu l'apaisement des soldats, que des ordres d'exil, impitoyablement exécutés par le ministre de la police de Paul, Arakof, enlevèrent à leurs régiments, à leurs familles et à la capitale, un grand nombre de jeunes officiers suspects d'avoir fomenté la résistance, et les dispersèrent en Sibérie ou aux extrémités de l'empire.

Paul assujettit alors la garde et l'armée à la brutalité inintelligente d'une discipline machinale qui faisait des officiers de véritables esclaves, et des soldats des automates en uniformes. Semblable en cela à son père Pierre III, il s'astreignit lui-même à la sévérité des exigences militaires qu'il imposait aux troupes. On le voyait tous les jours, quelle que fût l'intempérie de la saison, descendre en uniforme prussien, en bottes et en chapeau, dans la cour du palais, et y passer des heures entières en revues, en exercices ou en parades militaires, qui fatiguaient inutilement la patience et la santé du soldat. Il mettait gloire à braver, sans pelisse et sans fourrure, la rigueur du climat, exigeant la même impassibilité apparente de ses généraux et de ses officiers, vieillis dans les climats plus tièdes de l'Asie. Entouré de ses fils et de ses aides de camp, la tête nue et chauve, une main derrière le dos, élevant et abaissant de l'autre main une canne de commandement, avec laquelle il frappait l'air et marquait le pas aux troupes, l'expression du visage à la fois emphatique et vide comme celui d'un homme sérieusement occupé de choses futiles, le ridicule et la terreur se partageaient, à son aspect, l'âme des spectateurs.

VIII

Mais la terreur ne tarda pas à l'emporter dans Pétersbourg sur la raillerie. Zoubof, Tersky, Markof, Samaïlof, presque tous les dépositaires du pouvoir sous sa mère, amnistiés et caressés les premiers jours, furent tout à coup dépouillés de leurs charges, privés d'une partie de leurs biens, et relégués dans de lointains exils.

Une police ombrageuse et fantasque, dirigée par Arakof, proscrivit, sous les peines les plus rigoureuses, toutes les formes les plus innocentes de costume, de chaussure et de coiffure qui rappelaient le costume français, devenu crime aux yeux d'un despote dont les noms de liberté et de révolution troublaient le sommeil. Les soldats eurent ordre de se jeter inopinément sur tous les Russes ou sur tous les étrangers qu'on rencontrait coiffés du chapeau rond dans les rues, bien que cette coiffure française fût aussi immémorialement celle des vieux Russes.

Les mêmes rigueurs s'exercèrent contre tous ceux qui attelaient leurs chevaux à leur voiture ou qui les enharnachaient selon l'antique coutume du pays. Des soldats de police, répandus sur les places publiques et sur les routes de la capitale, coupaient à coups de sabre les harnais. L'ordre de couper la barbe aux cochers, de substituer aux cheveux longs et épars des soldats une queue semblable à celle qui se déroulait sur les épaules des soldats allemands, n'excita ni moins de sévérités ni moins de murmures. Enfin l'ordre brutalement exécuté de faire descendre de leurs voitures, dans la neige ou dans la boue, les hommes et les femmes aussitôt qu'ils apercevaient l'empereur, pour se prosterner devant lui, et les sévérités dont furent punies les infractions à cette étiquette extérieure, soulevèrent l'indignation muette des Russes et des étrangers. La rencontre inattendue de l'empereur devint un danger public dans Pétersbourg.

L'étiquette de l'intérieur du palais ne fut ni moins puérile, ni moins humiliante, ni moins brutale. On punissait celui qui, en s'agenouillant devant l'empereur, n'avait pas fait résonner assez fortement la salle du bruit de son genou sur le parquet; on sévissait contre celui qui, en baisant la main de l'empereur, ne faisait pas retentir avec assez d'éclat le baiser servile du courtisan sur la main du tyran. Le prince Galitzin lui-même, grand chambellan du palais, fut envoyé à la forteresse pour avoir plié le genou et collé les lèvres trop négligemment dans ses fonctions auprès de l'empereur. Le changement de l'uniforme commode, souple et chaud de l'armée russe, contre le costume étroit, disgracieux et froid des troupes allemandes, acheva d'exaspérer la nation. Mais l'habitude de l'obéissance aux caprices despotiques des tsars, la vigilance de la police, la promptitude des supplices, comprimèrent longtemps toute émotion.

L'impératrice et ses fils, surveillés eux-mêmes comme des coupables, n'osaient gémir qu'en secret. Tout visage qui ne souriait pas était suspect aux yeux de l'empereur. L'impératrice son épouse, déjà négligée pour des favorites obscures, recevait l'ordre de rester emprisonnée dans ses appartements, au moindre murmure de cette princesse contre les caprices de son mari. Le grand-duc tsarewitz, Alexandre, quoique commandant d'un des régiments des gardes et gouverneur honoraire de Pétersbourg, fut privé de son régiment personnel, dont les officiers étaient trop attachés à ce jeune héritier du trône. Son père l'entoura d'officiers choisis par lui-même, dont la corruption faisait des délateurs. Arakschief, homme à la fois servile et féroce, fut substitué à Alexandre dans le gouvernement réel de la capitale. Cet homme assuma sur lui toute l'impopularité et toute la responsabilité du despotisme maniaque de son maître.

IX

La haine de la révolution française était la seule tradition politique dont Paul Ier eût hérité de sa mère. Jusque-là cependant le cabinet de Pétersbourg, plus bruyant qu'actif dans les coalitions formées contre la France, s'était contenté de promettre son concours à la Prusse, à l'Autriche, à l'Angleterre, sans engager un soldat dans la lutte. Catherine, avec le machiavélisme habile qui caractérisait sa politique, semblait attendre immobile que l'Allemagne et l'Angleterre, épuisées par leurs efforts contre la république française, lui présentassent, par leur affaiblissement même, ou la gloire de les protéger dans l'extrémité de leurs revers, ou l'occasion de s'enrichir impunément de leurs dépouilles en Suède, en Pologne, en Grèce et en Turquie.

Le caractère de Paul Ier, plus franc dans sa haine et plus généreux dans ses actes, ne s'accommoda pas longtemps de cette temporisation contre la France. Les émigrés français et piémontais qui remplissaient sa cour l'animaient de leur ardeur, et le proclamaient d'avance le vengeur et le tuteur des rois. Il avait eu le bizarre caprice de se déclarer le protecteur de l'ordre religieux et chevaleresque de Malte, ruine d'une institution catholique et militaire d'où l'esprit des nouveaux siècles s'était retiré, et qui ne subsistait plus que dans son nom, dans son île et dans ses richesses. La prise de Malte par les Français, leurs empiétements dans l'Adriatique, et leur conquête d'Égypte, menaçante pour la Turquie, décidèrent Paul Ier à sortir enfin de la longue inertie d'où la Russie contemplait la scène du monde.

Le moment était mal choisi en 1799 par la Russie pour entrer en lice avec la république française. L'Autriche, vaincue et fatiguée, traitait à Rastadt avec les plénipotentiaires français. Le roi de Prusse, Frédéric-Guillaume III, n'aspirait qu'à conserver cette neutralité égoïste, refuge ordinaire de cette puissance dans les crises de l'Europe, dont elle aime à recueillir le fruit sans courir les risques. Le directoire de la république française, en concentrant dans un gouvernement exécutif fort et modéré les ressorts trop convulsifs de la révolution, avait décuplé son énergie militaire. Des généraux nés de nos longues guerres, élus au feu par l'acclamation de leurs propres soldats, déjà expérimentés, encore bouillants de jeunesse, tels que Bonaparte, Moreau, Masséna, Macdonald, Kléber, Desaix, Joubert, Soult, Bernadotte, avaient appris au monde la guerre de l'enthousiasme discipliné contre la guerre de la froide tactique. La révolution française, calmée et satisfaite au dedans, était devenue une révolution martiale, aspirant à la gloire après avoir conquis la liberté. Nul n'osait se mesurer avec elle, quand Paul Ier, qui semblait attendre l'affaissement de l'Allemagne pour avoir la gloire de combattre et de vaincre seul, se décida enfin à renouer la coalition découragée.

X

Le vieux prince Repnin, envoyé par Paul à Berlin pour appeler la Prusse aux armes, échoua dans sa négociation contre l'inertie de la cour de Berlin. Plus heureux avec l'Autriche, dont les conférences avec la France à Rastadt venaient d'être perfidement ensanglantées par l'assassinat des plénipotentiaires français, mystère d'iniquité que l'histoire n'a pas encore sondé jusqu'au fond, Paul conclut avec cette cour une alliance offensive et défensive, et fit marcher une armée de soixante mille hommes à travers la Pologne, pour s'unir à Vienne aux armées de l'Autriche.

La fortune semblait lui avoir créé à dessein le général héroïque et barbare, fait pour étonner et subjuguer l'imagination à la première apparition des Russes sur les champs de bataille du midi de l'Europe. Ce général était Souvarof. Le nom de Souvarof, déjà illustré d'une renommée sinistre par les massacres d'Ismaïl et de Varsovie, rappelait un fils d'Attila. Il se donnait à lui-même le nom d'Ange exterminateur de la contre-révolution. C'était un de ces hommes de meurtre à qui la Providence donne le génie de leur instinct, et qui se font de leur férocité une vertu, en la dévouant à la cause du fanatisme, de l'obéissance et de la patrie. Nous l'avons vu surgir et grandir dans le feu et dans le sang, pendant les longues campagnes de Catherine contre les Turcs, contre les Tartares et contre les Polonais. Depuis la mort de Potemkin, et depuis la vieillesse de Romanzof et de Repnin, c'était le nom militaire qui dominait l'imagination et la confiance des armées russes.

Paul l'avait d'abord trouvé trop grand et trop populaire pour un sujet. Souvarof commandait, au moment de l'avénement de ce prince, la nombreuse armée qui occupait le midi de la Pologne jusqu'à la mer Noire. Les railleries soldatesques avec lesquelles le vieux Souvarof accueillit les réformes militaires de Paul Ier avaient irrité ce prince, qui attachait plus d'importance à des puérilités qu'à des exploits. Souvarof reçut l'ordre de déposer le commandement, et de se rendre à Moscou.

Empressé d'obéir, mais fier de son obéissance, Souvarof voulut annoncer lui-même sa disgrâce à son armée. Il rangea ses troupes en ligne de bataille, en face d'une pyramide formée de tambours et de timbales. Dépouillé des insignes du commandement et vêtu de l'uniforme de simple soldat, il parut à pied devant ses soldats, et leur adressa des adieux pathétiques qui arrachèrent des larmes à ses compagnons de gloire. Puis, ôtant son casque, son habit, son épée, son fusil, et les déposant comme un trophée ou comme une relique sur le faisceau de tambours dressé par son ordre :

« Camarades, s'écria-t-il, il viendra peut-être un temps où Souvarof reparaîtra au milieu de vous ! alors il reprendra ces dépouilles qu'il vous laisse, et qu'il porta toujours dans ses victoires. »

Après cet acte, à la fois bizarre et sublime, il remit le commandement à son lieutenant, et partit pour Moscou. Paul trouva ce séjour encore trop dangereux pour un homme qui remplissait les deux capitales de son nom. Un officier de police apporta à Souvarof l'ordre de s'exiler dans un village écarté, au milieu des forêts. Il refusa la voiture qui l'attendait à sa porte pour le conduire au lieu de son exil.

« Une charrette me suffisait, dit-il, pour me rendre à la cour de Catherine ou à la tête de ses armées ; une charrette suffira pour me porter à ma prison. »

Jeté sur une charrette et enveloppé de son manteau, il franchit sans se plaindre les cinq cents verstes qui séparaient Moscou du village où il était relégué. Il y vécut enfermé dans une misérable cabane de bois, assujetti aux ordres du paysan chef du village, et surveillé par quelques officiers subalternes de police de Pétersbourg. La prière, la lecture de l'histoire et la méditation remplissaient ses heures et mûrissaient son âme. Sa fille, mariée à un frère du favori Zoubof, obtint seule la faveur d'aller consoler son père.

A son retour, elle fléchit l'empereur par le récit de la résignation du vieux guerrier. Paul sentit qu'il n'avait rien à redouter d'un tel homme pour son trône, et qu'il avait tout à en attendre pour l'empire. Il le releva aussi capricieusement qu'il l'avait dégradé.

Un jour que Souvarof travaillait, comme Dioclétien, dans le petit jardin attenant à sa cabane, un courrier lui apporta une lettre à l'adresse du feld-maréchal Souvarof.

« Cette lettre n'est pas pour moi, dit-il en refusant de la lire. Si Souvarof était feld-maréchal, il ne serait pas exilé et gardé à vue dans un village; on le verrait à la tête des armées. »

Le courrier fut contraint de rapporter la lettre intacte à Pétersbourg. L'empereur, offensé de cette obstination à la disgrâce, accrut momentanément ses rigueurs. Mais les instances de l'Angleterre, qui venait de conclure avec la Russie un traité de subsides, triomphèrent enfin de la répugnance de Paul.

Souvarof, rappelé à Pétersbourg, y reçut le commandement de l'armée rassemblée en Pologne contre la France. La marche de Souvarof à travers l'Allemagne et l'Italie ébranla tout le continent. Le premier choc des Russes et des Français sur la Trébia, pendant une bataille de trois jours, justifia la renommée des soldats de Souvarof, sans atténuer celle des Français, commandés par Macdonald. Le champ de bataille resta aux Russes, la gloire aux vaincus autant qu'aux vainqueurs. Macdonald, inférieur en nombre, fit pas à pas, devant Souvarof et Mélas, une retraite égale à la victoire (juin 1799). Mais le nom de Souvarof et son invincibilité se répandirent, après la bataille de la Trébia, dans toute l'Italie et au delà des Alpes, comme l'arrêt vivant du destin. La contre-révolution crut avoir trouvé son Machabée; la France elle-même craignit en lui son envahisseur.

La constance de nos troupes et la mollesse des Autrichiens neutralisèrent les triomphes du nouvel Annibal. Le général républicain Moreau, à la tête de dix mille hommes, descendant des Alpes dans la plaine d'Alexandrie, défit sous les murs de Tortone le général autrichien Bellegarde. Joubert s'avança de Novi avec vingt mille Français. Attaqué par Souvarof, Joubert tomba frappé d'une balle, en recueillant ses forces pour commander encore : « En avant! » à ses grenadiers (15 août 1799).

Cette victoire confirma la terreur du nom de Souvarof;

mais les pentes de Novi, jonchées de quinze mille de ses soldats, décimèrent son armée, épuisée de ses triomphes. Il se hâte de repasser en Suisse pour y jouir de sa gloire, et pour y recueillir les renforts que Paul lui envoie, sous Korsakof. L'empereur lui décerne le nom d'Italique, comme Catherine lui avait décerné celui de Rimniski après ses victoires de Moldavie.

XI

L'armée de Korsakof était destinée par Paul à franchir le Rhin et à envahir la France avec l'archiduc Charles d'Autriche, pendant que Souvarof balayerait les Français de l'Italie. Les jalousies de gloire et les dissentiments de conseils de guerre ne tardèrent pas à relâcher l'alliance des Russes et des Autrichiens. Korsakof se jeta en Suisse au lieu de marcher au Rhin, pendant que les Autrichiens, séparés d'eux, s'aggloméraient sur les rives du fleuve.

Jamais la France, depuis la campagne de 1793, n'avait subi de telles extrémités. L'Italie était perdue, la Hollande envahie, la Suisse inondée de deux armées russes, le Rhin bordé de cent vingt mille Autrichiens. Masséna sauva tout, sol et gloire, à la bataille de Zurich contre Korsakof. Les restes de l'armée russe, précipités du sommet des monts, après avoir perdu leur artillerie et leurs généraux à Zurich, étaient anéantis, sans l'audace de Souvarof (septembre 1799).

Souvarof, sans compter le petit nombre de ses troupes, avait franchi le Saint-Gothard à la nouvelle de la défaite de Zurich, et se précipitait sur la droite de Masséna. Déjà ses douze mille Russes, animés du courage désespéré de leur général, avaient fait remonter au sommet du mont Rigi l'armée de Lecourbe, pour y chercher un asile derrière les neiges. Il allait fondre sur Masséna, quand il apprit la défaite et la retraite des Autrichiens qu'il venait secourir. Sa rage égala son désespoir. Ses imprécations contre une puissance timide et perfide, qui abandonnait ses auxiliaires, retentirent jusqu'à Pétersbourg.

Menacé désormais, avec ce petit nombre de soldats héroïques, de l'armée libre de Masséna, il fit à travers le Mutthenthal une retraite supérieure à celle de Xénophon. Masséna lui-même déclara cette retraite la plus militaire et la plus héroïque de ses victoires.

C'est pendant cette retraite qu'en voulant rendre par un symbole le courage à ses troupes démoralisées, il fit creuser une fosse sur la route et s'y coucha comme dans son sépulcre, suppliant ses soldats de l'ensevelir vivant, puisqu'ils refusaient de combattre encore pour leur général.

Son âme, assombrie par la défaite de Korsakof et par l'anéantissement de quatre-vingt-mille Russes décimés par ses victoires et par les défaites de ses collègues, sembla se détacher de la terre où la révolution allait triompher. Il traversa en silence l'Allemagne et la Pologne avec ses débris, le visage couvert du pan de son manteau, comme pour ne pas voir la honte de l'Autriche.

Paul partagea son ressentiment contre des alliés si peu sûrs, et éclata en reproches contre la cour et les généraux de Vienne. Il rappela toutes ses troupes de Hollande, de Suisse et d'Allemagne, sans vouloir d'autre traité de paix entre la France et lui que la distance. Il ordonna qu'on rendît partout dans l'empire au général Souvarof les mêmes honneurs qu'à l'empereur lui-même, honorant en lui le malheur héroïque, et déshonorant la lâcheté de ses alliés.

XII

Pendant ces victoires et ces revers en Italie et en Suisse, les escadres russes s'emparaient des îles Ioniennes dans l'Adriatique sur les Ottomans. L'île de Malte, qui venait de se rendre aux Anglais, fut déloyalement gardée par eux, contre la foi des conventions qui engageaient le gouvernement britannique à remettre cette île aux Russes.

Cette infraction aux promesses de la coalition changea en indignation et en dégoût le zèle de Paul Ier pour la cause de la contre-révolution. Avec la versatilité violente des imaginations fortes et des caractères faibles, il passa de la haine contre les Français au ressentiment contre l'Angleterre. Son admiration pour le général Bonaparte, dernière espérance du despotisme militaire en Europe, l'inclina facilement à des idées de réconciliation avec un soldat heureux et téméraire, qui sortait d'une révolution pour en étouffer les principes. Il voyait déjà un sceptre dans l'épée du consul. Peu importait à Paul le rajeunissement des dynasties, pourvu que la France eût un maître, et les rois un allié des trônes.

Il se préparait à déclarer la guerre à l'Angleterre, et déjà ses ports étaient interdits au commerce anglais, quand le soulèvement de tous les intérêts russes, que ce commerce vivifiait seul, l'excès de l'oppression sous lequel tremblait la cour, la conjuration sourde de l'armée et les craintes de la famille impériale, sans cesse menacée par les soupçons de l'empereur, se résumèrent dans la tête et dans le bras d'un seul homme, pour délivrer l'empire d'un maître que sa femme et ses fils eux-mêmes ne considéraient plus que comme un tyran ou un insensé.

Cet homme était le comte Pahlen.

XIII

Pahlen était un de ces gentilshommes courlandais qui, plus éclairés, plus entreprenants et plus aventureux que les vieux Russes, peuplent, comme les Livoniens, l'armée, les ministères et la cour de généraux, de ministres, de favoris, et quelquefois de traîtres. Entré de bonne heure au service de Russie, et parvenu par sa figure et son talent au grade de général sous le règne de Catherine, il avait dû sa fortune prématurée à la protection du dernier favori de l'impératrice, Platon Zoubof. Gouverneur de Riga à l'avénement de Paul Ier, il avait plu au nouvel empereur par l'insinuation de son caractère, et par l'affectation d'un dévouement sans scrupule.

Paul, pressé de s'attacher un homme qu'il sentait supérieur à ses généraux et qui lui devrait tout à lui seul, l'avait amené à Pétersbourg, élevé en grade, décoré, enrichi en peu d'années, au-dessus de tous les princes de sa cour, et avait fini par lui donner le commandement général des gardes, le gouvernement de la capitale, la direction absolue de la police et de la politique. Pahlen, investi de la confiance sans bornes du souverain, dominait les ministres, sans en avoir le titre : seul ministre dans une cour où tout le gouvernement n'était en réalité que la confidence perpétuelle et secrète d'un maître ombrageux et du directeur de la police de l'empire.

Tant de bienfaits et tant de puissance n'avaient pu satisfaire l'ambition ou vaincre l'ingratitude et la perfidie naturelles du cœur de Pahlen. Soit que le spectacle continuel des engouements et des disgrâces de Paul le fît trembler sur la durée de sa propre faveur ; soit que la confidence quotidienne des mouvements convulsifs de l'âme de son maître l'eût convaincu le premier du danger de laisser l'empire à un prince dont la démence pouvait égarer tout un peuple ; soit enfin qu'il craignît réellement pour la famille impériale et surtout pour le jeune tsarewitz Alexandre le sort de don Carlos en Espagne ou du fils de Pierre le Grand, immolés aux ombrages de leurs pères, Pahlen avait conçu depuis quelques mois la pensée de la déposition et peut-être la mort du souverain qui avait remis sa puissance et sa vie entre ses mains. La perfidie, dans les pays despotiques, est l'habileté des esclaves. Les grandes oppressions légitiment chez les races barbares les grandes trahisons. Là où une certaine liberté ne développe pas la conscience, les traîtres se flattent d'être les héros de la dissimulation.

Sûr de l'appui secret de l'aristocratie, de l'armée, du peuple, de ceux qui subissaient l'exil, de ceux qui le redoutaient, enfin des transes de la propre famille de l'empereur, vivant dans une perpétuelle terreur, Pahlen n'avait besoin, pour changer l'empire, que d'une nuit et d'une conspiration de palais. Il pouvait en marquer l'heure et la place d'avance, et en rassembler les fils invisibles jusqu'à la dernière heure dans sa seule main. Chargé seul de tous les rapports militaires sur la garnison de Pétersbourg et de toutes les révélations de police sur l'esprit public, il pouvait à la fois aveugler jusqu'au bout sa victime avant de la frapper. La vérité ou le mensonge n'arrivaient à l'oreille de l'empereur que par lui.

Il chercha quels étaient les complices qu'une haine avérée et irréconciliable contre Paul désignait le plus à son dessein. Son ancien protecteur, le favori de Catherine II, Platon Zoubof, s'offrit le premier à sa pensée. Zoubof, comme on l'a vu d'abord, amnistié et caressé par Paul, n'avait pas tardé à subir la disgrâce et l'exil, revers naturel des favoris de l'ancien règne sous le règne nouveau. L'empereur, après l'avoir fait arrêter et après avoir séquestré son palais à Pétersbourg, comme pour y chercher des traces de crimes, avait exilé Zoubof dans une de ses terres éloignée de la capitale, mais lui avait laissé la possession de l'immense fortune qu'il devait à la libéralité de Catherine.

Le ressentiment de Zoubof égalait l'orgueil de son ancienne puissance et la douleur de sa chute. Deux de ses frères qui avaient partagé, l'un à l'armée, l'autre à la cour, les bénéfices de sa longue faveur, des richesses royales en or, en esclaves, en bijoux, une clientèle encore nombreuse et reconnaissante dans l'armée, dans la cour, dans les fonctions publiques, faisaient de Platon Zoubof un ressort utile et un instrument sûr de la conjuration.

Mais la prudence de Pahlen ne lui permettait ni de livrer sa pensée à un confident, ni d'écrire. Ce n'était que dans une entrevue discrète avec Platon Zoubof qu'il pouvait s'ouvrir à demi ou tout entier avec lui sur un sujet où la moindre indiscrétion emportait la mort. Pour motiver aux yeux de l'empereur une pareille entrevue, il fallait obtenir, sous un prétexte plausible, l'autorisation pour Zoubof de quitter momentanément le lieu de son exil et de reparaître impunément à Pétersbourg. Le fertile génie de Pahlen imagina un prétexte de ce genre, qui fit venir à l'empereur lui-même la proposition de rappeler Zoubof à la cour.

XIV

L'empereur, de plus en plus isolé de sa famille dans un petit cercle domestique de maîtresses et de complaisants, avait élevé jusqu'à la plus intime faveur un ancien esclave turc devenu son valet de chambre, et promu successivement, par la confiance absolue et passionnée de son maître, à des grades et à une fortune qui l'égalaient aux plus opulentes familles de la Russie. L'esclave turc Koutaïtzof n'avait qu'une fille unique, dont la dot tentait la cupidité des grands seigneurs russes, mais dont la naissance rebutait leur orgueil.

Pahlen, sans s'expliquer davantage, fit insinuer à Platon Zoubof de faire demander à Koutaïtzof sa fille en mariage pour lui-même. Zoubof, charmé de recouvrer à ce prix la liberté, et peut-être la puissance à la cour de Paul, obéit, sans demander d'explication, aux insinuations de Pahlen. Koutaïtzof, enorgueilli et touché de l'honneur d'une alliance avec un homme qui avait été dix ans le maître de la Russie, et qui pouvait le redevenir encore, grâce à son propre ascendant sur l'empereur, sous un autre règne, se jeta aux pieds de Paul, lui fit confidence de la recherche de Zoubof, et supplia son maître de combler sa fortune en permettant à Zoubof de revenir à Pétersbourg pour épouser sa fille.

L'empereur, qui ne refusait rien à son esclave dévoué, se hâta d'autoriser Zoubof à reparaître à la cour. Pahlen et Zoubof s'abouchèrent alors impunément, sans exciter aucun ombrage, ni dans l'esprit de Koutaïtzof, ni dans l'esprit de Paul. L'ingratitude et la haine s'entendirent au premier mot. Pahlen promit l'impunité aux trames que Zoubof, ses frères et ses amis ourdiraient dans les casernes, peuplées de leurs anciens partisans; Zoubof promit de grouper assez de complices pour exécuter le coup d'État, assez de mécontents pour l'accueillir quand il serait accompli. La déposition de Paul fut résolue entre ces deux hommes. On laissa le reste au hasard, qui ne frappe jamais à demi de pareils coups.

La conjuration, renfermée d'abord dans ce conciliabule, trouva bientôt parmi les gardes autant de complices qu'il y avait d'officiers humiliés de la dégradation de leurs corps (mars 1801).

Pahlen, non content de rester invisible et muet au centre de la trame, voulut encore prévenir, par un artifice aussi perfide que le complot lui-même, les révélations qui ne manqueraient pas de transpirer à mesure qu'une si vaste conspiration enrôlerait tant d'instruments dans la ville et dans les casernes. Dans ce dessein, il fit écrire à l'empereur une lettre anonyme dans laquelle on lui révélait ce nouveau complot ourdi contre lui, en mêlant si habilement le vrai et le faux dans la dénonciation, que le doute et l'anxiété devaient nécessairement troubler l'esprit de l'empereur. Paul, en effet, crédule et hésitant tour à tour à la lecture de cette dénonciation, n'éprouva que l'angoisse et le désespoir d'un homme assiégé d'ennemis invisibles, et qui, sachant qu'il a tout à craindre, ne sait néanmoins où il faut porter la main pour prévenir le coup.

Il fait appeler dans la nuit Pahlen:

« Hé quoi! lui dit-il avec l'accent du reproche et de la menace, on conspire presque ouvertement contre ma vie, au milieu de ma capitale; et vous, gouverneur de Pétersbourg, général de mes gardes, directeur de ma police, vous ignorez tout?

» — Je n'ignore rien, répond l'astucieux favori, préparé d'avance à cette colère; et je suis d'autant mieux instruit des détails de la conspiration, que j'y trempe en apparence moi-même : c'était le seul moyen de tout savoir et de tout prévenir, que de paraître tout partager. Les fils de la trame sont dans ma main, pour les couper tous à l'heure où il ne restera pas un conjuré dans l'ombre. Pour qu'ils eussent en moi un vengeur, il fallait qu'ils crussent y avoir un complice.

» — Qui sont-ils? demanda Paul à son ministre avec une précipitation et une anxiété qui attestaient en lui la crainte d'y rencontrer sa femme et ses enfants eux-mêmes.

» — Sire, dit Pahlen en s'enveloppant d'une réticence qui aggravait le soupçon sans l'avouer, permettez-moi, dans l'intérêt de votre propre sûreté, de garder le silence sur des noms que votre juste colère laisserait peut-être éclater avant l'heure, et fiez-vous à moi seul du soin de préserver votre trône et vos jours. Votre sûreté est au prix de votre confiance. »

Paul ayant insisté pour connaître les noms des conspirateurs, Pahlen, baissant la tête et donnant à son visage l'expression d'un homme à qui une respectueuse horreur ferme la bouche, de peur de prononcer des noms trop augustes, laissa soupçonner sans le dire, à son maître, que la famille impériale elle-même n'était exempte ni de sinistres desseins ni de sa surveillance.

« J'entends! s'écria avec l'accent du désespoir l'infortuné Paul; l'impératrice, mon fils Alexandre peut-être? Ah! malheureux époux! malheureux père! »

Pahlen laissa, en s'éloignant, ce trait empoisonné dans la blessure. Il savait et il voulait que l'empereur, en l'y retournant, conçût et manifestât des fureurs qui donnassent tout à craindre à sa famille, et qui la décidassent à tout permettre pour se prémunir contre la démence d'un père et d'un époux égaré par ses soupçons. Mais il fallait à Pahlen un témoignage irrécusable des extrémités auxquelles il voulait porter son maître par ces révélations. L'empereur lui donna l'ordre écrit de faire arrêter le tsarewitz Alexandre et son second fils, le grand-duc Constantin, et de les enfermer dans la forteresse de Schlüsselbourg comme des criminels d'État.

« Quant à l'impératrice, dit-il à son ministre, je me charge moi-même de la conduire dans un monastère, où elle expiera sa faiblesse pour ses fils. »

Puis, serrant dans ses bras le perfide Pahlen et versant des larmes amères dans son sein, il s'abandonna à lui comme au sauveur de son trône et de sa vie. Pahlen ne rougit pas plus de la tendresse de sa victime qu'il n'avait pâli de ses reproches au commencement de l'entretien. L'ambition a ses Brutus, comme la liberté.

XV

A peine possesseur de l'ordre impérial, Pahlen court au palais du tsarewitz Alexandre. Il se présente avec un visage consterné au jeune prince ; il lui communique dans un entretien secret, en exagérant les sinistres desseins de Paul, l'ordre de son arrestation ainsi que celle de son frère Constantin, et la résolution de jeter l'impératrice sa mère dans un monastère, comme une femme perdue.

Alexandre, résigné pour ce qui ne concerne que lui, se récria avec horreur sur l'outrage destiné à sa mère, la plus vertueuse des épouses et des mères, et sur l'injustice faite à son jeune frère, dont le dévouement à l'empereur allait jusqu'au fanatisme.

Ces révélations sollicitaient par elles-mêmes une résolution du tsarewitz; Pahlen semblait l'attendre. Alexandre, fils irréprochable et respectueux, n'en prenait pas d'autre que sa résignation, ses gémissements et ses larmes : « L'empereur est mon père et mon souverain, disait-il à Pahlen; c'est à lui de disposer de mon sort, à moi de m'y soumettre. »

Pahlen se décida enfin à la provoquer : « Le respect filial, dit-il à Alexandre, doit-il aller jusqu'à respecter la démence morale d'un père égaré qui, en frappant sa femme et ses fils dans le délire de ses soupçons, frappe du même coup tout un empire? Souvenez-vous du sort du tsarewitz Alexis! »

Puis, montrant à Alexandre l'armée prête à éclater en soulèvement peut-être régicide, le sénat résolu à proclamer la déchéance d'un maître frappé de vertige et de cécité, les meilleurs citoyens tremblant chaque nuit sur le lendemain, arrachés de leurs maisons, relégués en Sibérie, dépouillés de leurs biens, séparés de leurs familles sur le plus léger soupçon des agents subalternes de l'empereur, l'empire entier agité plutôt que gouverné par les convulsions d'esprit d'un insensé; enfin la famille impériale elle-même, ce dernier espoir de la Russie, jetée, le lendemain, du palais dans les cachots, et, le surlendemain peut-être, du cachot au supplice :

« Le respect filial dans une telle extrémité, dit-il au tsarewitz, n'est plus du respect, c'est du parricide. En vous refusant de prévenir les excès et la perte d'un père égaré, vous ne manquez pas seulement de respect envers votre auguste et vertueuse mère, vous en manquez envers votre frère innocent, envers votre peuple, envers votre malheureux père lui-même ! Il y a des circonstancss où la pitié est le véritable respect filial, et où, pour empêcher le crime d'un insensé, il faut désarmer un père. »

Ces motifs et l'exemple de l'Angleterre, qui venait en ce moment même de retirer le gouvernement à son vieux roi, frappé d'une maladie mentale temporaire, et de remettre l'exercice du pouvoir royal au prince de Galles, héritier du trône, triomphèrent péniblement de la résistance vertueuse et obstinée d'Alexandre. Il gémit, il pleura, il combattit avec une horreur sincère la douloureuse nécessité que lui démontrait éloquemment Pahlen ; et, cédant enfin à l'évidence du péril de sa mère, de l'empire, de son père lui-même, il donna à regret à Pahlen un consentement muet aux mesures extrêmes à prendre pour tout sauver. Mais, tremblant que l'exécution de ces mesures, plus semblables à une conjuration de criminels qu'à un coup d'État de politiques, ne compromît la vie d'un père pour lequel il aurait encore donné la sienne, et ne changeât une déposition nécessaire en parricide, il détacha de la muraille un crucifix suspendu aux parois de son cabinet de travail, et il fit jurer à Pahlen, sur ce signe sacré, qu'en aucun cas on n'attenterait aux jours de son père.

Pahlen jura tout, et se retira muni du consentement d'Alexandre, lui promettant qu'avant trois jours le coup d'État contre la démence paternelle serait accompli, sans avoir coûté ni crime, ni sang, ni honte à la famille impériale et à la nation.

XVI

Ce consentement du fils, si péniblement et si astucieusement arraché, armait Pahlen d'une autorité sacrée aux yeux de ses complices, qui lui donnait le double caractère de conspirateur et d'homme d'État, et qui lui permettait de dominer tout, même son propre crime. Il ne représentait plus seulement les conjurés, l'armée, le sénat, le peuple : il représentait la dynastie elle-même dans son attentat contre le tyran. Il représentait de plus la vigilance du pouvoir tyrannique contre lequel il conspirait : il avait à la fois le mandat du père, pour laisser grandir et mûrir le complot; le mandat du fils, pour le légitimer; le mandat de la haine publique, pour l'accomplir. Jamais conspirateur antique ou moderne n'avait réuni dans sa main plus de gages de succès, de crimes et d'impunité dans le crime.

XVII

Mais ce n'était pas encore assez pour Pahlen. Afin de mieux s'assurer cette impunité dans le cas où le complot faillirait dans l'exécution, et où le courage de l'empereur viendrait à triompher des conjurés, Pahlen s'était réservé, dans l'exécution de l'attentat, un rôle ambigu et à deux faces, qui lui permettrait de se dévoiler comme le chef de la conspiration si elle réussissait, et comme le vengeur du crime si le crime avortait dans la dernière heure.

Dans cette double éventualité, il remit les premiers rôles dans la conjuration à Platon et à Nicolas Zoubof, et au général Beningsen, Hanovrien au service de Russie, que la renommée rendait influent sur l'armée, et que la disgrâce rendait implacable à l'empereur. Quant à lui, il se réservait l'impulsion d'abord, l'immobilité pendant l'événement, l'achèvement ou la répudiation de l'attentat après la défaite ou la victoire. Tant de rôles n'écrasaient pas la vigueur, la souplesse et la fécondité de ce héros de la trahison.

XVIII

Cependant les deux premiers jours des trois, assignés comme terme de l'événement par Pahlen, s'écoulaient, sans qu'il donnât encore aucun signal à ses complices. L'air était tellement imprégné des vagues miasmes d'une conjuration presque unanime, quoique encore muette, que les symptômes, transpirant de toutes parts, pouvaient, d'une heure à l'autre, éveiller l'attention de Paul sur la connivence de son ministre. Quelques-uns de ces symptômes, comme il arrive dans toutes les conspirations d'État, étaient si mystérieux et si étranges, qu'ils sont restés inexplicables jusqu'à ce jour aux hommes les plus initiés aux secrets de la cour et des conciliabules de Pahlen. L'histoire, après tant d'années, n'a pu encore en découvrir l'origine et en interpréter la signification.

Deux chambellans disgraciés de Paul Ier, le prince Tuffeukin et le prince Galitzin, vivaient, depuis quelques mois, relégués et surveillés à Moscou. Dix ou douze jours avant l'exécution du complot, les deux exilés reçoivent chacun une lettre anonyme datée de Cronstadt, et ne contenant que ces mots : *Venez, le tyran n'est plus, et la Russie est délivrée!* Étrangers à la conjuration, et soupçonnant dans cette lettre un piége de la police, ils se communiquent l'un à l'autre l'étrange avis, et se promettent de garder le silence, de peur de trahir leur sentiment par leur parole ou par leur physionomie.

L'événement ne devait pas tarder cependant à vérifier le message anticipé. Le désir de se débarrasser de l'empereur était si général, que, pendant que Pahlen conspirait à Pétersbourg, le général étranger Ribas, gouverneur de Cronstadt, conspirait de son côté dans son gouvernement.

Parti de Cronstadt pour Pétersbourg, Ribas et quelques-uns de ses complices épiaient une occasion de frapper le tyran. Leur plan consistait à allumer un incendie pendant la nuit dans la capitale, à entourer Paul qui avait l'habitude de se rendre lui-même au feu, à le frapper dans le tumulte, et à répandre le bruit qu'il avait péri par accident sous les débris de l'édifice, en cherchant à éteindre le feu.

L'incendie, allumé pendant la nuit, avait en effet réverbéré ses lueurs sur les fenêtres du palais, au moment où l'empereur, fatigué des exercices du jour, venait de se déshabiller et de s'endormir. Éveillé en sursaut par ses serviteurs, il veut, comme de coutume, courir au feu. Un de ses aides de camp regarde, par son ordre, quel est l'édifice atteint par la flamme : il rapporte à son maître que ce n'est qu'une maison de bois d'un pauvre quartier, qui brûle sans danger pour le reste de la ville; il détourne son maître de se lever pour si peu, et se charge d'aller à sa place surveiller et presser les secours. Paul, pour la première fois, se relâche de son zèle habituel et se rendort.

Ribas et ses amis voyant accourir à l'incendie un simple aide de camp, au lieu de l'empereur qu'ils attendaient, s'étonnent, se troublent, soupçonnent un traître parmi eux, et se hâtent de fuir pour échapper aux supplices d'une conjuration éventée. Ribas, se jetant précipitamment dans une chaloupe, vogue à force de rames sur la Néwa pour rentrer à Cronstadt, avant qu'on se soit aperçu de son absence.

A peine y était-il arrivé, qu'un bâtiment étranger échoue pendant une tempête sur un écueil à l'entrée du port, et tire le canon de détresse pour appeler du secours.

Ribas s'embarque à l'instant sur un esquif pour donner l'exemple à ses matelots, sombre, et périt dans les flots en approchant du vaisseau en perdition.

L'empereur, en apprenant la noble mort de son amiral, admire son dévouement, et pleure comme un ami l'homme qu'un hasard seul avait empêché d'être son assassin.

On soupçonna toujours, depuis, que la lettre anonyme qui annonçait aux exilés de Moscou la mort du tyran était de la main de Ribas, ou d'un de ses complices.

XIX

Cependant Pahlen, depuis qu'il avait fait confidence de sa résolution au tsarewitz Alexandre, craignant ou une indiscrétion ou un remords de ce prince, avait placé des gardes à la porte de ses appartements, sous prétexte d'exécuter un ordre de l'empereur, mécontent de quelques fautes disciplinaires de son fils.

L'empereur, à la fin du troisième jour, était allé, selon son habitude, passer la soirée et souper familièrement chez une de ses confidentes, la princesse Gagarin. Là, dans l'abandon de la confiance et dans l'amertume de son cœur, ulcéré par les récentes révélations de Pahlen, sa taciturnité, ses soupirs, ses demi-mots énigmatiques, interprétés par l'opinion qu'on se faisait de sa démence, avaient jeté l'étonnement, le silence et la terreur dans le petit cercle de ses familiers les plus intimes.

« Avant peu de jours, s'était-il écrié dans l'imprudence de ses menaces, avant peu de jours on s'étonnera de voir tomber des têtes qui me furent bien chères. »

La princesse Gagarin se hâta de faire avertir le soir

même le tsarewitz Alexandre et l'impératrice des paroles sinistres qui ne pouvaient désigner qu'eux. Cette explosion de larmes du père confirma le fils dans la douloureuse conviction qu'il fallait choisir entre la déposition d'un souverain en démence, ou la mort de sa mère, de ses frères et de lui-même.

Pahlen, informé de son côté des mêmes propos, et résolu de presser l'exécution du coup d'État, se rendit au palais, et, pour endormir dans une perfide sécurité sa victime, annonça à l'empereur que la conjuration contre ses jours avait été complétement abandonnée et dissoute, par le refus de sa famille d'y participer; que les conjurés étaient en fuite; qu'il pouvait détendre désormais son âme, et se relâcher des consignes sévères imposées aux gardes de son palais.

Paul, consolé et rassuré par ce faux rapport, reprit en effet sa sérénité, et s'endormit sur la foi de la trahison.

XX

Mais à peine l'empereur avait-il congédié pour la nuit ses serviteurs, que Pahlen, courant à la maison de Platon Zoubof, chez lequel les principaux conjurés étaient invités à un souper somptueux, parut au milieu d'eux, s'assit à leur table, et, faisant fermer les portes, les enivra de flots de vin, afin de leur faire puiser dans une demi-ivresse la témérité des résolutions extrêmes et subites, qui ont besoin des ténèbres et du vertige pour faire évanouir toute objection et toute terreur du cœur des hommes. Quant à lui, il ne fit qu'effleurer de ses lèvres l'écume de son verre, pour conserver le sang-froid du chef au milieu de la chaleur des instruments. Beningsen et les Zoubof, seuls confidents complets de ses desseins, observèrent la même sobriété.

Les soixante autres officiers de l'armée ou des gardes, animés du double feu de la jeunesse et du vin, ne tardèrent pas à laisser éclater en propos et en clameurs leur indignation contre la cour, et leur ardeur à délivrer l'empire d'un tyran.

« Eh bien, que tardons-nous? leur dit alors Pahlen avec la triple autorité de son commandement, de son grade et de son éloquence. Pourquoi laisserions-nous un jour et une heure de plus au danger de la famille impériale et à la honte de la Russie? Qui nous dit que ce jour ne sera pas employé par un père et par un époux égaré au meurtre irréparable de sa femme et de ses fils, et qu'en négligeant de sauver cette nuit des victimes augustes, nous n'aurons pas demain à ne venger que des cadavres? Notre conspiration est légitime, car elle est la conspiration du salut de l'empire et de la vie de la dynastie de Pierre le Grand; elle est innocente, car nous ne voulons point répandre de sang, mais déposer seulement un tyran du trône, pour y placer l'espérance et l'amour de la nation; elle est sainte, car nous avons le consentement douloureux du fils à l'abdication nécessaire du père; elle est prompte et sûre du résultat, car ici elle est enfermée tout entière dans cette salle avec nous, et dehors elle est préparée aujourd'hui même par mes soins avec une prévoyance qui a préjugé vos sentiments, endormi le palais, embauché les gardes. Levons-nous seulement de table, et tout est accompli!

» J'ai fait, avant de me rendre au milieu de vous, relever tous les postes du palais, et j'ai placé, au lieu des soldats allemands de l'empereur, des officiers en sentinelle, chargés de nous livrer les portes. Toute la garde impériale, rassemblée dans cet instant par mes ordres dans ses casernes, est prête à en sortir pour saluer et défendre le nouveau maître que nous allons lui donner. Marchons, en invoquant le nom des grands libérateurs de leur pays et l'âme de Pierre le Grand, qui veille sur sa famille et sur son peuple! Le génie de Rome et de la Russie est avec nous! »

XXI

Une acclamation unanime accueillit cette harangue de Pahlen, et tous les convives tirèrent leurs épées pour en couvrir, à sa voix, les jours du tsarewitz Alexandre.

Pahlen, divisant en deux groupes les soixante conjurés, donna au général Beningsen le commandement du premier groupe, et se réserva à lui-même le commandement du second, marchant en réserve et à quelque distance, afin de rester, dit-il, en communication avec les troupes rassemblées déjà sur les principales places de la ville, et de leur donner l'impulsion au moment où le palais serait envahi par Beningsen et Zoubof.

Les historiens de cette nuit suprême soupçonnent Pahlen d'avoir ménagé ainsi jusqu'au dernier moment les deux fortunes, prêt à seconder les premiers conjurés s'ils réussissaient, prêt à les désavouer et à les écraser avec les troupes indécises, s'ils échouaient dans l'invasion du palais. Rien n'atteste mais rien ne dément une pareille ambiguïté de crime dans un caractère si dissimulé et si double.

Quoi qu'il en soit de cette réserve équivoque de Pahlen au dernier moment, les conjurés, favorisés par la nuit, enveloppés de leurs manteaux, l'épée nue à la main, cachée sous les pans de leur uniforme, s'avançaient en silence vers le palais Michaïlofski, sorte de forteresse bastionnée et crénelée, que Paul avait fait élever et armer comme une citadelle au milieu de son peuple.

Au bruit de leurs pas dans les vastes jardins qui entouraient le palais, des bandes de corneilles, nichées sur les arbres, s'envolèrent en poussant des cris sinistres. Les premiers conjurés, superstitieux comme le sont les races primitives, s'alarmèrent de ce vol et de ces cris comme d'un sinistre augure, s'arrêtèrent, et hésitèrent s'ils ne reviendraient pas sur leurs pas. Beningsen et Zoubof les raillèrent de leur faiblesse, et leur dirent que l'augure ne menaçait que les jours du tyran. Ils continuèrent à s'avancer vers la grande porte du palais.

Une seule sentinelle leur cria : « Qui vive ! » A ce cri, les officiers des gardes, apostés à l'intérieur par Pahlen, sortirent, défendirent à la sentinelle de faire feu, et dirent aux soldats du poste que c'étaient des généraux et des officiers supérieurs qui faisaient une ronde de nuit par ordre de l'empereur. Les soldats, trompés, saluent les conjurés, et leur livrent la porte et le grand escalier qui conduisent à l'appartement de Paul.

Il était minuit. Le silence et la solitude régnaient dans l'intérieur du palais : on n'y entendait que le pas étouffé des conjurés, qui traversaient, sans rencontrer aucun obstacle, la longue file d'appartements déserts servant d'avenue à la chambre de l'empereur. Un adjudant du palais, nommé Argamakof, familier de Paul, corrompu par Pahlen, leur servait de guide. Ils avaient besoin de ce complice pour arriver sans tumulte jusqu'aux appartements reculés de Paul, et pour s'en faire ouvrir les portes par ruse, sans éveiller ses soupçons et sans interrompre son sommeil.

Argamakof, conduisant les conjurés jusqu'à la porte

du valet de chambre qui ouvrait ou fermait seul en dedans celle de son maître, l'appela par son nom, en le priant de lui ouvrir pour un rapport secret et pressé qu'il venait, selon son usage, faire à l'empereur.

« Un rapport à cette heure ? répondit le serviteur. Es-tu fou ? il est minuit !

» — C'est toi qui dors encore et qui rêves, répondit l'astucieux adjudant. Il est six heures du matin, le jour va poindre ; et si tu ne m'ouvres pas, tu auras un compte sévère à rendre à ton maître. »

Le valet de chambre, mal éveillé, ouvrit ; mais voyant un groupe de généraux et d'officiers, l'épée nue à la main, entrer précipitamment à la suite d'Argamakof, il trembla de tous ses membres, et s'enfuit en criant : « Au meurtre ! » dans l'ombre d'un corridor.

A son cri, deux hussards affidés, qui couchaient, le pistolet au poing, sur le seuil extérieur de la chambre de leur maître, se lèvent en sursaut pour défendre la porte. L'un d'eux se dévoue à la mort pour accomplir son devoir, tire son sabre, et lutte sans espoir contre vingt épées levées sur lui. Un coup de sabre à la tête l'abat dans son sang ; on écarte du pied son cadavre. La porte, fermée en dedans par un verrou, cède aux assaillants.

XXII

Cependant l'empereur, éveillé en sursaut par la chute des hussards, par le cliquetis des sabres, par le pas des conjurés, comprend que la trahison a livré son palais à ses ennemis, et qu'une porte à demi brisée est son seul rempart contre la mort. Il s'élance à demi nu de son lit, à la lueur d'une lampe de nuit, court à la porte de sa chambre qui communiquait à l'appartement de l'impératrice, se souvient tout à coup avec désespoir qu'il a fait lui-même murer par derrière cette communication, dans l'excès de sa défiance contre son épouse, revient dans son alcôve, presse du pied une trappe mystérieuse qui cachait un escalier dérobé, préparé pour une fuite soudaine, sent la trappe verrouillée résister au poids de son corps, et, ne trouvant de salut ni sous sa main ni sous ses pieds, se réfugie dans un cabinet attenant à sa chambre, où il déposait les drapeaux de ses régiments et les armes des officiers emprisonnés momentanément par ses ordres. Ce cabinet, où l'on retirait les vieux meubles inutiles de l'appartement, renfermait aussi un paravent, derrière lequel l'empereur s'abrite et s'affaisse, pour échapper à la première poursuite des assassins.

Ils entr'ouvraient déjà les rideaux de son lit. Platon Zoubof, le plus impatient et le plus acharné de tous, jette un cri d'effroi en parcourant de la main la couche vide.

« Grand Dieu! dit-il, il est sauvé, et nous sommes perdus! »

Il cherche en vain sous le lit, avec la lame de son épée, le corps du fils de Catherine. Il pâlit, ainsi que son frère, à l'idée du crime conçu, commencé et trompé par la précaution de Paul. Ses complices et lui voient déjà l'empereur échappé à leurs coups, appelant les soldats de la garde et de la garnison aux armes, et revenant venger dans leur sang la conspiration avortée.

Mais Beningsen, avec le sang-froid obstiné d'un militaire accoutumé aux vicissitudes de l'action, continue à visiter scrupuleusement les corridors, les armoires, les recoins obscurs de la chambre, et, dépliant violemment le paravent, découvre, derrière le dernier panneau de ce meuble, l'empereur accroupi qui le regarde sans terreur, et qui se relève majestueusement devant lui.

Paul, en traversant le cabinet où étaient déposées les armes des officiers aux arrêts, avait eu le temps et l'instinct de s'armer d'une courte épée, pour défendre sa vie ou pour mourir en brave. Beningsen, contenant l'empereur de la main droite avec la pointe de sa propre épée sur sa poitrine nue, le salue avec un reste de respect militaire, et, tenant de la main gauche l'acte d'abdication préparé chez Zoubof :

« Signez ceci, dit-il à Paul; vous n'êtes plus empereur, c'est votre fils Alexandre qui règne! Nous venons vous sommer, en son nom, de déposer l'empire. A ce prix, ne craignez rien pour votre vie ; nous ne voulons de vous que le sceptre, que vous ne pouvez plus porter.

» — Oui! oui! s'écrièrent tumultueusement les conjurés les plus rapprochés de Beningsen avec les gestes et les égarements d'hommes ivres d'insolence et de vin; hâtez-vous d'abdiquer un pouvoir qui n'a été qu'un long opprobre pour vous, un long supplice pour nous, ou nous vous ferons signer de votre sang une renonciation que vous ne voudrez pas signer de votre main!

» — Que vous ai-je fait, ingrats? » répondit Paul avec un accent de reproche sévère et tendre, où l'on sentait encore l'autorité du souverain à travers la tristesse du suppliant.

Il continuait à leur parler en victime et en maître, et la compassion commençait à amollir en eux la fureur du crime et du vin, quand un nouveau tumulte de pas nombreux se fit entendre dans les grandes salles qui précédaient la chambre.

« Ce sont ses soldats allemands qui viennent le défendre! » s'écria une voix. A ce cri, le groupe des conjurés épouvantés se dispersa dans l'ombre, et laissa

Berningsen presque seul contenir de la pointe de son épée sa victime, prête à échapper à son sort.

Ce n'étaient pas les Allemands : c'était un second groupe de conjurés subalternes, arrêté un moment au pied du grand escalier, qui accourait au bruit de la résistance et de la lutte pour presser et achever le dénoûment. Leur invasion, les cris des hussards, la chute des portes enfoncées, le retentissement des pas des conjurés sur les degrés, la voix de Paul appelant à lui ses serviteurs, avaient rempli le palais de bruit et de trouble.

Platon Zoubof, craignant que l'impératrice et ses fils n'accourussent aux clameurs de leur père et de leur époux, se hâta de descendre dans les appartements du tsarewitz Alexandre, situés au-dessous de ceux de son père. Il trouva ce prince debout dans son appartement avec la grande-duchesse sa femme, son frère Constantin et la femme de ce grand-duc, attendant dans une angoisse cruelle la fin d'un drame dont on ne leur avait confié que la moitié.

Constantin, le favori de son père et l'exécuteur obéissant de ses sévérités, n'avait été initié que le soir, très-avant dans la nuit, au coup d'État consenti par son frère. On le retenait avec peine dans l'appartement du tsarewitz, par crainte d'une indiscrétion ou d'un généreux élan de cœur vers son père. S'il avait eu le temps de la réflexion et la liberté de ses mouvements, jamais Paul n'aurait été frappé qu'à travers son propre corps.

Zoubof raconta rapidement aux grands-ducs la surprise, le désarmement et la prochaine abdication de leur père. Il leur jura de nouveau que sa vie était en sûreté sous l'épée protectrice de Beningsen, et il remonta précipitamment l'escalier du palais.

Pendant sa courte absence, Beningsen avait continué à retenir Paul immobile, mais inflexible, sous son épée.

aux conditions d'abdication qu'on lui imposait. Indigne de régner par son caractère, il s'en montrait digne au moins au dernier moment par son courage; il ne savait pas plier, mais il savait mourir. Le second groupe de conjurés, qui venait de rallier le premier groupe dispersé par la panique, était composé d'officiers et de généraux à qui l'ivresse du souper chez Zoubof avait enlevé toute raison, toute décence et toute pitié dans leur animation contre le tyran.

A leur entrée dans la chambre, et à l'aspect de Paul en chemise, les jambes nues, devant Beningsen, ils s'étaient précipités en furieux sur l'empereur. Paul, désarmé et saisi corps à corps par le major général de l'artillerie prince Jaschwill, roula en se débattant avec son assassin. La seule lampe de nuit qui éclairait cette horrible lutte s'éteignit, soit d'elle-même, soit par le souffle d'un des bourreaux, soigneux de laisser la responsabilité aux ténèbres. On entendait Paul se défendre avec l'héroïsme du désespoir contre le prince Jaschwill, Tatarinof, colonel d'artillerie, le prince Vereinski, et Seriatin, officiers réformés de la garde, donner et recevoir des coups retentissants.

« Au nom de Dieu! Sire, lui cria Beningsen, ne cherchez pas à vous sauver : il y va de votre vie; on vous tuera, si vous opposez la moindre résistance! »

En disant ces paroles, Beningsen courut à tâtons, dans la salle voisine, chercher un flambeau pour éclairer les ténèbres de cette lutte.

« Messieurs, murmurait Paul à demi étouffé par une écharpe que des mains invisibles seraient déjà autour de son cou, au nom du ciel, épargnez votre empereur! Laissez-moi seulement le temps de faire ma dernière prière et de recommander mon âme à Dieu. »

Le nœud coulant de l'écharpe, qui lui coupa la respiration, et un coup de pommeau d'épée sur la tempe, qui lui brisa le crâne, furent la seule réponse des bourreaux. Quand Beningsen revint, le flambeau à la main, pour écarter les meurtriers et relever l'empereur, Paul rendait le dernier soupir sous les genoux de ses assassins.

Beningsen ne releva qu'un cadavre, le recoucha sur le lit, enveloppa la tête dans sa couverture, et se retira consterné, en plaçant le capitaine des gardes Markof à la porte de la chambre avec trente hommes, et en lui donnant pour consigne de ne laisser pénétrer personne auprès du cadavre, pas même l'impératrice, les fils ou les filles de la victime (24 mars 1801).

XXIII

L'impératrice, dont l'appartement, comme on l'a vu, était contigu à celui de Paul, s'était en effet réveillée au bruit des pas et des voix dans la chambre de l'empereur; et, oubliant que Paul avait fait barricader cette porte, elle y avait couru pour l'ouvrir, et pour se jeter entre les conjurés et son mari. Les froideurs, les dédains et les sévérités de Paul envers cette compagne si pure et si docile de sa jeunesse, avaient contristé sans aliéner le cœur de l'impératrice. Toute sa tendresse se soulevait en elle, comme tout son devoir, à l'image de Paul assassiné par ses gardes pour l'amour d'elle.

Après avoir vainement secoué la porte, qui résista à ses faibles bras, elle se précipite par un escalier dérobé à l'étage inférieur pour accourir par une autre issue, monte à demi nue et à pas précipités le grand escalier, malgré les gardes qui cherchent à l'arrêter, traverse les grands appartements, et arrive trop tard à la porte où le lieutenant des gardes, Poltaratski, ne gardait plus qu'un cadavre.

« L'empereur est mort d'une mort subite! lui dit Poltaratski en s'inclinant devant elle, et en lui refusant respectueusement de la laisser pénétrer dans la chambre.

» — Non! non! dit-elle, il a été assassiné!

» — Eh bien! madame, il faut vous l'avouer, répond le lieutenant. »

Elle fit des efforts désespérés pour forcer la consigne, et pour embrasser encore le père de ses enfants.

« Ne me reconnaissez-vous donc pas? Ne suis-je pas votre impératrice, votre mère? s'écriait-elle en insistant auprès des officiers et des sous-officiers de garde.

» — Oui, madame, répliqua Poltaratski; mais je ne puis prendre sur moi de violer la consigne donnée par le général Beningsen.

» — Eh bien, j'entrerai de force! » reprit l'impératrice désespérée. Et elle s'élança vers la porte. Les soldats lui opposèrent, en baissant les yeux, une haie croisée de baïonnettes. A cet outrage, elle se retourne vers Poltaratski et le frappe au visage, puis s'évanouit de colère et d'horreur entre les bras de la princesse de Liéven, sa dame d'honneur. Ses deux filles, les grandes-duchesses Marie et Catherine, étaient accourues sur les pas de leur mère, au bruit du meurtre de leur père. Elles secoururent l'impératrice évanouie, et demandèrent un verre d'eau pour en rafraîchir ses lèvres.

Au moment où l'impératrice, revenue à elle, portait l'eau à sa bouche, un soldat lui arracha le verre des mains, en but quelques gouttes; puis lui rendant le verre : « Maintenant vous pouvez boire sans crainte, dit-il à sa souveraine; il n'y a pas de poison. D'ailleurs, vous êtes innocente du malheur de l'empereur et de ce qui vient de se passer! ».

On l'emporta dans ses appartements.

XXIV.

A peine y était-elle rentrée avec ses filles pour étancher ses premières larmes, que Pahlen, resté jusque-là invisible et immobile avec ses troupes, comme le génie indécis et caché de l'événement, dans l'ombre des jardins, entra chez l'impératrice et l'engagea à le suivre chez le tsarewitz Alexandre, pour saluer et bénir en lui le nouvel empereur.

A ces mots, l'orgueil et l'ambition trompés du trône vacant se soulevèrent, et triomphèrent de l'émotion et de la douleur dans l'âme de cette vertueuse mais fière princesse. Elle n'avait eu qu'un moment pour se reconnaître, et ce moment lui avait suffi pour s'attacher à l'idée de revendiquer pour elle-même ce trône, occupé par le cadavre encore chaud de son mari. Elle s'étonna, elle s'indigna à haute voix devant Pahlen de ce qu'on lui disputait la régence ; et elle le suivit chez son fils, en lui reprochant amèrement de lui ravir le rang et l'autorité qui lui appartenaient par la mort de Paul, et par l'âge, encore subordonné à sa tutelle, d'Alexandre.

Pahlen lui représenta en vain qu'un événement si sinistre et si imprévu exigeait dans la nuit même un couronnement militaire, et la présentation d'un prince à cheval et adoré à la tête des troupes. Rien ne fléchit la mère déjà jalouse du fils, tant la séduction du pouvoir suprême dominait promptement, dans ce cœur de veuve, l'honneur de l'épouse et la tendresse de la mère !

XXV

Pendant que cette altercation pour l'empire se prolongeait à voix sourde dans l'appartement de l'impératrice plus qu'il ne convenait à Pahlen et à ses desseins de gouverner sous le jeune empereur, Beningsen et Zoubof s'étaient rendus, de leur côté, dans l'appartement du tsarewitz, où Alexandre et Constantin attendaient avec une anxiété terrible, non la mort, mais l'abdication forcée de leur père. La douleur et la pâleur de la physionomie de Beningsen révélèrent avant les paroles, aux princes, ce qu'ils tremblaient de connaître :

« Votre père est mort du saisissement et des convulsions que la nécessité de déposer l'empire a produits en lui, dirent les meurtriers.

» — Ah! malheureux que je suis! s'écria le tsarewitz, qui comprenait au delà des paroles, je commencerai donc mon règne par un assassinat, et je laisserai donc la mémoire infâme d'un parricide? Non! plutôt mille fois ne jamais régner, que de régner en paraissant recueillir le fruit du sang de mon père! »

Il s'évanouit à ces mots, en tombant dans les bras de Constantin, sombre de fureur et baigné de larmes.

La voix de Pahlen, qui entrait et qui lui représentait le péril d'une hésitation et d'un interrègne d'un moment dans une telle crise de la couronne, suspendit, non son désespoir, mais ses gémissements et ses incertitudes.

« Refuser l'empire par un remords, c'était, lui dit Pahlen, s'avouer coupable d'un crime ou d'un malheur dont il était en réalité innocent. La cause de la mort resterait cachée ; ou, si elle venait à se révéler, il se trouverait assez de sujets dévoués pour en assumer sur eux la responsabilité et l'expiation. L'essentiel était de ne pas laisser une heure au doute, et de saisir le pouvoir de l'acclamation des troupes rassemblées avant que le bruit de la mort violente de l'empereur se répandît dans la ville au réveil du peuple, et que le soleil se levât peut-être pour en éclairer le mystère, et pour le venger sur ses meurtriers et sur sa propre famille.

» — Eh bien, je régnerai, puisqu'il le faut pour le salut de la Russie et pour l'attestation de mon innocence! dit enfin Alexandre à Pahlen, à Beningsen et à Zoubof; mais je régnerai à jamais malheureux, et avec l'image perpétuellement sous les yeux d'un père qui ne devait pas mourir ainsi, moi vivant! »

On se préparait à sortir du palais pour le présenter aux troupes, quand, à la suite de plusieurs messages par lesquels l'impératrice réclamait le sceptre vacant, en vertu de ses droits de mère et de tutrice, elle parut elle-même pour imposer à son fils, par l'autorité et par les larmes, la déférence du trône. Un long et sinistre entretien entre la mère et le fils à voix basse, mais dont on entendait de temps en temps les éclats involontaires, ébranla de nouveau la résolution d'Alexandre. Il sortit un instant de son cabinet, où il avait été suivi par sa mère, et, s'approchant tout ému de l'oreille de Pahlen :

« Eh bien, lui dit-il, voici un autre malheur inattendu qui menace de compliquer la crise de cette nuit fatale, et de faire échouer demain tous vos desseins. Ma mère s'obstine à ne pas renoncer à ses droits, et à refuser le serment que son exemple devait imposer à tout l'empire!

» — Ce n'est pas l'heure des scrupules d'enfant et des vanités de femme! » répondit brusquement Pahlen.

Et, entrant avec Beningsen et Zoubof dans le cabinet,

ces trois conjurés, qui n'avaient de salut que dans l'acceptation du fils et dans le silence de la mère, obtinrent par leurs prières, par leurs raisonnements et peut-être par leur audace, que l'impératrice renonçât enfin à ses prétentions, et prêtât immédiatement serment à son fils comme empereur.

XXVI

A la première aube du jour, Alexandre, à cheval, suivi de Pahlen, de Beningsen et des principaux conjurés, parut devant le front des troupes rassemblées, parmi lesquelles on avait répandu le bruit de la mort subite et naturelle de l'empereur. Le régiment des gardes Preobrajenskoï, plus particulièrement caressé par Paul, et qui soupçonnait le meurtre sous cette mort mystérieuse, accueillit avec une sévérité froide et presque menaçante le nouveau tsar. Aucune voix ne s'éleva des escadrons pour crier: « Vive Alexandre! » Les autres, impressionnés par la présence de Beningsen, général aimé des soldats, et encouragés par l'ascendant de Pahlen, tout-puissant sur leurs chefs, n'hésitèrent pas à saluer de leurs acclamations le nouveau règne, représenté par un jeune prince que le contraste de sa beauté avec la laideur de son père rendait l'idole de l'armée et du peuple.

Avant le lever du soleil, la capitale entière avait prêté serment à son nouveau maître, sans s'informer trop du mystère de la nuit. Un empereur haï y avait trouvé son cercueil, un empereur adoré y avait trouvé le trône. Aucun regret n'altérait dans les cœurs l'espérance unanime qui venait d'éclore sur l'empire avec le jour.

Les funérailles de Paul Ier dérobèrent à demi, comme celles de son père Pierre III, la nature de l'événement et les traces du crime. Exposé sur un lit de parade aux hommages des grands et du peuple, ses gants, son uniforme, son chapeau de général, cachèrent les mutilations de ses mains, de sa poitrine et de ses tempes. Mais l'indiscrétion et même la jactance insolente des Zoubof et de leurs nombreux complices, sûrs de l'impunité de leur crime, éventèrent promptement les circonstances du meurtre, et mêlèrent la consternation, l'horreur, la pitié de la capitale et de l'Europe à la sérénité du nouveau règne.

Paul était plaint plus que haï, comme un prince dont le cœur était bon, les intentions droites, et dont les fautes mêmes n'avaient pour cause qu'une excessive impatience dans l'accomplissement de ce qu'il croyait nécessaire au bonheur de son peuple. L'horreur d'un père assassiné sous le foyer de ses fils, de sa femme et de ses filles, pendant son sommeil ; son héritage porté tout sanglant à son fils aîné, et accepté par lui des mains des meurtriers ; enfin la présence et la faveur apparente de ces assassins, ministres et généraux du fils le lendemain de l'assassinat du père, rappelaient le palais des Atrides dans la maison des Romanof. L'impératrice mère elle-même laissait échapper, par douleur ou par ressentiment contre l'usurpation de son fils, des larmes, des indignations, des signes muets de vengeance.

Un pope, accrédité par ses prétendues révélations surnaturelles à Pétersbourg, répandait parmi le peuple des images où était représenté le meurtre de l'empereur, et où on lisait : *Dieu a promis de punir les assassins de Paul.* Cette image, affichée dans la chapelle de l'impératrice mère au palais d'hiver, offensait les yeux, menaçait l'impunité des meurtriers. Pahlen fit enlever de force cette image de la chapelle de l'impératrice.

Elle s'indigna, et réclama fortement auprès de son fils.

« Voulez-vous donc, lui dit-elle, accepter pour vous les justes menaces des hommes et du ciel contre ceux qui ont égorgé mon époux, leur souverain, et votre père? »

Alexandre fit insinuer indirectement à Pahlen qu'il serait décent à lui de s'éloigner momentanément de Pétersbourg. Pahlen comprit plus qu'il ne lui avait été dit, et envoya, le jour même, la démission de toutes ses charges.

« C'est bien! dit Alexandre. Mais pour que le sacrifice soit complet, il convient que monsieur de Pahlen parte sans délai, et de lui-même. »

Une heure après, Pahlen, obéissant, mais fier de son crime, partait pour Riga sans remords, sinon sans crime. Il se vanta toute sa vie d'avoir sacrifié sciemment sa reconnaissance personnelle, son ambition et sa mémoire au renversement du tyran et au salut du trône et du peuple. Mais la conscience humaine ne ratifie pas ces absolutions patriotiques que la trahison se donne à elle-même. Quel que soit le motif de la perfidie d'un ministre et de l'assassinat d'un bienfaiteur, le crime reste crime, et le sang reste sang: la politique n'a pas le privilége d'innocenter les forfaits.

Quant à Alexandre, l'histoire maintenant bien éclairée ne peut ni l'accuser de parricide, ni l'excuser complétement de son malheur. Sans doute il n'autorisa ni ne prévit le meurtre de son père, il fit prêter de bonne foi aux conspirateurs le serment de ne pas attenter à ses jours; mais il connut la conspiration, et il consentit à une violence jugée nécessaire au salut de sa mère, de l'empire, et à son propre salut. Quoique bien jeune encore, il était assez mûr cependant pour savoir qu'entre une abdication forcée et la mort du prince de qui on l'exigeait l'épée sur la poitrine, il n'y avait que la distance de la pointe de l'épée de ses partisans au cœur de son père; qu'un refus, un emportement, un geste, une lampe éteinte, une mêlée dans la nuit, pouvaient changer une déposition en parricide. Jamais fils, quelque menacé qu'il fût, ne devait laisser courir innocemment un pareil hasard au crime de ses confidents, à la vie de son père, à sa propre innocence à lui! Si Paul n'était qu'un prince ombrageux, il fallait subir patiemment ses ombrages, comme un malheur de la destinée qui ne légitimait point sa déposition violente, encore moins sa mort, par la main des siens. Si c'était un insensé dangereux à tous et à lui-même, il fallait le sauver de ses propres excès par un jugement douloureux d'État et de famille, assister soi-même à l'exécution de l'arrêt, désarmer à genoux le prince et le père, l'entourer dans l'intérieur du palais de toutes les pitiés, de toutes les consolations, de tous les respects dus à la nature, au rang, à l'infirmité mentale; mais il ne fallait livrer à aucun prix à la nuit, à la trahison, à l'ivresse, au fer d'une bande d'assassins, la vie d'un souverain et d'un père, en attendant debout, averti et tremblant dans un appartement voisin, qu'un Pahlen ou un Zoubof ou un Beningsen vinssent vous apporter, ou une abdication signée sous le poignard, ou un crime tout fait, avec la honte éternelle de ne pouvoir ni les désavouer ni les punir!

Alexandre se rejeta d'horreur dans le désespoir, et versa des larmes sincères en apprenant que ses partisans avaient manqué à leur serment et dépassé d'un cadavre son autorisation. Mais aucunes larmes ne pouvaient laver une telle imprudence. Aussi ne fut-il jamais bien sûr lui-même, pendant le reste d'une vie honnête, s'il était innocent ou coupable : un malheur trop semblable à un remords pesa jusqu'à sa dernière heure sur son esprit. Juste vengeance de la nature, qui infligea à une action douteuse un doute terrible pour punition ! L'histoire, selon nous, ne doit juger Alexandre ni plus mollement ni plus sévèrement qu'il ne se jugea lui-même : innocent d'intention, imprudent de moyens, malheureux de destinée, et d'autant plus malheureux qu'une conscience plus filiale, plus délicate et plus pure ne lui permit jamais à lui-même ni de s'absoudre ni de se condamner tout à fait ! Un règne qui commençait ainsi pouvait être grand ; il ne pouvait jamais être heureux.

LIVRE HUITIÈME

I

Alexandre avait vingt-six ans le 24 mars 1801, jour où la Russie prêta serment au nouvel empereur. S'il n'y avait eu ni mystère dans le palais, ni conjurés impunis autour de lui, ni reproche sur les lèvres de sa mère, ni remords caché dans son propre cœur, ni soupçon sinistre dans les yeux du peuple qui le saluait, jamais souverain n'aurait reçu la couronne de plus d'amour et de plus d'espérances.

Sa jeunesse, sa candeur, son obéissance filiale aux volontés et même aux caprices d'un père; la prédilection de sa mère pour lui, et le respect jusque-là inaltérable qu'il témoignait à cette mère; ses mœurs pures, ses goûts studieux; les principes respectueux pour les peuples, qu'il avait sucés dans les entretiens de son précepteur, citoyen d'un peuple libre, le colonel helvétien Laharpe, principes qu'il affichait dans ses propos, et qu'il exagérait même jusqu'à un républicanisme inapplicable dans un pays où la seule institution est la tempérance dans le despotisme; enfin les ombrages, les persécutions dont la jalousie inquiète de Paul obsédait sa jeunesse, et qui appelaient sur lui l'intérêt qu'on porte aux victimes, tout se réunissait en ce moment autour d'Alexandre pour le couronner de popularité autant que du diadème.

La nature complétait extérieurement en lui le prestige de l'empire. C'était, dit un témoin oculaire de sa première apparition comme souverain hors du palais, un prince qui réalisait aux yeux le prince accompli rêvé et dépeint par le poétique génie de Fénelon dans les utopies du *Télémaque*. Rien ne manquait à la ressemblance, pas même la chimérique illusion qui attribue aux souverains plus de perfections et aux peuples plus de docilité que la nature humaine n'en comporte. Alexandre avait la beauté imaginaire de son âme dans ses traits : une taille élevée, mince et flexible, où la faiblesse même ajoutait à la grâce, un port de tête qui rappelait la majesté de Catherine II, son aïeule, mais dont la modestie de l'âge tempérait la douce fierté ; un front haut, large et plane, où l'étude et le casque avaient déjà effilé la chevelure un peu rare ; des yeux bleus bien ouverts, limpides et profonds, comme une âme qui n'a rien encore à voiler aux hommes ; un nez trop court pour la perfection grecque du profil, mais qui ne rappelait nullement la difformité tartare de ce trait du visage dans sa race ; une bouche ferme dans le silence, presque féminine dans la parole ; un ovale un peu carré à la base ; un teint d'une blancheur mate et marbrée, que la timidité colorait souvent d'une rougeur fugitive ; une voix qui touchait le cœur en même temps que l'oreille, par un timbre tour à tour musical et pathétique ; une belle pose à cheval ; un aplomb sans lourdeur ; le geste majestueux, jamais théâtral ; l'épée saluant militairement comme un sceptre plus que comme une arme dans la main.

Tel était à cette époque de sa vie le jeune empereur Alexandre, tel nous l'avons contemplé nous-même, quelques années après, au moment où sa maturité accomplie lui laissait encore sa séduction. L'éblouissement et l'attrait se tempéraient et s'achevaient l'un l'autre dans sa personne. Si les souverains étaient jetés par la nature dans un autre moule que le reste des hommes, on aurait pu croire que c'était la statue du tsar modèle, pour inspirer le respect et pour charmer les yeux.

II

Son caractère était la contre-épreuve de sa figure, plus beau de sentiments que puissant de facultés. Catherine, qui l'adorait comme son image vivante, lui avait donné la grandeur de ses pensées, mais non la force de son génie. L'excès même des soins qu'elle avait pris de son éducation avait nui peut-être à son développement. Trop façonné par elle et par ses maîtres à la perfection de sa condition de maître futur d'un vaste empire, l'art avait un peu comprimé la nature en lui. Il avait plus écouté que pensé, plus répété que senti, plus obéi que voulu dans sa vie. Ses vertus étaient des leçons de son esprit plus que des élans de l'âme. Il s'était habitué à subir plus qu'à imprimer des impulsions; très-intelligent pour comprendre, il l'était moins pour concevoir : l'âme seule en lui était grande; l'esprit n'était que cultivé, fin et habile. Un immense amour de la vertu et de la gloire était sa principale vertu.

Mais ces aspirations étaient vagues comme celles qu'on a puisées dans les livres ou dans les leçons de la philosophie antique, sans application actuelle ou locale à la condition du disciple. Laharpe, pédagogue honnête mais sans génie, avait rempli la bouche de son élève de maximes plus que de sens. Il avait formé un Grec, un Macédonien, un Romain; il ne fallait aux Scythes qu'un autocrate philanthrope. Le contraste perpétuel entre ces maximes de philosophie libérale et les nécessités du despotisme moscovite devait faire du jeune Alexandre un prince dépaysé dès le premier jour sur un trône absolu. Toute sa vie, contradiction vivante entre l'homme et le souverain, devait se ressentir de cette fausse éducation donnée à son petit-fils par Catherine. Il allait chercher partout la vertu et la gloire dont on avait ébloui sa jeune âme, sans savoir jamais où était pour un tsar de Russie la solide gloire et la véritable vertu. Cœur honnête, âme belle, vertu chimérique, imagination vaine, ambition ardente du bien et du beau, mais esprit courant à toutes les lueurs, sans pouvoir reconnaître celle qui allait l'égarer ou le conduire!

Tel était en réalité le caractère du jeune Alexandre au moment où un crime lui donnait prématurément l'empire qu'il était plus impatient de recevoir qu'il n'était mûr pour le gouverner.

III

Après l'éloignement décent de Pahlen, les complices subalternes de la nuit du 23 mars, à l'exception des Zoubof et de Beningsen, furent successivement non poursuivis mais écartés. Ils allèrent traîner dans les armées et dans les gouvernements les plus distants de la capitale les soupçons attachés à leurs pas, et les reproches d'ingratitude adressés par eux à demi-voix à celui qui ne pouvait ni les avouer sans déshonneur, ni les punir sans péril.

Les conjurations, depuis cinq règnes, étaient si fréquentes, si subites et si heureuses, que le souverain lui-même tremblait de rencontrer un conspirateur dans chaque favori. Le vieux et rusé Panin, autrefois gouverneur de Paul 1ᵉʳ, et un des principaux complices de Catherine contre Pierre III, avait vu sans étonnement et sans peine tomber le fils, son élève, sous les mêmes coups qui avaient frappé le père. Il ne haïssait dans Pahlen que le rival de pouvoir, et non l'émule de conjuration. Alexandre, encore indécis sur la politique qu'il aurait à suivre relativement à l'Europe, donna provisoirement à Panin la direction des affaires dirigées longtemps par ce ministre sous Catherine II.

L'état de l'Europe exigeait en ce moment un homme de génie pour l'embrasser d'un regard, et une main aussi résolue qu'habile pour tracer sa politique à la Russie. Panin, vieilli dans les temporisations de la politique expectante du règne de Catherine, était plus propre aux manéges des négociations qu'à l'action franche, vive et décidée, seule grande attitude nationale d'un empire devenu en moins d'un siècle le pivot du Nord. L'inexpérience, la docilité, la flexibilité d'esprit du jeune Alexandre, l'ignorance des jeunes favoris dont il était entouré, leur impatience de jouer un rôle sans connaître ni la scène ni les acteurs, laissaient à Panin une autorité précaire, mais presque absolue, dans le conseil. Intermédiaire entre le vieux parti national russe, représenté à la cour par le prince Kotschoubey, par les Dolgorouki, et entre le parti de la jeunesse, représenté par Alexandre, par le prince Czartorisky son ami, par les jeunes Novolitzof et M. de Strogonof ses confidents, Panin conserva quelque temps l'apparence d'oracle de la tradition russe, liant la vieille politique de Catherine à la nouvelle politique de la jeune cour. Aussi, dans les premiers actes du règne, on s'aperçut à peine à l'extérieur que Paul Ier avait cessé de régner.

IV

A l'époque de l'avénement d'Alexandre, tout se détendait à la fois en Europe de la longue et violente tension que la révolution française et les coalitions nouées contre cette révolution, mais tour à tour vaincues et dissoutes, avaient maintenue pendant neuf ans dans les cours, dans les armées, dans les congrès. Une lassitude générale, et la conviction que la république française était invincible, avaient découragé ses ennemis. Tout le monde acceptait maintenant, par nécessité ou par sagesse, l'idée de transiger avec cette puissance nouvelle d'un peuple que la liberté venait de rajeunir.

L'Angleterre elle-même, qui avait secondé seule avec tant de constance et tant de sacrifices, depuis 1792, le génie de son grand ministre M. Pitt, contre la France conquérante, l'Angleterre fléchissait sous l'ascendant d'une fortune et sous le poids d'une pression qui ne faisaient pas fléchir son ministre. Une opposition plus verbeuse que patriotique, représentée par un grand orateur populaire, sophiste de contradiction, M. Fox, sapait à force de vains discours le bon sens anglais. Après avoir demandé la paix avec la démagogie sanguinaire de 1793, M. Fox et ses amis la demandaient avec le despotisme militaire du premier consul Bonaparte. La paix n'était au fond, pour eux, qu'un texte d'opposition parlementaire. Si M. Pitt avait voulu la paix, M. Fox aurait demandé la guerre. Mais la nation anglaise, fatiguée d'un effort surnaturel dont l'histoire offre peu d'exemples, voulait non désarmer, mais respirer.

M. Pitt, ferme dans sa conviction que l'antagonisme à mort contre la France révolutionnaire et conquérante était la vie et la grandeur de l'Angleterre, sentit qu'il allait rester seul sur la brèche de la tribune. Il aima mieux descendre que de se démentir en négociant une paix qu'il jugeait lâche, inopportune et impolitique. Abandonné par l'Europe et déserté un à un par ses partisans dans le parlement, il se prépara à la retraite. Son coup d'œil prophétique d'homme d'État, supérieur aux faiblesses et aux caprices de son pays, lui faisait assez pressentir que la paix ne serait qu'une trêve; que si l'Angleterre ne pouvait point souffrir de rivale sur les mers, l'ambition du jeune dictateur de la France ne supporterait pas longtemps de contre-poids sur le continent, et que lui, le grand ministre de la guerre, lui Pitt, il remonterait avec la colère et le repentir de son pays. Il sortit du ministère (février 1801).

V

L'Europe ne manquait pas moins en ce moment à M. Pitt que l'Angleterre.

La Prusse était résignée et même obséquieuse, craignant d'offenser par le moindre mouvement, et même par le moindre murmure, la susceptibilité de la France et de son chef. C'est le pays qui se plie le mieux et le plus bas devant la fortune. L'Autriche vaincue, mais non jamais découragée, venait de signer, le 1er février 1801, le traité de paix ou plutôt la capitulation de Lunéville.

Par ce traité, elle avait abandonné l'Italie, sauf le royaume de Naples et Rome, à la France, jusqu'au delà de la ligne de l'Adige. Une république italienne, sous le nom de république cisalpine, englobait Mantoue, Milan, Modène et les Légations. Le grand-duché de Toscane, apanage d'un archiduc d'Autriche, allait former un royaume d'Étrurie, donné en compensation comme fief français à la maison espagnole de Parme. Le Piémont, la Savoie, le comté de Nice, les provinces rhénanes, la Belgique, la Hollande, les îles Ioniennes, s'incorporaient, par la victoire ratifiée, à la France. L'Espagne, quoique gouvernée encore par la maison de Bourbon, se prosternait d'autant plus devant la république qu'elle avait plus à se faire pardonner le nom de sa dynastie.

Il n'existait plus en réalité en Occident que deux puissances, l'une insulaire, aussi illimitée que l'Océan, l'Angleterre; l'autre continentale, n'ayant point de limites dans son influence sur le continent jusqu'à la Vistule, la France. Et cette France avait pour tout gouvernement, non une dynastie modérée par ses traditions ou sa prudence, non un conseil délibérant, modéré par la contradiction de l'opinion publique, mais un soldat de fortune qui, après avoir tout dominé au dehors, avait tout osé au dedans, dont l'ambition évidente était supérieure même à son génie, et qui ne pouvait conserver son ascendant qu'à la condition de l'agrandir sans cesse.

Entre cette France militaire et la Russie, une Angleterre lassée, une Espagne servile, une Prusse complice, une Autriche humiliée, une Allemagne méprisée, une Hollande conquise, une Suède et un Danemark neutres, une Pologne effacée, une Turquie insultée par l'occupation sans prétexte et sans respect de l'Égypte : tel était l'horizon politique du monde, étalé sous les yeux de l'empereur Alexandre, de son vieux ministre et de ses jeunes confidents, au moment où il se dessinait à tâtons le plan de son règne.

S'allierait-il avec la France ou avec l'Angleterre et l'Allemagne? Le sort de son empire, de son nom et de sa mémoire était dans cette décision. L'étendue déjà démesurée de ses possessions, l'inaccessibilité de ses frontières, la faiblesse de ses voisins en Orient, les Persans et les Turcs, le nombre, l'obéissance, l'instinct belliqueux, la barbarie même de la plus grande masse de ses peuples; enfin, l'affaissement de la Prusse, l'épuisement de l'Autriche, ses voisins à l'Occident, le rendaient seul invulnérable aux agressions de la France, et lui permettaient de choisir librement, sans peur et presque sans ambition, la cause européenne qui conviendrait le mieux à sa conscience, à l'avenir de son empire, à sa propre gloire.

VI

Nous ne racontons pas ici en patriote français, mais en historien philosophe, impartial et cosmopolite. Il convient de se dépouiller de soi-même quand on juge les événements au point de vue de tous les lieux et de tous les temps. L'histoire n'a pas de patrie; son patriotisme universel, c'est la vérité.

Or, au point de vue de la vérité universelle, il nous semble évident que la politique la plus honnête, la plus prévoyante et la plus grandiose pour l'empereur Alexandre, était d'adopter résolûment au début de son règne la cause de l'Angleterre combattante et de l'Europe opprimée ou conquise, contre la cause de la France conquérante et de son dictateur ambitieux.

Cette politique avait été, dès la première explosion de la France hors de ses frontières, l'instinct de Catherine II et la passion généreuse de Paul Ier, son fils. L'une avait préparé ses armées pour couvrir l'Allemagne de l'épée russe, l'autre avait lancé Souvarof en Italie pour refouler la France au delà du Rhin et des Alpes. La première avait trop temporisé par machiavélisme, afin de faire sentir davantage à l'Allemagne le prix de son assistance, et d'épuiser l'Autriche de force avant de la sauver. L'autre avait agi avec la précipitation d'un prince égaré par un orgueil téméraire et par une passion généreuse; il avait vaincu par le bras de Souvarof, mais, dégoûté de la mollesse autrichienne et de l'infidélité de ses coalisés, il avait abandonné ses indignes alliés à leur malheureux sort avec autant d'inconstance qu'il avait apporté de hâte à les secourir.

Comme les hommes de première impression et de cœur faible, Paul avait passé de la haine contre les Français à l'enthousiasme pour leur chef militaire; il avait adoré en lui le génie et salué la légitimité de la fortune. Disposition lâche et funeste qu'on peut pardonner aux faibles, mais qui est l'indignité des forts! C'est dans cet entraînement vers le succès qu'il avait replié ses armées au delà de la Vistule, qu'il s'était hautement désintéressé, par humeur, de l'Angleterre, de la Prusse, de l'Allemagne, de l'Italie, de l'Espagne, et qu'il avait envoyé à Paris M. de Kalitchef pour s'entendre avec le premier consul. Alexandre trouvait donc à son avénement un premier pas fait par son père vers la politique conquérante de la France, et vers l'abandon des vaincus.

VII

Le premier consul, avec l'instinct de séduction italienne qu'il possédait au moins autant que l'instinct de la victoire, avait profité de ces avances de la Russie pour envoyer son aide camp confidentiel Duroc à Pétersbourg complimenter le jeune empereur sur son avénement. Alexandre avait prévenu, de son côté, cette gracieuse déférence du premier consul en retirant de Paris M. de Kalitchef, négociateur désagréable par son caractère épineux au gouvernement français, et en envoyant à sa place M. de Markof, diplomate formé dans le cabinet de Catherine II, et plus récemment initié à la politique du nouveau maître.

Duroc reçut d'Alexandre un accueil plus semblable à l'empressement d'un ami qu'à la dignité bienveillante d'un souverain. Le jeune empereur voulut être son propre négociateur avec Duroc.

« J'admire, lui dit-il, le jeune héros que la victoire a donné pour maître à la France. Il raffermit tout l'ordre social en Europe, en rétablissant l'autorité dans votre pays. Je lui concède volontiers tout ce qu'il a conquis, même l'Égypte, bien que cette conquête rapproche trop la France de Constantinople et affaiblisse trop l'empire ottoman, encore nécessaire à l'équilibre du monde. Je renonce à l'île de Malte, et à l'idée surannée de reconstituer sous ma protection une institution morte avec la superstition qui l'avait fait naître. Je lui livre, sans contradiction même, le Piémont, pourvu que l'on indemnise mon vieux allié, le roi de Sardaigne.

» Quant à l'Angleterre, je suis aussi intéressé que

vous à ne pas lui livrer la liberté des mers, seule garantie de mon immense commerce avec elle et avec les puissances maritimes. Je m'entendrai volontiers avec vous pour la contenir ou la refréner.

» Je m'intéresse peu à l'Allemagne, qui a déserté la première sa propre cause, ou par son égoïsme dans les négociations comme la Prusse, ou par sa mollesse sur les champs de bataille comme l'Autriche à Zurich.

» Que ces puissances subissent les conséquences fatales de leur perfidie ou de leur lâcheté, je ne ferai pas la guerre pour leur gloire. Traitez avec elles comme vous voudrez.

» Seulement dites au premier consul de ménager les apparences, de limiter ses conquêtes aux traités qu'il a faits ou qu'il fera, et de ne pas fournir à l'Europe ou à mes propres ministres des prétextes de déclamer sur son insatiable ambition de gloire, et de m'entraîner malgré moi à me trouver en face de lui comme protecteur né des faibles et des opprimés. »

On retrouve, dans ce premier entretien confidentiel du jeune Alexandre avec le messager de Bonaparte, toute la complaisance, toute la mollesse, toute la duplicité à la fois grecque et timide qu'il avait sucée dans le cabinet de Catherine II, son aïeule et son modèle. Sans soutien dans son conseil et sans oracle dans sa conscience, il glissait déjà en esprit sur la pente qui devait l'entraîner à la prostration de son rang à Tilsitt et à Erfurt. Un prince qui commence par la dissimulation finit presque toujours par la complicité avec celui qu'il flatte.

Cette attitude était-elle celle d'un jeune prince abrité par les mers, par la distance, par les glaces du pôle, dans la forteresse inaccessible du continent, souverain de soixante millions d'hommes, et chef d'armées aussi inépuisables que son sol? L'histoire à distance ne le pensera pas. L'adulation au vainqueur de l'Allemagne, au conquérant de l'Italie, à l'envahisseur de l'Égypte, à l'ennemi de l'Angleterre, convenait à tout le monde, excepté à un empereur de Russie.

VIII

La Russie était, par son âge et par la nécessité de consolider et d'agrandir son unité naissante, non-seulement une monarchie, mais un despotisme. L'unité et le prestige du pouvoir unique sont la condition temporaire des peuples à peine sortis de la barbarie. A ce titre, un empereur de Russie était, par politique comme par nature, l'allié des monarchies et des aristocraties européennes contre les mouvements des peuples, ou contre les détrônements des familles royales par les prétoriens ambitieux de la révolution française, qui tendaient déjà la main vers toutes les couronnes. De plus, la question de la domination universelle par le chef que l'armée avait couronné en France, était déjà posée devant l'Europe.

Dans cette lutte ouverte entre un homme de la race de César ou de Marius et les nationalités, l'Autriche, l'Allemagne méridionale, l'Italie, l'Espagne, le Portugal, la Prusse, le Hanovre, l'Allemagne du Nord, avaient été déjà ou vaincus, ou partagés, ou désarmés. L'Angleterre seule résistait, ou plutôt les vagues qui l'entouraient résistaient pour elle. Le monde entier cherchait un protecteur encore debout, pour appuyer et grouper les résistances. Ce protecteur naturel, ce seul antagoniste possible du César français, c'était le tsar, l'Arminius de la Scythie et de la haute Germanie.

Ses armées, qui n'avaient apparu qu'une fois sur le champ de bataille sous la conduite de Souvarof, avaient seules subi sans fléchir le choc des troupes françaises à la bataille de la Trébia. Seules, elles avaient balayé un moment l'Italie de ses envahisseurs, en leur enlevant le prestige et la renommée d'invincibles qui s'attachaient à leurs armes comme à celles des anciens Romains. Seules, elles pouvaient par leur nombre, par leur jeunesse, par leur énergie encore sauvage, se mesurer à chances égales avec la France, et dire au débordement de l'Europe occidentale : « *Tu n'iras pas plus loin,* » ou : « *Tu reculeras même au delà du Rhin.* » Dans ce défi à Bonaparte, dans cette croisade du Nord pour l'indépendance des États et pour la sécurité des princes, la Russie armée était sûre d'avoir pour elle d'abord secrètement, puis ouvertement l'Autriche, la Prusse, la Saxe, la Suède, le Danemark, l'Espagne, le royaume de Naples, la maison de Sardaigne, l'Angleterre, la Hollande, ou menacées ou envahies, ou ébréchées ou conquises, et jusqu'à la Turquie elle-même, que l'invasion outrageuse et impolitique de l'Égypte venait d'arracher forcément à la vieille alliance française, et de jeter contre nature dans les bras de l'Angleterre et de la Russie.

D'un côté l'indépendance des peuples du Nord, de l'autre le protectorat des races régnantes, faisaient de l'empereur de Russie la personnification vivante du principe conservateur du monde. L'Agamemnon des peuples et l'Agamemnon des rois se confondaient en lui dans un seul homme. Vainqueur, il rasseyait l'Europe sur ses bases ébranlées, et restait, pendant tout un règne qui promettait d'être long, l'arbitre sans contestation de l'Occident et le maître sans opposition de l'Orient, que nul alors ne songerait à lui disputer pour prix de ses services en Occident. Vaincu, il rentrait sans péril dans ses frontières infranchissables, si ce n'est à la démence, et il en ressortait avec des armées inépuisables, avec des alliés toujours prêts à se relever à sa voix, et avec les subsides et les flottes de l'Angleterre, qui ne pouvait sans lui ni guerre ni paix.

Jamais, depuis Mithridate en Asie Mineure, un pareil rôle ne s'était offert dans le monde à un jeune prince et à un jeune peuple. Mais Mithridate n'avait qu'une presqu'île entre la mer Noire et la Méditerranée, et Carthage n'existait plus quand il défendait l'Asie contre les Romains. Le Mithridate scythe avait l'espace de la mer Noire à la Vistule, de la Baltique à l'Adriatique, soixante millions de sujets dans son empire, quarante millions d'alliés en Germanie, et une Angleterre, mille fois plus puissante et plus opulente que Carthage, pour harceler sur toutes les mers le chef et le peuple qu'il frapperait au cœur sur le continent. Une grande idée, une grande action, un grand rôle, une grande puissance même dans la défaite, et, sans dire plus, une grande dignité morale dans l'histoire, étaient pour l'empereur Alexandre le résultat d'une telle politique et d'une telle attitude. Roi, il jouait le rôle des rois; chef d'un peuple nouveau qui avait sa réputation à faire, il le couvrait d'une grande gloire. Cinquième héritier d'une dynastie récente, il faisait de cette dynastie l'inébranlable appui ou l'inviolable refuge du principe monarchique, vieilli dans l'Occident, rajeuni sous ses auspices dans le Nord.

Certes, tout homme d'État à longue vue et à pensée magnanime aurait eu, à la place du jeune tsar de Russie, l'inspiration de cette politique montant du cœur comme de l'esprit. Le sentiment de sa faiblesse ne pouvait pas faire hésiter un instant le nouvel empereur; car, depuis un siècle seulement, la Russie avait pris un accroissement gigantesque. Victorieuse de Charles XII, ce Bonaparte du Nord, à Pultawa; rivale du grand Frédéric, dont elle avait balancé le génie et partagé les dépouilles en Pologne; conquérante de la Pologne, de la Crimée, de la Tartarie, de la Bessarabie, des bouches du Danube, de la Valachie et de la Moldavie; médiatrice en 1798 de l'Autriche et de la Bavière; protectrice de l'Allemagne, de l'Italie et de la Hollande par l'épée de Souvarof en 1799; avançant toujours, ne reculant jamais, et n'ayant encore paru que pour vaincre au delà du Danube et des Alpes, tout lui était possible comme puissance militaire, tout lui était permis comme prestige sur l'imagination des peuples : quelque chose du mystère et de la Fable s'attachait à son nom. Elle avait l'atmosphère de l'inconnu et la fortune de la jeunesse. Le nom de Souvarof était le seul qui eût imposé dans les chaumières de la France une sorte de terreur imaginaire au peuple français.

IX

Le génie ne manqua pas moins que l'audace au nouvel empereur de Russie pour concevoir et pour adopter, dès le premier jour, ce grand rôle que la destinée ne réservait que tardivement et comme malgré lui à son âge mûr. Panin était trop usé par les intrigues de la vieille diplomatie pour conseiller avec autorité un parti franc et héroïque; les jeunes gens ou chimériques ou corrompus qui entouraient Alexandre cherchaient, dans des habiletés grecques de négociations, ou dans les jactances d'un orgueil moscovite, ou dans des ambiguïtés d'attitude, une grandeur qu'ils étaient incapables de trouver directement dans leur âme. Ils berçaient Alexandre sur une mer de rêves politiques, et l'enivraient, dans une laborieuse inaction, de sa propre immensité. Il y avait plus de vanité que de gloire dans leurs plans.

L'un, le prince Adam Czartorisky, Polonais de la race des Jagellons, adopté par les Russes et élevé au palais des conquérants de sa patrie, dans la plus intime familiarité du fils de Paul Ier, était l'ami le plus fraternel et le plus vertueux d'Alexandre, dont il devait être bientôt le ministre. Mais, quelles que fussent la noblesse et la pureté de sentiments du jeune Polonais dépaysé, il n'était pas né Russe. Rien n'est plus funeste aux empires ou aux républiques que ces étrangers mal naturalisés encore par la conquête ou par la faveur dans une nation, introduits dans les conseils des princes. En servant leur nouvelle patrie, ils songent naturellement avant tout à servir la première. La politique d'émigré est toujours une politique de chimères. Le regret de la patrie et la passion de la recouvrer entraînent à des rêves qui font quelquefois oublier le bon sens aux hommes d'État. Les rêves généreux mais impraticables du prince Adam Czartorisky devaient être de cette nature. Nous l'avons vu et nous le voyons, dans ses jours avancés, les poursuivre généreusement avec le même patriotisme et avec les mêmes illusions dans d'autres exils.

D'une descendance royale dans son pays, fils d'un de ces Czartorisky qui auraient pu aspirer au trône sous Catherine, et qui avaient préféré se faire les patrons de Poniatowski, leur neveu par les femmes et le favori couronné de la Russie, Adam Czartorisky, neveu du roi à son tour et ami du tout-puissant autocrate russe, pouvait prétendre à un trône restauré pour lui ou pour sa famille. Il avait fait jurer souvent à son ami Alexandre, avant son avénement, qu'il reconstituerait une Pologne en expiation du partage dont son aïeule Catherine lui léguait le remords, qu'il arracherait à la Prusse et à l'Autriche les lambeaux de sa patrie usurpée; qu'il y rétablirait un roi national, vassal, par la reconnaissance, des Russes. Il lui promettait sans doute de ce royaume, de ce peuple et de ce roi, une stabilité, une fidélité, une constance dans ses institutions et dans ses sentiments trop souvent démenties par la nature et par l'histoire; mais si l'idée était aventureuse, elle était au moins patriotique chez Czartorisky, magnanime chez Alexandre. Malheureusement, elle était incompatible avec le rôle d'antagoniste des Français et de patron de l'Allemagne, seule idée mère d'une véritable politique russe à cette époque; car, pour reconstituer la Pologne démembrée depuis tant d'années, il fallait arracher à la Prusse près d'un tiers de son territoire, à la Saxe d'importantes adjonctions, à l'Autriche cinq millions de sujets incorporés à l'empire d'Allemagne; c'est-à-dire qu'il fallait commencer par faire la guerre à ces grandes puissances germaniques qu'on voulait raffermir et rallier autour de la Russie, et affaiblir ainsi du côté du nord cette Allemagne déjà trop démantelée par la France.

Les conseils noblement intéressés du prince Adam Czartorisky à son ami monté sur le trône étaient donc au fond l'utopie de l'émigration polonaise, la guerre à la Prusse, la guerre à la Saxe, l'énervation de l'Allemagne déjà trop énervée par ses défaites, au profit d'une Pologne reconstituée et d'une France sans rivalité sur le continent. Alexandre et son conseiller intime n'avaient pas assez d'expérience pour comprendre l'inanité et le contre-sens de leurs spéculations. On ne rend pas à volonté une patrie à un peuple de vingt-six millions d'hommes; la nationalité ne se mendie pas, elle se conquiert. Les Polonais n'avaient su qu'honorer leur malheur par leur héroïsme individuel. Mais leur anarchie habituelle ne promettait pas de conserver longtemps, sans l'aliéner ou sans l'inféoder à leurs voisins, une république ou une monarchie recouvrée par la grâce de leurs oppresseurs.

X

Le prince Adam Czartorisky, M. Soltikof et M. de Novolitzof, après avoir débattu longtemps entre eux, devant l'empereur, les différents systèmes qui convenaient à la Russie, finirent par critiquer avec la même amertume la politique du vieux parti russe, qui poussait à un énergique antagonisme contre la France, et la politique plus récente de l'empereur Paul Ier, qui consistait dans une petite ligue maritime de la Russie, de la Suède, du Danemark, contre la domination navale de l'Angleterre.

Cette dernière politique était en effet une puérile diversion au grand drame que la France, l'Allemagne, l'Angleterre, la Russie, jouaient dans le monde. Elle affaiblissait sans résultat la terre et la mer contre la France, l'ennemi commun. Elle n'était née que d'un dépit de l'empereur Paul contre l'abandon de Souvarof par les Autrichiens, et contre quelques prétentions insolentes, mais secondaires de l'Angleterre à dominer dans la Baltique le commerce des neutres. C'était de l'humeur, ce n'était pas de la politique.

Il n'y avait que deux politiques pour l'empereur Alexandre, comme nous venons de le démontrer : être pour la France contre l'Angleterre, le continent, les monarchies ; ou être avec l'Angleterre, le continent, les monarchies, contre la France.

L'impuissance d'esprit de ces jeunes gens leur fit

imaginer un troisième plan de politique à la fois impérieuse et flottante, par lequel la Russie, tenant la balance sans tenir l'épée entre tous ces intérêts, toutes ces passions, toutes ces armées, toutes ces flottes, se déclarait, de sa pleine autorité, arbitre de la terre et de la mer. On écarta Panin et tous les vieux ministres du conseil ; on ouvrit une carte, et on dessina, non avec l'épée, mais avec la plume, une nouvelle distribution du globe, dont les jeunes confidents d'Alexandre furent chargés d'aller porter l'*ukase* absolu à Paris, à Londres et à Vienne. C'était la paix, mais c'était la paix imposée, sans discussion, aux puissances encore belligérantes.

XI

Ce plan réconciliait d'abord la Russie, la Suède, le Danemark avec l'Angleterre, par une convention de droit maritime satisfaisant pour toutes les marines commerciales de ces nations. Il concédait, aux dépens de la Turquie, l'Égypte à la France ; il abandonnait Malte aux Anglais ; il couvrait le royaume de Naples de la protection absolue de la Russie ; il se contentait d'une compensation territoriale quelconque à la maison de Savoie à la place de ses États d'Italie, pour l'honneur de la protection russe ; il stipulait des indemnités pour les petites puissances allemandes, évincées de leur souveraineté sur la rive gauche du Rhin, laissée à la France. On abandonnait le reste au sort fait par les armes à l'Italie, à la Hollande, à la Belgique, à l'Autriche, à la Prusse. On espérait que l'Angleterre, satisfaite elle-même de ces conditions, réglerait ses propres différends avec la France, relativement aux colonies et aux mers, dans le même esprit de large concession à la France et de déférence à la Russie.

L'Angleterre et la France négociaient déjà, en ce moment, une paix de lassitude sur la base de la conservation des conquêtes faites par les deux nations depuis la longue guerre entre elles. Les colonies formaient le nœud le plus difficile à dénouer de cette négociation. L'Angleterre et le premier consul Bonaparte reçurent et discutèrent, avec une complaisance plus feinte que réelle, les propositions des jeunes diplomates d'Alexandre. Les deux puissances avaient un intérêt égal à capter la bienveillance d'un prince maître de tant de millions d'hommes, et qui pouvait porter, dans un des bassins de la balance, le tiers du continent européen.

Mais, pendant ces entremises, plus ou moins écoutées, de la cour de Russie, la guerre venait d'enlever le principal obstacle à la paix par la capitulation de l'armée française en Égypte. La conquête de l'Égypte, quoi qu'en disent les historiens irréfléchis qui s'obstinent à découvrir du génie jusque dans les rêves de Napoléon, n'avait jamais été pour lui qu'une candidature lointaine de la gloire et de l'empire. Il avait trop de génie et de bon sens en réalité pour croire à la possibilité, pour la France, de fonder un empire colonial durable au delà de la Méditerranée, en présence d'une marine anglaise dominatrice absolue des mers. Conquérir était facile; conserver, impossible.

L'incendie de la flotte à Aboukir, le lendemain du débarquement en Égypte, emprisonnait, dès le premier jour, les Français dans leur conquête. Que pouvait être une armée sans renfort, à sept cents lieues de son recrutement? Que pouvait devenir une colonie sans communication avec la mère patrie? L'armée devait tarir, la colonie regorger d'inutiles produits, ou périr d'inanition, faute de commerce. Bonaparte l'avait si bien compris, qu'il avait déserté le premier sa conquête. Ses tentatives pour envoyer des renforts ou même des ordres à son armée avaient échoué devant les croisières anglaises; ses généraux s'étaient découragés ou divisés en factions contraires; le fanatisme d'un musulman patriote avait assassiné Kléber; les Anglais, débarqués impunément en Égypte, avaient bloqué le Caire et Alexandrie. Menou et Belliard avaient capitulé, heureux d'obtenir pour toute condition, après tant de vaine gloire, les honneurs de la guerre et le transport gratuit de leurs trente mille soldats en France sur des vaisseaux anglais.

Bonaparte, satisfait d'avoir rapporté de l'Orient une auréole de perspective et un nom grossi par les échos des Pyramides, avait peu regretté l'événement qui le dispensait d'évacuer diplomatiquement une colonie impossible à conserver, plus impossible à administrer sans marine. Il avait signé la paix d'Amiens, pour faire goûter à la France, au moins pendant quelques années, les délices du repos et les bénéfices du commerce sous sa main, comme il lui avait fait savourer l'ivresse de la gloire (mars 1802).

Il ne tarda pas à signer également la paix, déjà rétablie de fait avec Alexandre, sur les bases posées à Pétersbourg par les jeunes diplomates russes. L'Égypte perdue d'elle-même avait tout simplifié. L'Allemagne sacrifiée par la Russie, et l'Angleterre satisfaite, facilitaient les stipulations secondaires. L'empereur Alexandre n'exigea, pour l'honneur de son nom, que de vagues promesses d'inviolabilité pour la cour de Naples, d'indemnité pour la cour de Sardaigne, et de compensation au grand-duc de Wurtemberg, dont son père, Paul Ier, avait épousé la fille.

Le premier consul, qui prodiguait en ce moment la

paix avec la même impatience qu'il avait prodigué la guerre, n'hésita pas pour si peu à satisfaire la vanité du tsar. Il lui envoya un autre de ses aides de camp, M. de Caulaincourt, jeune gentilhomme rattaché un des premiers au gouvernement nouveau de la France. Un traitement splendide et la faculté d'un luxe illimité autorisaient M. de Caulaincourt à représenter magnifiquement la France consulaire au couronnement d'Alexandre.

Le jeune empereur traita l'envoyé français avec la distinction et la familiarité qu'il avait déjà affectées pour son précurseur Duroc. Il semblait, dès cette époque, se ranger au nombre des enthousiastes et presque des courtisans du dictateur français. Le vieux parti russe, dans ses conseils, s'alarma de cette partialité impolitique sans réserve et presque sans dignité pour le représentant de la France. Alexandre, pour mieux témoigner son élan vers le premier consul, disgracia avec éclat tout ce qui restait des conseillers de Catherine ou de Paul Ier dans le ministère. Panin, exilé dans ses terres, fut remplacé, dans la direction apparente des affaires étrangères, par le le prince Kotschoubey. L'influence du jeune parti russe, représenté par M. de Novolitzof et par le prince Adam Czartorisky, plus favori que ministre de son maître, devint toute-puissante au dedans et au dehors.

La présidence de la république cisalpine, déférée à Lyon à Bonaparte; la proclamation du consulat à vie, rapide acheminement à l'empire héréditaire; la réunion du Piémont à la France, n'éprouvèrent à Pétersbourg ni objection ni murmure. Alexandre semblait se féliciter de tout ce qui grandissait le maître actuel de l'Occident et l'ennemi futur de son propre empire. Les prétentions rivales de la Prusse et de l'Autriche à s'emparer des possessions des électeurs ecclésiastiques, sécularisés par le traité de Lunéville, agitaient l'Allemagne, la menaçaient d'un conflit de ses deux plus grandes puissances, et offraient à Alexandre l'occasion, ardemment désirée par lui, d'intervenir comme un des arbitres absolus dans les débats des princes allemands.

Le prince Kourakin, nommé vice-chancelier de l'empire, et complétement asservi au triumvirat des Novolitzof, des Soltikof, des Czartorisky, rêvait avec eux un remaniement de l'Allemagne, d'où le prince Czartorisky espérait toujours voir éclore une nouvelle Pologne. Le premier consul s'était réservé, par le traité de Lunéville, l'arbitrage exclusif des indemnités germaniques à affecter aux puissances lésées par les délimitations de ce traité. La Prusse, gouvernée sous son jeune roi par M. de Haugwitz, flattait le souverain encore viager de la France d'une alliance offensive et défensive avec lui, but secret et intéressé des désirs de Bonaparte.

L'empereur d'Autriche, François II, prince terne et dissimulé par impuissance, avait confié le ministère au prince Charles, son frère, le premier général de l'Autriche, mais plus capable de stratégie que de politique. Ce prince cependant, pour contre-balancer dans la solution des prétentions germaniques l'ascendant de la Prusse appuyée sur la France, sollicitait la Russie de réclamer sa part d'arbitrage dans des distributions de territoire et de populations qui touchaient de si près aux intérêts de la cour de Pétersbourg.

Ce rôle de médiateur, qui flattait Alexandre, lui fut habilement, non-seulement concédé, mais offert par le premier consul. Alexandre, satisfait de la part tout officieuse qu'on lui offrait dans l'arbitrage, déclina les sollicitations directes de l'Autriche, et autorisa M. de Markof, son ministre à Paris, à traiter cette affaire de concert avec le cabinet des Tuileries. Après de longues conférences, où la partialité autrichienne de M. de Markof irrita violemment le premier consul, une solution, agréée à la fois par la France et par la Russie, distribua souverainement les indemnités territoriales entre les princes d'Allemagne. La constitution germanique de la diète, remaniée et réformée d'après la nouvelle distribution des territoires et des voix dans le conseil de l'empire, fut également présentée d'autorité par les deux cours réunies à la diète de Ratisbonne, avec sommation de l'accepter dans le délai de deux mois (août 1802).

L'Autriche, lésée et indignée d'une solution territoriale qui donnait, selon elle, l'ascendant à la Prusse et à la Bavière, ses antagonistes, refusa d'acquiescer à la médiation, et fit occuper militairement la ville de Passau, qui lui était refusée sur le territoire de la Bavière. Le premier consul, que tant de victoires sur l'Autriche n'avaient pas préparé à tant d'audace, répondit à l'occupation de Passau par l'envoi du général Lauriston à Munich, pour assurer l'électeur de Bavière du prochain secours d'une armée française, chargée d'accomplir par les armes la médiation conclue par la politique.

Pendant ce long débat, terminé par des transactions et des ajournements, procédés ordinaires de cette confuse et verbeuse constitution germanique, l'empereur Alexandre, quittant inopinément Pétersbourg, était accouru à Mémel pour y rencontrer le roi et la reine de Prusse, dont il désirait s'assurer l'amitié personnelle pour les combinaisons qu'il méditait de loin à l'égard de la reconstitution d'une Pologne. L'entrevue de ces deux jeunes souverains du même âge, et destinés à une longue communauté de fortune, de revers, d'humiliations et de gloire, fut décorée par la présence de la jeune reine de Prusse, la plus belle, la plus gracieuse et la plus touchante des princesses assises en ce moment sur les trônes de l'Europe. Alexandre, désormais plein d'estime et de confiance dans le roi de Prusse, fut ébloui de la beauté et de l'esprit de la reine ; il conçut, dès cette époque, pour elle un dévouement respectueux et chevaleresque, qui le disposa bientôt à la défendre et plus tard à la venger, quand elle eut succombé, comme une victime antique, sous la victoire, sous l'insulte, sous l'impitoyable épée de Napoléon.

XII

Cependant les empiétements armés du premier consul sur l'indépendance de la Suisse avaient servi de prétexte ou de motif au cabinet de Londres pour retarder indéfiniment et à la fin pour décliner formellement l'évacuation de l'île de Malte, que le traité d'Amiens neutralisait pour la liberté mutuelle de la Méditerranée. Des notes amères de langage étaient échangées entre Londres et Paris. Le premier consul, accoutumé à en appeler à son épée, parlait hautement de la possibilité d'une invasion de l'Angleterre par une flotte de bateaux plats traversant la Manche sous une brume favorable, et versant cent mille hommes sur les côtes britanniques. Il défiait l'Angleterre, dans des invectives anonymes insérées au *Moniteur*, de faire lever seulement un bras contre lui sur le continent.

Le ministère Addington, qui remplaçait l'interrègne de M. Pitt, accusé maintenant par les orateurs d'imprévoyance et de faiblesse, parlait enfin d'armer la flotte et la milice pour des périls dont il ne nommait pas encore l'auteur, mais qu'il désignait suffisamment dans ses réticences. M. Pitt se taisait, pour n'être pas accusé d'avoir coûté un jour de paix possible à son pays. M. Canning demandait résolûment la guerre contre l'homme qui ne profitait de la paix que pour disposer arbitrairement, sans autre droit que ses caprices, de l'Italie, de l'Allemagne, de la Suisse, et pour changer la constitution des États alliés de l'Angleterre.

M. Fox seul, dans un langage plus récriminateur que patriotique, justifiait le premier consul, et accusait son pays d'avoir grandi la révolution en la combattant.

XIII

L'éloquence de Fox n'avait d'écho qu'aux Tuileries. L'Angleterre pressentait la rupture. Dans un entretien direct que le premier consul provoqua avec lord Witworth, au commencement de 1803, il s'emporta jusqu'à menacer l'ambassadeur d'une descente armée sur les côtes d'Angleterre. Il humilia le peuple anglais, quelques jours après, dans son discours d'ouverture au corps législatif. « Il faut couvrir les traités d'un *voile funèbre!* s'écria-t-il le lendemain en s'adressant, au milieu du cercle des diplomates, à lord Witworth. *Malheur à qui déchire les traités!* »

Le roi d'Angleterre avait adressé, de son côté, une demande de concours pour des armements nécessités par l'état de l'Europe. Cette adresse servit de texte à de nouvelles violences de récriminations dans la bouche et sous la plume du premier consul. L'ambassadeur d'Angleterre, se plaignant d'outrages de paroles qu'aucune tradition civilisée n'autorisait dans le chef d'un gouvernement envers des ministres placés sous la tutelle du droit public, déclara à M. de Talleyrand, ministre des affaires étrangères, qu'il s'abstiendrait désormais de paraître aux Tuileries. M. de Talleyrand, partisan habile et constant de l'alliance anglaise, la seule alliance sûre pour la liberté moderne, amortit le ressentiment de l'ambassadeur et les colères du premier consul.

Mais déjà le premier consul agissait comme si la guerre était ouverte. De vaines tentatives de conciliation et l'offre faite par M. de Talleyrand de remettre Malte en dépôt entre les mains de l'empereur Alexandre ne purent prolonger une paix qui pesait à l'orgueil de l'Angleterre et à l'ambition de Napoléon. Les deux ambassadeurs, en quittant les deux capitales le même jour, emportèrent avec eux, à Londres et à Paris, les derniers gages du repos du monde.

XIV

Le premier consul fit établir six camps de vingt-cinq mille hommes chacun sur le littoral pour monter les bateaux plats destinés à l'invasion de l'Angleterre, ou pour se retourner contre l'Allemagne, si les puissances continentales embrassaient la cause du gouvernement britannique. Quatre cent cinquante mille hommes, recrutés et exercés sur toute la surface de la république, et commandés par les généraux illustrés dans les guerres de la révolution, hérissèrent la France de baïonnettes.

La disproportion des armements du premier consul avec les nécessités d'une guerre concentrée sur la Manche répandit l'inquiétude et l'agitation dans les cabinets. L'empereur d'Autriche et le prince Charles, son frère, son ministre, son général, cachèrent mal leurs ombrages; la Prusse négocia sourdement avec l'Angleterre pour lui proposer de garder en dépôt le Hanovre, possession personnelle du roi d'Angleterre en Allemagne, et avec la France, pour lui proposer de garder le Hanovre aux Français.

L'empereur Alexandre, tout occupé alors des progrès intérieurs de l'empire et de l'organisation d'un fort conseil de gouvernement, présidé par M. de Woronsof, secondé des Czartorisky, des Novolitzof, des Soltikof, s'émut péniblement du nouveau conflit qui rappelait son attention au dehors. Il se crut assez fort pour offrir une médiation impérieuse à l'Angleterre et à la France ; il parla un langage qui déplut au premier consul. Tout en affectant d'écouter avec déférence cette offre de médiation importune, Napoléon écarta les recommandations que lui adressait Alexandre en faveur du Hanovre et du royaume de Naples, et fit occuper le Hanovre, Ancône et la Calabre par ses troupes. L'armée hanovrienne capitula, et livra le pays aux Français (3 juin).

La cour de Pétersbourg s'indigna d'un tel mépris de son patronage et de ses recommandations. Alexandre pressa le roi de Prusse, le plus menacé par l'occupation du Hanovre, de s'unir plus intimement à la Russie pour prémunir le Nord, par une neutralité armée, contre les violences de la politique consulaire. Le roi de Prusse décline timidement cette ligue, et poursuit avec le premier consul une négociation ambiguë, dont le prix honteux pour lui sera le Hanovre, dépouille de l'Angleterre son alliée. Le résultat de cette négociation fut un traité de garantie mutuelle entre la Prusse et la France, mais un traité auquel la Prusse, toujours équivoque, même dans ses hardiesses, refusait de donner le nom d'alliance. Cette réserve, qui laissait quelque espoir à la Russie, offensait l'orgueil du premier consul, qui voulait se créer un parti franc et une complicité tout entière d'intérêt et d'ambition en Allemagne. L'expérience ne lui avait pas encore appris que le cabinet de Berlin n'était jamais ami, ennemi ou complice qu'à demi, et que les disciples de Frédéric II ne faisaient d'alliance qu'avec la fortune.

XV

Mais un événement sinistre, plus semblable à un forfait des républiques italiennes du moyen âge qu'à un coup d'État en pleine civilisation, l'enlèvement sur un territoire allemand, le jugement sur ordre et l'assassinat militaire du duc d'Enghien venaient de jeter tout à coup la lueur sanglante d'une fusillade nocturne sur tous les cabinets de l'Europe. Les historiens qui ont des indulgences pour le génie et des excuses pour la force essayent vainement, depuis tant d'années, d'apitoyer la conscience publique sur le meurtrier en inculpant la victime. Ils mentent, et leur mensonge est d'autant plus lâche qu'ils mentent contre le cadavre d'un innocent.

Le duc d'Enghien ne conspirait point contre la vie du premier consul; il avait au contraire, pour le chef de la France, l'enthousiasme de la jeunesse pour la gloire, et d'un soldat pour un guerrier. Retiré à Ettenheim dans un loisir charmé par un noble amour, il attendait que la guerre déclarée et loyale lui rouvrît la carrière des combats. Il n'avait aucune intelligence avec les assassins politiques qui employaient à Paris, contre la vie du consul, les armes honteuses des complots civils et de l'assassinat anonyme. Son meurtre sous ce prétexte ne fut pas seulement un meurtre, mais une calomnie du sang répandu (21 mars 1804).

Ce meurtre, inexpliqué encore depuis tant d'années

où tant de complices se sont rejeté l'un à l'autre ce cadavre, fut-il une préméditation perverse? un gage donné à la révolution ombrageuse? une complicité froide dans le régicide, pour rassurer les régicides en se teignant d'une goutte du même sang? Fut-il la précipitation d'une vengeance qui se trompe de victime, et qui croit frapper un ennemi en frappant un admirateur? Nous penchons, après un mûr examen, pour cette dernière opinion. Ce fut un accès de colère qui ne se donna pas le temps de la réflexion, de peur de se donner le temps du repentir; un coup de poignard les yeux fermés, au risque de tuer au hasard innocent ou coupable; une fureur d'Oreste dans le cabinet d'un ambitieux.

XVI

Un cri d'horreur involontaire s'éleva, à la nouvelle de ce meurtre, de toutes les cours comme de toutes les consciences de l'Europe : la politique, même la plus timorée, fut impuissante à le contenir. Les consciences sont comme la justice divine : quand elles éclatent, il n'y a pas de considération humaine qui puisse leur résister; le silence même leur prête une signification plus accusatrice que la parole. La cour de Berlin, soulevée d'indignation, s'écarta du ministre de France, M. de Laforest, comme d'un homme qui portait la contagion d'un crime. « Il ne faut plus penser à l'alliance, répondit tristement M. de Haugwitz à l'ambassadeur français : l'événement sinistre qui vient de s'accomplir à Vincennes a des contre-coups que ni vous ni moi ne pouvons désormais empêcher. »

Le roi de Prusse, honteux de sa longue intelligence

avec l'homme que l'Europe entière répudiait, se rejeta vers la Russie. Alexandre, pour signifier à la Russie et au monde la répulsion que lui inspirait le meurtre et le meurtrier, fit prendre le deuil à sa famille et à sa cour une heure après l'arrivée de la dépêche qui avait apporté l'événement de Vincennes à Pétersbourg. Il passa le front morne devant l'ambassadeur de France, le général Hédouville, sans lever les yeux et sans proférer une parole. Il semblait rougir pour la France, et promettre une vengeance à l'Allemagne. Il fit adresser par le prince Czartorisky, son ministre des affaires étrangères pendant une maladie du comte Woronsof, une note à la diète germanique pour l'engager à protester contre la violation de l'État de Bade, et une note au cabinet des Tuileries, témoignant le même ressentiment de cet outrage à l'indépendance des territoires. Il signa, le 24 mai suivant, une alliance offensive et défensive avec le roi de Prusse, et les deux cours s'engageaient par ce traité à surveiller et à refréner désormais en commun les empiétements de la France en Allemagne.

Ce traité, où tout était prévu pour une guerre prochaine, fut le nœud de la troisième coalition contre la France. Le cadavre du duc d'Enghien fut le véritable gage de guerre jeté par Bonaparte et accepté par l'Europe. Mille morts sortirent de ce tombeau.

L'Autriche seule, plus résignée quoique plus intéressée à venger le territoire de Bade placé sous sa protection, n'osa ni se plaindre ni s'attrister, de peur d'offenser un ennemi trop impatient du moindre murmure. Son ambassadeur, le comte de Cobentzel, poussa la complaisance jusqu'à fournir lui-même des excuses ou des atténuations de l'attentat. Il renouvela ses expressions de zèle à tout prix pour le maintien de la paix entre l'Allemagne et la France.

Le premier consul, rassuré par la prostration de la cour de Vienne, répondit avec une ironie sanglante à la note de l'empereur Alexandre : « Si les assassins de votre père s'étaient trouvés rassemblés à portée de votre main sur vos frontières, auriez-vous hésité à violer une limite pour les arrêter? » Cette allusion à la complicité passive d'Alexandre dans le meurtre de son père était la réplique du meurtre au parricide. On s'étonne qu'un prince qui a reçu au cœur un pareil outrage serre jamais la main de l'homme qui lui a infligé une telle rougeur au front.

XVII

Tout se borna pour le moment en Prusse, en Autriche, en Russie, à une indignation sourde, amortie par la politique. Bonaparte, prêt à se faire proclamer empereur et à rétablir la monarchie sous une dynastie de son nom, n'en reçut pas moins de toutes ces cours l'assurance qu'on reconnaîtrait avec empressement son titre impérial. Les rois fléchirent aussi bas que les républicains corrompus du nouveau sénat de la France. Le pape Pie VII, effrayé par ces menaces, caressé par des flatteries, vaincu par des promesses de restitution des légations de Bologne et d'Ancône, était venu sacrer le soldat parvenu de la république et de la philosophie, à la charge, comme Clovis, de brûler ce qu'il avait adoré, et d'adorer ce qu'il avait brûlé.

La panique de la liberté avait saisi la France, la panique des victoires de la France avait saisi l'Europe. On laissait tout oser et tout faire au dictateur qui avait mesuré la complaisance des prétoriens, la versatilité du peuple, la terreur des cours. Il ne restait plus de la révolution française qu'un César, qui ne devait pas même trouver un Caton ou un Brutus.

XVIII

L'empereur Alexandre, ébranlé déjà par la subjection générale du continent devant le nouvel empereur des Français, commençait à se repentir de son noble soulèvement de conscience devant l'heureux meurtrier du duc d'Enghien. Il rêvait de nouveau, sous le nom de médiation, une attitude qui ne serait ni la paix ni la guerre, mais une balance tenue par ses mains entre la guerre et la paix. L'indépendance de l'Italie, une nouvelle constitution de l'Allemagne affranchie, une reconstitution intéressée de la Pologne, dont les lambeaux arrachés à la Prusse et à l'Autriche seraient recousus et replacés sous le protectorat russe, enfin un nouveau droit maritime imposé à l'Angleterre elle-même en faveur de la liberté des mers, étaient les bases de ce remaniement du monde, auquel l'inexpérience des jeunes ministres d'Alexandre se flattait de faire acquiescer même le vainqueur de l'Italie et de l'Allemagne. Les trois ministres nouveaux qui avaient succédé à Panin et à Woronsof, Czartorisky, Novolitzof, Soltikof, et quelques aventuriers chimériques qui colportaient des plans dans les cours novices, nourrissaient l'imagination généreuse d'Alexandre de ces utopies.

Elles s'évaporèrent, à Londres et à Paris, comme des songes dorés au grand jour. M. Pitt, rentré avant de mourir au ministère, les écouta et les éluda, en paraissant les adopter, pour intéresser au moins l'amour-propre de l'empereur de Russie à la grande ligue qu'il renouait contre la France. La reconstitution de la Pologne fut néanmoins prudemment ajournée par ce grand ministre, comme un sacrifice qu'on ne pouvait demander à la Prusse sans l'aliéner, à l'Autriche sans l'humilier. La Prusse, en effet, pressentant le sacrifice qu'on se proposait de lui demander, refusa obstinément d'entrer dans ces plans et de prêter ses armes à la Russie. Suspendue entre les deux traités contradictoires qu'elle avait signés récemment, l'un avec Napoléon, l'autre avec Alexandre, elle ne voulait passer à l'exécution ni avec l'un ni avec l'autre. Son attitude était la honte des rois et des cabinets.

Les négociateurs d'Alexandre, plus heureux à Vienne, avaient, en écartant la question de Pologne, signé avec la cour d'Autriche, le 4 novembre 1804, une convention secrète par laquelle les deux États se promettaient un concours armé contre les empiétements éventuels de Napoléon sur l'indépendance des cours et des nations.

Lord Gower, envoyé par M. Pitt à Pétersbourg, y discuta et y fit adopter les principes d'une coalition active entre la Russie, la Prusse, l'Angleterre, la Suède, le Hanovre, le royaume de Naples. Les contingents de troupes à fournir par chaque puissance furent fixés à quatre cent mille hommes. Le gouvernement britannique soldait la ligue au taux de trente-deux millions de francs par cent mille combattants. On supposait l'accession encore refusée de la Prusse; mais, dans le cas du refus persévérant de cette cour, l'empereur de Russie franchirait l'obstacle, et considérerait la Prusse neutre comme une ennemie. On ne devait démasquer la ligue armée qu'après avoir sondé Napoléon lui-même sur ses dispositions à accepter ou à refuser le plan de médiation conçu par le prince Czartorisky et par Alexandre.

XIX

Pendant ces négociations, Napoléon, encore sans soupçon précis, invitait la Prusse à se liguer indissolublement avec lui, complétait sa flottille de bateaux plats aussi chimérique que les imaginations du cabinet russe, constituait une monarchie italienne à Milan, appendice de la grande monarchie impériale en France, et réunissait, par des décrets aussi arbitraires que des victoires, Gênes, Lucques, la Toscane, à l'empire français. L'Autriche armait; et ses armements, expliqués par les réunions de nouveaux territoires à la France en Italie, provoquaient à Vienne, à Pétersbourg, à Paris, des récriminations, préludes d'une guerre inévitable (mars 1805).

« Je surprendrai le monde par la grandeur et par la promptitude de mes coups, » dit Napoléon en arrivant à Paris de son couronnement à Milan. Peu de jours après, il passait en revue, sous prétexte de les préparer à l'embarquement, les cent cinquante mille hommes aguerris et impatients de son camp de Boulogne.

« L'Angleterre a vécu! s'écriait-il le soir de cette revue, si la fortune nous accorde seulement douze heures de brume pour traverser ce bras de mer! » Il attendait à Cadix les flottes combinées de la France et de l'Espagne pour balayer, ne fût-ce qu'un jour, la Manche des escadres anglaises qui surveillaient ses bateaux plats, et qui les auraient coulés bas sous leur masse autant que sous leur feu.

L'amiral Villeneuve, chargé de lui amener à tout prix cette flotte, trompa son attente, laissa passer l'heure, céda aux vents et aux obstacles, retourna à Cadix, au lieu de débloquer Brest. La tentative de descente en Angleterre, chimérique avant l'application de la vapeur à la navigation, exécutable peut-être aujourd'hui, fut emportée par les vents qui avaient soufflé contre Villeneuve.

Napoléon cependant espérait encore, contre toute espérance. Mais déjà il retournait ses pensées vers l'Allemagne. « Ma résolution est prise ! écrivait-il à M. de Talleyrand, son ministre des affaires étrangères. Si ma flotte paraît dans la Manche, je vais couper à Londres le nœud de toutes les coalitions. Si mes amiraux manquent de caractère ou de bonheur, je lève mes camps de l'Océan, j'entre avec deux cent mille hommes en Allemagne, je frappe les Autrichiens et les Russes avant leur jonction, je marche sur Vienne, j'y dicte la paix, j'arrache Venise et tout ce qu'elle conserve encore d'Italie à l'Autriche, je chasse de Naples les barbares, je reviens sur l'Océan, j'y impose à l'Angleterre la paix maritime ! »

A l'exception de la conquête ou de l'humiliation, tout allait se réaliser dans ces paroles. La fortune, le génie, la colère, ces trois divinités de Napoléon, secondaient en ce moment sa destinée. Sa marche en six colonnes sur le Rhin, son passage du fleuve, sa concentration de forces entre Ulm et Munich pour y interposer son armée entre les Russes et les Autrichiens, la capitulation de Mélas et de ses trente mille hommes dans Ulm, l'anéantissement de quatre-vingt mille hommes en dix jours dans les murs ou hors des murs de cette forteresse, sa marche rapide sur Vienne découverte, la promptitude, la fascination, le prodige de ses manœuvres, n'avaient pas découragé les Russes, pleins du souvenir de Souvarof, et s'avançant par la Gallicie au secours de leur allié à demi vaincu.

Pendant qu'ils s'approchaient du Danube pour le passer à Krems et pour faire leur jonction avec l'armée de réserve de l'archiduc Charles, Alexandre, quittant un moment son armée, accourait à Berlin pour sommer, au nom du péril commun, de la gloire et de l'amitié, Frédéric-Guillaume III de sortir enfin de son inaction et d'unir ses armées à celles des vengeurs de l'Allemagne.

Ce prince, plus indécis par ambition que par faiblesse, avait d'abord prêté l'oreille, plus qu'il ne convenait à sa dignité de roi et à la probité de sa politique, à l'offre du Hanovre réitérée par Napoléon. Quelques jours plus tard, il s'était justement irrité de la violation sans excuse de sa souveraineté par le corps du maréchal Bernadotte traversant le territoire d'Anspach pour arriver plus rapidement à Ulm. Enfin, tournant de nouveau sa colère contre la Russie, qui faisait approcher quatre-vingt mille hommes de sa frontière en Pologne, pour violer, à son tour, sa neutralité funeste à l'Allemagne, il avait levé cent mille Prussiens, et confié au vieux duc de Brunswick, vétéran de 1791, le soin de défendre la frontière de Prusse contre les Russes, ou de venger son territoire violé par les Français.

L'arrivée inattendue d'Alexandre à Berlin embarrassa Frédéric-Guillaume, aussi équivoque dans ses amitiés que dans ses haines. Mais l'émotion de l'opinion allemande, humiliée de la décadence du nom germanique, l'ardeur de l'armée pour se mesurer avec les Français, l'indignation de la reine de Prusse contre le meurtrier du duc d'Enghien, la confiance juvénile de cette belle princesse pour un souverain qui commandait à tant de millions d'hommes, qui avait des Souvarofs pour lui enseigner la guerre, et qui tendait de si loin son épée à la cause des rois; enfin les séductions de caractère et de parole d'Alexandre, plus négociateur encore que soldat, et promettant de son côté le Hanovre, plus légitimement acquis en retour d'une coopération active, entraînèrent le roi. Mais jusque dans son entraînement il conserva encore, même dans la guerre, l'ambiguïté de sa nature et de son cabinet. Il fut convenu qu'il marcherait au secours de l'Autriche, mais qu'il marcherait comme médiateur armé et non comme ennemi de Napoléon, espérant vainement, par cette puérile dissimulation de rôle, recueillir le fruit de la coalition si elle était victorieuse, éviter la punition de ses hostilités si Napoléon triomphait. Jamais rôle plus complexe et plus inextricable de la comédie d'intrigue n'égala la duplicité de la Prusse, prise dans ses propres piéges entre son honneur, ses craintes, ses ambitions, la veille d'Austerlitz. Il n'était réservé qu'à elle-même de se surpasser encore en équivoque, en volte-face et en déshonneur politique, le lendemain.

L'empereur Alexandre accorda un mois aux tergiversations de son ami, terme après lequel la Prusse devait agir enfin avec ses nouveaux alliés contre les Français. Ce traité secret, imposé par la violence de l'opinion, consenti par la faiblesse, fut scellé enfin à Potsdam par un embrassement théâtral des deux souverains sur la tombe du grand Frédéric. Là, en présence de la reine, du prince Louis bouillant d'ardeur, du vieux duc de Brunswick et du général Mullendorf, élèves du grand roi, l'empereur de Russie et le roi, son ami forcé, se jurèrent une amitié indissoluble et une communauté à toute épreuve de fortune heureuse ou sinistre : serment sincère dans le cœur d'Alexandre, ambigu et contraint dans celui de son ami, ardent et patriotique dans le cœur de la reine, du prince Louis de Prusse et de la jeunesse de l'armée prussienne.

L'Angleterre applaudit à cette union des deux monarques du Nord. Elle voulut la rendre indissoluble en flattant l'ambition sourde du roi de Prusse : ne pouvant lui offrir le Hanovre, propriété personnelle de son souverain George III, elle lui offrait la Hollande, adjonction inespérée qui faisait de la Prusse une nation maritime et commerciale, les deux aspirations jusque-là impuissantes de cette monarchie.

XX.

Alexandre, emportant ce traité, ce serment et ces espérances, se hâta de rejoindre, le 5 novembre 1805, son armée, prête à recevoir le choc de la grande-armée de Napoléon. L'armée russe était commandée sous Alexandre par le vieux général Kutusof, sorte de contrefaçon de Potemkin, comptant sur son génie naturel, sur sa fortune, sur la solidité de ses soldats; actif seulement les jours de bataille, et perdant le reste du temps dans une superbe et orientale indolence. D'excellents généraux, tels que le prince géorgien Bagration, Miloradovitch, Doctorow, étaient ses principaux lieutenants.

Alexandre rencontra à Olmütz l'empereur d'Autriche, fugitif de sa capitale, et fit sa jonction avec les débris encore imposants de l'armée autrichienne. Le nombre, l'élan, la renommée invincible de ses troupes, contrastaient avec le découragement des Autrichiens, déjà vaincus à Ulm et expulsés de leur capitale. Alexandre, avec la confiance de la jeunesse et par les conseils des vieux Russes, se crut prédestiné à lutter de génie avec Napoléon. Il reçut avec dédain les propositions d'accommodement que l'aide de camp Savary lui apporta de la part de l'empereur des Français. Il aurait cru manquer à la fois, en se retirant de la lutte, au serment de Potsdam, à l'empereur d'Autriche, à lui-même, et à la gloire. Il marcha avec l'empereur d'Autriche à la rencontre de Napoléon, qui l'attendait à Austerlitz, champ de bataille immortalisé par le choc de trois armées sous trois empereurs.

La nuit du 1ᵉʳ décembre 1805, éclairée par les feux des bivouacs de trois cent mille hommes séparés par un ruisseau et un marais, couvait dans ses ténèbres le sort du continent. La bataille fut digne de la grandeur de la cause, de l'héroïsme des trois peuples combattant sous les yeux de leurs souverains, les Autrichiens pour le salut, les Russes pour l'honneur, les Français pour la victoire.

Le soir du 2 décembre, cinquante mille Russes, Autrichiens, Français, jonchaient, morts ou blessés, la vallée et les lacs d'Austerlitz; les deux empereurs de Russie et d'Autriche fuyaient à cheval, presque sans escorte, à travers les sentiers couverts de neige de la Moravie. Les Russes, ralliés le lendemain, n'avaient perdu que la renommée de leurs armes; les Autrichiens avaient perdu leur patrie; Napoléon avait gagné le monde. Aussi prompt à saisir la paix que la victoire, il recevait le lendemain l'empereur d'Autriche à son feu de bivouac du moulin de Paleny, lui tendait la main, l'embrassait, lui accordait la trêve. Pendant cette conférence avec l'empereur François, Savary se rendait au camp de l'empereur Alexandre pour suspendre également les hostilités entre les Français et les Russes. Savary portait à Alexandre les consolations de Napoléon, et pour ainsi dire ses excuses de l'avoir vaincu dans une guerre qu'il appelait une guerre de fantaisie, et où le tsar était trop jeune encore pour lutter avec le vétéran des victoires.

Alexandre se retira du champ de la lutte et de la négociation. Napoléon en dicta arbitrairement les conditions à Presbourg. Il remit à l'empereur François son empire, démembré au profit de l'Italie française et des princes de la confédération du Rhin. Quant à la Prusse, il feignit d'avoir ignoré le traité de Potsdam. En recevant les hypocrites félicitations de Frédéric-Guillaume, il ne lui infligea d'autre honte que la honte d'accepter enfin le Hanovre en toute propriété, afin que le partage des dépouilles de l'Angleterre constituât entre le cabinet de Berlin et la France victorieuse une complicité avérée de spoliation, qui rendît ce cabinet irréconciliable avec ses amis, trahis et dépouillés par lui-même.

L'histoire antique et moderne présente peu d'opprobres politiques comparables à cette diplomatie de la Prusse après Austerlitz. Ses hommes d'État enlevaient d'avance à cette puissance, bientôt punie, la dignité qui s'attache à l'honneur et la pitié qui suit les revers. Alexandre, justement indigné, rentrait dans ses frontières. Napoléon, au commencement de 1806, déclarait la déchéance de la maison de Bourbon du trône de Naples, et liait par un traité plus formel et plus dégradant la Prusse à son ambition. Le roi de Prusse, cherchant à justifier sa conduite par la nécessité, envoyait à Pétersbourg le vieux duc de Brunswick, son général et son négociateur, pour expliquer sa défection. Alexandre méprisait les hommes d'État de la Prusse, plaignait son roi, admirait sa reine, et tenait au delà de son mérite l'armée prussienne, formée par le grand Frédéric. Il accueillit avec une habile indulgence le duc de Brunswick, chargé de lui montrer dans un prochain avenir une nouvelle défection de la Prusse à la nouvelle alliance française, et là revanche d'Austerlitz avec les Prussiens pour auxiliaires. « Dans ce cas, répondit-il au vieux général, j'apprendrai la guerre à votre école. »

Une troisième défection de la Prusse à ses trois alliances s'ourdit à Pétersbourg. Il fut convenu que si la Prusse était mécontente de son allié nouveau, l'empereur Napoléon, elle recourrait à Alexandre et que ce dernier lui prêterait toutes les forces de son empire.

XXI

Cependant l'Angleterre, justement soulevée contre la perfidie du cabinet prussien, qui venait de se vendre à Napoléon au prix du Hanovre, avait déclaré la guerre du mépris à la Prusse. M. Pitt venait de mourir du coup que sa politique et sa patrie avaient reçu à Austerlitz. L'ingrate Angleterre ne regretta pas assez son plus grand citoyen. M. Fox, son inégal antagoniste, eut assez peu de magnanimité pour refuser son vote à l'hommage funèbre qu'on voulait faire à M. Pitt, en payant sur le trésor public les dettes contractées par ce ministre intègre pour le service de sa patrie et les dépenses de ses funérailles. Fox, perdu lui-même de dettes contractées au jeu et dans la licence de ses débordements, contestait ainsi sans pudeur le payement de dettes contractées par le désintéressement et le patriotisme (janvier 1806).

Il succéda à M. Pitt, et se hâta d'offrir, par une négociation de paix peu décente sous la pression d'une défaite, la complaisance de l'Angleterre à la monarchie presque continentale de Napoléon. Celui-ci, dépouillé de ses moyens de lutter sur l'Océan par la bataille de Trafalgar, tombeau de la marine française et espagnole, écoutait sans empressement réel les propositions inopportunes de M. Fox. Il complétait son système dynastique par la création du royaume de Hollande pour son frère Louis Bonaparte, par le don de la couronne de Naples à son frère Joseph, par la vice-royauté d'Italie à son fils adoptif Eugène de Beauharnais; il complétait son système de renaissance féodale par l'institution de sa nouvelle noblesse, dotée des dépouilles de la guerre en

Allemagne et en Italie; enfin il complétait son système politique par la confédération du Rhin, qui retournait la moitié de l'Allemagne contre elle-même, sous le patronage de l'empereur des Français.

L'Autriche et la Prusse regardaient immobiles ces grandes menaces contre leur existence en Allemagne. Quant à l'empereur Alexandre, fléchissant lui-même devant les souvenirs d'Austerlitz et devant les adulations de M. Fox à Napoléon, il signait à Paris, le 2 juillet 1806, par la main de M. d'Oubril, son plénipotentiaire, un traité de paix avec la France. Ce traité, sans stipulation importante, n'était qu'un consentement tacite à l'omnipotence continentale de Napoléon.

Cette paix inexpliquée, et le mystère qui couvrait à Paris les négociations avec l'Angleterre, firent croire à Berlin que la Prusse, sacrifiée à la paix, allait être contrainte à restituer honteusement le Hanovre et à subir des démembrements en Allemagne. L'intérêt alarmé, l'honneur humilié, le désespoir de perdre en un jour le fruit de tant de trahisons, enfin la confiance démesurée dans ses forces jusque-là non éprouvées contre la France, arrachèrent la cour de Berlin à sa torpeur, et la précipitèrent dans les plus folles témérités. Le cri de guerre à la France retentit avec d'autant plus d'explosion qu'il avait été plus longtemps comprimé dans les âmes, et que la paix avait été achetée par de plus humiliantes complicités avec l'oppresseur du monde.

M. Fox venait de suivre dans la tombe son rival M. Pitt. Il mourait, comme tous les hommes de pure controverse parlementaire, sans avoir aidé ni à la guerre ni à la paix, entre sa popularité compromise et son impuissance dévoilée. L'empereur Alexandre, instruit de la mort de Fox et de l'émotion de Berlin, venait de refuser de ratifier le traité de paix signé à Paris par M. d'Oubril. Napoléon, à ces symptômes, crut entrevoir la renaissance d'une quatrième coalition : il refusa à la Prusse de retirer ses corps d'armée de l'Allemagne. A ce refus, le roi de Prusse jeta le masque, et marcha sur Magdebourg.

Le quatrième coalition venait de naître, en effet, de la mollesse et de la mort de Fox, de la honte de la Prusse, de l'humiliation de la Russie, à qui pesait le souvenir d'Austerlitz (24 septembre 1806).

XXII

La Prusse avait aussi mal choisi l'heure de la guerre que l'heure des trahisons; elle se punissait elle-même de sa lâcheté par sa témérité. C'était le machiavélisme du grand Frédéric pratiqué par des ministres sans génie. Napoléon était plus prêt qu'il ne l'avait été à aucune époque de ses campagnes. La grande-armée occupait encore, comme gage du traité de paix avec l'Autriche, une grande partie de la basse Allemagne et toute la Hollande; cent quatre-vingt mille hommes aguerris et accoutumés à vaincre étaient cantonnés dans le Palatinat et en Franconie. Les maréchaux Bernadotte, Davoust, Soult, Lannes, Oudinot, Augereau, Murat, commandaient ces corps d'armée.

Napoléon partit de Paris le 25 septembre 1806, pour donner une âme à ce grand corps. Une proclamation martiale à ses soldats, et, cette fois, légitime dans ses invectives contre la Prusse, menaçait la cour de Berlin de l'inimitié *irréconciliable* d'un grand peuple, *plus terrible que les tempêtes de l'Océan.*

Le coup suivit de près la menace. Le jeune prince

Louis de Prusse, le plus ardent instigateur de la guerre, tomba, dans la première rencontre, sous le sabre d'un sous-officier français qui lui offrait la vie, et de qui il préféra recevoir la mort. La bataille d'Iéna emporta en deux jours l'armée et la monarchie. Le duc de Brunswick et le général Mullendorf, les deux vétérans de la gloire de la Prusse, ne veulent pas survivre à leur patrie; ils tombent l'un et l'autre mortellement blessés, en cherchant à masquer la déroute. Le roi, sans armée, et se reprochant à lui-même tant d'inutiles défections et une si tardive agression, traverse Berlin en silence. Napoléon y entre en triomphe, et enlève respectueusement à Potsdam l'épée du grand Frédéric, pour en faire le trophée de sa victoire sur ses descendants. Il dirige de là son armée en trois colonnes contre les restes de l'armée prussienne. Toutes les forteresses tombent sans siège devant ses généraux; le roi et la reine se réfugient à Kœnigsberg, à l'extrémité de leurs États.

Un mois a suffi pour anéantir cette monarchie fière de son fondateur, et cette armée que l'ombre du grand Frédéric semblait couvrir de sa renommée d'invincible. Un décret de Napoléon, daté de Berlin, déclare l'Angleterre en interdit à tous les ports de l'Europe. Ébloui lui-même de ses succès, il marche à la rencontre des Russes en Pologne. Leur armée, commandée par le général Beningsen, un des témoins du meurtre de Paul Ier, s'avançait, au nombre de cent vingt mille hommes, du Niémen sur la Vistule. La garde impériale russe, et quarante mille Cosaques sortis des steppes du Dniester, marchaient pour renforcer Beningsen. Ces forces, jointes aux débris de l'armée prussienne, présentaient à Napoléon une seconde armée à vaincre comme à Austerlitz.

On lui parlait de proclamer la reconstitution de la Pologne. Il ne croyait ni à la convenance ni à la possibilité de cette résurrection artificielle d'un peuple par la main de l'étranger : « Je ne proclamerai l'indépendance de la Pologne, écrivit-il, que quand je verrai tous les Polonais unis et debout. »

Le maréchal Lannes, qui le devançait en Pologne, confirmait Napoléon dans cette indifférence : « Ne jugez pas le pays, écrivait Lannes à l'empereur, par l'enthousiasme factice de quelques nobles attirés à Posen par l'amour du bruit et de la nouveauté. Ils sont au fond toujours légers, divisés, anarchiques. En voulant les reconstituer en nation, vous épuiserez inutilement le sang de la France pour une œuvre sans solidité et sans durée. »

Les Russes abandonnèrent Varsovie le 28 novembre ; quelques-unes de leurs colonnes furent successivement battues à Czarnovo, à Nassielsk, à Pultusk, à Golymin ; mais ils reçurent des renforts de l'intérieur qui portèrent leur armée à seize mille hommes.

La force des Russes, l'inaction des Polonais, l'hiver, dont les pluies et les neiges rendaient les opérations militaires impraticables, décidèrent Napoléon à cantonner son armée, réduite par la marche du Rhin au Niémen, entre ce fleuve et la Vistule. Il séjourna lui-même une partie de l'hiver à Varsovie, et le soulèvement spontané de la Pologne se borna à quelques escadrons recrutés et commandés par le prince Poniatowski, neveu du dernier roi de Pologne, adopté par la France et mort pour elle en combattant à Leipsig. Les coalisés, de leur côté, voulurent contraindre la Turquie à se déclarer contre Napoléon ; mais les Turcs, qui préféraient la neutralité, la jugeant impossible, déclarèrent la guerre à la Russie le 7 janvier 1807. Une armée russe pénétra en Moldavie et en Valachie et s'empara de Bucharest. Elle n'alla pas plus loin, car elle fut rappelée contre les Français. La paix entre la Russie et la Porte fut signée quelques mois après.

Les manœuvres habiles et infatigables de Beningsen forcèrent Napoléon à concentrer son armée et à recevoir, le 8 février 1807, la bataille sur le plateau d'Eylau. Les Russes, supérieurs en nombre et partout vainqueurs jusqu'à la fin du jour, avaient anéanti tout le corps d'armée d'Augereau. Napoléon, placé depuis le lever du jour dans le cimetière d'Eylau, qui dominait la vallée, était entouré de morts et de blessés rapportés du champ de bataille. L'infanterie russe, précédée de cent pièces de canon, commençait à gravir la pente qui conduisait à la ville, dernier pivot des Français. Une charge désespérée de quatre-vingts escadrons, commandés par Murat, enfonce et disperse enfin les colonnes russes.

La nuit tombe sur les deux armées encore confondues, et sur cinquante mille cadavres de Russes et de Français étendus pêle-mêle dans la vallée d'Eylau. Les ténèbres amenèrent enfin deux puissants renforts aux ailes déjà débordées de Napoléon. Beningsen, à leur apparition, se retire en laissant la ville d'Eylau à Napoléon, mais les morts égaux et la victoire indécise.

XXIII

Les bulletins spécieux de Napoléon déguisèrent mal à l'Allemagne et à la France le coup que son armée avait reçu à Eylau. Il avait sauvé sa gloire, mais non son prestige ; il avait trouvé enfin, dans Beningsen et dans les Russes, des soldats dignes de se mesurer avec lui. Sa correspondance avec ses ministres de Paris atteste l'impatience que lui donnait le récit véritable de la bataille d'Eylau. Ce fut un massacre, non une victoire ; mais résister aussi héroïquement aux Français était une victoire pour les Russes. Alexandre se crut vengé d'Austerlitz. Napoléon, contraint à se renfermer et à se recruter dans de nouveaux cantonnements, reste comme atterré du choc qui avait décimé son armée. Il pressent l'Autriche sur une médiation de cette puissance entre la Russie et lui.

L'Autriche, reprenant haleine et courage à l'exemple des Russes, au moins invaincus sinon vainqueurs à Eylau, hésite, arme, temporise. La bataille de Friedland, hardiment provoquée au retour de l'été par les Russes, mais saisie par Napoléon avec l'éclair du génie, et reçue par Beningsen dans une presqu'île sans retraite pour ses troupes, vengea glorieusement pour les Français le doute injurieux d'Eylau (14 juin 1807).

Alexandre et le roi de Prusse, consternés, se résolurent à demander à la paix ce qu'ils ne pouvaient plus attendre de la victoire. Un armistice fut signé à Tilsitt, le 24 juin, entre les trois puissances ; une entrevue convenue entre Alexandre et Napoléon. Un radeau à l'ancre, au milieu du cours du Niémen, qui séparait les deux armées, reçut au même instant les deux empereurs. Murat, Berthier, Duroc, Caulaincourt, composaient le cortége de Napoléon ; le général Beningsen, le prince Labanof, le comte de Liéven, le général Ouwarof, celui d'Alexandre. Les deux armées, rangées en présence l'une de l'autre sur les deux rives opposées du Niémen, suivaient des yeux et du cœur les scènes du radeau.

Napoléon embrassa Alexandre, et l'introduisit par la main dans une tente dont les rideaux retombèrent sur leur conférence. Rien d'authentique n'a transpiré de cet entretien, d'où allait dépendre le sort du monde. Les versions imaginaires qu'on en a données ne sont que les jactances intéressées de Napoléon, et les confidences plus modestes, mais également intéressées, d'Alexandre.

On peut croire que le désir mutuel de la paix, et le besoin réciproque de se flatter aux dépens de l'Angleterre importune, de l'Autriche suspecte, de la Prusse vaincue, facilitèrent les combinaisons préliminaires d'un traité aussi pressant pour Napoléon qu'utile à Alexandre. Les deux grands rivaux avaient le droit de s'estimer en se réconciliant ; car si l'un avait été vaincu à Friedland, l'autre n'avait pas été vainqueur à Eylau. La campagne de Pologne n'avait ni exalté ni abattu les belligérants ; elle n'avait été qu'un mutuel massacre, où Napoléon avait perdu plus d'hommes et plus de temps que la Russie. Napoléon et Alexandre sortirent si satisfaits de leur entrevue, qu'ils convinrent de traiter eux-mêmes leurs propres affaires à Tilsitt.

Ce fut le piége du génie et de l'adulation tendu par Napoléon à la jeunesse et à la candeur de son ennemi. Il connaissait l'art d'éblouir autant que de foudroyer. Alexandre, fier de cette longue intimité avec le plus grand homme de guerre du siècle, ne demandait de son côté qu'à être ébloui. Convaincu désormais qu'il ne lui était pas donné d'éclipser la gloire de Napoléon, il voulait au moins se revêtir des reflets de cette gloire en l'approchant de plus près que tout autre. Partager le continent entre Napoléon et lui était moins héroïque, mais plus sûr que de le disputer.

Cette faiblesse d'Alexandre devant la fortune fut le bonheur de Napoléon. Une seconde campagne en Pologne contre Beningsen et ses armées aguerries, avec l'Allemagne entière mal contenue derrière l'armée française, et à une distance démesurée de ses renforts, perdait ou usait inévitablement Napoléon. Alexandre manqua de constance et de fidélité à la cause de l'Allemagne et à sa propre cause; il allait fortifier pour six ans l'ennemi qu'il aurait plus tard à combattre.

La négociation de Tilsitt fut la véritable défaite des Russes. Ce ne fut pas la puissance d'Alexandre, ce fut son caractère qui fut vaincu dans ces conférences.

XXIV

Le roi de Prusse parut en suppliant de Napoléon, et en client mal protégé d'Alexandre, aux conférences de Tilsitt, pour y plaider la cause perdue de sa monarchie. Il conserva au moins dans cette entrevue la tristesse qui est la dignité du malheur, et la réserve qui est la protestation du vaincu.

Alexandre s'y montra en courtisan plutôt qu'en égal de Napoléon. Il se laissa séduire, dans une intimité longue et familière, aux perspectives de grandeur en Pologne, en Allemagne, en Orient, que Napoléon étala devant lui; il n'implora pour son allié le roi de Prusse que ce que la décence ne permettait pas de refuser à ce prince humilié et dépouillé; il accepta les dépouilles anticipées de la Turquie; il concéda à Napoléon l'Italie déjà conquise, la Hollande déjà érigée en royaume français par Louis Bonaparte, l'Espagne à conquérir et à convertir en monarchie napoléonienne sous un autre frère de Napoléon. Il revendiqua, en retour, le droit d'arracher la Finlande à la Suède. Enfin, le partage du monde entre les deux empires, l'un sous le nom d'empire d'Orient, l'autre sous le nom d'empire d'Occident, fut délimité par la main des deux empereurs sur la carte du cabinet de Tilsitt.

C'était le rêve de Napoléon, rêve qui s'agrandissait chaque année avec sa fortune; c'était le rêve aussi du tsar de Russie, transporté seulement d'Occident en

Orient. A ce prix, il abandonnait aisément le grand rôle de soutien des faibles, de vengeur des rois, de protecteur de l'Allemagne, qu'il s'était dessiné au commencement de son règne. Il accordait à Napoléon l'effacement presque complet de la Prusse, réduite à cinq millions de sujets, au lieu de douze millions qu'elle possédait avant la guerre; le démembrement de la Pologne prussienne constituée en grand-duché indépendant de Varsovie, pour satisfaire au moins en apparence à tant de vaines promesses jetées aux Polonais; un royaume de Westphalie formé en Hesse des lambeaux arrachés à la Prusse et à l'Allemagne; enfin la signature d'un traité occulte entre la Russie et la France, traité par lequel la France et la Russie unissaient indissolublement la cause de leurs ambitions conciliées aux dépens du monde, et dont un article formel livrait à la Russie toute la Turquie d'Europe, à l'exception de Constantinople, dont on réservait le sort à l'avenir inconnu. C'était moins la paix que la complicité présente et future signée par les deux copartageants de l'univers.

Les historiens adulateurs de Napoléon peuvent admirer cette séduction d'Alexandre, et cette promptitude à marchander l'honneur contre l'ambition. Les historiens impartiaux ne peuvent que rougir pour le souverain d'un vaste empire et pour le chef d'une vaste confédération de trônes, qui devient en quelques jours l'ennemi de ses amis et l'ami de ses ennemis. C'est ainsi qu'on gagne des provinces, mais c'est ainsi qu'on perd l'estime de l'univers et sa propre estime.

L'infortunée reine de Prusse, reléguée à Mémel, où elle attendait dans l'angoisse le dernier mot de la négociation, fut appelée à Tilsitt par son mari, pour implorer du vainqueur quelque adoucissement au sort de la monarchie prussienne. Ni sa beauté ni ses larmes, ni la pudeur de refuser une consolation à une femme humiliée, à une reine vaincue, ne purent arracher à Napoléon une seule ville ou une seule province, pour décorer au moins de quelque magnanimité ou de quelque compensation son triomphe. Alexandre lui-même abandonna cette reine si admirée et si plainte à la merci de son nouvel allié. Ce fut ainsi que le serment de Potsdam sur le tombeau du grand Frédéric fut accompli. La reine repartit dans les pleurs, pour aller mourir de l'outrage. C'était la seule femme de la cour de Prusse qui ne méritât pas le sort de sa patrie; car elle avait toujours eu l'âme d'une héroïne, et elle n'avait participé en rien ni au machiavélisme, ni aux ambitions, ni aux trahisons du cabinet de son mari.

Tel fut le traité de Tilsitt, la plus éclatante défection dont l'histoire moderne offre l'exemple, qui doubla l'audace et les forces du conquérant de l'Occident, et qui prépara par une prompte expiation les hontes et les désastres de la Russie (7 juillet 1807).

LIVRE NEUVIÈME

I

Tandis que Napoléon repliait lentement ses armées, rançonnait la Prusse, créait le royaume de Westphalie, méditait l'invasion de l'Espagne, séquestrait l'Angleterre dans ses îles, et accomplissait sans obstacle maintenant tout ce qu'il avait reçu de la victoire et de la négociation la liberté d'accomplir, Alexandre, humilié à ses propres yeux, rentrait à Pétersbourg, embarrassé de sa nouvelle amitié. Il cachait à sa propre cour et à sa mère elle-même l'étendue des concessions faites à Tilsitt. M. de Romanzof seul, devenu son premier ministre, connaissait le traité secret. Élevé dans les traditions de la politique antiottomane de Catherine II, M. de Romanzof pardonnait tout à son maître et à Napoléon, pourvu que l'empire ottoman fût livré en proie à la Russie.

Napoléon, par un abus d'influence ou par un excès d'indélicatesse inexplicable, avait envoyé pour représenter la France en Russie le général Savary, un des complices les plus suspects du meurtre du duc d'Enghien. Alexandre poussait la complaisance jusqu'à l'oubli. Il caressait l'ambassadeur de France, et se montrait plus empressé qu'à Tilsitt d'accomplir même contre l'Angleterre les stipulations du traité occulte. Il éprouvait ou il affectait pour Napoléon plus d'enthousiasme qu'il ne convenait au vaincu d'en éprouver pour son vainqueur.

« Son génie est mon étoile, disait-il à Savary; j'ai plus profité en quelques jours d'entretien intime avec lui, que dans toute ma vie politique. Ses leçons sont pour moi des oracles. C'est lui qui m'a dit le premier, en parlant des Turcs à Tilsitt : « On ne peut rien faire avec ces » barbares : arrangeons-nous à leurs dépens! »

Il témoignait une impatience fébrile d'obtenir de Napoléon, encore muet sur les stipulations secrètes de Tilsitt, l'autorisation de fondre sur les provinces ottomanes.

Napoléon suspendait trop pour la convenance d'Alexandre cette autorisation : non qu'il n'eût sacrifié la Turquie pour l'empire d'Occident dans sa pensée, mais par pudeur de livrer une capitale aussi prépondérante que Constantinople à un empereur d'Orient. La concession de Constantinople lui paraissait la reconnaissance d'une souveraineté orientale, plus prestigieuse que la souveraineté de l'Occident aux yeux des nations et de l'histoire. Il suspendait donc, sous divers prétextes, le consentement promis à Tilsitt. Ces lenteurs humiliaient et offensaient Alexandre. Il avait trop concédé de son honneur pour ne pas vouloir au moins justifier promptement aux yeux de ses peuples sa nouvelle alliance, impopulaire en Russie, par l'extension de son empire en Orient.

Le grand écuyer de Napoléon, M. de Caulaincourt, moins directement compromis que le général Savary dans le meurtre du duc d'Enghien, mais dont le nom cependant avait été malheureusement mêlé à l'enlèvement des émigrés dans l'État de Bade, fut envoyé à Pétersbourg, Napoléon, soit par bravade, soit pour montrer son ascendant sans limite sur Alexandre, semblait trois fois de suite se complaire à se faire représenter à Pétersbourg par des hommes plus ou moins entachés de service ou de complicité dans le plus sinistre événement de son règne.

La mission de M. de Caulaincourt avait pour objet de faire temporiser la Russie en ce qui concernait l'empire ottoman, de la pousser en attendant sur la Finlande, et d'obtenir de l'empereur Alexandre son consentement au moins tacite à l'usurpation complète du royaume d'Espagne et de Portugal. Pendant les derniers mois de 1807 et les premiers mois de 1808, M. de Caulaincourt réussit à amortir l'impatience d'Alexandre; mais cette impatience se changeait à la fin en aigreur et en amertume de déception. Napoléon fut contraint de proposer enfin catégoriquement le partage complet de l'empire ottoman à Alexandre. Il lui écrivit une lettre de sa main, pour lui déclarer son intention définitive de procéder à ce partage entre la France, l'Autriche et la Russie.

Alexandre, à la réception de cette lettre, crut embrasser enfin le rêve de sa vie, consentit à tout contre l'Espagne, ferma les yeux sur l'Allemagne et sur l'Angleterre, occupa la Finlande, et sollicita une seconde entrevue à Erfurt, pour stipuler, dans l'intimité et dans la discrétion d'un complot d'État contre le monde, les conditions et les délimitations de ce crime, plus vaste et plus impolitique pour la France que le crime contre la Pologne.

Mais la politique de Napoléon, comme celle des princes parvenus de la victoire au trône et qui ne sont pas sûrs du lendemain, était une politique toute viagère. La France et l'Europe, après la création d'un empire d'Orient russe, devenaient ce que l'Italie, la Gaule et l'Espagne étaient devenues après la translation de l'empire romain en Orient. Napoléon, quoique parfaitement convaincu de cette déchéance future de l'Europe par les lumières diplomatiques de M. de Talleyrand, sacrifiait tout au jour. L'avenir, dont il ne serait pas responsable dans son tombeau, n'existait pas pour lui. Sa diplomatie, déplorable en ce qui concernait la Russie et l'empire ottoman, ne voyait jamais qu'un point de l'espace à la fois, une heure d'ambition, une explosion de gloire.

Malheur aux peuples qui se résument dans l'égoïsme démesuré d'un trop grand homme, surtout quand cet homme n'a pas d'aïeux et ne croit pas avoir d'enfants ! Cet homme prodigue l'avenir comme le passé à un seul intérêt, l'intérêt de son nom. Telle a été cinq fois en dix ans la politique de Napoléon à l'égard de la Turquie. Il a sacrifié à des complaisances russes la politique de François Ier, celle de Louis XIV et celle de la France future ; politique que nous cherchons aujourd'hui à racheter au prix de notre sang.

II

Le mois de mai 1808 avait vu s'accomplir, à Bayonne, l'attentat le plus perfide et le plus odieux envers un peuple et une dynastie, qui ait jamais avili la grandeur d'une politique souvent criminelle, mais au moins héroïque jusque-là. Le conquérant s'était embusqué dans un piége. Deux mots suffisent pour caractériser les événements de Bayonne. Napoléon, pour occuper subrepticement l'Espagne sans motif, avait demandé le passage de ses troupes à travers l'Espagne vers le Portugal, dont il avait à se plaindre. Sous ce prétexte, ses armées, d'abord peu nombreuses, puis sans nombre, avaient inondé le pays, surpris et occupé les places fortes, marché sur la capitale, envahi Madrid.

Interrogé avec inquiétude par la cour d'Espagne sur cette occupation inexpliquée du royaume, il avait répondu par le silence. Il voulait que ce silence jetât la cour d'Espagne dans un tel doute et dans une telle anxiété, qu'elle prît enfin la résolution de fuir devant lui, de lui abandonner par une désertion spontanée le trône vide, et de se réfugier, comme la cour de Lisbonne, dans ses riches provinces d'Amérique. Mais, d'un autre côté, comme la fuite de cette malheureuse dynastie sur sa flotte en Amérique aurait démembré les provinces espagnoles américaines et la monarchie que Napoléon convoitait tout entière, il avait placé une escadre française dans le port de Cadix, pour empêcher d'une main le départ du roi qu'il poussait de l'autre, et pour retenir captive, sous prétexte de désertion, la dynastie des Bourbons fugitive.

Un hasard fit avorter ce plan. Le peuple de Madrid s'opposa au départ de la cour. Napoléon, avec une fertilité d'invention digne du génie des cours italiennes sous les Borgia, en imagina un autre.

De funestes dissensions dans la famille royale d'Espagne avaient envenimé le fils contre la mère, le père contre le fils. Un favori de la mère et du père, le prince de la Paix, était odieux au peuple. Le peuple, dans une sédition contre le favori, arracha l'abdication au père, et proclama le fils roi d'Espagne. Napoléon, dont l'armée, commandée par Murat, était aux portes de Madrid, donna ordre à son lieutenant d'entrer en maître et en arbitre dans la capitale. Le père, le fils, la mère, en appelèrent au jugement de Napoléon, leur allié et leur ami. Il les attira les uns et les autres, sous prétexte de les entendre et de les concilier, à Bayonne. Il les reçut avec des respects simulés, des apparences de doute, et des lenteurs d'examen sur leurs torts ou sur leurs griefs mutuels; il fit augurer tour à tour au père et au fils un jugement favorable à leurs prétentions; puis, quand ils furent tous dans Bayonne ses hôtes et ses suppliants, il referma le piége sur eux, les découronna l'un par l'autre, assista à leurs reproches et à leurs récrimination domestiques, comme pour les flétrir avant de les dégrader, les envoya languir dans ses maisons royales converties en prisons d'État, couronna son frère Joseph Napoléon roi d'Espagne et des Indes, et lui donna une seconde armée française pour cortége à Madrid.

Cet acte, inouï dans les annales des peuples, arracha un cri unanime de réprobation au monde. L'hypocrisie y avait déshonoré la force. C'était la première fois que le mépris pour une trahison s'unissait contre Napoléon tout-puissant à la terreur contre la violence. Alexandre seul ne protesta pas dans son cœur; il avait vendu sa conscience au prix de l'empire d'Orient. Mais les peuples étaient plus intègres que les cours; leur indignation couva sous leur servitude.

III

Pendant que l'Espagne, soulevée sous le pied même des armées françaises, forçait Napoléon à rappeler sa grande-armée d'Allemagne pour se porter précipitamment au secours de son frère Joseph, déjà chassé de Madrid, l'Europe se demandait à voix basse quel serait enfin le terme de ses humiliations et de ses prosternements devant l'insatiable ambition d'un seul homme. La capitulation d'une armée française à Baylen, et l'héroïque suicide de Saragosse à la fin de 1808, venaient de révéler à l'Allemagne abattue la force indomptable que retrouve le cœur des nations dans le désespoir du patriotisme et dans l'anéantissement de ses armées et sous les décombres mêmes de ses villes.

L'Autriche armait, sans avouer encore la cause de ses armements. Napoléon inquiet lui demandait en vain des explications impérieuses ; il remplissait en vain le palais des Tuileries de ses explosions calculées de colère contre l'ambassadeur de cette puissance, M. de Metternich. Il pressait, au mois de septembre 1808, l'entrevue d'Erfurt avec l'empereur Alexandre, afin de s'assurer, dans l'alliance plus intime encore avec la Russie, la sécurité qui lui était nécessaire en Allemagne pendant qu'il porterait cinq cent mille hommes en Espagne.

Tous les vrais amis d'Alexandre à Pétersbourg, et surtout sa propre mère, l'impératrice Marie-Federowna, le conjuraient d'éluder cette entrevue fatale à sa politique, à son honneur, et peut-être à sa vie. L'homme qui avait attiré deux rois à Bayonne, et qui les avait jetés du trône dans l'exil, de l'hospitalité dans les fers, leur paraissait capable d'abuser même de la confiance de son allié, et de saisir dans sa personne un otage couronné de l'alliance.

Alexandre rejeta ces appréhensions maternelles comme une puérilité de tendresse, et comme un outrage à son ami l'empereur des Français. Il traversa rapidement la Pologne et la Prusse, encore occupée par des garnisons françaises ; il compatit en passant à l'humiliation de son ancien allié le roi de Prusse et à la misère de ses États. Le 27 septembre 1808, il se jeta dans les bras de Napoléon, qui était accouru d'Erfurt sur la route de Weimar pour accueillir avec plus d'empressement son jeune allié. Napoléon tenait à Erfurt, dans la haute Saxe, une cour de rois. Au milieu des fêtes et des chasses, les deux empereurs renouèrent seul à seul, pendant une intimité de seize jours, l'union un moment relâchée par la répugnance de Napoléon à tout accorder sur le Bosphore, et la resserrèrent par la convention secrète datée d'Erfurt le 12 octobre.

L'alliance, plus qu'offensive et défensive, semblait incorporer les deux peuples en un. La France s'engageait à ne consentir à aucune autre paix avec l'Europe qu'à celle qui octroierait la Finlande et les provinces danubiennes à l'empire russe. La Russie, devenant, à ce prix, complice gratuite de l'attentat de Bayonne, qui avait soulevé le cri de Pétersbourg et du monde, prenait l'engagement de ne consentir de son côté à aucune autre paix qu'à celle qui assurerait la couronne des Espagnes sur la tête de Joseph Bonaparte.

Un article, aussi honteux que perfide, stipulait que, jusqu'à l'envahissement des provinces danubiennes par les Russes, les ambassadeurs de France et de Russie à Constantinople concerteraient secrètement leur langage pour ne pas compromettre l'amitié qui existait entre la Porte et la France, et ne pas donner l'éveil à la Turquie.

Digne pendant du piège de Bayonne! On voit jusqu'où la force sans moralité, sans frein et sans scrupule peut s'abaisser dans la ruse et dans la trahison pour assurer le succès de ses complots d'État. Alexandre et Napoléon à Erfurt n'étaient plus deux souverains, mais deux conspirateurs forcés de demander silence à leurs ministres comme à leur conscience, pour ne pas ébruiter leur complicité. Une telle politique ne pouvait que perdre l'un et déshonorer l'autre.

Leur conduite publique à Erfurt fut digne de leurs trames obscures, sans respect d'un côté, sans dignité et même sans décence de l'autre. Napoléon ne craignit pas de donner à Alexandre une fête militaire sur le champ de bataille d'Iéna, où Alexandre avait vu, si peu de temps auparavant, le désastre et presque le détrônement du roi et de la reine de Prusse, ses alliés et ses amis. Alexandre ne rougit pas d'accepter cette fête, et d'assister avec complaisance au souvenir de sa propre défaite. Engageant non pas seulement sa politique, mais sa propre famille, dans ses adulations à Napoléon, il promit à l'empereur des Français d'obtenir pour lui de l'impératrice Marie-Federowna une de ses filles pour épouse, afin de mêler son propre sang au sang de l'allié intime auquel il avait voué sa politique. Dans une représentation théâtrale devant les rois et les ministres réunis à Erfurt, il remercia, par une obséquieuse allusion, le ciel de *l'amitié d'un grand homme !*

L'entrevue d'Erfurt, cimentée par ces identités secrètes d'intérêt et d'ambition, permit à Napoléon de courir en Espagne pour y réinstaller son frère Joseph, refoulé jusqu'aux frontières de France par les Espagnols et les Anglais. Quatre cent mille hommes l'y précédèrent ou l'y suivirent. Cette longue campagne, où le sol dévorait les armées, et où les victoires mêmes ne donnaient que des revers, n'entre pas dans le sujet de ce récit. Elle se termina en 1809 par la rentrée de Joseph Bonaparte dans le palais de Madrid, par l'expulsion de l'armée anglaise de l'Espagne, par une immense déperdition de forces, de temps, de meurtres pour la France, et enfin par le départ soudain de Napoléon de Valladolid pour venir surveiller de plus près à Paris les mouvements de l'Autriche, encouragée à l'action par l'énergie de l'Espagne.

IV

Il trouva la France humiliée du rôle indigne d'un grand peuple auquel la perfidie de Bayonne avait ravalé son nom. Il entendait les premiers murmures de l'opinion publique contre l'épuisement de la population par des recrutements sans terme, pour une guerre sans autre résultat national que des trônes précaires à déférer à une famille.

Il leva cent mille hommes anticipés sur la génération qui n'atteignait l'âge de la guerre qu'en 1809 et 1810. Il ordonna à son ministre de la police de lui dresser une liste de tous les enfants de familles suspectes de froideur pour sa dynastie, âgés de seize à dix-huit ans, et de lui préparer un décret pour les incorporer de force dans ses pépinières militaires. « Si l'on fait quelque objection, écrivit-il à son ministre, il n'y a pas d'autre réponse à faire, si ce n'est que cela est mon bon plaisir. »

C'était autant d'otages de l'opinion pris en pleine civilisation dans les familles. Il rappela deux cent mille hommes aguerris d'Espagne, pour les reporter au delà du Rhin et du Danube; il les remplaça en Espagne par des soldats encore enfants. Il ordonna à son ambassadeur à Vienne de rentrer en France. Il somma l'empereur Alexandre d'exécuter les conditions absolues du traité d'Erfurt, et de peser sur l'Autriche par le nord pendant qu'il l'écraserait par le midi.

Alexandre, embarrassé en Finlande de la lenteur de sa conquête sur la Suède, était mécontent de l'insuffisance du prix que Napoléon avait mis à sa coopération dans les provinces danubiennes, et des réserves qu'on lui imposait encore du côté de Constantinople. Il s'affligeait de la nécessité de concourir à une guerre sans fruit et sans dignité pour lui contre l'Autriche; il demandait à Napoléon des engagements formels contre le rétablissement de la Pologne indépendante ou française.

Napoléon lui abandonnait sans peine, quoique sans dignité, une nation dont il n'avait jamais employé le nom que comme une menace vaine à la Russie, à l'Autriche, à la Prusse; enfin il forçait, par une apostrophe foudroyante en pleine cour, M. de Metternich à emporter à Vienne les dernières espérances de paix; et il partait de Paris le 12 avril 1809, au bruit du passage de l'Inn par les Autrichiens, entrés en Bavière.

Le génie du soldat fit oublier, dans cette mémorable campagne de 1809, les fautes du politique. La rapide concentration de deux cent mille Français et de cent mille auxiliaires de la confédération du Rhin, la marche de cent mille autres Français ou Italiens, de Milan par le Tyrol sur la Hongrie, la bataille de trois jours sous Ratisbonne, la retraite pas à pas, mais militaire et sans déroute, de l'archiduc Charles sur la Bohême, lui ouvrirent une seconde fois en un mois le cœur de la monarchie et les murs de Vienne.

La bataille indécise quoique si meurtrière d'Essling, la victoire acharnée mais décisive de Wagram, la seconde paix de Vienne du 14 octobre 1809, paix moins exigeante déjà que la déclaration de guerre; le retour de Napoléon à Paris, ses désastres croissants en Espagne, son enlèvement du pape de Rome, sa réunion de l'État romain à l'empire, son divorce, son nouveau mariage avec une archiduchesse d'Autriche, principale dépouille de la guerre de 1809; son refroidissement pour Alexandre, qui l'avait peu ou mal secondé pendant la campagne de Wagram ; enfin les nouveaux liens qu'il venait de nouer avec l'Autriche, et le pressentiment d'une alliance austro-française contre la Russie : toutes ces circonstances réunies, et surtout le désir non satisfait de s'emparer de Constantinople, avaient sinon aliéné, du moins contristé et glacé le cœur d'Alexandre envers son ancien ami l'empereur Napoléon. Il commençait à rougir d'une complicité stérile qui le dépopularisait dans sa propre cour, et qui lui faisait gratuitement subir la responsabilité de l'usurpation universelle sans qu'il en recueillît un lambeau.

Dans la prévision d'une rupture avec la France, il se hâta, après trois campagnes meurtrières mais lentes et indécises sur le Danube, de signer avec les Turcs le traité de Bucharest. Ce traité ne l'investissait pas même des provinces de Moldavie et de Valachie, que Napoléon à Erfurt lui avait abandonnées comme une proie insuffisante. Il ne lui donnait que la Bessarabie, la limite du Pruth, une partie des provinces danubiennes, et un protectorat mal défini sur les Serviens, ses auxiliaires dans la guerre contre les Turcs. Mais il lui permettait de rassembler cent cinquante mille hommes sur la frontière du grand-duché de Varsovie.

V

Sans énumérer minutieusement les nombreux griefs réciproques dont Napoléon et Alexandre hérissèrent leurs négociations de 1809 à 1812, on peut réduire à deux causes toutes personnelles et toutes morales les causes secondaires qui déterminèrent la guerre entre les deux empires. Ces deux empires n'étaient déjà plus en réalité que deux hommes. La guerre de 1812 fut une guerre de passion et non d'intérêt, une guerre antique, une querelle de rois vidée par le sang des peuples.

Ces deux principales causes furent, selon nous, le repentir tardif de Napoléon de n'avoir pas totalement effacé la Prusse de la carte de l'Allemagne, et le repentir d'Alexandre de s'être inféodé si gratuitement à l'oppresseur de l'Occident. L'un voulait achever la Prusse, et élargir de ses débris les royaumes de famille constitués par lui en Hollande et en Westphalie, pour constituer à perpétuité, dans une confédération plus sûre et plus forte, une vassalité germanique à son profit et au profit de ses descendants. L'autre sentait que le monde était lassé de servitude, et qu'il cherchait un appui des rois et des peuples au delà de la Vistule. Ce rôle d'antagoniste couronné du démolisseur des nationalités et des trônes, qu'Alexandre avait entrevu à son avénement, qu'il avait laissé échapper par l'ambition des petits accroissements de territoire, lui apparaissait trop tard, mais enfin lui apparaissait sous la forme d'un regret et presque d'un remords.

Ce fut là, bien plus que les misérables chicanes sur l'exécution plus ou moins stricte de l'absurde blocus continental contre les marchandises anglaises, ce fut là ce qui amena le choc final entre la France et la Russie. L'Orient, présenté seulement comme un leurre à Alexandre par Napoléon, lui avait été fermé en réalité; l'Occident, vers lequel on l'avait ainsi rejeté, était désormais trop étroit pour deux maîtres. Il fallait que la victoire décidât s'il n'y aurait plus qu'un tsar effacé au fond du nord de l'Europe, ou s'il y aurait deux empereurs au moins égaux dans l'Occident.

VI

Non content de la confédération du Rhin, Napoléon cherchait à nouer une confédération du Nord entre la Suède, le Danemark, et l'ombre de Pologne qu'il avait timidement évoquée dans le duché de Varsovie.

Bernadotte, déjà monté malgré lui par l'élection au trône de Suède, se souvenait trop, ainsi que son peuple, de la spoliation récente de la Finlande, donnée par le traité d'Erfurt à la Russie. Il ne promettait l'acquiescement de la Suède qu'à la condition de la restitution de la Finlande, que Napoléon ne pouvait plus arracher à Alexandre.

Ainsi ses deux fautes retombaient sur lui au moment où il allait ouvrir la campagne de 1812 contre la Russie. La Suède, son alliée naturelle de gauche, lui reprochait de l'avoir impolitiquement dépouillée de la Finlande en faveur d'Alexandre; et la Turquie, son alliée séculaire, n'espérant plus rien de lui après la trahison de Tilsitt et d'Erfurt, faisait la paix avec la Russie, ennemie plus naturelle, mais alliée moins infidèle que Napoléon. Ainsi, les deux coopérations qu'il aurait dû se ménager sur ses deux flancs pour une guerre au centre lui manquaient à la fois, non par nature, mais par force. Il avait fait violence à la nature des choses par l'impatience à contre-sens de sa diplomatie. Tant de fautes politiques, accumulées partout depuis cinq ans, devaient enfin s'écrouler sur lui.

Jamais homme n'avait été plus grand guerrier et plus imprévoyant diplomate. Ses historiens contemporains l'ont flatté; les événements ne le flattaient déjà plus.

L'Angleterre, rejetée dans la guerre après la courte trêve d'Amiens, au moment où la France, altérée de commerce, épuisée de calamités, avait besoin de la liberté des mers ; la Prusse, humiliée, démembrée, mais non morte, laissée imprudemment au cœur de l'Allemagne comme pour saigner à perpétuité devant le monde, et pour couver impunément ses ressentiments et ses vengeances ; l'Autriche, deux fois vaincue, mais vaincue à moitié, trop humiliée pour être jamais une alliance sûre, trop puissante en territoire et en armes pour n'être pas une ennemie dangereuse sur ses flancs; l'Espagne, obéissante et dévouée, changée par l'attentat de Bayonne en une éternelle consommation d'or, d'armées et de sang pour la ruine de la France; un souverain pontife inoffensif et obséquieux, arraché de son palais et promené en voiture de Rome à Turin, de Turin à Grenoble, de Grenoble à Savone, comme pour défier gratuitement le cri des consciences et les foudres du catholicisme européen, que Napoléon avait lui-même reconstitué en puissance politique et civile ; la Russie, d'abord caressée au delà de toute prudence par le partage du monde en empire d'Orient et d'Occident, puis attiédie, mécontentée, aigrie par l'inexécution de ces folles promesses; enfin la Suède, aliénée par le dépouillement sans prétexte de sa principale province, et la Turquie, contrainte par la perfidie de Tilsitt à se réfugier dans l'alliance russe, suicide forcé par l'impéritie et l'ingratitude de la France : tels étaient, en si peu d'années, les contre-sens diplomatiques de Napoléon, vantés comme des vues de génie par ses historiens, et qui ne lui laissaient en réalité pour alliés que la pire espèce des alliés, des vaincus!

« Ne voyez-vous pas, disait-il lui-même aux confidents de ses pensées, qui lui déconseillaient une campagne dans l'infini et dans l'inconnu au delà du Niémen, ne voyez-vous pas que je ne suis point né sur un trône ; que je dois m'y soutenir comme j'y suis parvenu, par la gloire ; qu'il faut que cette gloire s'accroisse sans cesse ; qu'un soldat devenu souverain comme moi ne peut plus s'arrêter ; qu'il faut monter toujours, ou tomber dès qu'on s'arrête ? Je dois attaquer la Russie. On se reposera après, continuait-il : ceci sera le cinquième acte, le dénoûment. »

On voit assez par ce langage que toutes ses raisons étaient des passions, et que, comme les passions, ces raisons ne voulaient ni objection ni retard.

« Cet homme, poursuivait-il en parlant d'Alexandre, est le seul souverain qui pèse encore sur le sommet du vaste édifice européen. Jeune et plein de jours, les forces de ce rival croissent sans cesse, quand les miennes déjà commencent à décliner. »

Un ministre complaisant, qui n'était que le rédacteur de ses sophismes, Maret, écrivait, sous la dictée de son maître, des notes où Napoléon cherchait moins à justifier qu'à attiser la guerre.

VII

Le 9 mai 1812, Napoléon partit pour Dresde, où l'attendaient tous les rois et les princes ses vassaux de la confédération du Rhin. De Dresde à la Vistule, il voyage à travers six cent vingt mille hommes échelonnés de son armée d'invasion. Soixante mille Autrichiens, Prussiens, Espagnols, Napolitains, Portugais, suivent par force ce courant d'armées précipitées par un seul homme vers la frontière russe. Huit cent mille soldats traversent le Niémen à sa voix. « La Russie, dit Napoléon le pied sur la rive, est entraînée par la fatalité! ses destinées doivent s'accomplir. Marchons! »

Alexandre, surpris par la rapidité de la résolution et par la masse des ennemis, couvrait avec quatre cent cinquante mille hommes la rive opposée. Il les commandait en personne, sous l'inspiration de son ministre de la guerre et de son généralissime Barclay de Tolly, politique aussi consommé que tacticien habile. Barclay de Tolly, voué d'avance, mais voué sciemment, à l'ingratitude du pays qu'il allait sauver, avait résolu de faire alliance avec l'espace, le temps et le climat, ces trois alliés naturels de la Russie. Plus jaloux du salut de la nation que de sa gloire personnelle, il avait tracé, de concert avec Alexandre, le plan d'une retraite victorieuse qui, sans livrer à Napoléon autre chose que de la terre nue et des cendres, conduirait pas à pas ces huit cent mille hommes, décimés jour par jour sur une route de huit cents lieues, dans le piége de glace où le vide, la faim et l'hiver devaient les achever. La nature indiquait d'elle-même ce plan à la Russie, défendue par son immensité et par ses frimas; mais ce fut un généreux sacrifice de gloire qu'Alexandre et Barclay de Tolly firent à la patrie russe. Napoléon, malgré l'infaillibilité du génie militaire que les historiens lui attribuent, n'entrevit ce piége qu'après y être tombé.

VIII

Napoléon, après avoir fait traverser sous ses yeux le Niémen à quatre cent cinquante mille combattants, suivis de huit cents pièces de canon, de quarante mille voitures, et d'une multitude de conducteurs de chariots et de suivants d'armée qui embarrassaient sa marche et dévoraient la terre, espéra trouver l'armée russe à Wilna en Lithuanie. Il n'y trouva que le pays épuisé déjà par la retraite de l'armée russe et des Polonais, mécontents des hésitations que son alliance avec l'Autriche le forçait d'apporter à Varsovie au rétablissement d'une Pologne. Il pouvait ressusciter un peuple conquis, il préféra ménager les conquérants.

« Dans ma situation, dit-il aux Polonais avec une faiblesse de diplomatie qui contrastait avec la force de ses armées, j'ai beaucoup d'intérêts à concilier, de devoirs opposés à remplir. Si j'avais régné à l'époque du premier partage de votre pays, à l'époque du second et du troisième partage, j'aurais armé mes peuples pour vous défendre. J'aime votre nation. J'autorise les efforts que vous voulez faire. Si vos efforts sont unanimes, vous pouvez concevoir l'espoir de forcer vos ennemis à reconnaître vos droits : mais dans des contrées si vastes et si éloignées, c'est entièrement dans les efforts de la population elle-même que vous pouvez trouver l'espoir du succès.

» Je dois ajouter que j'ai garanti à l'empereur d'Autriche, mon allié, l'intégrité de ses domaines, et que je ne puis sanctionner encore aucune manœuvre, aucun mouvement qui tende à troubler la paisible possession de ce qu'il occupe des provinces de Pologne. »

Ce langage faisait du libérateur attendu de la Pologne le complice résigné de ses oppresseurs. Il apportait le désespoir au lieu de la liberté dans les âmes; il laissait derrière Napoléon, prêt à s'avancer au cœur de la Russie, des provinces presque indifférentes au nom du maître qui leur promettait les mêmes chaînes. De ce jour, la campagne révolutionnaire était perdue; la campagne militaire allait manquer de base et de retraite en Pologne.

IX

Déjà étonné du vide qu'il trouvait à Wilna, Napoléon se répandait en invectives contre la prétendue lâcheté d'Alexandre, qui n'acceptait pas le défi des batailles sur le terrain où l'agresseur l'avait d'avance fixé. « Il n'a, dit-il, que trois généraux, incapables de se mesurer avec nous : Beningsen, déjà trop vieux pour la guerre en 1806; Kutüsof, dont Alexandre se défie, parce qu'il représente le vieux parti russe et barbare; et enfin Barclay de Tolly, qui n'est qu'un tacticien habile et temporisateur, un général de retraite. »

Toutefois il envoya de Wilna un parlementaire à Alexandre, pour le provoquer à des conférences de paix. Le désert qui s'ouvrait devant lui l'intimidait plus que l'armée russe. Il perdit vingt jours à Wilna à attendre que ses ailes eussent repris le niveau avec son centre, et à espérer le retour du parlementaire envoyé à Alexandre : le silence et la solitude de la Lithuanie lui répondirent seuls. Il se décida enfin à franchir, le 17 juillet, les limites de la vieille Russie, et à marcher sur Witepsk. Du sommet des hauteurs qui dominent la ville et le lit de la Dwina derrière Witepsk, il eut la joie d'apercevoir les feux innombrables de l'armée d'Alexandre, campée sur les collines en étages derrière la ville.

« A demain, cinq heures du matin, s'écria-t-il, le soleil d'Austerlitz ! » Salut superstitieux dont il flattait toujours l'imagination de ses soldats et la sienne, la veille ou le jour des batailles. Le soleil du lendemain n'éclaira que le camp abandonné des Russes.

« Eh bien, dit-il avec l'accent de la déception qui se

résigne, je m'arrête ici, je veux m'y reconnaître, y rallier, y reposer mon armée, y organiser la Pologne. La campagne de 1812 est finie ! celle de 1813 fera le reste ! Je ne ferai pas la folie de Charles XII. »

Puis, se repentant peu de jours après de cette sagesse : « Croyez-vous donc de bonne foi, dit-il à ses lieutenants, que je sois venu de si loin pour conquérir cette masure ? Non ! A Moscou ! à Moscou ! poursuivit-il, à Moscou, la ville sainte ! Il faut éblouir par les grands noms le monde ! »

Après quinze jours d'hésitation et de saison perdue à Witepsk, il lance de nouveau ses trois armées sur Smolensk, route de Moscou. Cent vingt mille hommes de l'armée de Barclay de Tolly et de Bagration semblaient l'y attendre.

« Enfin, s'écrie-t-il, je tiens la bataille ! » La bataille lui échappa de nouveau pendant la nuit, avec les Russes disparus dans le désert. Murat, chef intrépide et cette fois prudent de son avant-garde, se jeta à ses genoux pour le conjurer de reconnaître le piége, et de ne pas s'y enfoncer plus avant : tout fut inutile. « Moscou est le délire de son imagination ! s'écria Murat en sortant de la tente de Napoléon. Moscou est sa perte et la nôtre ! »

Smolensk, brûlé par les Russes pendant la nuit, n'était plus au réveil qu'un monceau de cendres. « Les Russes sont des femmes et s'avouent vaincus, » dit-il en s'avançant sur ces décombres.

Ses soldats harassés et ses lieutenants remplis de sinistres pressentiments murmuraient en vain. Il feignit d'écouter ces murmures et de vouloir se rallier, se réorganiser, et temporiser à Smolensk jusqu'au futur printemps. Ces paroles n'étaient qu'une concession à la lassitude de l'armée. Déjà son avant-garde heurtait les Russes en retraite à Valontina, remportait une demi-victoire dont chaque armée pouvait s'attribuer l'honneur et partager les désastres. Les quatre cent vingt mille combattants qui avaient traversé le Niémen étaient déjà réduits à cent soixante mille par la fatigue, les maladies, la faim, la désertion, les blessures, la mort.

Il appela le maréchal Victor avec la réserve restée sur le Niémen à le remplacer à Smolensk, et s'élança de nouveau vers Moscou.

X

Barclay de Tolly, accusé de faiblesse et de trahison par les Russes pendant qu'il sauvait la Russie, venait de céder le commandement à Kutüsof, qui incarnait dans son nom et dans son caractère le génie national des vieux Russes. C'était un élève et un souvenir vivant du sauvage et victorieux Souvarof. Le cri de la Russie contre la temporisation de Barclay de Tolly, qui perdait de l'espace pour sauver des hommes, avait forcé la main à Alexandre. Barclay de Tolly, par un héroïsme antique d'abnégation, avait consenti, quoique ministre de la guerre et généralissime la veille, à servir le lendemain comme lieutenant sous les ordres de Kutüsof. Alexandre, par respect pour le préjugé national qui voyait dans Kutüsof le champion de la gloire et de la patrie russes, avait quitté l'armée pour ne pas gêner par sa présence la liberté absolue de son général.

Kutüsof attendit Napoléon dans une véritable forteresse nationale, au confluent de la Moskowa et de la Kolowga.

« Soldats ! dit Napoléon à son armée la veille de la bataille si longtemps poursuivie, voilà la bataille que vous avez tant désirée ! Désormais la victoire dépend de vous ! Elle vous est nécessaire ; elle vous donnera l'abondance, de bons quartiers d'hiver, un prompt retour vers la patrie. Conduisez-vous comme à Austerlitz, à Friedland, à Smolensk, et que la postérité la plus reculée cite votre conduite dans cette journée ! Que l'on dise de vous : « Il était à cette grande bataille sous les murs de Moscou ! »

La bataille, livrée en effet le lendemain 7 septembre, lui coûta vingt mille hommes et quarante-trois généraux tués ou blessés sur les plateaux de la Moscowa. Elle ouvrit la route de Moscou à travers cette avenue de cadavres, et donna son nom au maréchal Ney, le plus soldat de ces milliers de soldats. L'armée russe, qui n'avait voulu que décimer les Français sans espérer de les vaincre, se replia presque intacte et bientôt recrutée dans les forêts du midi de Moscou.

Cette capitale antique de la Russie s'était dévouée elle-même au salut de l'empire. Alexandre avait reçu, en la traversant, son serment de s'anéantir, plutôt que de livrer le cœur de la Russie à la conquête et à la profanation de l'Attila de l'Occident. On sait comment Moscou tint son serment. Napoléon, en approchant de cette ville de trois cent mille âmes, n'entendit que le silence d'un tombeau, et ne vit s'élever au-dessus de ses trois cents coupoles dorées que la fumée d'un bûcher. Bientôt un incendie de cinq jours consuma sa conquête sous les pas de ses soldats.

Il y resta indécis du 14 septembre au 19 octobre, séparé de ses communications avec la France, réduit à quatre-vingt-dix mille hommes désorganisés par la licence, démoralisés par le pillage, énervés par la faim, cernés par Kutüsof, atteints avant les frimas par l'imagination des frimas de l'hiver, attendant avec une stoïque patience la paix ou la retraite, que Napoléon leur promettait en vain tous les jours. Il provoqua vainement ses négociations toujours éludées avec Alexandre. Toujours trompé dans son espoir de voir les Russes demander merci dans leur capitale en cendres, déjà attaqué par Kutüsof dans les environs de Moscou, averti, par les premières neiges, des rigueurs d'un climat qui allait couvrir sa route, au retour, d'un vaste linceul, embarrassé de vingt mille blessés et dénué de chevaux pour ramener ses trophées et ses canons, il reprit enfin trop tard le chemin du Niémen.

Une explosion qui fit trembler le sol à dix lieues de Moscou annonça à l'armée la destruction du Kremlin par deux cents milliers de poudre que Napoléon avait ordonné au maréchal Mortier de faire éclater : adieu funèbre à une conquête qu'il ne pouvait pas garder, et où il voulait laisser la trace de sa colère !

Le même soir, il rédige un bulletin équivoque pour la France, dans lequel il présente sa sortie de Moscou comme une marche offensive contre Kutüsof. L'hiver, tardif jusque-là, se déclare enfin le 6 novembre : l'armée ne marche plus, elle se traîne engourdie, ou meurt chaque nuit en masse sur l'épaisse couche de neige qui cache la terre. Vingt mille chevaux meurent en une nuit, les soldats survivants se repaissent de leurs cadavres. Au réveil, un courrier, échappé aux nuées de Cosaques qui harcèlent la marche, apporte à Napoléon la nouvelle de la défaite de ses armées d'Espagne aux Arapiles, de la seconde fuite de son frère de Madrid, de la conspiration militaire des généraux Mallet et Lahorie, qui ont surpris toute une nuit sa capitale.

Toute sa fortune semble s'écrouler à la fois. Atteint et coupé par Kutüsof, il ordonne à Ney de lui ouvrir un passage, et de couvrir sa fuite vers Smolensk, en se sacrifiant lui et son corps d'armée au salut de l'empereur. Ney, presque seul à la hauteur du désastre par son courage, se dévoue, et couvre la retraite en combattant à pied, le fusil à la main, sur chaque mamelon de neige de la route. Coupé lui-même de l'empereur entre Smolensk et la Bérézina, Ney, traqué dans les forêts et égaré sur les neiges avec un corps d'armée réduit à quelques centaines d'hommes, se retrouve, se fait jour à travers quatre-vingt mille Russes, franchit le Dniéper sur des glaçons encore mal liés au rivage, et tombe dans les bras de Napoléon qui s'écrie :

« J'aurais donné trois cents millions de mon trésor pour racheter la perte d'un tel homme ! »

Napoléon avait perdu, avant d'arriver à la Bérézina, tous ses canons, excepté quelques pièces de sa garde. De quarante-cinq mille cavaliers qui avaient passé avec lui le fleuve quelques mois auparavant, il ne lui restait que cent cinquante chevaux. Il fait brûler devant lui les aigles de ses régiments et tous ses équipages, pour ne pas laisser au moins les dépouilles de sa gloire aux Russes; mais deux cent mille morts, blessés ou prisonniers, huit cents pièces de canon, les cadavres de soixante mille chevaux de cavalerie, d'artillerie, de bagages, démentent trop ce démenti de sa fortune.

Cette armée, devenue une foule, se retourne un moment avec l'énergie du lion mourant pour écarter les Russes du fleuve. La tête passa; le corps, retenu sur la rive, noyé ou écrasé sur les ponts de la Bérézina, resta à la merci des Russes, des flots ou des frimas. Napoléon ne ramenait en Pologne qu'une poignée de héros; il les abandonna à leur sort, et partit pour prévenir le bruit de son désastre à Paris.

L'hiver acheva, après son départ, ce que la déroute avait épargné. On ne peut lire sans pitié pour les hommes tour à tour instruments et victimes de l'ambition et de l'orgueil des conquérants, le tableau qu'un historien, témoin oculaire et familier de Napoléon, M. de Ségur, trace de la dernière marche de la grande-armée en touchant enfin au territoire de la Prusse polonaise, son dernier asile.

« C'était donc là, dit-il en finissant son récit, cette rive que nous avions hérissée, quelques mois auparavant, de nos innombrables baïonnettes. Cette terre alliée, qui disparaissait alors sous les pas de notre immense armée combinée, nous avait paru comme métamorphosée en vallées et en collines toutes mouvantes d'hommes et de chevaux. Voilà ces mêmes vallons d'où sortirent, aux rayons d'un soleil brûlant, ces trois longues colonnes de dragons et de cuirassiers, semblables à trois fleuves de fer et d'airain étincelants. Eh bien, hommes, armes, aigles, chevaux, le soleil même, et jusqu'à ce fleuve frontière qu'ils avaient traversé pleins d'ardeur et d'espoir, tout a disparu. Le Niémen n'est plus qu'une longue masse de glaçons surpris et enchaînés les uns sur les autres par les redoublements de l'hiver. A la place de ces trois ponts français apportés de cinq cents lieues, et jetés avec une si audacieuse promptitude, un pont russe est seul debout. Enfin, au lieu de ces innombrables guerriers, de leurs quatre cent mille compagnons tant de fois vainqueurs avec eux, et qui s'étaient élancés avec tant de joie et d'orgueil sur la terre des Russes, ils ne voient sortir de ces déserts pâles et glacés qu'un millier de fantassins et de cavaliers encore armés, neuf canons, et vingt mille malheureux couverts de haillons, la tête basse, les yeux éteints, la figure terreuse et livide, la barbe longue et hérissée de frimas; les uns se disputant en silence l'étroit passage du pont, qui, malgré leur petit nombre, ne peut suffire à l'empressement de leur déroute! Et c'était là toute la grande-armée. Deux rois, un prince, huit maréchaux suivis de quelques officiers, des généraux à pied, dispersés et sans suite, enfin quelques centaines d'hommes de la vieille garde encore armés, étaient ses seuls restes! »

« Il n'est plus possible de servir un insensé! » s'écriait Murat, chargé par Napoléon de rallier les débris dans ce même Tilsitt où, deux années auparavant, Napoléon avait foudroyé de sa gloire et de son bonheur le roi et la reine de Prusse, et enchaîné Alexandre lui-même à sa fortune. Mais Murat était pressé de trahir et de se réfugier lui-même sur son trône, déjà menacé par le contre-coup de Moscou.

« Le ralliement de l'armée sur la Vistule, dont Napoléon entretenait Paris dans ses bulletins et dans ses discours, était illusoire, dit le même historien. La vieille garde, naguère de trente-cinq mille hommes, ne comptait plus que cinq cents combattants; la jeune garde, presque aucun; le premier corps d'armée, dix-huit cents; le second, mille; le troisième, seize cents; le quatrième, dix-sept cents : encore la plupart de ces soldats, restes de six cent mille hommes, pouvaient-ils à peine se servir de leurs armes. »

XI

La Prusse et l'Allemagne, dégagées par la fortune de l'alliance forcée que la victoire leur avait imposée, se sentaient affranchies, malgré leurs rois, par la défaite. Tout se soulevait sous les pas du vaincu. Alexandre signait, peu de jours après (28 février 1813), le traité de Kalisch avec le roi de Prusse. Il s'engageait à fournir cent cinquante mille Russes à la coalition; la Prusse en fournissait cent mille. Bernadotte lui-même, le premier transfuge couronné de la France, se liguait avec Alexandre au prix de la Norwége promise à la Suède. La Saxe avait éclaté d'elle-même, et forcé son roi à sortir de sa capitale, pour le punir de sa fidélité aux malheurs de Napoléon. L'Autriche, liée par le mariage, déliée par la déroute de Moscou, se couvrait encore d'apparences amicales en méditant et en préparant la défection.

Napoléon avait retrouvé une seconde grande-armée en France, mais c'était une grande-armée d'enfants; son obstination à ne pas rappeler ses vieilles troupes d'Espagne et à ne pas replier ses garnisons de la Prusse le condamnait à combattre avec des soldats novices. Ses vétérans jonchaient les neiges de Russie, ou restaient inutiles à sa cause dans les villes conquises du Nord, d'Espagne, d'Italie. Il périssait tout entier, pour n'avoir pas consenti à faire sa part à la fortune. Les batailles de Lutzen, de Bautzen, de Dresde, dans la campagne de 1813, lui firent un moment illusion. Le congrès de Prague, où l'Autriche et la Prusse lui redemandaient leur démembrement, le détrompa: toutes ces puissances si longtemps humiliées se groupèrent autour des négociateurs d'Alexandre, devenu l'Agamemnon des rois et des peuples. Le rôle qu'il aurait dû prendre pour la Russie et pour lui, au commencement de son règne, lui était rendu tardivement et malgré lui par Napoléon. Le conquérant était allé follement chercher le vengeur de l'Europe au fond de ses déserts. De ce jour, Alexandre, repentant de ses faiblesses et de ses complicités avec l'oppresseur de l'Allemagne, comprit son rôle et ne le démentit plus. La Russie, par la politique de Napoléon, devint l'arbitre de l'Europe. Il l'avait rappelée lui-même d'Orient en Occident; il avait mûri de trois siècles, en deux campagnes, la nouvelle tyrannie qui allait succéder à la sienne. Jeu étrange mais visible des passions humaines, qui précipitent les événements au rebours de leurs pensées !

La vraie diplomatie nationale de la France était de consolider pour des siècles une ligue germanique contre les débordements des soixante millions de Moscovites sur l'Occident, et de consolider avec la Porte la vieille ligue orientale de la France et de la Turquie contre l'usurpation de la mer Noire, de la Crimée, de la Perse. La diplomatie toute personnelle et toute viagère de Napoléon avait ouvert la Germanie et livré la Turquie aux Russes. Le monde était découvert des deux côtés : un Napoléon russe devenait désormais maître du monde. Voilà la diplomatie de l'empire, vantée sans intelligence ou sans réflexion par ses historiens ! L'avenir jugera trop tôt ces juges à faux poids, qui prennent la gloire à tout prix d'un homme pour la politique d'une nation.

XII

La sixième coalition sortit du congrès de Prague, au lieu de la paix. L'Angleterre lui prodigua les subsides ; l'empereur de Russie, le roi de Prusse, Bernadotte, les ministres d'Angleterre, réunis à Trachenberg, en Silésie, combinèrent huit cent mille hommes pour la libération de l'Allemagne. Le général républicain Moreau, rappelé d'Amérique par les coalisés pour prêter ses conseils et son épée contre sa patrie, se laissa emporter à ses ressentiments contre Napoléon, conçut le plan de campagne et se fit le mentor des rois dont il avait été le fléau : preuve nouvelle que l'émigration fausse les vues des plus grands hommes comme le cœur, et qu'il faut être sur le sol de la patrie pour conserver la moralité patriotique. Le vrai point d'optique du pays n'est jamais qu'au sein du pays lui-même. Alexandre embrassa cet illustre transfuge avant la bataille de Dresde, où Moreau fut tué en combattant à ses côtés (26 août 1813).

Napoléon, encore une fois vainqueur à Dresde, se croyait de nouveau maître de dicter la paix : la bataille de Leipsig (18 octobre), presque aussi désastreuse que celle de Waterloo, le rejeta en débris au delà du Rhin. La Hollande soulevée et l'Espagne affranchie avaient refoulé les Français jusqu'à l'Escaut et jusqu'aux Pyrénées.

Les coalisés, bien informés de la lassitude et de la désaffection de la France pour un maître dont la gloire lui avait coûté la vie de tant de millions de ses enfants, et dont les défaites ramenaient l'Europe en armes sur son territoire, déclarèrent la guerre à Napoléon seul, la guerre personnelle et non nationale. Cette pensée fut celle d'Alexandre et de Pozzo di Borgo, son conseil. L'Europe voulait dépouille pour dépouille : l'empereur de Russie, plus désintéressé et plus politique parce qu'il fut plus magnanime, ne voulait qu'un homme de moins en France. Cette pensée fit la campagne de 1814.

La France, épuisée de sacrifices et récompensée de tant de dévouement à son chef militaire par l'invasion d'un million d'hommes, laissa tomber celui qui n'avait pas su la défendre. La lutte de Napoléon fut acharnée et sa chute glorieuse. Les coalisés, entrés dans Paris en deuil de la patrie, n'y entendirent pas une seule voix s'élever pour Napoléon, moins vaincu qu'isolé à Fontainebleau.

Alexandre, plus fait pour la prospérité que pour les revers, modéra les ressentiments de ses alliés; il fut, dans cette mémorable circonstance de sa vie, moins le vainqueur que le second de la France dans son grand duel avec l'Europe. Il laissa pour consolation à Napoléon la dignité de sa chute, le titre d'empereur, le refuge encore souverain d'une île dans la Méditerranée. Il disputa à ses alliés la moindre dépouille du territoire français; il lui laissa les Alpes de Savoie pour frontière. Il rendit à la France l'ancienne dynastie des Bourbons, dynastie de Louis XIV, qui ne pouvait ni humilier ni inféoder la patrie. Il se fit estimer de l'armée par son respect pour la gloire, et du peuple par son patronage pour la liberté. Despote de naissance et de nécessité dans un pays primitif, il protégea l'établissement du gouvernement représentatif en France, pays mûr pour les institutions libérales. Il défendit au congrès de Vienne la France contre les représailles de l'Europe.

On sait comment M. de Talleyrand, plénipotentiaire des Bourbons à Vienne, récompensa mal cette générosité par un traité secret d'alliance avec l'Autriche. La découverte de cette faute et de cette ingratitude du négociateur français n'empêcha pas l'empereur Alexandre de prêter encore ses armées à la coalition et aux Bourbons, pour venir expulser une seconde fois Napoléon du trône en 1815. La bataille de Waterloo jugea sans appel la cause de Napoléon vaincu (18 juin 1815).

Alexandre, rentré dans Paris, ne s'y souvint pas des infidélités et des ingratitudes de Vienne. Il ne se lassa pas de rechercher la popularité de Paris et l'alliance de la France; il ne vengea pas Moscou sur Paris. Sa victoire fut d'un arbitre, et non d'un barbare. Il laissa, en repliant ses armées, un long et affectueux souvenir de son nom et de sa nation au peuple qu'il avait respecté jusque dans ses revers. La gloire militaire resta à Napoléon, l'estime du monde à Alexandre. Il avait fait plus que venger, il avait popularisé la Russie. Son empire avait dû plus à ses vertus qu'à Pierre le Grand et à Catherine II. De ce jour et jusqu'à sa mort, il fut l'arbitre de l'Europe et l'idole de l'opinion.

Proclamé roi de Pologne à son retour, il accomplit enfin le rêve de sa jeunesse et ses promesses à son ami le prince Czartorisky. Il ne rendit pas l'indépendance perdue, mais il rendit le nom et la nationalité, sous son sceptre, à un pays qui n'avait jamais été que le satellite des puissances voisines. Il donna pour vice-roi aux Polonais un de ses frères, le grand-duc Constantin, destiné par la naissance à lui succéder sur les deux trônes.

On peut dire avec vérité qu'à cette époque de sa vie il ne régnait pas seulement sur la Russie, mais sur l'Europe. Napoléon, en allant le chercher au fond de ses déserts, l'avait contraint à connaître sa force et à l'exercer pour la première fois sur l'Occident. Huit cent mille hommes suscités par le patriotisme, fanatisés par la religion, aguerris par la guerre, disciplinés par le despotisme, laissaient, en repassant avec lui le Niémen, le nom d'Alexandre au-dessus de tous les noms des monarques alors régnants. Il présidait, même absent, le conseil des rois. Il ne manquait à cette toute-puissance militaire et politique que la puissance qui avait manqué à Napoléon, celle de se modérer, de se régler, de se diriger vers un but moral, et de se sanctifier, pour ainsi dire, sur le trône par un profond respect pour soi-même, par une sincère modestie devant Celui qui donne et qui retire la puissance, et par un religieux amour de l'humanité.

La destinée d'Alexandre fut complétée alors par ces vertus du souverain. La prospérité, au lieu de corrompre son âme, l'avait purifiée et divinisée. Il voulut faire de cette puissance un sacerdoce des peuples; il conçut non plus le rêve, mais le type d'un gouvernement de raison et de piété universelles, dont toutes les puissances, grandes ou secondaires, seraient les membres, et dont il serait lui-même, non le dominateur, mais l'arbitre : la solidarité morale des rois, des trônes, des peuples et des cabinets.

Telle fut l'idée de la *Sainte-Alliance*, idée qu'on a calomniée dans son âme en la présentant comme une ambitieuse hypocrisie, et comme un traité de garantie mutuelle pour l'oppression du genre humain. L'histoire doit lui rendre son véritable caractère. La Sainte-Alliance, inspirée à Alexandre par une femme romanesque et mystique, madame de Krudner, sorte de sibylle chrétienne de la Livonie, naquit dans un cénacle et non dans un conseil. Ce fut le roman pieux d'une imagination exaltée, digne, par la sainteté de son but, de devenir la pensée d'un grand homme maître du monde (26 septembre 1815).

XIII

« Ce prince, dit M. de Chateaubriand, avait commencé, sous l'influence de la cour athée de Catherine II, par être athée; puis il devint déiste; du déisme il passa à la religion grecque avec un penchant pour la religion catholique, dont les jésuites, admis et caressés à Pétersbourg, et surtout le père Grivel, l'avaient entretenu. Il resta flottant. Comme il cherchait de bonne foi, et que son imagination était exaltée dans les choses pures, il dériva vers l'illuminisme des sectes allemandes. Ce fut dans cette disposition qu'il rencontra madame de Krudner, et que cette femme, exaltée elle-même jusqu'à la prophétie, exerça pendant quelque temps un véritable ascendant sur lui. »

Une profonde mélancolie, le remords vague d'une participation non volontaire, mais au moins fatale, au meurtre de son père, le vide d'une âme tendre longtemps remplie par un amour illicite et maintenant trompé par la femme qu'il avait longtemps aimée, prédisposaient Alexandre au dégoût du monde et à l'aspiration aux choses surnaturelles. Marié trop jeune à une princesse plus jeune encore que lui, l'attachement toujours passionné de l'impératrice n'avait pu le retenir dans le devoir : le libertinage n'avait jamais souillé son âme ou ses sens, mais une passion mystérieuse et constante pour la plus belle des femmes de son empire, la princesse N..., l'avait éloigné depuis dix-sept ans de l'impératrice. Une fille âgée de seize ans, fruit adoré de ses amours, venait de lui être enlevée par la mort. Alexandre avait vu dans cette mort un avertissement et un châtiment du ciel. Enfin la femme qu'il adorait, moins constante que lui, venait de le trahir à son tour pour un de ses aides de camp, confident obligé de ses relations avec la princesse N... Les reproches avaient été amers et les adieux déchirants. La princesse, éloignée volontairement de Pétersbourg avec le complice de son infidélité, promenait en Italie, où nous l'avons connue nous-même alors, une disgrâce qu'elle ne déplorait pas, et l'éclat d'une beauté qui justifiait trop à tous les yeux la fascination et les inconsolables regrets d'Alexandre.

Ce prince s'était rapproché alors de l'impératrice; elle avait pleuré avec lui la mort de la fille de ses fautes. Alexandre n'avait trouvé dans la première compagne de sa vie que les excuses du pardon, les indulgences de la tendresse, et la douce tiédeur de l'amitié. Les soins de l'empire, les soucis de l'Europe chancelante encore sur ses nouvelles bases, de fréquents et rapides voyages d'une extrémité de son empire à l'autre; sa présence au congrès d'Aix-la-Chapelle, en 1818, pour presser la libération du sol français, occupé encore en partie depuis 1815; son apparition à Varsovie, en 1820, pour y apaiser les explosions ordinaires du patriotisme turbulent de la Pologne; son assistance aux congrès de Troppau et de Laybach, en 1821, pour s'y concerter avec les membres de la Sainte-Alliance sur les révolutions de Naples et du Piémont, qui agitaient l'Italie et la Grèce; enfin sa présence au congrès de Vérone, en 1822, pour y décider l'intervention de la Sainte-Alliance en Espagne contre une révolution qui donnait aux peuples voisins le second exemple de la dégradation, de la captivité et peut-être de l'échafaud des rois : toutes ces agitations, tous ces ébranlements, toutes ces aspirations des peuples à un ordre nouveau qui dépassait le libéralisme monarchique du chef de la Sainte-Alliance, transformaient peu à peu en déceptions et en colère les espérances juvéniles du tsar dans la raison des peuples et dans la stabilité des rois.

Il voulut être l'arbitre de l'opinion de l'Occident, comme il avait été l'arbitre des puissances. L'opinion lui échappait : ne pouvant la modérer par la raison, il se décidait à la dompter par la force. L'inquiétude que lui causait la France comblée par lui de libertés constitutionnelles en 1814 et en 1815, et maintenant agitée sous les Bourbons par la coalition du bonapartisme républicain et du républicanisme bonapartiste; l'insurrection des Grecs, fomentée jadis par Catherine II, et qui se croyaient en droit de demander le même appui à son petit-fils; les républiques espagnoles naissant et mourant pour renaître dans le nouveau monde, les turbulences de Rome, les convulsions de Madrid, les secousses de Turin, les sociétés secrètes propageant partout, en Allemagne et jusque dans les armées de la Russie, les principes d'une contre-sainte-alliance des peuples, préoccupaient douloureusement l'âme et le cabinet d'Alexandre.

Ses entretiens avec M. de Montmorency et avec M. de Chateaubriand, plénipotentiaires de Louis XVIII au congrès de Vérone, sont les meilleurs documents de l'histoire pour attester les causes et les progrès du changement de l'empereur de Russie.

Après avoir pris le rôle d'émancipateur des nations contre le despotisme et l'oppression de Napoléon, après avoir évoqué la liberté pour combattre contre l'asservissement de l'Europe, il prenait à regret le rôle de modérateur armé des peuples et d'antagoniste oppresseur de la liberté.

XIV

La France plaidait devant Alexandre, au congrès, contre l'Angleterre indécise ou équivoque, la cause de l'intervention monarchique en Espagne.

« Préoccupé de la guerre d'Espagne, dit M. de Chateaubriand, n'y voyant d'obstacle dangereux que la jalousie britannique, nous nous efforçâmes de gagner un peu Alexandre, afin de l'opposer aux malignités du cabinet de Londres.

» Dans nos diverses conversations, nous lui parlâmes de tout. Nous lui témoignâmes notre opposition aux traités de Vienne ; il ne pensa pas devoir s'expliquer, il se contenta de nous répondre : « Vous vous trouviez
» mieux du traité de Paris. »

» A propos de la Pologne, nous osâmes lui en représenter le démembrement comme la conséquence d'une des plus grandes lâchetés de l'ancienne France. Nous lui dîmes que l'iniquité de ce démembrement pèserait à jamais sur la Russie, la Prusse et l'Autriche, et qu'Alexandre achèverait de se rendre immortel en le réparant. Le tsar eut la patience de nous entendre, lorsque nous ajoutâmes qu'un petit pays très-mal gouverné n'avait pu être un danger pour les États voisins ; que les Polonais seraient toujours tentés de se révolter, non par un esprit révolutionnaire, mais parce qu'il est dans la nature humaine qu'une nation veuille conserver son nom et refuse de perdre son indépendance.

» Nous n'oubliâmes pas notre chère Athènes.

» Il se passait dans Alexandre des conflits de nature et de position. Né pour être à la tête du progrès de la société, il souffrait d'être obligé de repousser les Grecs, ses coreligionnaires, et de désavouer des peuples dont il était le protecteur. Mais, en aimant les libertés, il avait cru que l'Europe demandait sa protection contre des principes destructeurs ; il était d'autant plus frappé de la puissance de ces principes, qu'ils venaient de soulever Naples, le Piémont, l'Espagne, et que dans son armée se manifestaient des symptômes de la fièvre de France.

» Ainsi, ce prince, après avoir donné une constitution aux Polonais, en suspendit le mouvement ; après nous avoir fait octroyer la charte, il en vit avec anxiété les développements ; après avoir désiré l'indépendance de la Grèce, il désapprouva l'insurrection de 1820 : il n'aperçut dans la révolution des Hellènes qu'un ordre émané du comité-directeur de Paris. Aux congrès de Troppau, de Laybach, de Vérone, il s'imagina défendre la civilisation contre l'anarchie, comme il l'avait sauvée du despotisme de Napoléon.

» Nous touchâmes la réunion des Églises grecque et

latine : Alexandre y inclinait; mais il ne se croyait pas assez fort pour la tenter. Il désirait faire le voyage de Rome, et il restait à la frontière de l'Italie : plus timide que César, il ne franchit pas le torrent sacré, à cause des interprétations qu'on n'eût pas manqué de donner à son voyage. Ces combats intérieurs ne se passaient pas sans syndérèse : dans les idées religieuses dont était dominé l'autocrate, il ne savait s'il n'obéissait point à la volonté cachée de Dieu, ou s'il ne cédait point à quelque suggestion inférieure qui faisait de lui un renégat et un sacrilège. »

L'ambassadeur d'Autriche, M. de Metternich, inquiet de la partialité d'Alexandre pour la France, s'ouvrit à M. de Chateaubriand sur la crainte que lui inspirait la guerre d'Espagne, sur l'ardeur que le tsar montrait pour cette guerre, et principalement sur le projet qu'avait ce prince de mettre ses soldats en mouvement, si jamais ils devenaient nécessaires à la France. Il priait l'envoyé français de prêcher la paix. M. de Chateaubriand assura M. de Metternich qu'il l'informerait du résultat de la dernière conversation qu'il devait avoir avec Alexandre.

« Nous nous rendîmes au palais Canossa, ajoute-t-il. Nous dîmes à l'empereur ce que nous avions promis de lui dire. Il nous répondit :

» — La France fera ce qu'elle voudra. M. de Montmo-
» rency m'a demandé quel parti je prendrais au cas que
» la guerre vînt à éclater entre la France et l'Espagne, et
» à se compliquer d'accidents malheureux pour la pre-
» mière. Je lui ai dit que mon épée était au service de la
» France; si la France n'en veut plus ou peut s'en passer,
» cela la regarde; je ne prétends influer en rien sur ses
» démarches. »

» Il fit une pause ; puis, répondant à sa pensée, il nous dit:

» — Je suis bien aise que vous soyez venu à Vérone,
» afin de rendre témoignage à la vérité. Auriez-vous cru,
» comme le disent nos ennemis, que l'alliance est un mot
» qui ne sert qu'à couvrir des ambitions? Cela peut-être
» eût été vrai dans l'ancien état des choses; mais il s'agit
» bien aujourd'hui de quelques intérêts particuliers,
» quand le monde civilisé est en péril! Il ne peut plus y
» avoir de politique anglaise, française, russe, prus-
» sienne, autrichienne; il n'y a plus qu'une politique
» générale qui doit, pour le salut de tous, être admise en
» commun par les peuples et par les rois. C'est à moi de
» me montrer le premier convaincu des principes sur les-
» quels j'ai fondé l'alliance. Une occasion s'est présentée :
» le soulèvement de la Grèce. Rien sans doute ne parais-
» sait être plus dans mes intérêts, dans ceux de mes
» peuples, dans l'opinion de mon pays, qu'une guerre
» religieuse contre la Turquie; mais j'ai cru remarquer
» dans les troubles du Péloponèse le signe révolution-
» naire. Dès lors, je me suis abstenu. Que n'a-t-on point
» fait pour rompre l'alliance? On a cherché tour à tour à
» me donner des préventions et à blesser mon amour-
» propre; on m'a outragé ouvertement. On me connais-
» sait bien mal, si on a cru que mes principes ne tenaient
» qu'à des vanités, ou pouvaient céder à des ressenti-
» ments. Non, je ne me séparerai jamais des monarques
» auxquels je suis uni. Il doit être permis aux rois d'avoir
» des alliances publiques, pour se défendre contre les
» sociétés secrètes. Qu'est-ce qui pourrait me tenter?
» Qu'ai-je besoin d'accroître mon empire? La Providence
» n'a pas mis à mes ordres huit cent mille soldats pour
» satisfaire mon ambition, mais pour protéger la religion,
» la morale et la justice, et pour faire régner ces prin-
» cipes d'ordre sur lesquels repose la société humaine. »

» Vers la fin de notre dernière conversation avec

Alexandre, à Vérone, la mélancolie, à laquelle il était sujet, le gagna : il se tut; nous gardâmes le silence.

» Des bruits des complots militaires qui le menaçaient étaient déjà parvenus jusqu'à l'empereur : de jeunes officiers avaient puisé dans ses propres sentiments l'amour de la liberté. Auteur du mal ou du bien que l'on tournait contre sa puissance, il s'éloignait pour se donner à ses compassions accoutumées, et pour n'être pas obligé d'agir avec trop de sévérité. En même temps ses idées le tourmentaient; il ne savait s'il ne devait pas se mettre à la tête des réformes : il entendait le siècle marcher dans les steppes de la Russie, et la Grèce l'appeler d'une voix plaintive. Mais, cherchant la volonté de Dieu sans la démêler, il craignait de s'engager dans une fausse route, de favoriser ces innovations qui déjà avaient fait tant de victimes et si peu d'heureux. »

XV

Aucune conjecture historique sur la nature des sentiments qui modifièrent, à la fin de son règne, non le cœur mais la politique de l'empereur Alexandre, ne peut valoir ces confidences de sa propre bouche. On sait comment ces pensées ajournèrent la révolution grecque avec un désintéressement d'ambition qui démentit la perversité de la politique de Catherine II, sauvèrent l'empire ottoman, rétablirent la domination illibérale de l'Autriche en Italie, préservèrent l'Espagne de l'anarchie, mais en la rejetant dans la servitude, comprimèrent, sans les étouffer, les germes révolutionnaires en France et en Allemagne; et enfin maintinrent l'Europe quelques années de plus dans une oscillation douteuse entre la sainte alliance des rois et l'alliance patriotique des peuples.

Le découragement de ses bonnes intentions avait saisi Alexandre lui-même ; il sentait que tout est viager pour les plus grands hommes, et que ses espérances mourraient avec lui. Un fléau, que son esprit superstitieux prit pour un avertissement du ciel, accrut la langueur de corps et la mélancolie d'esprit qui l'obsédaient dans sa solitude pompeuse du palais de Tzarko-zélo.

« Le 19 novembre 1824, un ouragan de la Néwa, soufflant de l'ouest et du sud-ouest avec une extrême violence, s'opposa à l'écoulement, poussa le fleuve dans son lit, et le fit remonter jusqu'à Saint-Pétersbourg, où il s'éleva à une hauteur de plus de quatre mètres au-dessus de son niveau habituel. Non-seulement la ville presque entière se trouva ainsi submergée, mais dans plusieurs quartiers l'eau envahit les maisons, inonda les rez-de-chaussée, et arriva jusqu'au premier étage ; elle entraîna les chevaux et les voitures circulant dans les rues, enleva les ponts, et arracha de terre une multitude de petites maisons en bois. Les campagnes des environs furent comme rasées : à Kronstadt, un vaisseau de ligne désarmé fut lancé par-dessus les habitations jusque sur le marché : rien ne résista au choc impétueux de ces flots déchaînés. Dès huit heures du matin, le canon d'alarme s'était fait entendre. L'eau monta de minute en minute jusqu'à quatre heures du soir.

» L'empereur, revenu depuis peu d'un voyage de plusieurs milliers de verstes, qu'il avait poussé jusque dans le steppe des Kirghises, se vit tout à coup comme assiégé dans son palais. Il courut vers le balcon qui donne au nord sur la Néwa : là, bientôt entouré de toute sa famille, comme lui émue jusqu'aux larmes, il eut la douleur de voir le fleuve, remontant vers sa source, traîner à ses pieds des cabanes, quelquefois encore remplies de leurs habitants, qui appelaient du secours, des croix dérobées à un cimetière, des amas de bois de construction et de chauffage, des débris de toute nature amoncelés, des chevaux et d'autres animaux domestiques s'épuisant à lutter contre le torrent, des barques sombrant sous le poids des malheureux qui s'y étaient réfugiés, et qui cherchaient vainement un port d'abordage où ils pussent se mettre à l'abri et sécher leurs corps transis de froid. A la vue d'une telle désolation, le monarque, au désespoir, se tordit les mains, et leva les bras vers le ciel pour invoquer son assistance. En attendant, lui-même s'offrit comme instrument.

» Après avoir mandé près de lui des hommes résolus en qui il mettait sa confiance, tous accourus déjà au palais d'hiver, après leur avoir donné ses ordres pour que de prompts secours fussent portés dans toutes les directions, il se jeta dans une chaloupe, visita les lieux les plus maltraités, et n'hésita pas à exposer sa vie à mille dangers pour diminuer le nombre des victimes. Sa présence ranima les courages abattus ; il stimula le zèle des uns, adressa aux autres des paroles de consolation parties du cœur, pourvut aux besoins les plus pressants, et promit de ne pas s'en tenir là. En effet, il s'imposa immédiatement des sacrifices pécuniaires considérables, et son exemple, il faut le dire à l'honneur des Russes de toutes les classes, fut noblement imité. Des milliers d'infortunés, sans toit, sans moyen de réchauffer leurs membres glacés (car un froid de dix degrés Réaumur survint aussitôt), erraient dans les rues jonchées de débris. Les maisons les plus solidement construites restèrent imprégnées d'une humidité saline et couvertes de cristallisations attestant que ce n'était pas le fleuve, mais la mer qui les avait ainsi visitées dans un jour néfaste. Les fondations étaient en partie ébranlées ; et si l'eau s'était maintenue quelque temps à la même hauteur, beaucoup d'édifices se seraient infailliblement écroulés. Pour comble de disgrâce, on ne pouvait se dissimuler que ce fléau, tant de fois déjà déchaîné contre Pétersbourg, menaçait l'avenir autant qu'il venait de contrister le présent : c'était et c'est encore comme un ange exterminateur planant au-dessus d'une population heureusement distraite de ce danger par l'appât du lucre ou des honneurs, et qui ne s'en livre pas moins à toutes les dissipations d'une vie essentiellement matérielle.

« La multitude vit dans cette catastrophe un jugement de Dieu. « C'est un effet de sa colère, disaient entre eux » les Russes des basses classes ; car le peuple orthodoxe » a laissé sans secours ses coreligionnaires grecs mou- » rant pour leur foi. » Quant au tsar, le spectacle douloureux dont il venait d'être témoin le saisit fortement et lui laissa un souvenir ineffaçable. Il ajouta encore à ce dégoût de la vie, à cette sombre mélancolie depuis longtemps empreinte sur toute sa personne, et qui avait sa source non-seulement dans le désillusionnement, mais encore dans les soucis européens dont il ne cessait d'être obsédé. »

XVI

La révélation, vague encore, d'une vaste conjuration de jeunes officiers dans ses armées du nord et du midi de l'empire, conspiration qu'il sentait sans pouvoir la saisir, contribua encore à aigrir son sang et à affaisser son âme. Il se réfugia de plus en plus dans le sein de sa famille et dans la prière, seule consolation d'une toute-puissance que le dégoût de la terre et le désenchantement de la vertu même tournaient de plus en plus vers le ciel. Ses médecins lui conseillèrent, pour l'impératrice Élisabeth son épouse et pour lui-même, un long voyage et une résidence prolongée dans un climat plus tempéré que celui de Pétersbourg. Alexandre choisit la ville de Taganrog, sur la mer d'Azof; climat attrayant, mais délétère, des Palus-Méotides, entre la Crimée et la Tartarie, en face de ce Caucase qui montre à la fois aux Russes la grandeur et la borne de l'empire. On eût dit qu'Alexandre, poursuivi par quelque importun souvenir du palais où était mort son père, et se sentant averti de sa fin, voulût aller mourir loin de son peuple et loin des terreurs ou des scrupules qui l'obsédaient à Pétersbourg.

Quoi qu'il en soit, son départ fut nocturne, mystérieux, presque tragique. Un témoin oculaire, OErtel, en nota ainsi toutes les circonstances les plus secrètes, dans un écrit intime contrôlé et vérifié par le métropolitain de Pétersbourg, et que nous citons en l'abrégeant.

« Comme tous les esprits enthousiastes, dit le confident familier des derniers jours de l'empereur, Alexandre était sincèrement religieux, car la religion n'est autre chose, au fond, que l'enthousiasme de l'inconnu ; il n'était pas tout à fait exempt de la superstition si commune chez les Russes, même des hautes classes, où le vernis extérieur de la civilisation couvre fréquemment, sans les étouffer, des préjugés vulgaires et les sentiments instinctifs de l'homme inculte. D'ailleurs, en dépit des lumières, le malheur rend superstitieux, et nous avons vu que la Providence ne l'avait pas épargné au monarque dont la grandeur semblait à tous un objet d'envie. De noirs pressentiments le préoccupaient; aussi tout, dans ce voyage et dans les circonstances qui s'y rapportaient, devint un pronostic fatal, un signe avant-coureur de la mort.

» Les relations d'Alexandre avec madame de Krudner, ses fréquentes lectures de la Bible, ses méditations solitaires, ne l'avaient pas ébranlé dans son attachement à la foi de son peuple. Chrétien orthodoxe, il se plaçait personnellement au-dessus des distinctions confessionnelles, le fond de la doctrine ecclésiastique étant le même chez les catholiques, les Grecs et les protestants, avec lesquels, par cette raison, il lui était facile de se sentir en communion; mais, comme chef de l'Église gréco-russe, dans laquelle d'ailleurs il avait été élevé, il se faisait un devoir d'en suivre les pratiques, et de donner à ses sujets l'exemple d'une soumission filiale aux lois de leur mère commune. Il s'était donc habitué à prendre pour point de départ de chacun de ses voyages la cathédrale de Notre-Dame de Kasan, ouverte et bénie sous son règne. Cette fois, le départ devait avoir lieu le 13 septembre, c'est-à-dire le 1er d'après le calendrier Julien, toujours en vigueur chez les Russes comme chez tous les chrétiens d'Orient non soumis au pape. Or, le 30 août, vieux style, l'Église russe célèbre la fête de saint Alexandre-Newski, en commémoration de la translation des reliques de ce grand prince, de Wladimir sur les bords de la Néwa. Ce jour-là, tout le clergé se rend en procession de Notre-Dame de Kasan au monastère de premier ordre de la Sainte-Laure, jadis construit par Pierre le Grand à l'endroit où il avait fait débarquer ces reliques. Suivant l'usage, la famille impériale va assister à la sainte liturgie dans la cathédrale du couvent.

» Alexandre s'y rendit, et, avant de quitter le saint lieu, il prévint le métropolitain, chef du diocèse, et archimandrite de Sainte-Laure, qu'il y reviendrait le surlendemain, jour de son départ. C'était déjà une nouvelle inattendue, puisque, comme nous l'avons dit, l'empereur, en partant pour un voyage, avait l'habitude de faire sa prière à Notre-Dame de Kazan; mais Alexandre étonna de plus en plus le premier pasteur de son peuple, en le priant de célébrer à son intention, et dès quatre heures du matin, personnellement et avec la confrérie tout entière, un *Te Deum*, dit le rapport officiel, mais, suivant les bruits populaires, un service des morts; ajoutant (et ceci est répété dans le rapport) qu'il était inutile que personne connût son projet ni le fait même de cette visite quand elle aurait eu lieu. En effet, Alexandre songeait à la mort, et c'est comme asile de la mort qu'il avait choisi Saint-Alexandre-Newski. L'enceinte de ce couvent, objet d'une grande vénération, est un lieu de sépulture pour les familles riches ou illustres; plusieurs membres de la famille régnante même, qui n'ont point porté la couronne, y sont inhumés.

» Au jour indiqué, le vénérable Séraphim l'attendit dès l'aube, à la tête des moines de la confrérie, tous portant leurs ornements de deuil; car, malgré une visite si auguste, le métropolitain n'avait pas jugé convenable de choisir les vêtements les plus pompeux le jour où ses religieux et lui se préparaient à prendre congé, comme des enfants de leur bon père, du monarque prêt à partir pour une absence, fût-elle même, comme on le pensait, de courte durée.

» A cette époque de l'année, les nuits boréales ont déjà perdu cette remarquable transparence qui, pendant les mois de juin et de juillet, en fait comme des jours sans soleil. Pétersbourg était encore enveloppé dans l'obscurité, lorsque l'autocrate parcourut la large et magnifique rue qui de la place de l'amirauté s'étend jusqu'au monastère de Saint-Alexandre-Newski, dont elle porte le nom, formant d'abord une perspective d'une demi-lieue de long, puis se détournant à gauche pour rejoindre la Néwa et aboutir à la Sainte-Laure. Quand il parut à la porte de l'enceinte sacrée, l'aurore commençait à peine à colorer le ciel de ses premiers feux. Il était seul dans sa calèche, attelée de trois chevaux de front (*troïka*); pas un domestique ne l'accompagnait. Vêtu d'une simple capote d'uniforme, sans épée, la casquette militaire dite *foarashka* sur la tête, il était enveloppé dans son manteau. Il mit aussitôt pied à terre, baisa la croix, gage de salut pour le chrétien, que le métropolitain lui présentait, et reçut la bénédiction du vieillard. La confrérie l'entoura, entonna le cantique : *Dieu sauve ton peuple!* et le chef du clergé conduisit l'empereur, par la cour, vers le portail de la cathédrale. Les portes extérieures furent soigneusement refermées. Le cortége franchit le parvis de ce beau temple, entra sous la voûte simple mais élégante qui le surmonte, et s'avança vers le pompeux mausolée du saint guerrier, construit, comme on sait, en argent massif et ciselé. Dans ce monument est placé, en forme de prié-Dieu, une espèce de reliquaire renfermant quelques restes de la dépouille mortelle du héros, et objet des plus fervents hommages de la part des fidèles. S'arrêtant près de ces reliques, le prélat récita la prière pour les voyageurs. Une messe fut dite; et, au moment de la lecture de l'Évangile, s'avançant vers les portes ouverte de l'iconostase, Alexandre s'agenouilla devant l'autel, et pria le métropolitain de poser sur sa tête le volume sacré, enrichi d'ornements précieux. Après l'office terminé, Alexandre se releva, baisa la croix vivifiante, et Séraphim le bénit avec une image du Christ destinée à l'accompagner dans son voyage. Alexandre pressa ses lèvres sur le talisman du chrétien, et pria ensuite le protodiacre de le faire porter à sa calèche.

Puis, après avoir achevé ses dévotions devant les reliques du saint guerrier, il s'avança vers le portail et prit congé de l'assistance. La confrérie, en faisant cortége, au monarque, chanta de nouveau : *Dieu sauve ton peuple!*

» Arrivés dans la cour, Séraphim hasarda l'invitation que Sa Majesté daignât venir se reposer dans sa cellule. « Bien! répondit Alexandre, mais seulement pour quel-
» ques minutes, car déjà je suis en retard d'une demi-
» heure. » Tout le cortége se dirigea donc vers l'appartement du premier pasteur. On entra d'abord dans le salon, d'où le vieillard introduisit Alexandre dans une pièce attenante, dont il referma la porte sur eux. Après un court entretien, on proposa à l'empereur de visiter dans sa cellule un saint moine qu'on prétendait doué du don de prophétie. Alexandre fut frappé, en entrant dans la cellule de l'anachorète, de voir pour unique meuble un cercueil qui servait de couche au moine, au pied d'un immense crucifix de bois. On laissa seul le moine et l'empereur. Les paroles prononcées par le cénobite restèrent un mystère entre des deux interlocuteurs.

» — Que n'ai-je connu plus tôt ce vieillard auguste! dit l'empereur en sortant de la cellule. Ah! priez, priez
» pour moi et pour mon épouse! » répéta-t-il en prenant congé du métropolitain et des moines.

» Les chevaux l'entraînèrent ; mais, restant tête nue jusqu'à ce qu'il eût franchi le seuil de l'enceinte, il se retourna plusieurs fois en saluant, s'inclina vers la cathédrale, et fit à différentes reprises le signe de la croix.

» Ce fut encore un moment plein d'émotion que celui où il franchit la barrière. Il allait s'éloigner pour longtemps, peut-être pour toujours, de sa capitale chérie. Elle était éclairée des premiers rayons d'un soleil d'automne. Alexandre fit faire halte au cocher, se leva, et, debout dans la voiture, promena ses regards sur la ville encore silencieuse, dont les flèches dorées, celle surtout de la cathédrale de Saint-Pierre et Saint-Paul, étincelaient des feux de l'astre du jour. C'était un spectacle imposant ; mais les yeux du monarque s'attachaient particulièrement au clocher de ce vieux sanctuaire, placé au milieu de la forteresse, où reposaient tous ses ancêtres depuis Pierre le Grand, qui l'avait construit. A la fin, son regard retomba sur la ville, et embrassa d'un coup d'œil toute l'immense étendue, comme pour lui adresser un dernier adieu dont son expression mélancolique attestait la tristesse.

» Au château de Tzarko-Zélo, situé sur la route de Moscou, la séparation d'avec la famille impériale, d'avec une mère profondément vénérée de tous ses fils, ne fut pas moins douloureuse. Cependant Alexandre, abrégeant ces cruels moments, se remit en route. Il emmenait une suite nombreuse ; mais ses principaux compagnons de voyage étaient le prince Pierre Volkonski, un de ses amis d'enfance et son aide de camp général, le baron de Diebitsch, militaire distingué que lui avait cédé le roi de Prusse, et qui était à la fois l'un de ses aides de camp et le chef de l'état-major général de l'armée ; enfin le médecin attaché à sa personne depuis près de trente ans, sir James Wylie, chirurgien en chef de l'état-major général.

» Le voyage fut heureux, et, malgré des haltes fréquentes, il ne dura que douze jours ; on faisait donc cent cinquante kilomètres par jour, vitesse qui prouve à quel point le corps d'Alexandre était endurci à cette sorte de fatigue. En somme, il était bien constitué et encore robuste ; seulement des érésipèles répétés nécessitaient quelques précautions. Mais un mal intérieur rongeait l'auguste voyageur : les idées de mort ne le quittaient point, et la comète qu'on voyait au ciel pendant la nuit contribuait à les lui rappeler. « As-tu vu l'étoile er-» rante? demanda-t-il, un soir, à Ilya (Élie), son fidèle » cocher. — Oui, seigneur. — Mais sais-tu aussi que » cela présage malheur et chagrin? » L'instant d'après, il ajouta : « Que la volonté de Dieu soit faite ! »

» Pendant les dix jours dont son arrivée à Taganrog précéda celle d'Élisabeth, il fut constamment occupé à lui préparer une demeure sans luxe, mais appropriée à son état, tranquille, commode, inaccessible au moindre souffle de l'air; ensuite il lui consacra tous ses moments, soit dans ses appartements ou à table avec elle, soit dans des promenades à pied, à cheval ou en voiture. Rien n'était plus encourageant que les rapports des médecins: la santé de l'impératrice s'améliorait visiblement. Aussi put-il bientôt lui dérober quelques jours pour les vouer aux soins de son empire. Il parcourut les côtes de la mer d'Azof jusqu'au Don; visita, en remontant le fleuve, les villes de Rostof et Nakhitchevân, dont la dernière est presque exclusivement habitée par des Arméniens; se rendit de là à Novo-Tcherkask, chef-lieu du territoire des Cosaques du Don; fit une tournée dans les *stanizas* ou villages de ces guerriers cultivateurs, et se dirigea ensuite, par le Vieux-Tcherkask, vers la forteresse d'Azof, célèbre dans l'histoire, mais peu importante aujourd'hui, et servant tout au plus à protéger un port encombré de sables. Puis, la beauté de la saison se prolongeant au delà de son terme ordinaire, il se décida, sur les instances du comte Michel Voronsof, gouverneur général de la Nouvelle-Russie, dont dépendait la presqu'île de Crimée, à faire dans cette contrée, mal famée chez les anciens, mais précieuse pour les Russes, ses possesseurs actuels, tant à raison du doux climat de sa côté méridionale qu'à cause de son voisinage de Constantinople, une excursion qu'on avait déjà crue renvoyée à l'année suivante. D'après le plan minutieusement arrêté d'avance, elle devait durer dix-sept jours. »

Le voyage minutieusement décrit, à travers les sites tantôt alpestres, tantôt maritimes de la Crimée, conduisit Alexandre à Sébastopol, dont il visita les forts, les casernes, la flotte, les chantiers de construction, vaste arsenal des guerres futures préparé par Catherine, à l'extrémité de l'empire, pour le prolonger au jour du destin jusqu'à Constantinople. Il passa un jour à Batchi-Seraï, vallée creuse, fraîche et pittoresque, où le palais vide des khans de Crimée parsème encore, de ses minarets, de ses fontaines, de ses kiosques et de ses harems enfouis sous les plantes grimpantes, le flanc des collines. C'est là qu'il se sentit frappé à mort dans la nuit par la fièvre endémique, qui flotte dans un air pur comme le poison délayé dans une eau limpide. Son médecin anglais, James Wylie, lui conseilla le repos et des remèdes énergiques.

« Ma vie est dans la main de Dieu, » répondit Alexandre. Il était fataliste comme tous les hommes qui ont été portés très-haut et très-bas par la Providence. Ceux-là sentent mieux que le vulgaire l'impuissance de la volonté humaine contre la volonté du sort, de la fortune, de la fatalité, de Dieu.

Il poursuivit tantôt à pied, tantôt à cheval, sa route vers Eupatoria, où la France, l'Angleterre et la Turquie devaient, si peu d'années après, aller poser la borne au moins temporaire de l'expansion illimitée des Romanof.

« Le 17 novembre, il revit Taganrog. Le prince Volkonski, aux soins duquel Alexandre avait confié son épouse, vint au-devant de son maître et ami. « Comment
» se porte Votre Majesté ? lui demanda-t-il. — Assez

» bien, répondit Alexandre; cependant moi aussi j'ai
» attrapé une petite fièvre en Crimée; et, en dépit de son
» climat tant vanté, je suis plus que jamais convaincu
» d'avoir eu raison de choisir Taganrog pour le séjour de
» l'impératrice. » Le prince, qui avait été élevé avec
l'empereur, et qui pouvait en user familièrement avec
lui, le conjura d'avoir soin de sa précieuse santé, et de
ne plus la traiter sans façon, comme il avait pu se le
permettre à vingt ans.

« Mais déjà Alexandre avait couru à l'appartement
d'Élisabeth, et il resta toute la soirée avec elle. Il y dîna
encore le lendemain, après avoir travaillé avec ses conseillers. Cependant le soir, sentant le retour de la fièvre,
il fit prier la princesse de venir passer quelques heures
chez lui. Elle le quitta fort tard, à dix heures, non sans
inquiétude, car la maladie était dès lors caractérisée. En
dépit de son fatalisme et de sa répugnance à suivre les
conseils de l'art, on avait obtenu du malade qu'il prît
enfin quelques médicaments. La veille, en écrivant encore de sa main à l'impératrice-mère pour lui mander
son retour de Crimée, il ne lui avait pas laissé ignorer
qu'il ne se sentait pas bien; mais il avait ajouté qu'il se
ménageait et que son état n'avait rien d'alarmant. Le 18,
il donna lui-même le mot d'ordre, *Taganrog*, comme
Louis XVIII, à la veille de sa mort, avait donné les deux
mots *Saint-Denis*. Pour Alexandre, aussi bien que pour
le roi de France, ce mot d'ordre fut le dernier.

» A partir du 19 novembre, jour néfaste (car c'était
l'anniversaire de la terrible inondation de l'année précédente), la maladie fit constamment des progrès.

» Sans se croire encore en danger, l'empereur permit,
le 21, que le prince Volkonski informât l'impératrice-mère de l'état de son fils; deux jours après, il trouva
bon que le général Diebitsch remplît le même devoir

à l'égard du grand-duc Constantin, qui résidait en Pologne.

» Une crise favorable sembla être survenue le 21 mais ses promesses furent trompeuses. Jusqu'alors le malade avait pu se lever. Au bout de quelques jours, une extrême faiblesse l'enchaîna sur le divan qui devint son lit de mort. Élisabeth ne le quitta presque plus ; le soir surtout elle était près de lui, lui prodiguant tous ces petits soins dont les femmes ont le secret, et qu'une tendresse sans bornes, une sollicitude vive et ingénieuse suggérait à celle qui sera toujours regardée comme l'honneur de son sexe. En voyant le danger approcher de la tête chérie de son époux, elle ne songea plus à elle, à sa propre maladie : qu'importait sa vie, bien qu'éclairée par un tardif rayon de bonheur, en comparaison de celle qu'il s'agissait de sauver? Elle veille à son chevet. Elle retrouve pour quelques jours toutes ses forces : l'inquiétude roidit son courage, qui, par un effort surhumain, ne l'abandonne pas jusqu'au moment où tout est fini, et fait l'admiration des témoins consternés de cette scène de douleur.

» Du 22 au 26, les accès de fièvre augmentèrent; le malade eut plusieurs évanouissements, et souvent on le vit plongé dans un anéantissement complet. Quelques jours auparavant, le lieutenant général comte de Witt était arrivé à Taganrog des cantonnements de la Petite-Russie; on n'avait pu cacher à l'empereur les mauvaises nouvelles dont il était porteur. Un complot se tramait contre les jours du monarque; il le savait depuis longtemps, et il en tenait même déjà quelques fils.

» Les nouvelles apportées par le descendant du grand pensionnaire de Hollande ravivèrent ses souvenirs, et de ce moment Alexandre prit la vie en dégoût. Lorsque son médecin lui parla d'apposer des sangsues : « Mon ami,

» lui répondit-il, c'est de mes nerfs qu'il faut vous occu-
» per ; ils sont dans un désordre épouvantable ! — Hé-
» las ! repartit Wylie, chez les rois cela se voit plus fré-
» quemment que chez le commun des hommes. — Oui,
» reprit vivement Alexandre, chez moi en particulier :
» il y a bien des raisons pour cela, et dans le moment
» actuel plus que dans tout autre. »

» L'état de son âme se trahit encore dans d'autres occasions. Le 26 novembre, dans une exaltation d'esprit déjà voisine du délire, il s'écria, en fixant un regard terrible sur son médecin : « Mon ami, quelle action, quelle
» épouvantable action ! » C'est M. Wylie lui-même qui dépose de ce fait ; d'autres témoins ont gardé le souvenir d'exclamations à peu près semblables : « Ah ! les
» monstres ! les ingrats ! aurait dit l'empereur ; je ne
» voulais que leur bonheur ! »

» Il n'y avait plus à en douter, la maladie d'Alexandre était une fièvre mortelle. Pressé d'accepter leurs conseils, il continua de se montrer récalcitrant ; et ce manque de docilité, accompagné d'une impatience qui s'exhala parfois avec dureté, empêcha le médecin anglais de conserver tout son sang-froid. Il désespéra de la vie du malade, et, après de nouveaux refus, il en fit l'aveu, dès la journée du 26, au prince Volkonski. Celui-ci, pensant que la religion parlerait avec plus d'autorité que le médecin, et vaincrait une répugnance dont les prières même d'Élisabeth n'avaient pu triompher, s'acquitta près d'elle d'un devoir douloureux, en laissant tomber quelques mots sur la nécessité pour Alexandre de remplir, à tout événement, ses devoirs de chrétien. Ces mots frappèrent au cœur l'infortunée princesse ; mais, comme l'ami qui les avait prononcés lui fit entrevoir aussi dans cette mesure une dernière planche de salut, elle reprit sa fermeté et se déclara prête. Revenue près

de l'empereur, elle lui prit la main et parla. « Je suis
» donc bien malade? répondit Alexandre à sa douce insi-
» nuation. — Non pas, mon ami, répliqua sa compagne ;
» mais vous avez repoussé tous les remèdes, essayez de
» celui-ci. — Volontiers, » dit l'empereur; et il fit appeler Wylie. Il le regarda fixement et lui dit : « On me
» parle de communion : en sommes-nous là réellement?
» — Oui, sire, dit le fidèle serviteur d'une voix que les
» larmes suffoquaient. Votre Majesté a rejeté mes con-
» seils : dans ce moment je ne lui parle pas comme un
» médecin, mais comme honnête homme. C'est mon de-
» voir de chrétien de vous dire qu'il n'y a plus un instant
» à perdre. » L'empereur lui prit les mains et les tint
longtemps serrées entre les siennes ; leur moiteur toujours croissante annonçait la présence de la fièvre : on
jugea alors prudent de remettre la cérémonie au lendemain.

» Mais le 27, de grand matin, l'état du malade empira
au point qu'on se hâta d'avertir l'impératrice, qui fit venir aussitôt un confesseur. Dès six heures, l'archiprêtre
Féodotof entra dans le cabinet, tenant la croix à la main.
Alexandre, se soulevant avec peine, dit à l'impératrice :
« Je dois être seul ! » Tout le monde sortit. Élisabeth
put donner un libre cours à ses larmes, qu'elle retenait
en présence de son époux avec une admirable fermeté.
On le pense bien, le secret de la confession est resté
enseveli dans la mémoire du prêtre qui l'a recueillie ;
quelques détails accessoires seulement ont transpiré.
L'entretien ne fut pas long. Lorsque le prêtre se disposa
à célébrer l'eucharistie, Alexandre fit prier sa femme de
revenir, et ce fut sous ses yeux qu'il reçut le saint viа-
tique. Alors le confesseur se joignit à elle pour supplier
le malade de se rendre aux conseils des hommes de l'art
(le médecin d'état-major Alexandrovitch, établi à Tagan-

rog, était venu seconder les docteurs Wylie et Stoffregen), et de souffrir qu'on lui apposât des sangsues. Toute résistance cessa.

» A partir de ce moment, l'empereur consentit à tout ce qu'on désirait de lui, et, se tournant vers Élisabeth : « Jamais, dit-il, je n'ai goûté une satisfaction intérieure » plus grande; je vous en remercie du fond de mon » cœur. »

» Puis il s'écria : « Je mourrai comme ma sœur. » C'est sans doute de la grande-duchesse Catherine, reine de Wurtemberg, décédée en 1819, qu'il voulait parler; de cette princesse, d'abord mariée au prince d'Oldenbourg, et qui, au temps de l'entrevue d'Erfurt, eût pu devenir impératrice des Français sans l'opposition énergique de sa mère, moins fascinée qu'Alexandre de la fortune de Napoléon.

» Le malade passa la journée du 28 dans un état de léthargie continuelle ; à peine s'il donnait quelques signes de vie. Cet état désespéré dura jusqu'au lendemain matin. Vers huit heures, il y eut une apparence d'amélioration. Des applications extérieures avaient rappelé le malade de sa léthargie habituelle. Il ouvrit les yeux et chercha ceux de sa famille dont il prit les mains pour les baiser, pour les presser sur son cœur. Ayant aussi été salué d'un sourire, le prince Volkonski se jeta sur la main de son maître, qu'il approcha de ses lèvres ; mais Alexandre lui fit un signe de reproche ; car, de la part de cet ami, il n'avait jamais pu souffrir cette marque de respect, dont Ivan III avait jadis introduit l'usage pour ceux qu'il honorait de sa faveur. Déjà il lui avait fait promettre que, quoi qu'il arrivât, il ne quitterait pas l'impératrice avant de l'avoir rendue à leur commune famille. Rompant enfin le silence : « Quelle belle jour-» née, » dit-il ; et sentant autour de lui les bras de sa fidèle compagne, il lui adressa presque à haute voix ces mots : « Vous devez être bien fatiguée ! » Elle ne s'en apercevait pas, surtout dans ce moment où Wylie, reprenant courage, se hâtait d'annoncer que tout n'était pas encore perdu. Transportée de joie à cette nouvelle, elle voulut sans retard la transmettre à Pétersbourg, où une mère attendait avec angoisse, car il s'agissait de la vie de son fils, des lettres qui, avant d'être rendues dans ses mains, avaient à traverser un espace de plus de cent cinquante lieues. Hélas ! elle se livrait à un espoir chimérique.

» Dans la nuit du 30, le prince Volkonski s'efforça d'éloigner l'impératrice ; il s'était assuré pour elle d'une demeure dans la ville. A une première insinuation faite dans ce but, la pieuse épouse avait déjà répondu : « Je » suis persuadée que vous savez compatir à mon afflic- » tion. Vous n'ignorez pas que ce qui m'attachait à mon » époux n'était pas l'éclat de la couronne. Eh bien ! je » vous en supplie, ne me séparez pas d'avec lui avant la » dernière extrémité. » Elle réitéra ses prières, et le fidèle serviteur n'osa pas insister.

» Les remèdes ne produisaient plus aucun effet ; les fonctions vitales étaient arrêtées. Cependant encore, dans la matinée du 1er décembre 1825, le malade rouvrit les yeux, et, sans retrouver l'usage de la parole, il reconnut toutes les personnes que l'imminence d'un dénoûment réunissait autour de son lit.

» Qu'on se figure les sentiments avec lesquels les plus fidèles serviteurs d'Alexandre, le prince Volkonski et le général Diebitsch, assistaient au cruel spectacle de la mort de leur maître chéri ! Cette perte, irréparable pour eux, et dont les conséquences pour l'empire étaient incalculables, n'était cependant pas leur unique préoccupation. Diebitsch tenait les fils de la trame odieuse ourdie dans l'ombre. L'empereur était désormais hors des atteintes du poignard, mais il n'était pas la seule victime désignée. Il importait d'agir avec vigueur et célérité. Dans l'impossibilité de prendre les ordres du maître, Diebitsch n'avait pas hésité à ordonner, sous sa responsabilité personnelle, toutes les mesures d'urgence qui pouvaient encore déjouer le complot. Il en attendait les effets, et cette mort dont il allait être témoin pouvait, comme jadis celle d'un autre Alexandre, devenir le signal d'une conflagration terrible.

» D'un signe presque imperceptible, Alexandre invita l'impératrice à venir plus près : il lui baisa encore une fois la main, comme pour lui dire un éternel adieu. Puis, retombant dans sa léthargie, il ne tarda pas à rendre le dernier soupir.

» Il était dix heures cinquante minutes du matin. Élisabeth, suffoquée par les pleurs qu'elle retenait, lui ferma les yeux, lui banda avec son mouchoir le bas du visage, éleva sur lui la croix, gage de salut, et le bénit ; elle l'embrassa une dernière fois, puis tournant les yeux vers une sainte image : « Seigneur, pardonne-moi mes
» péchés, dit-elle. Il a plu à ta toute-puissance de me
» l'enlever. » Quand elle fut rentrée dans son appartement, elle donna un libre cours à ses larmes. Un lien de trente-deux ans, toujours sérieux, toujours sacré pour elle, était dissous.

» La dépouille mortelle n'était pas encore refroidie, lorsque l'auguste veuve écrivit à Marie Fædorovna cette lettre devenue célèbre :

« Maman ! notre ange est au ciel, et moi je végète
» encore sur la terre. Qui aurait pensé que moi, faible
» malade, je pourrais lui survivre ? Maman, ne m'a-
» bandonnez pas, car je suis absolument seule dans ce
» monde de douleurs... Notre cher défunt a repris son

» air de bienveillance : son sourire me prouve qu'il est
» heureux et qu'il voit des choses plus belles qu'ici-
» bas... Ma seule consolation, dans cette perte irrépa-
» rable, est que je ne lui survivrai pas. J'ai l'espérance
» de m'unir bientôt à lui. »

Son espérance ne fut pas trompée ; cependant plus de cinq mois se passèrent avant que Dieu lui permît d'aller rejoindre au ciel celui qu'elle avait tant aimé.

Ce jour-là même, la conjuration militaire contre le trône et la vie d'Alexandre devait éclater dans les deux armées. La mort naturelle n'avait prévenu que de quelques heures le crime. Cette mort suspendit un moment le bras déjà levé des conjurés. Un cri de regret s'éleva de tout l'empire, et l'Europe politique fut l'écho presque unanime de la douleur des Russes fidèles. La France surtout perdait un ami. Alexandre y fut pleuré comme à Pétersbourg.

XVII

Le convoi traversa lentement l'empire. Par une coïncidence qui justifia la prophétie du moine et les pressentiments superstitieux d'Alexandre, son corps, arrivé la nuit dans le faubourg, fut déposé provisoirement dans la même église du couvent où, en partant pour son dernier voyage, il était venu veiller, prier et se pleurer lui-même avant le lever de la dernière aurore qui avait éclairé pour lui sa capitale.

Voici comment un grand peintre d'histoire contemporaine, M. de Chateaubriand, rend compte, d'après les lettres de notre ambassadeur, M. de la Ferronnays, de l'explosion de cette mort inattendue dans le cœur de la mère et de la famille de l'empereur :

« L'impératrice-mère, rassurée par une première lettre de Taganrog, faisait chanter un *Te Deum* dans les églises de Pétersbourg ; le peuple y priait, car Alexandre était adoré. Le *Te Deum* n'était pas fini, qu'un second courrier apporta au grand-duc Nicolas la nouvelle de sa mort. Nicolas, sorti pour recevoir le courrier, rentra dans l'église, où tout le monde fut frappé de l'altération de son visage. Il n'osa parler ; il ne dit qu'un mot au métropolitain : l'évêque s'avança vers l'impératrice-mère, portant dans ses mains une croix couverte d'un voile noir. La mère comprit son malheur, et tomba sans connaissance au verset du *Te Deum* interrompu. »

XVII

Alexandre laissa la Russie à l'apogée de l'estime du monde. Il l'avait reçue humiliée, déchirée, déconsidérée des mains d'un insensé, il la laissa toute-puissante, pacifiée et illustrée par la plus grande épreuve de sa force qu'elle eût jamais faite sur l'Occident, le renversement de l'empire éphémère mais presque universel de Napoléon.

Du jour où Alexandre, corrigé, par des défaites, de sa complicité à contre-sens avec le César des Gaules et le conquérant de la Germanie, était rentré dans sa vraie nature et dans son vrai rôle de protecteur-né des rois et des nationalités envahies, la fortune avait changé pour lui. La fortune est plus souvent qu'on ne croit rémunératrice du bon sens et de la moralité des princes. En rentrant dans sa dignité et dans son courage, Alexandre était rentré dans sa force. L'univers libre s'était groupé en armes autour de lui. Le renversement même de Napoléon, transfiguré aujourd'hui par l'esprit de parti et par la gloire aux yeux des Français, ne diminua pas la popularité européenne d'Alexandre. Il ne parut pas l'agresseur, mais le vengeur du monde opprimé. Son langage au peuple français ne fut pas d'un maître, mais d'un restaurateur de la liberté ; il s'excusa presque d'avoir vaincu :

« Votre empereur, qui était mon allié, dit-il, est venu jusque dans le cœur de mes États y apporter des maux dont les traces dureront longtemps ; une juste défense m'a amené jusqu'ici. Je suis loin de vouloir rendre à la France les maux que j'en ai reçus. Je suis juste, et je sais que ce n'est pas le tort des Français. Les Français sont mes amis, et je viens leur prouver que je veux leur rendre le bien pour le mal. Napoléon est mon seul ennemi. Je promets ma protection spéciale à la ville de Paris ; je protégerai, je conserverai tous les établissements publics ; je n'y ferai séjourner que des troupes d'élite ; je conserverai votre garde nationale, qui est composée de l'élite de vos citoyens. C'est à vous d'assurer votre bonheur à venir ; il faut vous donner un gouvernement qui vous procure le repos et qui le procure à l'Europe. C'est à vous à émettre votre vœu : vous me trouverez toujours prêt à seconder vos efforts. »

Paroles qui furent accomplies ponctuellement !

M. de Chateaubriand, dans son histoire du congrès de Vérone, explique ainsi cette popularité d'un vainqueur, difficile à comprendre de loin aujourd'hui, et cependant réelle et naturelle alors.

« Un reproche grave, dit-il, s'attachera à la mémoire de Bonaparte : il rendit son joug si pesant que le sentiment hostile contre l'étranger s'en affaiblit, et qu'une invasion, déplorable aujourd'hui en souvenir, prit, au moment de son accomplissement, quelque chose d'une délivrance. L'élite des esprits se trouva d'accord, à cette époque, dans le jugement terrible qu'ils ont porté de Napoléon : les La Fayette, les Lanjuinais, les Camille Jordan, les Ducis, les Lemercier, les Chénier, les Benjamin Constant, debout au milieu de la foule rampante, osèrent mépriser la victoire et protester contre la tyrannie. Qui ne se souvient de leurs paroles vengeresses ou de leurs écrits brûlants ? »

XIX

Dans l'intérieur de son empire, Alexandre avait continué l'œuvre civilisatrice de Pierre le Grand et de Catherine. L'Éducation développée ; sept universités fondées ou réorganisées, les lettres et les sciences protégées et honorées ; l'administration améliorée ; le commerce et l'industrie prospères ; la servitude personnelle abolie dans quelques provinces et adoucie ailleurs ; les mutilations cruelles supprimées : tels furent les principaux bienfaits que la Russie dut à Alexandre à l'intérieur. Quant à l'extérieur, il suffit de dire qu'à sa mort Alexandre avait pris dans l'estime générale toute la place que Napoléon avait occupée dans la terreur de l'Europe.

La France respectée dans ses limites, et la restauration pacifique de la maison de Bourbon, consolaient les mânes de Louis XVI. La France avait inauguré sous les auspices d'un tsar réputé barbare le régime représentatif où l'autorité et la liberté pouvaient se concilier longtemps, si l'autorité était restée modérée et la liberté patiente. L'Espagne et Naples avaient reconquis leur dynastie des Bourbons le même jour que leur nationalité. Le Piémont était redevenu royaume indépendant sous la maison de Savoie. La Prusse était rentrée dans les territoires et dans les places fortes que lui avait dessinés l'épée de Frédéric; l'Autriche, dans ses possessions; les princes secondaires de l'Allemagne méridionale, dans leur indépendance républicaine et aristocratique; la Pologne, reconstituée en nationalité distincte, mais en royaume annexé à la Russie, possédait la seule individualité que le malheur des temps, le démembrement consommé, le dénûment de frontières, l'antique versatilité de ses diètes, lui eussent laissée, l'existence empruntée à une nation assez forte pour la maintenir. La Russie, la Suède, la Prusse, la Hongrie, la Saxe, l'avaient accoutumée depuis des siècles à cette ombre d'indépendance presque toujours liée au sort des nations mieux constituées. La Russie, de son côté, avait dû à la politique et aux guerres d'Alexandre sur les Suédois, les Turcs et les Perses, un agrandissement de territoire de quarante mille lieues carrées. Alexandre, en outre, avait montré un million d'hommes sous les armes à l'Occident, et conquis le respect de l'Europe.

Le nom d'Alexandre restera à jamais culminant et éclatant sur cet apogée de l'empire. La Russie aimera en lui sa gloire, l'Allemagne son sauveur, la France des Bourbons son allié, le monde sa vertu. S'il ne fut pas grand par le génie, il fut grand par l'âme, c'est la vraie grandeur. Le génie peut-être un fléau, la grandeur d'âme n'est jamais que la bénédiction d'un empire et la gloire de l'humanité.

LIVRE DIXIÈME [1]

I

Alexandre, sans héritier direct pour lui succéder sur le trône, laissaït trois frères : Constantin, né en 1779, Nicolas, né en 1796, et Michel, né en 1798. Les lois constitutives de l'hérédité, quoique récentes en Russie, donnaient le trône à l'aîné des frères de l'empereur mort sans enfants. La Russie s'attendait donc avec terreur à voir Constantin, alors vice-roi de Pologne, saisir l'empire comme son droit. Cependant une circonstance étrange et inusitée en Russie laissait au fond des esprits

---

[1] J'ai emprunté une partie des détails précédents, et j'emprunte presque textuellement ceux qui suivent, aux excellents récits de M. Schnitzler dans ses deux volumes intitulés : *Histoire intime de la Russie*. Cette histoire intime de la Russie, pendant les règnes d'Alexandre et pendant l'interrègne, est le recueil de documents le plus profondément raisonné et le plus admirablement rédigé sur cette époque. Si M. Schnitzler en avait fait une histoire par ordre de temps et de matières, nous n'eussions pas écrit la nôtre, car en la lisant nous aurions désespéré de l'égaler.

on ne sait quel doute sur l'avénement du prince désigné par la primogéniture. Ce prince, si rapproché du trône, n'avait point encore été désigné, suivant l'habitude de la cour de Russie, par le titre de successeur présomptif. On s'étonnait de ce silence, sans en approfondir le mystère ; mais ce silence et ce mystère seuls suffisaient pour jeter une incertitude et un trouble dans les conjectures.

Le caractère de Constantin confirmait cette anxiété de l'empire. Ce prince était le contraste le plus frappant d'Alexandre. L'un était l'image de Catherine, l'autre le portrait vivant de Paul Ier. Des traits kalmouks, une barbe rousse, un clignotement convulsif des paupières, un regard fauve perdu au fond de petits yeux enfoncés dans leurs orbites, une voix saccadée, un geste abrupt, une violence pleine d'explosion et de cruauté, une passion exclusive des exercices militaires, une manie de discipline et de formalités qui fatiguait les troupes, un mépris sauvage pour tous les arts de l'esprit et pour toutes les délicatesses de l'âme, faisaient de Constantin le type du barbare, l'effroi et l'amour du soldat, la terreur de l'empire. Quelques grandes vertus primitives étaient enfouies cependant sous cette nature tartare toute pleine d'ombre et de contradictions : la bravoure, la loyauté, l'esprit de famille, le dévouement passionné à ses frères, l'amour enfin, non l'amour brutal et sensuel du sauvage, mais l'amour de l'âme, l'adoration exclusive de la beauté, le culte jusqu'au sacrifice de soi-même pour la femme à laquelle il aurait voué une fois sa vie.

Tel était Constantin, homme dont il était impossible de ne pas tout craindre quand on ne connaissait de lui que sa figure, et de ne pas tout espérer quand on devinait ses vertus! Les soldats l'aimaient parce qu'il avait servi sous leur idole, le vieux Souvarof, et qu'il avait signalé sa valeur en Italie, à Austerlitz et en Pologne sous Béningsen. Les Polonais, qui l'avaient d'abord aimé à cause de sa partialité pour eux, avaient fini par le haïr à cause de son aversion pour leurs agitations constitutionnelles à Varsovie. Il n'avait pas traité en gouverneur, mais en dictateur soldatesque, un peuple dont la liberté conquise ressemblait à l'anarchie. Retiré dans une maison de campagne aux portes de Varsovie, plus semblable à une forteresse qu'à un palais, il régnait au milieu d'un camp sur une capitale.

II

Un fréquent échange de courriers entre Taganrog et Varsovie, pendant la maladie d'Alexandre, avait fait présumer que l'empereur mourant préparait son successeur naturel aux éventualités de sa maladie et de sa mort. L'événement ne devait pas tarder à déconcerter ces conjectures. Cette correspondance entre Alexandre et Constantin n'était en réalité que le dialogue mystérieux entre deux frères dont l'un relevait l'autre de ses serments au moment de laisser le trône et la vie, et dont l'autre refusait d'être relevé de ses promesses et se défendait du trône comme d'un malheur et d'un crime.

Constantin avait, en effet, abdiqué volontairement le trône dans son cœur longtemps avant l'heure d'y monter. On attribue à plusieurs causes, les unes sinistres, les autres honorables, cette renonciation à sa destinée. Les uns disent qu'emporté jusqu'à un meurtre involontaire par la violence de son sang, il s'était puni lui-même en déclarant à jamais indigne de posséder l'empire un prince qui ne savait pas se posséder lui-même; les autres affirment qu'un conseil de famille, présidé par sa mère l'impératrice Marie Fædorovna, autorité dont il n'appelait jamais, l'avait conjuré de renoncer à exercer ses droits, de peur d'en abuser par violence et par égarement de passion contre les peuples.

Ces deux conjectures sont vraisemblables, mais une cause plus honorable et plus certaine expliquait et nécessitait cette renonciation : cette cause était l'amour du prince pour une jeune et belle Polonaise, Jeanne Grudzeuska, fille d'un gentilhomme des environs de Bromberg, et célèbre depuis sous le nom de princesse de Lowicz.

Constantin avait été marié, presque enfant, par son aïeule Catherine II, à une princesse de son âge, Julienne de Saxe-Cobourg, sœur du roi des Belges d'aujourd'hui. Cette princesse, après quatre ans d'une union inféconde et froide avec son mari, avait demandé à se séparer de lui pour aller vivre obscure et libre en Suisse, avec un traitement convenable au rang qu'elle avait occupé, mais sans esprit de retour au titre d'impératrice. La licence soldatesque des mœurs de Constantin jusqu'en 1820 lui avait fait oublier ce lien importun de sa première jeunesse. L'attrait subit, respectueux et invincible qu'il ressentit à cette époque à la première entrevue avec Jeanne Grudzeuska fit une révolution complète dans sa vie et dans son caractère. Il obtint de la cour et de l'Église grecque le divorce avec sa première femme, et il épousa solennellement, mais sans lui donner d'autre titre que celui de son épouse, Jeanne Grudzeuska, sous le nom de princesse de Lowicz. Le consentement de sa mère et de son frère, l'empereur Alexandre, à ce mariage, ne lui fut acccordé qu'à la condition de renoncer au trône. Il n'hésita pas à sacrifier un empire à celle dont l'amour lui paraissait supérieur au monde; il jouit d'avoir un règne à sacrifier au bonheur. Le bonheur le récompensa de ce qu'il avait méprisé pour une femme. Cette femme devint la seconde âme de sa vie. Elle transforma sa rudesse en servitude volontaire, sa licence en piété, sa rudesse en douceur. Elle ne fut pas seulement son bonheur, elle fut sa vertu.

La Russie ignorait ce contrat secret passé entre Constantin et sa famille; seulement il en transpirait quelque chose dans les conjectures du public, et l'Almanach impérial de 1825 désigna pour la première fois, à l'étonnement général, le grand-duc Nicolas, frère puîné de Constantin, comme héritier de l'empire.

III

Telles étaient les situations ambiguës des héritiers de l'empire, au moment où le courrier, arrivé de Taganrog à Pétersbourg, apporta à l'impératrice-mère et à ses fils la nouvelle de l'interrègne.

Le grand-duc Nicolas, malgré les renonciations réitérées de Constantin, n'hésita pas un instant à reconnaître, par son serment à Constantin absent, les droits de la nature, sans tenir compte des serments et des abdications de circonstance arrachés à son frère par la volonté maternelle, par le repentir ou par l'amour. Le sénat reçut ce serment de Nicolas, mais il ouvrit en même temps un manifeste scellé de l'empereur Alexandre, confié par ce prince en 1823 pour être ouvert après sa mort. Ce manifeste était accompagné de deux lettres, l'une de Constantin à Alexandre, l'autre d'Alexandre à Constantin. La lettre de Constantin, datée de Pétersbourg, le 14 janvier 1823, confirmait pour la première fois la rumeur sourde du palais par une pièce authentique.

« Sire,

» Encouragé par toutes les preuves des dispositions infiniment bienveillantes de Votre Majesté Impériale à mon égard, j'ose y recourir encore une fois et déposer à vos pieds, Sire, une très-humble prière.

» Ne reconnaissant en moi ni le génie, ni les talents, ni la force nécessaire, je supplie Votre Majesté Impériale de transférer ce droit à celui à qui il appartient après moi, et d'assurer ainsi pour toujours la stabilité de l'empire. Quant à moi, j'ajouterai par cette renonciation une nouvelle garantie et une nouvelle force à l'engagement que j'ai spontanément et solennellement contracté à l'occasion de mon divorce avec ma première épouse. Toutes les circonstances de ma situation actuelle me portent de plus en plus à cette mesure, qui prouvera à l'empire et au monde entier la sincérité de mes sentiments.

» Daignez, Sire, agréer avec bonté ma prière; daignez contribuer à ce que notre auguste mère veuille y adhérer, et sanctionnez-la de votre assentiment impérial. Dans la sphère de la vie privée, je m'efforcerai toujours de servir d'exemple à vos fidèles sujets, à tous ceux qu'anime l'amour de notre chère patrie.

» Je suis avec un profond respect, Sire, » etc.

La seconde pièce était une lettre d'Alexandre, en réponse à celle de Constantin, une acceptation pure et simple de sa renonciation. Elle portait la date de Saint-Pétersbourg, le 14 février 1823. Nous y reviendrons plus loin.

La troisième était un acte public rendu en considéra-

tion de ces deux lettres. Voici la substance de ce manifeste, dont nous avons déjà fait connaître la date :
« 1° L'acte spontané par lequel notre frère puîné, le tsarewitz et grand-duc Constantin, renonce à ses droits sur le trône de toutes les Russies, est et demeure fixe et invariable. Ledit acte de renonciation sera, pour que la notoriété en soit assurée, conservé à la grande cathédrale de l'Assomption, à Moscou, et dans les trois hautes administrations de notre empire, au saint synode, au conseil de l'empire, et au sénat dirigeant; 2° en conséquence de ces dispositions, et conformément à la stricte teneur de l'acte sur la succession au trône, est reconnu pour notre héritier notre second frère, le grand-duc Nicolas. » La conclusion de cette pièce, quoique sans intérêt relativement à la question politique, mérite cependant encore d'être reproduite : « Quant à nous, écrivait Alexandre, nous prions tous nos fidèles sujets qu'avec ce même sentiment d'amour qui nous faisait considérer comme notre premier bien sur la terre le soin que nous avions de leur constante prospérité, ils adressent de ferventes prières à Notre-Seigneur Jésus-Christ, afin qu'il daigne, dans sa miséricorde infinie, recevoir notre âme en son royaume éternel. »

IV

Le sénat, à la lecture de ces pièces, ne douta pas qu'elles ne fussent connues du prince à qui la renonciation de Constantin déférait l'empire. Il se transporta en corps au palais d'Hiver pour prêter serment au grand-duc Nicolas. Mais ce prince, frère aussi loyal que fils respectueux, écarta la couronne qu'on venait lui offrir.

« Je ne suis point empereur par la nature et par les lois, dit-il aux sénateurs, je ne veux pas le devenir aux dépens de mon frère aîné et en abusant d'une renonciation peut-être irréfléchie ou contrainte. Si maintenant qu'il est libre et souverain, Constantin persiste à vouloir faire le sacrifice de ses droits, alors, mais seulement alors, j'exercerai les miens en acceptant la couronne. »

Ses conseillers lui représentèrent en vain avec force le péril de laisser la couronne, l'opinion, l'armée, flotter incertaines entre deux têtes pendant de longs jours qui donneraient du temps aux conjurations, aux proclamations opposées des troupes et peut-être aux guerres civiles. Nicolas fut inébranlable. Aucun danger ne lui parut supérieur à celui d'une usurpation réelle ou apparente du trône, que le droit de naissance ne lui donnait qu'après Constantin.

Les régiments de la garde, rassemblés sur la place du palais d'Hiver, prêtèrent, les uns avec répugnance, les autres avec empressement, tous sans hésitation, le serment à l'empereur absent, Constantin. Un courrier fut expédié à Varsovie, résidence du grand-duc devenu empereur, pour lui porter le serment de l'empire. Une régence gouverna en son nom jusqu'à son arrivée dans la capitale. Tout resta immobile d'étonnement, d'attente et d'incertitude. Ce fut une de ces suspensions de vie, de mouvement et presque de respiration dans un grand peuple, où le sol même semble incertain du maître à qui il appartiendra.

V

Cependant la mort d'Alexandre était connue à Varsovie par un courrier du prince Volkonski, trente-six heures avant que cette mort fût connue à Pétersbourg. Le dernier né des trois princes survivants, le grand-duc Michel, s'y trouvait en ce moment en visite auprès du grand-duc Constantin. Les deux frères, frappés du même coup et pénétrés de la même douleur à la nouvelle de la mort d'Alexandre, l'idole de leur cœur, s'enfermèrent ensemble pendant deux jours pour pleurer et pour délibérer. Les larmes ne devaient pas tarir; la délibération fut courte comme un sentiment irréfléchi ou comme une résolution irrévocable.

Le 6 décembre, Constantin, au lieu de courir à Pétersbourg saisir l'empire, écrivit à l'impératrice Marie Fædorovna sa mère, pour lui annoncer qu'il restait fidèle à la parole jurée. « Habitué dès mon enfance, disait-il dans sa lettre, à accomplir religieusement la volonté de mon père, la vôtre et celle de mon frère l'empereur Alexandre, je considère comme une obligation de céder mon droit à la succession au grand-duc Nicolas et à ses héritiers. »

Une seconde lettre de la même date, portée par le même courrier au grand-duc Nicolas, assurait ce prince de l'inébranlable résolution de Constantin de ne pas accepter la couronne : « Après cette déclaration, disait Constantin à son frère, je regarde comme un devoir sacré de prier Votre Majesté de recevoir le premier mon serment de fidélité; je n'élève mes vœux vers aucune nouvelle dignité, vers aucun nouveau titre, je désire conserver seulement celui de tsarewitz, dont j'ai été honoré pour mes services militaires par feu notre père. Mon unique bonheur sera de voir agréer par Votre Majesté Impériale mon dévouement sans bornes. J'offre pour gage de ces sentiments trente années d'un service fidèle et du zèle le plus pur qui m'a animé toujours envers mon père et mon frère, de glorieuse et chère mémoire.

Le grand-duc Michel, confident des sentiments et des résolutions de son frère, accompagna lui-même à Pétersbourg le courrier qui portait ces lettres à l'impératrice-mère et à Nicolas. Elles ne suffirent pas encore à fléchir la résistance et l'intégrité de celui à qui Constantin déférait si librement et si itérativement la couronne. Il fit repartir précipitamment le grand-duc Michel pour Varsovie, sans publier encore les lettres de son frère, surprises peut-être à l'émotion ou à l'obéissance. Il conjurait Constantin de revenir sur ses refus ; il lui donnait le temps de retirer ses lettres purement confidentielles; au risque de laisser ce temps aux factions qui s'agitaient sourdement dans la capitale et dans les provinces.

Mais le grand-duc Michel rencontra à moitié chemin de Pétersbourg à Varsovie un second courrier de Constantin qui rapportait au sénat et à l'empereur un refus plus absolu et plus explicite du trône. Il lut ces lettres. Il jugea son voyage désormais sans but ; il se hâta de revenir sur ses pas à Pétersbourg pour prêter son cœur et son bras à Nicolas dans la crise que des rumeurs vagues faisaient présager comme imminente, au moment où le sceptre, trop longtemps flottant, passerait d'une main dans une autre. Constantin lui-même aurait pu, sans doute, se rendre à Pétersbourg pour enlever toute incertitude à la capitale et toute possibilité de doute à l'armée sur la spontanéité et l'irrévocabilité de sa renonciation. Il était d'un cœur généreux d'aller démentir en personne les prétentions ou les regrets qu'on pouvait lui supposer dans une si solennelle abnégation. Il ne le fit pas ; ce fut un malheur et peut-être un reste d'égoïsme. Les uns disent qu'il craignit de laisser dans un tel moment la Pologne à elle-même, les autres qu'il craignit que l'armée de Pétersbourg ne fît violence à ses refus par l'entraînement de ses instances. Les hommes les plus initiés dans le secret de ses pensées croient qu'il redouta, s'il quittait Varsovie et l'armée polonaise, de n'y revenir jamais, et qu'il voulut s'assurer à lui-même cette vice-royauté à vie de la Pologne, comme la plus noble et la plus sûre retraite contre les disgrâces possibles qui succèdent souvent à la reconnaissance dans les cours.

Tout indique la réalité ou la vraisemblance de cette supposition ; car le premier mouvement d'un prince dont l'abdication va causer une émotion dangereuse à son successeur est de se jeter entre le peuple et ce successeur, et de dissiper d'un mot le doute fatal où la famille et l'État peuvent périr par le silence et par l'absence du légitime héritier.

Quoi qu'il en soit, le grand-duc Michel rapporta seul à Pétersbourg la confirmation authentique de la renonciation de Constantin. Le 24 décembre, après trois semaines d'instances et de refus, et Nicolas jugeant, avec raison, toute plus longue procrastination inutile, publia le manifeste de son propre avénement au trône. Ce manifeste, sincère dans l'exposition des faits, et triste dans la résignation à la nécessité du trône, pieux dans les sentiments et dans les termes, avait été rédigé par le comte Speransky, publiciste exercé, et retouché par l'empereur lui-même. Il ne pouvait laisser aucun doute sur la déférence qu'on avait témoignée obstinément au légitime héritier, sur la persistance de ses refus, sur la nécessité pour Nicolas d'accepter l'empire dévolu malgré lui à son titre de second héritier par rang de naissance.

Le 25 au soir, le conseil de l'empire, le sénat, le synode, les grands corps de l'État, se rendirent au palais d'Hiver, et y prêtèrent serment à Nicolas jusqu'à une heure très-avancée de la nuit. Jamais serment prononcé dans un plus sombre deuil ne fut consolé cependant par de plus légitimes espérances.

VI

Le grand-duc Nicolas semblait, plus encore que son frère Alexandre, avoir été formé par la nature pour imposer aux hommes et pour leur commander. La beauté l'avait fait tsar avant le rang; l'impression qu'il fit sur nous-même à la fleur de ses années fut ineffaçable, comme celle d'une statue vivante d'Alexandre jeune. Il montait un cheval noir, approprié par sa haute taille à la stature de son cavalier. Un casque d'argent doré recouvrait son front et projetait sur son visage juvénile et un peu pâle l'ombre martiale qui sied au front du soldat. Son profil pur se détachait sur les uniformes sombres des officiers de la garde impériale russe, dont il parcourait au pas la ligne de bataille; un front plane, un nez droit, une lèvre relevée, un menton arrondi, un ovale du visage allongé, un léger duvet sur les joues, terni par la poussière du champ de manœuvre, une sévérité précoce de physionomie, la dignité d'attitude à cheval qui contrastait avec l'élégance svelte et frêle du corps, une pose impériale, un regard qui tombait de haut mais avec condescendance sur la foule, tout faisait alors de Nicolas le type du prince, le rêve du tsar futur. L'âge, en développant cette fierté d'attitude, y avait ajouté la majesté et la réflexion.

Le caractère, chez Nicolas, n'était pas en désaccord avec cette physionomie qui, en général, est la révélation de l'homme intérieur. L'esprit, sans s'élever jusqu'au génie, s'élevait au-dessus du sens ordinaire des hommes; il était juste et il portait loin; une parole rare, mais nette, facile et franche, exprimait sans prétention et sans réticence sa pensée : il se sentait trop haut pour descendre à tromper les hommes. Moins caressant qu'Alexandre, il était plus réellement persuasif ; son accent avait la sincérité, la probité et l'inflexibilité de son âme. Honnête de nature comme de principes, il était religieux, mais sans rêverie, comme son prédécesseur, et sans fanatisme, comme son peuple. Ses mœurs jusque-là avaient été pures comme son premier amour pour sa jeune femme. Il adorait sa mère jusqu'au culte, non jusqu'à la servilité d'esprit. Le devoir sous toutes les formes comme homme, comme fils, comme frère, comme soldat, comme prince, était le point fixe de sa nature. Il n'était pas arrivé encore à l'âge où l'orgueil égare la conscience et où la toute-puissance encourage à la tyrannie. Il était jeune de vertu comme d'années ; il aurait réalisé ces présomptions pour la postérité s'il fût mort avant l'âge où l'ambition, qui s'agrandit à mesure que les années de l'homme se rétrécissent, le pressa de cueillir d'une main sanglante l'Orient, que la France et l'Europe devaient lui disputer. Le jour où il perdit sa conscience, il perdit avec sa vraie gloire la fortune de la Russie [1].

Tel était, le 26 décembre 1825, le prince qui venait d'offrir le trône à son frère, et qui allait être forcé de le conquérir avant d'y être assis.

V.

Pendant que l'empire flottait trop longtemps ainsi dans un combat d'abnégation et de générosité entre les

---

[1] 1855. Guerre des provinces danubiennes et guerre de Crimée.

deux frères, une conjuration militaire, dont l'atmosphère avait pesé sur l'imagination d'Alexandre mourant, couvait en effet dans les deux armées du Nord et du Midi, à Pétersbourg et dans les cantonnements de la Bessarabie. Les causes de cette double conjuration seraient inexplicables sous un prince généralement adoré tel qu'Alexandre, et dans un pays aussi primitif que la Russie, si elles ne s'expliquaient par l'état général de l'Europe dans les années qui suivirent 1815, et par le génie imitateur ou plagiaire de la noblesse russe.

On se souvient que l'armée russe, appelée au secours des trônes et des peuples allemands insurgés par leur patriotisme contre l'oppression de Napoléon, avait respiré en Allemagne les miasmes généreux des sociétés secrètes, où s'était concentré l'esprit de délivrance de la tyrannie française et d'émancipation du genre humain. Ces mêmes armées, en traversant la France et en y séjournant comme vainqueurs de Napoléon ou comme libérateurs du pouvoir absolu, y avaient contemplé la renaissance de la liberté représentative, de la liberté de la tribune, de la liberté de la presse, et de l'égalité de droits entre les citoyens.

Ce spectacle avait laissé de profondes traces dans l'esprit de la jeunesse militaire russe. A leur retour dans leur patrie, ces jeunes nobles, frappés du contraste entre le despotisme absolu de leur tsar et le pouvoir légal et modéré des rois constitutionnels, plus frappés encore du contraste entre le citoyen d'une patrie libre et le serf d'une contrée esclave, avaient aspiré prématurément, mais généreusement, à une double transformation du despotisme moscovite en autorité constitutionnelle et des serfs en citoyens. Ces progrès dans la civilisation sociale et politique étaient trop évidents pour ne pas allumer l'enthousiasme désintéressé des âmes nobles dans l'aristocratie militaire de l'empire. Ils aimaient Alexandre, dont le caractère valait à lui seul une constitution ; mais Alexandre avait dit lui-même à madame de Staël : « Je ne suis qu'un heureux accident. » Ces jeunes hommes voulaient que l'accident devînt une institution permanente.

Les révolutions militaires du 20 mars 1815 en France, d'Espagne, de Naples, de Turin, de 1815 à 1821, avaient fatalement enseigné par l'exemple, aux officiers révolutionnaires russes, que l'armée qui consolide les trônes peut aussi, plus facilement que les peuples, les ébranler. Les conspirations de casernes et de corps d'armée étaient devenues l'entretien et la corruption des camps. Enfin les sociétés secrètes d'Allemagne, de France, d'Espagne, d'Italie, avaient ajouté le goût et le prestige du mystère aux séductions naturelles de la philosophie et de la liberté. Les journaux et les livres que la France et l'Angleterre répandaient comme des échos de leur pensée ou de leurs tribunes en Russie nourrissaient dans le cœur de la jeune noblesse des villes et des camps cette émulation d'idées et d'institutions qui tend, comme l'Océan, à prendre son niveau sur tout le globe. Ces éléments de fermentation, venus du dehors et fomentés par l'engouement et par la mode, ces deux génies des peuples enfants, étaient plus que suffisants pour remuer les imaginations, et pour faire surgir des tribuns et des conjurés dans un pays où les conjurations font la seule liberté des esclaves.

VIII

Une première société secrète, foyer de ces principes et de ces aspirations, s'était organisée récemment à Saint-Pétersbourg dans l'armée. Elle s'appelait la *Société du Nord*. Ses trois fondateurs étaient le prince Serge Troubetskoï, le prince Obolenski et Conrad Ryléïef, l'âme du conciliabule.

Le prince Troubetskoï appartenait par sa naissance à la plus haute aristocratie de l'empire, et par ses grades à l'armée. Un de ses ancêtres avait disputé le trône aux premiers Romanof. Imagination ardente, esprit téméraire, cœur faible et vacillant, il était fait pour nouer et pour perdre une entreprise.

Le prince Obolenski, aide de camp d'un général d'infanterie de la garde, était un de ces esprits légers que le tourbillon attire et emporte dans sa sphère, et que l'extrême jeunesse prédispose aux généreuses illusions.

Ryléïef seul était un homme complet; mais c'était un homme égaré parmi des courtisans ou des esclaves; un homme incompatible avec le temps et les institutions où le hasard l'avait fait naître; un homme qui rêvait non-seulement la liberté, mais la dernière forme de la liberté dans un pays de boyards et de serfs, la république dans les murs du Kremlin ou sous les tentes nomades des Tartares, contre-temps et contre-sens que l'esprit systématique et inflexible de l'utopiste pouvait seul imaginer dans un camp de Moscovites. Ryléïef, né d'une famille noble, sous-lieutenant d'abord dans l'armée, puis entré dans la magistrature, enfin devenu secrétaire général d'une grande association commerciale pour les échanges entre la Russie et l'Amérique, était de plus un poëte qui donnait des espérances à la littérature de son pays. Il rappelait, par la mélancolie de ses vers et par son courage, André Chénier, le poëte français qui savait chanter et mourir. Son républicanisme, adouci par son caractère, admettait le mystère, mais non le crime, dans les moyens. Plutôt martyr qu'assassin était la devise de Ryléïef.

Autour de ces trois hommes se groupèrent bientôt une foule de ces hommes secondaires qui sont les bras des entreprises de ce genre : le lieutenant-colonel Batenkof, que le mécontentement d'un grade perdu jeta dans la liberté comme dans une vengeance ; Jacoubovitch, destitué en Géorgie pour un duel où il avait été l'agresseur et le meurtrier, et qui cherchait à forcer les portes de la fortune par la violence ; Alexandre Bestoujef, ami dévoué de Ryléïef, noblement entraîné par l'amitié dans le péril, écrivain précoce et distingué en poésies imitées de la France ; enfin, le colonel du 6e régiment de chasseurs, Boulatof, homme que le seul enthousiasme d'une noble entreprise pouvait arracher à ses devoirs, idole des soldats, mais aussi indiscret que passionné, et qui devait, en éventant par légèreté le complot, perdre involontairement ses complices. Chacun de ces conjurés en initiait d'autres qui initiaient à leur tour les chefs, les officiers et les sous-officiers les plus capables d'entraîner leurs régiments.

Le but avoué de la conjuration était, non d'arriver du premier pas à la république, rêve absolu de Ryléïef, mais de limiter le pouvoir des tsars et de créer le gouvernement représentatif de deux chambres avec une constitution, base des trois pouvoirs. Rien n'indique une pensée sociale dans ce complot purement politique. Donner la liberté et l'égalité aux serfs, ce détrônement de l'aristocratie et même de la propriété en Russie, n'entrait ni comme premier but ni comme premier moyen dans ces théories de soldats et d'aristocrates.

IX

L'armée du Midi, commandée par Witgenstein et cantonnée sur les rives du Pruth au nombre de cent vingt mille hommes, l'armée de Volhynie, commandée par Saken et composée de cent cinquante mille hommes avec le quartier général à Kief, étaient travaillées des mêmes affiliations. Le complot se ramifiait, depuis le Caucase jusqu'à la Pologne, parmi huit cent mille hommes sous les armes. Les états-majors des deux généraux étaient à leur insu le foyer de la conspiration presque unanime.

Le principal moteur des affiliations et des révolutions du Midi était Paul Pestel, fils du gouverneur général de la Sibérie. On l'appelait le Riégo de la Russie; il eût été plutôt le Catilina de Rome. Ce n'était ni la vertu trompée ni l'illusion de l'espérance qui conspirait en lui, c'était le vice. La république n'était à ses yeux qu'une subversion immense et soudaine, dont son ambition sans scrupule pouvait sortir en Marius et non en Washington. Le vertueux Ryléïef lui-même et son ami Bestoujef rougissaient de servir la même cause que ce contempteur cynique de toute morale et de toute vertu. C'était, disaient-ils, un ambitieux et un fourbe. Mais c'est le malheur des hommes de bien qui trempent dans ces associations ténébreuses, d'être, à cause de ces ténèbres mêmes, associés et confondus avec les pervers.

Pestel, longtemps aide de camp du général en chef

Witgenstein, dont il trahissait la confiance, était maintenant colonel d'un régiment de dragons. L'éloquence de Pestel fanatisait tous ceux qui l'entendaient haranguer dans les réunions secrètes de l'armée du Midi, son intrépidité rassurait les plus timides; il donnait l'ivresse aux uns, la résolution aux autres. Ses perspectives rayonnantes de gouvernement idéal, opposées à la servitude du gouvernement des tsars, éblouissaient facilement de jeunes officiers russes qui croyaient écouter en lui un Orphée du Nord. Son plan avoué était une république, mais une république avec une dictature de dix ans pour l'imposer aux opposants par la force et par l'arbitraire. Quant au nom du dictateur, il le laissait chercher à ses complices. Tous prononçaient le sien. On le soupçonnait cependant, non sans vraisemblance, de rêver la couronne des tsars sur le front du dictateur républicain. Imagination assez vaste pour tout rêver, esprit assez immoral pour mépriser même ses propres rêves.

Le 1ᵉʳ janvier 1826, jour où le régiment de Pestel devait prendre le service du quartier général, était fixé pour le mouvement. On arrêterait le général en chef, on déclarerait la déchéance de l'empereur Alexandre, dont on ignorait encore la mort, on enlèverait les autres corps par la voix des conjurés répandus partout, on marcherait sur Pétersbourg, on proclamerait la république, et le hasard proclamerait le dictateur.

X

Mais dans l'armée de Kief, où l'on ignorait à la fois et la mort de l'empereur et l'arrestation de Pestel, les conjurés, dirigés par les frères Mouravief, se préparaient à faire éclater le mouvement. Nous verrons bientôt leur inopportunité, leur ruine et leur échafaud. Retournons à Pétersbourg.

Telles étaient les vastes trames, trop diverses et trop étendues sur une trop immense surface, qui se renouaient, du midi au nord de la Russie, à la trame centrale de Pétersbourg.

Tout était avorté au midi la veille du jour où Ryléïef et ses complices allaient tenter de surprendre l'empire en plein interrègne, et d'exploiter au profit d'une révolution nationale un combat imprudent de désintéressement entre deux tsars.

Les conjurés, réunis le 25 au soir chez Ryléïef, informés du serment que les grands corps de l'État venaient de prêter, du manifeste de l'empereur qui allait paraître et de la proclamation de Nicolas, qu'on allait le lendemain demander aux troupes, résolurent de profiter de la dernière heure offerte par le hasard à leurs desseins. L'ignorance où était le peuple des véritables dispositions de Constantin, héritier de droit qu'on croyait supplanté par un héritier de faveur, la popularité soldatesque de ce nom de Constantin, cher aux barbares par la barbarie même de son apparence, la confusion d'un tel moment, l'explication difficile à donner et à entendre, le peuple ému, la cour inquiète, les troupes sous les armes, les cris demandés et répondus par des cris contraires, enfin le grand nombre de conjurés répandus dans les casernes et dans les groupes, tout donnait le signal et la confiance aux conspirateurs. Le nom de Constantin qu'ils abhorraient devint leur mot d'ordre. Une fois la guerre civile organisée sous deux noms de tsars opposés l'un à l'autre, il n'était pas difficile d'en faire sortir un troisième cri, celui de constitution, de république, de dictateur.

Le prince Troubetskoï, le prince Obolenski, les frères Bestoujef, Jacoubovitch, Kakhofski, Batenkof, Stenheil, le comte Konovnitzin, les comtes Poustchin et Repin, Southof et Arbouzof, officiers des gardes, le prince Odoïefski, poëte et soldat du sang royal de Rurik, assistaient avec beaucoup d'autres à la délibération. Elle fut courte et pressée par l'heure. La nuit s'écoulait et ne devait pas laisser un autre jour au succès. On adopta d'urgence les idées mûries et le plan simple de Ryléïef.

« Je passe le Rubicon, et je sabre tout devant moi! s'écria l'impatient Bestoujef, irrité de quelques objections inopportunes.

» — La fortune décidera ce que nous ferons ensuite de l'empire, dit Ryléïef : commençons par l'enlever aux deux tsars. »

On vint leur annoncer qu'un complice, le lieutenant Rostolozof, avait tout avoué à l'empereur.

« Nous sommes trahis, vous le voyez! dit Ryléïef. La cour sait beaucoup, mais elle ne sait pas tout; le temps nous reste.

» — Oui, oui, s'écrièrent-ils tous : les lames sont hors des fourreaux, nous ne pouvons plus cacher nos sabres. »

L'extrémité du péril changea même le cœur de Ryléïef au moment suprême. Il admit à regret l'éventualité du régicide, si le régicide était nécessaire pour faire triompher le complot.

« Cher ami, dit-il en serrant dans ses bras Kakhofski, un de ces hommes qui n'ont de conscience que le fanatisme de leur parti, tu n'as ni femme ni enfant, ni père ni mère : c'est à toi à te sacrifier à la patrie et à nous débarrasser de l'empereur. »

Le prince Troubetskoï fut élu à l'unanimité dictateur :

choix fatal à la révolution qu'il était capable de rêver, incapable d'accomplir. Jacoubovitch se chargea de forcer les cabarets, d'enivrer les soldats et la populace, et de diriger la soldatesque et le peuple ivres à l'assaut du palais d'hiver, après les avoir engagés dans la cause de la révolution par le pillage. Ryléïef s'indigna contre cette flétrissure imprimée à l'armée et au peuple qu'il voulait ennoblir. Avant l'aurore, chacun des conjurés courut au poste des casernes ou des places d'armes qu'il s'était assigné à lui-même par ses affiliations avec les soldats.

« On vous trompe, disaient-ils partout aux troupes : Constantin, notre légitime empereur, n'a point abdiqué ; il est dans les fers à Varsovie, et on va vous demander demain d'être les complices du crime et de la spoliation en proclamant son spoliateur ! Tuez tous ceux qui vous proposeront ce pacte avec la trahison et le fratricide ! Que le cri de : « Vive Constantin ! » soit votre réponse unanime aux vils partisans de l'usurpateur.

» — A bas Nicolas ! vive Constantin ! » criaient les soldats. Ils chargeaient leurs armes. Le général Frédérich, commandant du premier régiment ainsi ameuté, s'étant présenté pour rappeler les troupes au devoir, Bestoujef et le prince Stchepin se précipitent, le sabre et le pistolet à la main, sur le général, il tombe blessé à la tête dans son sang. Un second général subit le même sort ; le régiment sortit de la caserne au cri de : « Vive Constantin ! » Il marcha sur la place du sénat en entraînant à sa suite une foule de détachements et de peuple, et se rangea en bataille autour de la statue de Pierre le Grand. Ils attendaient là des renforts assez considérables pour donner l'assaut au palais d'hiver. Ces renforts tardaient à venir ; mais le peuple, éveillé par les cris des soldats et agité par les agents des conjurés, accourait en foule sur la vaste place, et formait autour des révoltés une seconde armée populaire plus tumultueuse que l'armée elle-même.

Nicolas, enfermé avec sa famille dans le palais d'hiver, devenu pendant la nuit une forteresse hérissée de canons, entendait de ses appartements le sourd murmure de la multitude et les imprécations des soldats. Incertain des dispositions de la garde, et prévenu seulement depuis la veille de la conspiration militaire, dont le mystère pouvait lui cacher un complice dans chaque officier général de son propre palais, il ne trouvait d'appui solide que dans sa propre résolution. Il embrassa l'impératrice Alexandra, sa femme, la rassura par quelques paroles brèves et tendres, pria à genoux avec elle dans la chapelle du palais, puis, prenant par la main le jeune grand-duc Alexandre, son fils, âgé de huit ans et tout baigné des larmes de sa mère, il descendit au principal corps de garde du château, et ordonna aux hommes du poste de charger les fusils et d'occuper toutes les avenues. Présentant ensuite son fils aux soldats : « Je vous le confie, leur dit-il ; c'est à vous de le defendre. »

Les chasseurs de Finlande, touchés jusqu'aux larmes, jurèrent de lui faire un rempart de leurs corps ; ils le prirent dans leurs bras, l'embrassèrent avec mille caresses, et ce fut un spectacle plein d'intérêt que de voir le royal enfant, plus délicat que robuste, blond et d'un teint d'albâtre, passer ainsi de rang en rang, effrayé peut-être de la tendresse que lui témoignaient ces guerriers à la figure de bistre, à la moustache luisante, d'un air si martial et si soudainement exaltés. Mais il était en des mains sûres : le soldat russe, quand il a donné sa foi, quand un acte de confiance a touché son cœur, se laisse hacher en morceaux sans reculer d'un pas. Les chasseurs veillèrent sur le dépôt précieux et refusèrent le prince même à son gouverneur, le colonel Mœrder, lorsqu'il vint le réclamer. « Dieu connaît les intentions de chacun, lui répondirent-ils : nous ne rendrons le fils de notre père qu'au père en personne. »

Le général Miloradovitch, gouverneur de Pétersbourg, vétéran respecté des campagnes de Souvarof de 1814 et de 1815 en France, et le comte Alexis Orlof, homme aussi imposant au peuple que cher à son maître, étaient à leur poste à côté de l'empereur à l'heure du danger. Orlof, haranguant les escadrons de la garde à cheval, les range en bataille sur l'immense place couverte de neige qui s'étend du palais d'hiver au palais du sénat. Miloradovitch fait avancer le régiment de Préobrajenskoï, les sapeurs et les grenadiers de la garde. Il en forme un rempart de baïonnettes en avant du palais, et présente ainsi un noyau de trois mille soldats incorruptibles aux troupes indécises que les officiers du parti d'Alexandre et les conjurés du parti de Constantin se disputaient dans les casernes et dans les rues.

L'empereur, impatient de cette attente qui laisse flotter l'événement, se résout à lui demander lui-même son dernier mot, la mort ou l'empire, en marchant en personne aux casernes. Il monte à cheval, et, suivi d'un seul bataillon du régiment Préobrajenskoï, il s'avance résolûment au-devant des rebelles affluant par toutes les rues sur la place du Sénat.

« L'empereur, disent les notes d'un témoin oculaire, l'impartial et consciencieux Schnitzler, dont les impressions conservent la chaleur et le désordre de la journée, l'empereur ne tarda pas à rencontrer un de ces détachements pressés de rejoindre l'ennemi. S'avançant vers eux, il leur adressa le salut ordinaire. D'après un vieil usage russe d'une simplicité patriarcale, le souverain ou les chefs de corps, lorsqu'ils se trouvent en présence d'une force armée, échangent avec elle quelques paroles d'affection ; les soldats prononcent, en un temps rapide et en chœur, chacun appuyant sur l'un des mots, la formule de la réponse. « Bonjour, mes enfants (*strastvoustië rebeti*) ! » cria Nicolas au premier de ces détachements. La réponse fut : « Hourra Constantin ! » Sans se déconcerter, l'empereur montra du doigt l'extrémité de la place, et dit : « Vous vous trompez de chemin, votre » place est là, auprès des traîtres ! » Un autre détachement, auquel le même salut était adressé, resta interdit et ne fit aucune réponse. L'empereur saisit le moment avec une présence d'esprit admirable : « Conversion à » droite, marche ! » s'écria-t-il de sa voix sonore et retentissante. Et le soldat obéit machinalement, comme s'il n'avait eu d'autre intention en se mettant en route.

» Les grenadiers du corps avaient leur caserne dans la grande rue *Millionne*, qui aboutit au palais d'hiver, et à l'autre bout de laquelle s'élève le lourd édifice appelé palais de Marbre, mais qui, en grande partie construit avec le granit de Finlande, est d'une apparence sombre comme son maître d'alors, le tsarewitz Constantin. Leur ancien colonel Boulatof n'ayant pas paru à la caserne, comme il en avait pris l'engagement, le régiment fit d'abord acte de soumission, malgré les efforts tentés par le sous-lieutenant Kojevnikof pour les décider à la résistance. Ses interpellations : « A qui prêtez-vous serment? » Oubliez-vous celui qui vous lie envers l'empereur Con» stantin? Prenez-y garde, on vous trompe ! tout ce qu'on » débite est pure fausseté ! » Ses vociférations obstinées, le régiment les attribuait à l'état d'ivresse où il le voyait; aussi ne mit-il point obstacle à son arrestation. La cérémonie se passa tranquillement, et les soldats allèrent dîner. Ils avaient cependant des remords ; car les paroles de Kojevnikof et d'autres suggestions antérieures avaient laissé le doute dans leurs esprits. Le lieutenant Southof, qui survint, acheva de les ébranler : « Mes amis, leur dit-il, nous avons eu tort d'obéir ; les autres régiments ont refusé le serment et sont sur la place du Sénat. Allons les rejoindre, apprêtez-vous, chargez vos armes ! » Il fut obéi ; toute la compagnie se leva. En vain le brave colonel Sturler, commandant du régiment, cherchait à les retenir, à les ramener à leur devoir : « En avant ! criait Southof ; suivez-moi, ne m'abandonnez pas ! » Et il les entraîna hors de la caserne.

» Le rappel mit aussitôt sur pied tout le régiment, et le colonel commanda qu'on chargeât les armes, afin de se mettre à la poursuite des rebelles. Mais le lieutenant Panof, qui avait déjà couru de compagnie en compagnie, haranguant les soldats, protestant qu'on les trompait, et que leur docilité les exposait à la colère de l'empereur Constantin comme à celle de l'armée tout entière, les excita de nouveau à la désobéissance : « Courons vers ceux qui défendent Constantin ! » leur cria-t-il. Une cruelle incertitude s'empara de ces hommes attachés à leur devoir, mais ignorants, crédules, séduits par la voix de leurs chefs immédiats, qui leur inspiraient plus de confiance que les chefs supérieurs, habitués sinon à vivre aux dépens du soldat, du moins à se faire craindre de lui ; car il ne voit en eux qu'une autorité sévère, inflexible et imposante, des maîtres sur lesquels il ne peut jeter les yeux qu'en tremblant. Alors Panof se précipita au milieu de la colonne, fit entendre le cri répété de : « Hourra Constantin ! » et décida la révolte de plusieurs compagnies.

» On marcha vers la place du Sénat. En route, Panof imagina de faire une tentative contre la forteresse, située non loin de là, au centre du fleuve et de ses bras. En effet, les meneurs de la révolte auraient mieux fait de s'assurer d'une telle position, après s'y être ménagé des intelligences (chose possible sans doute avec les relations qu'ils avaient dans tous les corps), que de s'acculer contre le sénat, à l'extrémité d'une place immense, où ils s'exposaient à être cernés, sabrés par la cavalerie, balayés par la mitraille, sans autre point d'appui que celui de la populace, à supposer qu'ils parvinssent à l'échauffer. Dans la forteresse est gardé le trésor; ils y auraient trouvé en outre les armes et les munitions, dont ils n'avaient pu faire une provision suffisante. Le lieutenant Panof y songea d'autant plus, qu'en ce jour même la garnison de cette espèce de *Kreml* se composait de deux compagnies de son régiment; mais le général Soukine, commandant de la citadelle, avait sans doute reçu des ordres et se tenait sur ses gardes. A l'approche des hommes de Panof, le poste prit les armes, la porte fut fermée : une surprise n'était plus possible. Panof retraversa aussitôt le large lit de la Néwa, couverte de cette glace épaisse où l'on peut tailler des blocs d'un mètre d'épaisseur sans compromettre la solidité de ce pont naturel; il rentra dans la rue Millionne et arriva devant le palais d'hiver, contre lequel il eut encore l'idée de tenter un coup de main. Il s'avança effectivement vers la cour; mais, voyant l'attitude des sapeurs, il comprit qu'il n'y avait rien à espérer de ce côté, ressortit et se dirigea vers le gros des rebelles, dont les cris incessants : « Hourra Constantin ! » confirmaient les siens dans leurs sentiments. Un autre renfort plus considérable venait de grossir les rangs des insurgés : c'était le bataillon des équipages de la garde presque tout entier, conduit par le lieutenant de vaisseau Arbouzof et par Nicolas Bestoujef, capitaine-lieutenant.

» Comme nous l'avons dit, les conjurés s'étaient d'abord adressés aux marins. « Prêtez serment ou non,

» leur avaient dit plusieurs de leurs officiers (car plus de
» douze étaient initiés au complot, ou se laissèrent en-
» traîner), nous n'avons ni ordre ni conseil à vous don-
» ner; n'écoutez en cela que votre conscience ! » Paroles
insidieuses vis-à-vis d'hommes qui ne connaissent que
le commandement, qui n'ont d'autre idée que celle de la
nécessité d'obéir, et pour qui l'empereur est le représentant de Dieu sur la terre, l'homme unique, comme
dit M. de Custine, par qui la Russie pense, juge et vit,
la science et la conscience de son peuple. Arbouzof,
Nicolas Bestoujef et Kakhofski, qui s'étaient joints à eux,
les échauffèrent de plus en plus, à ce point qu'à l'arrivée du général-major Schipof, chef de la brigade, ils
refusèrent de prêter un nouveau serment. Le général
fit arrêter les commandants des compagnies, mais ils
furent aussitôt remis en liberté par les officiers rebelles,
et comme dans cet instant de confusion un cri part :
« Soldats, entendez-vous ces décharges? Ce sont vos
» camarades que l'on massacre ! » tous s'élancent vers
les portes de la caserne, et les efforts de quelques officiers fidèles échouent contre la violence du torrent.
Quoique plus élevé en grade, Nicolas Bestoujef cède le
commandement à Arbouzof. Les matelots suivent les
meneurs, et les autres officiers sont entraînés sur leurs
pas. Arrivés près du manége de la garde à cheval, ils saluent de leurs cris leurs camarades, séduits comme eux,
et dont ils devaient partager le triste sort. On leur cria :
« En carré contre la cavalerie ! » position que le régiment de Moscou avait déjà prise, à la vue de la garde à
cheval avançant sous la conduite de son brave colonel.

» Le combat était en effet engagé. Cependant le détachement du régiment de Moscou n'avait pas réussi à
s'emparer de l'hôtel du sénat, grâce à la fermeté du
lieutenant Nassakine, chef du poste. Celui-ci, avec une

poignée de chasseurs de Finlande, s'établit sous la porte et repoussa toutes les attaques : il resta ainsi pendant deux heures entouré des rebelles, pressé, assiégé par eux.

» Déjà ceux-ci étaient démoralisés, car ils étaient sans chefs : des trois hommes désignés pour les commander, Jakoubovitch était seul à son poste ; le prince Obolenski s'y était également rendu, mais il n'avait pas de rôle spécial à remplir : ni le prince Troubetskoï ni le colonel Boulatof n'avaient paru. Ce dernier était sur la place, mais caché dans la foule des spectateurs. Batenkof avait prêté le serment, et nous verrons bientôt que le prince aussi avait pris conseil de sa pusillanimité. Le ferme Ryléïef avait rejoint son ami Alexandre Bestoujef; cependant il ne resta qu'un instant sur la place : n'y voyant pas Troubetskoï, il courut à sa recherche, perdit beaucoup de temps et ne reparut point. Au reste, si la présence des chefs eût jeté peut-être quelques rayons d'une gloire équivoque sur cette déplorable échauffourée, elle n'eût rien changé néanmoins au cours des événements.

» L'empereur était entouré de troupes et de généraux qui en répondaient. Vainement on le sollicitait de se retirer, et de permettre qu'on en finît avec l'insurrection. Dans ce moment de crise, il voulut se montrer digne du trône, non-seulement par son courage, qui ne faiblit pas un instant, mais par la longanimité, plus admirable, qu'il y allia. Avare du sang de ses sujets, même égarés, même coupables, il inaugura son règne par un procédé généreux. Tout en refusant de déserter le poste du danger, il permit que le gouverneur général parlât aux rebelles, afin d'essayer encore une fois de les ramener à leur devoir. Le comte Miloradovitch s'avança seul vers eux, plein de confiance dans l'attachement que le soldat lui avait toujours témoigné. A peine leur eut-il exprimé son étonnement de voir des guerriers, en tout temps si fidèles, s'oublier jusqu'à résister ouvertement à leur souverain légitime, que l'on étouffa sa voix par les cris de : « Hourra Constantin! hourra Constantin! » Le prince Obolenski lui porta un coup de baïonnette, qui effraya seulement le cheval du vétéran; mais en même temps Kakhofski lâcha lui-même sur lui, presque à bout portant, la détente de son pistolet, et le blessa mortellement. La main d'un Russe abattit le brave que les balles ennemies avaient respecté dans cinquante-six combats.

« Devais-je croire, soupira-t-il pendant qu'on l'emportait loin de cette lutte impie, que ce serait de la main d'un Russe que je recevrais la mort? »

» De plus en plus excitée, la foule se pressa autour des rebelles, qui cherchaient à s'étourdir par leurs vociférations. Plusieurs hommes du peuple prirent fait et cause pour eux, et le colonel Anrep (depuis lieutenant général) en perça un de son épée, au moment où il renversait un officier supérieur. Bientôt quelques meneurs subalternes se mirent en avant.

» Jusqu'alors les officiers et les conjurés, en habit civil, n'avaient pas osé faire entendre le mot de *constitution*, qui n'avait aucun sens pour la multitude, soit barbue et en cafetan, soit en menton rasé et en armes. Maintenant on jugeait le moment venu : au cri : « Hourra Constantin! » se mêla le cri de : « Vive la constitution ! »

Ce cri expira dans l'oreille inintelligente des masses. Les institutions ne passionnent que les peuples mûrs; les peuples jeunes ne se passionnent que pour ou contre les hommes.

« Le coup de feu qui venait d'abattre le brave général Miloradovitch, le Murat russe, comme l'appelle M. le comte Philippe de Ségur, avait eu un lugubre retentissement dans l'âme de l'empereur et dans celle des nombreux généraux et colonels dont il était environné. Une grande partie de la garde était là sous les armes, morne sans doute, abattue, incertaine, mais cependant fidèle à la discipline et contenue par son serment. « Êtes-vous bien sûr de votre troupe? » Cette question, qu'un témoin entendit faire, vers trois heures, par un général à un colonel de cavalerie au moment de commander la charge, était applicable à la plupart des régiments : heureusement, ils virent les rebelles en trop petit nombre. »

Ils restèrent inébranlables dans leur devoir ; le régiment de Moscou lui-même, dont quelques compagnies avaient donné le matin le signal de la révolte, se repentit à la voix du grand-duc Michel, son colonel, qui arriva pendant la mêlée, et qui le harangua et le détrompa par ses adjurations.

Ainsi, régiments contre régiments, bataillons contre bataillons, séparés par une place et par un cri, étaient prêts à s'entr'égorger pour un mensonge habilement exploité par un complot. C'en était fait de Nicolas et de la monarchie, si le fantôme de dictateur Troubetskoï eût été un homme! Plus de la moitié de l'armée et le peuple tout entier, obéissant à sa présence et à sa voix, auraient proclamé Constantin, et imposé facilement après la victoire les conditions au trône stipulées par les conjurés. Mais Troubetskoï, indigne du rôle qu'il avait affronté, errant de maison en maison, comme un homme qui fuit la responsabilité de sa propre audace, livrait l'événement à la merci des heures et du hasard, et se cachait loin du champ de bataille, sans donner d'ordre à sa cause, et sans lui offrir au moins sa vie

XI

L'empereur, plus habile et plus actif que le dictateur, se tenait immobile, mais intrépide, à cheval à la tête de ses troupes fidèles, comme pour défier face à face les rebelles. Le temps combattait pour lui, car le temps dissipe les erreurs populaires ; et donner de la réflexion à l'émeute, c'est lui donner du repentir ou du découragement. Déjà les cris devenaient plus faibles et plus rares au pied de la statue de Pierre le Grand. La victoire contre cette révolte, démoralisée et étonnée d'elle-même, paraissait certaine, si Nicolas avait fait charger la garde contre les révoltés; mais il en coûtait à son âme jeune encore, et à sa popularité incertaine, d'inaugurer son règne dans des flots de sang. Il fit appeler le vénérable Seraphim, métropolitain de Pétersbourg, et l'envoya comme un messager de paix, suivi d'un cortége de prêtres en costume sacerdotal, parlementer avec les rebelles.

Cette image de la religion s'avançant, la croix à la main, aux chants de l'autel, entre deux armées du même sang, pour commander la paix, étonna d'abord les séditieux ; mais les chefs, tremblants de l'ascendant des prêtres sur les soldats, ordonnèrent aux tambours de couvrir la voix des pontifes ; et, sans respect pour les cheveux blancs du vieillard octogénaire, ils le forcèrent, par leurs gestes, leurs hurlements et par les pointes de leurs sabres, à se retirer vers le camp de l'empereur et à rentrer dans sa cathédrale.

XII

« Chargeons ! » s'écria alors Nicolas à la cavalerie de la garde. Les chevaux s'ébranlèrent à sa voix ; mais l'étroit espace qui empêchait aux cavaliers de prendre leur force dans leur élan, la foule compacte, la neige amoncelée, amollirent la charge. Le prince Rostovski, un des principaux chefs de la conjuration, n'attendit pas le choc des chevaux : « Feu ! » dit-il à ses soldats. Le feu courut, à sa voix, sur toute la ligne. Un colonel de la garde tomba mortellement blessé aux pieds de son cheval; le meurtrier de Miloradovitch, Kakhofski, tua d'un coup de pistolet le colonel des grenadiers Sturler, et jeta son arme déchargée en l'air, avec un geste de bravade ou de remords. Un autre conjuré, Kuchelbecker, visa du canon de son pistolet le grand-duc Michel lui-même, et allait l'étendre à ses pieds, quand des matelots de la garde, frémissants de ce sacrilège, lui rabattirent le bras et détournèrent le coup. Il ajusta alors le colonel Voïnof, qui s'était élancé pour couvrir le prince ; mais le pistolet, trempé de neige fondue, trompa sa main, et sauva la vie de Voïnof. Jacoubovitch, qui s'était promis à lui-même la vie de Nicolas, le cherchait, le poignard à la main, dans la mêlée.

L'empereur, voyant la mollesse de la charge, la solidité de la révolte, ses colonels et ses généraux jonchant de leurs corps l'espace entre les deux lignes, et le jour tomber sur un doute qui allait doubler pendant la nuit les forces de la révolte, replia la cavalerie et fit avancer l'artillerie. Les mèches allumées des canonniers, agitées comme un avertissement du danger au-dessus des pièces, firent reculer la foule, mais n'ébranlèrent pas les soldats; ils comptaient sur la complicité des canonniers, dont un grand nombre avaient pactisé avec la révolte; mais le grand-duc Michel, descendant de cheval et prenant la mèche des mains d'un canonnier, fit le premier feu de mitraille sur la masse compacte des rebelles. Dix pièces successivement déchargées sur cette masse resserrée dans un si étroit espace, ouvrirent une brèche sur les cadavres de la cavalerie de la garde. Le combat ne fut plus qu'un massacre ou une fuite à travers les ténèbres des rues voisines. La nuit, la neige et la Néwa cachèrent le nombre des victimes.

L'empereur rentra, au dernier coup de canon, dans le palais, pour féliciter et consoler sa femme d'une victoire remportée à regret sur son propre peuple. Le brave général Miroladovitch expirait de sa blessure sur un matelas, dans le vestibule du palais : il mourut dans les bras du maître auquel il venait de donner sa vie et l'empire. Les soldats échappés au carnage de la place de Pierre-le-Grand se hâtaient, les uns de fuir au delà du fleuve, les autres de rentrer à leurs corps, en y désavouant leur faute et en maudissant leurs séducteurs.

Ryléïef, Bestoujef, Poustchin, Stenheil, Batenkof, rentrés, à la faveur des ténèbres, dans la chambre de Ryléïef, y concertaient précipitamment leur fuite à l'armée du Midi, où la conjuration victorieuse leur offrirait sans doute asile et vengeance. Le dictateur Troubetskoï, réfugié chez sa belle-mère, la comtesse de Laval, allait implorer de là un plus sûr asile chez son beau-frère, le comte Lebzeltern, envoyé d'Autriche. Lebzeltern, sur la foi de M. de Nesselrode, qui lui promettait au nom de l'empereur la vie de Troubetskoï, engagea son beau-frère à se rendre au palais, son meilleur refuge. « Si vous vous sentez le courage, lui dit l'empereur, de supporter une vie déshonorée, je vous accorde, comme une punition plus que comme une grâce, la vie. » Puis, se détournant avec dégoût d'un chef qui n'avait su ni combattre ni mourir, il laissa le dictateur écrire à sa femme : « Je me porte bien, et je vivrai. » Sa généreuse épouse le suivit volontairement en Sibérie, où l'empereur lui permit ce que l'exil, le climat et la honte peuvent laisser d'adoucissement à la ruine du caractère.

XIII

Le lendemain, les renseignements et les listes trouvés dans les papiers de Troubetskoï donnèrent à l'empereur les plans, les noms, les traces des deux conjurations. Ryléïef, Kakhofski, Obolenski, les frères Bestoujef, le féroce Jakoubovitch, altéré du sang de l'empereur, le colonel Boulatof, et une foule de conjurés subalternes, furent désignés par ces listes et surpris avant la fuite. Nicolas voulut les interroger presque tous lui-même, soit pour sonder les causes réelles de ce grand complot, soit pour mesurer, avec une indulgence arbitraire, le degré de culpabilité et de repentir de chaque conjuré.

« Il faisait à peine jour lorsque Bestoujef se trouva en présence de l'empereur, presque seul à seul. Lui, dont la parole éloquente et sympathique avait entraîné à la révolte la moitié d'un régiment auquel il était complétement étranger, resta atterré devant la majesté du regard avec lequel Nicolas l'aborda, en lui disant ces mots dictés par une juste indignation : « Le général Bestoujef » était un serviteur fidèle, mais il n'a laissé que des fils » dégénérés. » On assure qu'à cette question : « Où étiez-vous dans la journée du 14? » Boulatof répondit : « Près

» de votre personne, Sire! et si vous aviez faibli, c'était
» fait de vous ; mais je ne me suis pas senti capable de
» lâcher la détente, quand Votre Majesté montrait tant de
» fermeté et de courage.

» — Mais, pour une entreprise de cette espèce, il faut
» de l'assistance, des ressources de tout genre : sur quels
» moyens comptiez-vous pour réussir?

» — Des choses de cette nature ne se disent pas devant
» un si grand nombre de témoins. »

» Sans faire attention à quel danger il s'exposait, Nicolas prit le conspirateur sous le bras, entra avec lui dans son cabinet, et ils restèrent longtemps en conversation particulière. Nous ne pensons pas que Boulatof descendit au rôle indigne de dénonciateur; mais on assure qu'il s'exprima avec une entière franchise, à laquelle son auguste interlocuteur répondit par des témoignages de bonté, et par l'expression de son regret qu'un tel homme fût perdu pour la société. En sortant, le colonel avait encore les larmes aux yeux : la confiance dont il venait d'être l'objet lui faisait sentir plus vivement encore l'énormité de son crime. »

Un trait de caractère rappelle dans un père le fanatisme du premier Brutus, avec la différence de la liberté à la servitude :

« Le jeune comte Zacharie Tchernychef, capitaine aux chevaliers-gardes, la joie et l'orgueil d'une famille illustre, au sein de laquelle on a compté, dans le cours du dix-huitième siècle, plusieurs ministres et plusieurs feld-maréchaux, venait d'être arrêté. L'empereur désirait le sauver, par égard pour ses parents et aussi à raison de son âge. Il n'avait point pris part à la lutte, mais seulement il s'était laissé entraîner dans les sociétés secrètes par son beau-frère, le capitaine Nikita Mouravief. Le jeune Tchernychef fut amené devant le monarque :

» — Est-il possible, lui dit Nicolas, que vous soyez
» sous le coup d'une peine infamante, vous qui appar-
» tenez à une des premières familles de mon empire?
» J'espère que non. Désavouez les principes professés par
» vous, les actes insensés que vous avez commis; dites-
» moi que vous vous en repentez, et je pourrai vous faire
» grâce » (car, en Russie, le souverain peut faire grâce
avant tout jugement comme après). Tchernychef refusa :

» — J'ai agi selon ma conscience, » dit-il pour toute
réponse. »

Son père, vieux militaire, aide de camp général de
l'empereur, et commandant du premier corps de cavalerie de réserve, se porta lui-même accusateur de son
fils, qu'il amena devant son maître. Celui-ci, touché de
la fidélité du général, voulut user de clémence, et lui
dit qu'il s'en remettait à lui-même de la punition du
coupable :

« Si Votre Majesté veut traiter favorablement ce misérable, répondit le père irrité, qu'elle le fasse mettre sous
bonne garde ; car, pour moi, je le tuerais ! »

Nicolas l'assura qu'il pardonnait au jeune homme, et
l'invita à suivre son exemple ; mais le vieux guerrier
opposa à ses instances un irrévocable *jamais !*

XIV

Cependant les ordres d'arrêter tous les conspirateurs
de l'armée du Midi dévoilés par les papiers et les listes
des conspirateurs de Pétersbourg étaient partis, dans la
nuit même du 26 au 27 décembre, pour Kief. On se
souvient que le véritable chef et le véritable dictateur de
ces armées, Pestel, trahi par un des affiliés, était déjà

dans les fers. Un autre chef restait à la conjuration : c'était Serge Mouravief Apostol, lieutenant-colonel du régiment de Tchernigof. Mouravief descendait d'un ancien hetman des Cosaques ; son père était membre du sénat, ancien ambassadeur de la cour de Russie en Espagne, et littérateur éminent dans une littérature encore neuve. Élevé avec l'empereur Alexandre, il venait de composer en langue grecque un chant de deuil sur la mort de son souverain et de son ami. Ses fils avaient été élevés en France ; ils y avaient respiré, comme tous les jeunes Russes et Polonais dépaysés dans une autre atmosphère morale, des idées libérales, germes naturels de nos climats avancés, mais peu compris encore dans leur pays. C'est cette contradiction entre les idées et les mœurs qui fit la gloire et le malheur des Mouravief.

Serge et Mathieu Mouravief, rentrés en Russie en 1816, servaient dans l'armée du midi. Serge, le plus enthousiaste des quatre frères, n'avait pas tardé à être recruté par Pestel dans les sociétés secrètes. De là à la conjuration, il n'y avait qu'à glisser à l'heure opportune. Serge avait entraîné dans le complot, vague et indéterminé encore, son frère plus réfléchi, mais à qui la tendresse fraternelle pouvait tout demander, même le sacrifice de sa raison : Mathieu n'était un conspirateur que par complaisance et par dévouement. Il sentait le vide des plans politiques de son frère, dans un pays plus propres aux révolutions de palais qu'à la liberté. « Nous nous perdrons sans sauver notre patrie, disait-il souvent à Serge ; mais, puisque tu veux te perdre, je ne veux pas me sauver sans toi. »

XV

Après l'arrestation de Pestel et l'avortement de la journée du 26 décembre à Pétersbourg, Mouravief, sans espoir maintenant du côté de l'armée du Midi, tenta de renouer les fils de la conspiration coupés avec l'armée polonaise de Varsovie. Mais, au moment où il travaillait les chefs de l'armée polonaise, peu disposée alors au soulèvement, parce qu'elle se flattait d'avoir dans Constantin un roi détaché du trône moscovite, Mouravief fut surpris lui-même, et arrêté par le colonel Gébel, son ami.

Gébel, contraint par la discipline et par la fidélité à exécuter l'ordre d'arrestation de Pétersbourg, adoucit autant qu'il était en lui la rigueur de la captivité des deux Mouravief. Il vint souper avec eux dans leur prison, la veille de leur départ pour Pétersbourg, avec la confiance d'un homme loyal qui ne soupçonne pas de déloyauté un ancien camarade d'armes. Mais, au milieu du repas, quelques officiers de l'armée, initiés à la conjuration, entrés dans la chambre sous prétexte d'adresser leurs adieux aux prisonniers, se jettent sur le colonel Gébel pour le désarmer et pour lui arracher les clefs de la prison. Le colonel, indigné de la perfidie, tire son sabre, se défend en héros, reçoit quatorze blessures, et tombe évanoui dans son sang sous le sabre de Serge Mouravief. Le prisonnier ainsi délivré sort avec ses complices, harangue les soldats, les entraîne, et proclame l'empereur Constantin, au cri machinalement répété de : « Vive la liberté ! »

Maître d'un régiment, il appelle à lui les détachements les plus rapprochés, en forme une colonne, et marche lentement sur Kief. Son plus jeune frère, Hippolyte Mouravief, le rejoint en route, et veut, malgré les instances de ses frères, s'associer à leur destinée. Leurs émissaires qui les précédaient dans la capitale de la Petite Russie essayent en vain d'y faire comprendre les mots étrangers de liberté et de république; on ne leur répond que par les noms de Nicolas ou de Constantin. Mais déjà le bruit de l'abdication confirmée de Constantin, et de l'inauguration de Nicolas, parvenait de toutes parts à Kief. L'heure des conjurés était passée. Les partisans de Mouravief se décimaient par la désertion plus qu'ils ne se recrutaient en route. Ils n'osèrent pas aborder la garnison de Kief, et se détournèrent à quelque distance de la ville pour se rapprocher de la Pologne.

Bientôt poursuivis et atteints par le général Geismar sur les hauteurs d'Oustinovka, toute espérance de succès et même de fuite s'évanouit pour eux. « Mouravief, dit un des témoins de sa dernière marche, dont le noble caractère ne se démentit pas dans ce moment critique, vit qu'il fallait mourir, et se prépara à mourir en soldat. Ayant formé ses six compagnies en un carré, il leur ordonna de marcher droit sur les canons amenés contre eux, l'arme au bras et sans tirer un coup de fusil. Peut-être se flattait-il encore que les canonniers ne tireraient pas et se laisseraient entraîner dans la rébellion. Quoi qu'il en soit, les compagnies obeissent au commandement; mais, reçues à coups de mitraille, elles s'étonnent, se troublent, et bientôt leur carré est ébranlé. Mouravief, atteint d'une blessure, tombe, se relève et continue de combattre. Alors les dragons exécutent une charge. Mouravief reçoit un coup de sabre à la tête; le carré est rompu. Hors d'état de se soutenir, l'intrépide Serge cherchait encore à rallier les siens, lorsque, détrompés enfin, ils jettent leurs armes, demandent merci, saisissent eux-mêmes leur chef, qui nageait dans son sang, et le livrent, lui et Bestoujef-Rumine, au commandant des hussards. Hippolyte Mouravief Apostol fut tué dans l'action ; son frère Mathieu, ainsi que le capitaine en second baron Solovief et les lieutenants Kouzmine, Chtchipilla, Bistrichy Masalevski, furent faits prisonniers, et Kouzmine le même jour se fit sauter la cervelle. Soukhinof, autre lieutenant, réussit à se sauver et à franchir la frontière ; mais il fut bientôt arrêté à Kichenef, et livré, par les autorités moldaves, à un voisin trop puissant pour qu'on ait rien à lui refuser. Du côté des troupes impériales, il n'y eut ni morts ni blessés : les rebelles n'avaient pas brûlé une amorce ; ils s'étaient jetés en aveugles en avant de la mitraille, puis ils avaient renoncé à toute résistance et avaient été faits prisonniers au nombre de sept cents.

» L'état des blessures de Serge Mouravief ne permit pas de lui faire faire immédiatement le voyage de trois cent trente lieues qui séparent Vassilkof de Saint-Pétersbourg ; mais Mathieu fut immédiatement placé sur un traîneau, et conduit dans la capitale, sous bonne escorte. L'empereur voulut lui faire subir personnellement un premier interrogatoire, sans doute pour surprendre des vérités que ses divers agents auraient pu avoir intérêt à lui cacher ; puis il lui permit d'écrire à son père dans son cabinet même. D'un seul coup, le malheureux Mouravief Apostol avait perdu ses trois fils aînés : il ne lui restait plus, comme il l'a dit lui-même dans le poétique épanchement de sa douleur, qu'à cacher sa tête sous leurs cendres. Pour une situation pareille à la sienne, la religion seule a des consolations efficaces ; mais, fidèle à son culte de l'antiquité, M. Mouravief chercha les siennes dans la lecture du *Prométhée* d'Eschyle, type des caractères fortement trempés. Son

fils Mathieu ne montra pas la même roideur ; les sentiments du chrétien avaient plus de prise sur lui que les leçons du paganisme. Il était plein de repentir. Sa lettre était touchante : « Il était indigne désormais, écrivait-il à
» l'auteur de ses jours, de l'appeler son père, mais il ne
» pouvait renoncer à ce doux nom, qu'il lui donnait
» peut-être pour la dernière fois. Maintenant seulement
» il voyait toute la profondeur de l'abîme sur lequel il
» avait longtemps marché si étourdiment ; il engageait
» son frère (d'une autre mère) à profiter de la terrible
» leçon que lui donnaient ses aînés, et à garder une foi
» inviolable à son souverain. »

» Peu de jours après, le régiment de Tchernigof et l'armée du Midi tout entière prêtèrent serment à l'empereur Nicolas. »

La Russie avait heureusement traversé la triple crise de la mort, de l'interrègne et de la guerre civile. Le jeune empereur avait offert le trône avec magnanimité et l'avait défendu avec héroïsme. L'homme annonçait le règne. Mais ce règne, corrompu par l'orgueil, ne devait pas finir comme il avait commencé.

XVI

Le procès fut long, solennel, sanglant. Une amnistie pour un crime qui n'était que l'erreur de la fidélité dans la masse des soldats révoltés eût été à la fois plus humaine et plus politique. On en fit malhabilement le procès de la vieille Russie contre la jeune Russie. Un nouveau règne a besoin de faveur plus que de justice. Des catégories terribles de criminalité et de peines furent établies, par la haute cour nommée par l'em-

pereur, entre une multitude d'accusés. La plupart de
ces catégories de peines laissaient la vie, mais une vie
flétrie et proscrite, aux condamnés. La dernière de ces
catégories ne contenait que les cinq chefs voués à la
mort. Leur supplice, raconté par un de ceux qui recueillirent leurs derniers sentiments et leur dernier soupir,
épouvanta la Russie et attendrit l'Europe.

» Une journée après la condamnation fut donnée,
dit-il, aux dernières méditations, à l'examen de conscience, si naturel à l'homme prêt à franchir le seuil
de l'éternité. Les secours de la religion, dans ces moments suprêmes, ne firent point défaut aux condamnés;
peu d'entre eux les refusèrent, presque tous y puisèrent
force et courage. Ryléïef, notamment, en accepta les
divines consolations. Ce chef réel de l'association du
Nord, reconnut que, d'après les lois existantes, la sentence qui le condamnait était juste. L'ardeur de son
patriotisme l'avait trompé, disait-il; mais le patriotisme
ayant été l'unique mobile de ses actions, il attendait la
mort sans effroi. Elle sera, avouait-il, une expiation
peut-être due à la société, pour laquelle sans nul doute
il avait agi, bien que sans aveu. Quelques heures
encore, et cette expiation était consommée. Il saisit la
plume pour écrire une dernière fois à sa jeune compagne. Dans une lettre touchante, il lui fait de tendres
adieux, la console, la presse vivement de ne pas s'abandonner au désespoir, et l'exhorte en chrétien à ne pas
murmurer, ni contre les arrêts de la Providence, ni
contre la justice de l'empereur. Il lui recommande de
quitter Pétersbourg au plus tôt pour retourner dans son
pays natal (elle était de Novgorod), mais de recevoir
d'abord le prêtre qui l'aurait assisté à l'article de la
mort et qui lui ferait part de ses dernières paroles et
de ses dernières volontés. Ryléïef réservait à ce digne

confesseur une marque de reconnaissance et d'affection : il chargea sa femme de lui remettre une de ses tabatières en or. Il avait à peine fini cette lettre arrosée de ses larmes, qu'on vint l'avertir de se préparer au départ.

» De son côté, Pestel, le dictateur du Midi, était près de mourir; rien n'ébranlait sa fermeté, et jusqu'à la fin, dit-on, il resta convaincu de la sagesse et de l'opportunité des principes consignés par lui dans son *Droit russe*.

» Depuis quatre-vingts ans Pétersbourg n'avait pas été témoin d'une exécution à mort, et dans toute la Russie l'échafaud n'avait été dressé qu'en de rares occasions depuis le règne d'Élisabeth.

» Le 25 juillet, dès deux heures du matin, on travaillait à élever une large potence, où cinq corps pussent tenir de front, sur le rempart de la forteresse qui regarde la petite église en bois vermoulu à l'invocation de la Trinité, placée sur le bord de la Néwa, à l'entrée du quartier dit du Vieux-Pétersbourg. Dans cette saison, la nuit, sous cette latitude boréale, n'est, comme on sait, qu'un crépuscule prolongé jusqu'aux premières lueurs de l'aurore, bien moins tardive que dans nos pays. On pouvait donc, à cette heure matinale, parfaitement distinguer déjà tous les objets. Un faible bruit de tambours et le son de quelques trompettes se faisaient entendre isolément dans différents quartiers de la ville; car chaque régiment de la garnison envoyait seulement une compagnie pour assister à la scène lugubre que le soleil levant devait éclairer. A dessein, on avait laissé planer l'incertitude sur le moment de l'exécution. Aussi, la ville était-elle encore plongée dans le sommeil : de rares spectateurs accouraient un à un, et même au bout d'une heure leur nombre suffit à peine pour doubler le cordon militaire qui ne tarda pas à s'interposer entre eux et les acteurs de ce drame terrible. Un silence profond régnait; et lorsque le roulement des tambours de tous les détachements réunis se fit entendre, il n'eut qu'un sourd retentissement qui ne troubla pas le calme de la nuit et ne réveilla point les échos.

» Vers trois heures, les mêmes tambours annoncèrent l'arrivée de ceux des condamnés auxquels il avait été fait grâce de la vie. Distribués par groupes sur le front du cercle assez vaste qui occupait le glacis en avant du rempart où s'élevait la potence, et placés chacun devant le corps auquel ils avaient appartenu, ils durent se mettre à genoux après avoir entendu la lecture de leur jugement : on leur arracha leurs épaulettes, leurs décorations et leurs uniformes, on brisa une épée sur la tête de chacun d'eux en signe de dégradation; puis, revêtus d'une grosse capote grise, ils défilèrent devant le gibet, pendant qu'un brasier allumé tout auprès consumait leurs uniformes, les insignes de leurs grades et leurs décorations.

» A peine étaient-ils rentrés dans la forteresse par la porte de communication ordinaire, non loin de laquelle était dressé l'instrument du supplice, que les cinq condamnés à mort parurent sur le rempart. A la distance où le public était placé, il eût été difficile de distinguer leurs traits; d'ailleurs ils étaient couverts de capotes grises dont le capuchon enveloppait leurs têtes. Ils montèrent un à un sur la plate-forme et sur les escabeaux rangés de front sous la potence, dans l'ordre qui leur était assigné par le jugement, Pestel, le premier, tenant la droite, et Kakhofski la gauche. On leur passa autour du cou le nœud fatal, et l'exécuteur des œuvres de justice ne s'était pas sitôt éloigné que la plate-forme s'enfonça sous leurs pieds. La strangulation s'accomplit pour Pestel et Kakhofski, mais la mort recula, pour ainsi dire, devant les trois autres placés au milieu d'eux. Les spectateurs furent témoins d'une scène affreuse : la corde, mal affermie, glissa sur le capuchon de ces malheureux, qui tombèrent dans le trou béant sous l'échafaud, pêle-mêle avec la trappe et les escabeaux. D'horribles meurtrissures durent en être pour eux la conséquence, et comme ce lamentable accident ne changea rien à leur sort, car l'empereur était absent à Tzarko-zélo, et personne n'aurait osé donner l'ordre de surseoir à l'exécution, ils souffrirent deux fois les angoisses du trépas. Aussitôt la plate-forme rétablie, on les ramena sur le gibet. Étourdi d'abord par sa chute, Ryléïef marcha cependant d'un pas décidé, mais sans pouvoir retenir cette douloureuse exclamation : « Il sera donc dit que rien ne me réus» sira, pas même la mort! » A en croire quelques témoignages, il se serait aussi écrié : « Maudit pays, où l'on ne » sait ni conspirer, ni juger, ni pendre! » Mais d'autres prêtent ces paroles à Serge Mouravief Apostol, qui, comme Ryléïef, remonta courageusement les degrés. Bestoujef-Rumine, sans doute plus maltraité que les autres, n'eut pas la force de se soutenir sur ses jambes; il fallut le porter sous le gibet. Une seconde fois le nœud se serra autour de leur cou, et cette fois sans les relâcher. Au bout de quelques secondes, le roulement du tambour annonça que la justice humaine était satisfaite. Cinq heures sonnaient; les troupes et les autres spectateurs de ce terrible sacrifice s'écoulèrent en silence. »

XVII

Comme s'il attendait d'avoir purifié la Russie de tout levain des idées modernes dans le sein des apôtres prématurés de la liberté constitutionnelle avant de poser la couronne sur sa tête, l'empereur ne se fit couronner à Moscou qu'après ce supplice.

Une scène plus dramatique et plus inattendue que ce vain cérémonial du couronnement des tsars dans leur vieille capitale émut l'empereur, l'armée et le peuple, la veille et le jour du couronnement. Constantin, qui n'était pas convié à ces fêtes, quitta furtivement Varsovie, et arriva inopinément le 14 juillet aux portes du Kremlin. La chronique intérieure du palais raconte ainsi cette entrevue entre deux frères, dont l'un ne voulait que jouir de sa résignation, mais dont l'autre pouvait craindre un repentir ou un excès de popularité dans son frère :

« Depuis la mort d'Alexandre, depuis le combat de générosité dont cette mort avait été pour eux le signal, les deux frères ne s'étaient point vus. On court annoncer Constantin à l'empereur. A ces mots : « Le grand-duc ! » celui-ci, occupé de sa toilette, ne pense qu'à son frère Michel, et lui fait demander de l'excuser un instant. Mais l'aide de camp hésite, et, interrogé d'un regard par le monarque, il ajoute avec émotion : « Le tsarewitz ! » Aussitôt Nicolas, jetant un cri de joie, s'élance à la rencontre de son frère. Constantin saisit sa main, et la baise en s'inclinant profondément ; mais Nicolas l'embrasse, lui prodigue les témoignages de reconnaissance et de respect, et verse de douces larmes sur son sein.

» Quel moment pour les deux frères ! l'un venant couronner son œuvre de renonciation et convertir un sacrifice en un hommage libre et cordial ; l'autre acceptant avec autant de reconnaissance que d'intégrité le don gratuit et spontané de l'empire ! »

Quelques moments après, les trois frères se tenant par la main sortirent du vestibule du palais, et parurent comme une image de la concorde devant le front des troupes, qui firent retentir les airs des cris de : « Vive Constantin ! » Des acclamations lui payaient l'empire, et sa conscience lui payait sa vertu.

« Au moment de la prestation du serment dans la cathédrale, l'impératrice mère, Marie Fœdérovna, veuve de Paul Ier, s'approcha la première ; mais Nicolas la prévint, s'élança vers elle, la serra dans ses bras et reçut sa bénédiction. Marie cacha sur la poitrine de son fils les larmes qui coulaient de ses yeux. Elle pensait sans doute au couronnement de cet autre fils, Alexandre, si tendrement chéri, que la mort lui avait enlevé. Alors aussi, dominée par son émotion, elle s'était jetée, presque anéantie, dans les bras du monarque couronné. Nicolas comprit les douleurs de ce cœur maternel et les partagea. Elles excitèrent l'émotion de toute l'assistance. Mais une scène peut-être plus émouvante encore s'empara bientôt de l'attention de tous et exalta leur émotion jusqu'à l'enthousiasme. A peine l'impératrice mère se fut-elle arrachée aux embrassements de son fils, que l'on vit Constantin fléchir le genou devant lui, devant ce frère cadet qui le remplaçait sur un trône auquel, par sa naissance, il avait été appelé lui-même. Nicolas se jeta aussitôt à son cou ; penché, comme lui, vers la terre, il l'embrassa, le serra contre son cœur, et oublia un instant son rôle de roi couronné pour obéir au sentiment qui le dominait. L'auguste mère des princes revint pour les bénir. Nul, parmi les nombreux spectateurs, ne put voir d'un œil sec ce touchant spectacle. Constantin mettait le sceau au glorieux acte d'abnégation de l'empire ; il s'humiliait en présence de tous devant un trône où il eût pu monter, et le faisait avec une si évidente sincérité qu'il dissipait tous les doutes sur sa franche et libre détermination. C'était la péripétie la plus saisissante de tout ce drame imposant; devant elle, le reste disparaissait. »

Le reste était de la pompe, cette génuflexion et ces larmes étaient de la nature.

Ces embrassements des deux frères sous la main de leur mère qui les bénissait furent le sacre du cœur, associé au sacre de la religion. Le règne politique de Nicolas commença à dater de ce jour. Il est trop près de nous pour être aujourd'hui raconté. Avant de l'entreprendre, il faut avoir jeté dans son tombeau à peine ouvert les partialités, les ressentiments et les sévérités légitimes que ses dernières années de règne ont accumulés avec tant de sang sur son nom. Même pour accuser, l'histoire a besoin de justice, et la justice a besoin du temps.

TABLE

DES MATIÈRES CONTENUES DANS CE VOLUME

LIVRE PREMIER.

	Pages.
La Russie avant Pierre le Grand.	4

LIVRE DEUXIÈME.

Pierre le Grand. 1682-1725.	76

LIVRE TROISIÈME.

Catherine Ire. 1725-1727.	140
Pierre II. 1727-1730.	145
Anne. 1730-1740.	160
Ivan VI et régence de Biren. 1740-1741.	165
Régence de la grande-duchesse Anne et du prince de Brunswick. 1741.	168
Élisabeth. 1741-1761.	170

LIVRE QUATRIÈME.

Pierre III. 1762.	172

LIVRE CINQUIÈME.

Pages.

Catherine II. 1762-1796. 242

LIVRE SIXIÈME.

Catherine II. (Suite). 288

LIVRE SEPTIÈME.

Paul Ier. 1796-1801. 332

LIVRE HUITIÈME.

Alexandre Ier. 1801-1825. 387

LIVRE NEUVIÈME.

Alexandre Ier. (Suite). 440

LIVRE DIXIÈME.

Avénement de Nicolas Ier. 502

FIN DU TRENTE ET UNIÈME VOLUME.

PARIS. — TYPOGRAPHIE DE COSSON ET COMP., RUE DU FOUR-ST-GERMAIN, 43.

www.ingramcontent.com/pod-product-compliance
Lightning Source LLC
Chambersburg PA
CBHW070838230426
43667CB00011B/1837